Escolhas difíceis

CB131990

Escolhas difíceis

MEMÓRIAS DA EXECUTIVA
MAIS IMPORTANTE DO
MUNDO DOS NEGÓCIOS

Carly Fiorina

TRADUÇÃO DE
Alexandre Martins

Ediouro

Título original
Tough choices

Copyright © Carly Fiorina, 2007
Esta edição foi publicada em concordância com Portfolio, membro do Penguin Group (USA) Inc.
Copyright da tradução © Ediouro Publicações, 2007

Fotografia de capa
Timothy-Sanders/storklandmartel.com

Adaptação de capa
Julio Lapenne/Avatar Design

Copidesque
Rita Godóy

Revisão
Marcia Glenadel

Produção editorial
Cristiane Marinho

CIP-Brasil. Catalogação-na-fonte
Sindicato Nacional dos Editores de Livros, RJ.

F553e Fiorina, Carly
Escolhas difíceis: memórias da executiva mais importante do mundo dos negócios / Carly Fiorina; tradução José Gradel. — Rio de Janeiro: Ediouro, 2007.

Tradução de: Tough Choices
ISBN 978-85-00-02172-5

1. Fiorina, Carly. 2. Executivas — Estados Unidos — Biografia. I. Título.

CDD: 926.584
07-0092 CDU: 929:65.012.42

07 08 09 10 11 8 7 6 5 4 3 2 1

Todos os direitos reservados à Ediouro Publicações S.A.

Rua Nova Jerusalém, 345 – Bonsucesso
Rio de Janeiro – RJ – CEP: 21042-235
Tel.: (21)3882-8200 – Fax: (21)3882-8212/8313
www.ediouro.com.br

Ao Frank

Um homem muito especial que mudou minha vida

Sumário

Agradecimentos

Escrever um livro também envolve escolhas difíceis. Uma delas é o quê e quem deixar de fora. Enquanto pensava neste livro e o escrevia, pessoas, lugares e acontecimentos inundaram minha memória. Muitas horas se passaram na companhia dessas reflexões, e, silenciosamente, agradeci novamente às incontáveis pessoas que fizeram diferença em minha vida. Eu realmente gostaria de poder ter citado todas. Mas este livro não é um diário.

Aos que se desapontaram com sua exclusão, peço perdão e espero que encontrem algum consolo em meu esforço para editar e reeditar — tomando cuidado para preservar a autenticidade das memórias e ao mesmo tempo reconhecendo que nem tudo é relevante para o leitor, mesmo quando tem profunda importância para o autor.

Na verdade não estava certa de que queria escrever este livro. Portanto, agora quero agradecer àqueles que acreditaram nele desde o início, que me encorajaram a seguir em frente e que foram duros quando necessário. Frank leu e releu todas as palavras. Minha irmã, Clara Sneed, a verdadeira escritora da família, deu importantes conselhos no início do processo e leu a segunda versão com um olhar crítico. Minhas cunhadas, Claudia Beyer e Ursula Feldman, ofereceram todo apoio. E Deborah Bowker, Rollins Emerson, Kathy Fitzgerald, Barbara Marcin, Dan Plunkett, Carole Spurrier e Richard Ullman dedicaram tempo, atenção e franqueza a mim e a este livro. Por fim, e especialmente, Adrian Zackheim tem minha profunda gratidão e estima.

Prólogo

No final, a diretoria não teve coragem de me enfrentar. Eles não agradeceram nem se despediram. Não explicaram sua decisão nem sua lógica. Não quiseram minha opinião ou meu envolvimento em qualquer aspecto da transição. Tendo me chamado para uma reunião em Chicago, eles me deixaram esperando no quarto do hotel por mais de três horas. Enquanto esperava, eu sabia que o que quer que acontecesse, seria decisivo. Após, finalmente, ter recebido um telefonema me convidando para participar da reunião, pensei em cada membro da diretoria enquanto descia de elevador aqueles 24 andares. Eu não sabia o que esperar, mas supunha que iria encará-los. Não estava preparada para a sala de conferências vazia na qual entrei. Apenas os dois mensageiros escolhidos e um advogado permaneciam na sala. O presidente do Comitê de Indicação e Governo disse: "Carly, a diretoria decidiu fazer uma mudança na cúpula. Lamento muito". Eu soube que ele se opusera ao meu afastamento. Depois, a nova presidente do conselho disse que eles gostariam de minha ajuda na "colocação" da notícia e que eu deveria apresentar isso como decisão minha: eu deveria dizer que era "hora de seguir em frente". Perguntei quando eles gostariam que eu fizesse o anúncio. "Imediatamente". A reunião durou menos de três minutos. Pedi algumas horas para pensar e saí da sala.

Acredito que a verdade é sempre a melhor resposta, quaisquer que sejam as conseqüências. Menos de duas horas depois enviei uma mensagem para a nova presidente dizendo que deveríamos contar a verdade: a diretoria tinha me demitido. Quando o anúncio foi feito, eu simplesmente disse: "Embora lamente que a diretoria e eu tenhamos diferenças quanto à implementação da estratégia, respeito sua decisão. A HP é uma grande empresa e desejo o melhor às pessoas de lá".

Sempre soube que poderia perder meu emprego. Estava em um jogo de apostas altas, com pessoas poderosas e interesses poderosos, mas não esperava que tudo terminasse assim. Sabia que estávamos prestes a lucrar enormemente com todo o nosso trabalho e pensava que a diretoria também soubesse disso. Queria muito poder reunir minha equipe uma última vez e dizer-lhe como eu estava orgulhosa de tudo o que tínhamos realizado juntos. Meu coração estava partido por não ter tido a oportunidade de dizer adeus às pessoas da HP, que eu tinha passado a amar.

Sabia que o anúncio seria uma grande notícia. Eu era uma mulher, uma grande mulher, e as coisas sempre tinham sido diferentes para mim. Todas as críticas que haviam sido feitas a mim seriam recicladas e jogadas na minha cara com um prazer renovado: "Ela é vaidosa demais", "Ela não passa de uma jogada de marketing", "Ela é controladora demais", "Ela busca publicidade", "A fusão foi idéia dela, e foi um equívoco", "Ela é arrogante, vingativa, e os empregados não gostam dela". A cobertura seguiria esse padrão, e os críticos não se preocupariam com os fatos, com minha contribuição ou com as mudanças positivas que tinham sido feitas. Seria feio, e seria pessoal.

Eu sabia de tudo isso enquanto tomava coragem para o pronunciamento no dia 9 de fevereiro de 2005. Mas a cobertura foi ainda pior do que eu tinha imaginado. Ela me feriu, mas feriu ainda mais minha família e meus amigos. Eu me senti só, porém não mais só do que tinha me sentido nos seis anos anteriores. Estava muito triste por meus colegas de diretoria, que eu tinha conhecido e em quem confiara, não terem demonstrado o simples respeito de me olhar nos olhos e contar a verdade. Eu me senti traída quando pensei em como alguns membros da diretoria, tendo falado para o público externo, haviam quebrado o princípio de confiança um para com o outro e para comigo.

Senti tudo isso, mas depois de uma vida de temores, não tinha medo. Fiz o que achava certo. Dediquei-me a algo em que acreditava. Havia cometido erros, mas tinha feito a diferença. Estava em paz com minhas escolhas e suas conseqüências. Eu ainda tinha minha alma.

CAPÍTULO 1

Um presente de meus pais

O modo como uma história termina tem muito a ver com o modo como ela começa, portanto eu devo começar com minha mãe e meu pai. Minha mãe, Madelon Montross Juergens, era filha única de um operário de linha de montagem da Ford Motors e de uma adorável mulher de ascendência francesa chamada Clara Hall. Eles viviam em Rossford, Ohio, cidade que abrigava muitos imigrantes europeus. Clara Hall morreu de câncer no estômago quando minha mãe tinha apenas 10 anos de idade.

Foi, segundo minha mãe, uma morte dolorosa, e certamente um trauma profundo para uma garota pequena. Sua lembrança era a de uma mulher bonita, amorosa, refinada e criativa que freqüentemente falava da França e queria para a filha uma vida culta. Seu pai tinha outras idéias. Ele era um homem teimoso, taciturno e extremamente prático que logo voltou a se casar. Sua nova madrasta, cujo nome minha mãe nunca me disse, não era nem afetuosa nem preocupada com minha mãe, cuja infância se tornou infeliz e solitária. Quando ela mesma se tornou mãe, se recusou a falar sobre isso, a não ser para elogiar a própria mãe. Aparentemente, sua vida só começou após ela ter fugido de casa.

Ela fez isso porque queria ir para a faculdade. Tinha sido a melhor aluna de sua turma no curso secundário, portanto o conselheiro disse ao seu pai que ela era a única aluna da escola que decididamente deveria ir para a faculdade, e se ofereceu para ajudá-lo a conseguir ajuda financeira. Seus pais rapidamente concluíram que aquilo seria desperdício de dinheiro e não valeria o esforço. Nenhum dos dois tinha freqüentado a faculdade, e, além disso, ela era uma menina. Então, eles decidiram que ela permaneceria em Rossford e trabalharia até se casar.

Minha mãe tinha outros planos, de modo que certa noite deixou a cidade de ônibus sem se despedir. Aos 18 anos de idade, ela ingressou no Women's Army Corps (Corpo Feminino do Exército), ou WACs, como era conhecido durante a

Segunda Guerra Mundial, e acabou no Campo Shepherd, uma base aérea no Texas. Ela rapidamente mostrou seu valor e se tornou secretária do oficial comandante, o que era um cargo de grande prestígio. Foi ali que ela conheceu meu pai.

Finalmente, quando tinha mais de 60 anos de idade, minha mãe iria conseguir um bacharelado e um mestrado em história da arte. Ela também passaria a pintar praticamente em tempo integral, concluindo centenas de telas que transbordam de cor, energia e vitalidade. Hoje minha casa está cheia delas.

Meu pai, Joseph Tyree, nasceu em uma cidadezinha do Texas chamada Calvert. O pai dele, Marvin Sneed, fazendeiro respeitado e proprietário de terras, morreu de insuficiência cardíaca congestiva quando meu pai acabara de completar 12 anos de idade. O sr. Sneed parece ter sido um aventureiro sociável, levando a família em viagens de carro pelo país em um Ford Modelo T na década de 1920. Sua morte criou grandes dificuldades financeiras para a família. E tão devastadora quanto a perda do pai deve ter sido, menos de nove meses mais tarde, em setembro, a morte do irmão mais velho de meu pai, Marvin, de infecção provocada por uma extração de dente que inflamou. Marvin era atlético, encantador, tinha boa aparência e claramente era o favorito da mãe. Pelo resto da vida, minha avó só vestiu negro e se punha de luto durante todo o mês de setembro, todos os anos, até morrer aos 84 anos de idade.

O fardo de ser o único homem na família repousou pesado nos ombros do rapaz. Em contraste com o irmão, meu pai era uma criança pequena e doente, que nascera com pequena capacidade pulmonar e uma vértebra a menos. Sua mãe consultou muitos especialistas sobre esses problemas físicos (durante toda a vida meu pai os chamou de "deformidades"). No final, os médicos disseram que ele deveria evitar esforços físicos e que nunca deveria jogar futebol. Mas o futebol era o rito de passagem para todos os jovens do Texas, e meu pai estava determinado a passar por ele. Assim, quase que exclusivamente por força de vontade, ele se tornou um jogador vitorioso no time da escola secundária. Sua ferocidade em campo era lendária e compensava a sua falta de dotes físicos.

Meu pai, porém, sabia que seu futuro estava na utilização da mente. Ele, igualmente, sabia que precisava fugir de Calvert. Assim, entrou para a universidade e acabou na faculdade de direito, mas aproveitou a oportunidade de ingressar na Força Aérea do Exército durante a Segunda Guerra Mundial. Por causa de suas deficiências físicas, ele não podia combater; terminou no Campo Shepherd.

Meus pais cresceram acreditando que tinham algo a provar e algo de que fugir. Eles eram fortes, autoconfiantes e ao mesmo tempo profundamente inseguros. Estavam determinados a construir uma vida melhor para si mesmos e para seus filhos. Para ambos, uma vida melhor era conseguida por intermédio da educação e do trabalho duro. Eles acreditavam que o trabalho duro, a disciplina e a força de vontade eram os ingredientes fundamentais para uma vida valorosa e um caráter admirável. Meu pai queria que os filhos tivessem uma educação clássica — história, literatura, latim. Ele era um homem de letras — se tornara professor de direito —, e seus filhos também deveriam ser assim. Minha mãe queria para os filhos tudo aquilo que ela se lembrava de ter ouvido a mãe falar, portanto eu tinha aulas de francês às quatro horas, ia à ópera às sete, visitava museus e estudava piano clássico. Ela queria que seus filhos, tanto o menino quanto as meninas, fossem educados, refinados, bem-sucedidos. Se meu pai avaliava seu sucesso em função de sua própria carreira, minha mãe avaliava seu sucesso em função dos filhos.

Talvez porque soubesse da história da infância deles, eu cresci com medo de perder meus pais. Era quase uma obsessão. Nada podia ser mais terrível que isso. A morte de uma mãe ou de um pai era como cair em um abismo. Freqüentemente, sonhava com essa queda — eu tive pesadelos terríveis e uma imaginação fértil desde que era bem pequena até quando já freqüentava a faculdade. Várias vezes por semana, eu acordava assustada e ia silenciosamente até a cama de meus pais. Ficava olhando para minha mãe para ter a certeza de que ela estava respirando, querendo que ela acordasse. Enquanto as outras crianças se divertiam indo dormir nas casas dos amigos, eu nunca participava, pois algo terrível poderia acontecer à minha família enquanto eu estivesse fora. Quando, finalmente, participei de minha primeira festa do pijama, já adolescente, permaneci a noite toda acordada pensando na nossa casa às escuras e se meu pai e minha mãe estavam em segurança. Eu imaginava todas as tragédias que podiam se abater sobre eles. Quando meus pais saíam à noite, ficava acordada até eles voltarem para casa em segurança. Rezava o Pai-nosso o tempo todo como um cântico, para me acalmar. E se tornou quase uma piada em nossa família que quando meus pais precisavam viajar para fora da cidade, eu sempre ficava doente pouco antes da partida. Analisando psicologicamente, esperava deixá-los envergonhados para que eles cancelassem a viagem.

Éramos uma família modesta de classe média. Minha mãe era mãe e dona de casa em tempo integral; meu pai, um acadêmico; e havia três filhos para criar. Para os meus pais, o sucesso não tinha a ver com fama e fortuna. De fato, tinha a ver com a qualidade da mente e do caráter da pessoa. Nunca se discutiu se iríamos ou não fazer faculdade ou pós-graduação. Era uma certeza. O caráter era tudo, e caráter era definido como franqueza, integridade e autenticidade. Franqueza era falar a verdade, falar claramente e ser sincero. Integridade era manter seus princípios e agir de acordo com eles. Autenticidade era saber no que você acreditava, ser o que era e agir de acordo com ambos. Para meus pais, o sucesso era medido por dentro, não avaliado por fora. Desde muito jovem entendi claramente que eles não seriam flexíveis em suas expectativas quanto à formação do meu caráter.

Meus pais eram rigorosos, disciplinados, exigentes e críticos. Eles sempre se concentravam no que eu podia e no que deveria fazer. O fato de ser uma menina não fazia qualquer diferença para seu nível de expectativa, e, embora na época isso me parecesse completamente natural, foi apenas mais tarde que percebi como era raro, especialmente nas décadas de 1950 e 1960.

Minha irmã, a mais velha, era a filha que meus pais acharam que nunca teriam. Eles haviam esperado oito anos por um filho, e quando Clara Hall (batizada em homenagem à amada mãe falecida de minha mãe) finalmente nasceu em 1952, eles estavam certos de que seria a última. Meu pai sempre chamou atenção para a beleza de Clara e sua semelhança física com o seu lado da família. Ele a adorava por ela ser uma ávida leitora de grandes livros. Minha mãe se encantava com sua criatividade e natureza artística. Ela não foi pintora, como nossa mãe, mas, desde menina, foi uma escritora talentosa. Aos 8 anos, ela escreveu seu primeiro poema premiado, e escreve desde então. Minha mãe dizia que Clara tinha um temperamento artístico que acompanhava seu talento. Ela era conflituosa e freqüentemente desafiadora. Talvez porque mãe e filha partilhassem uma paixão criadora e uma natureza impulsiva, tenham entrado em conflito em tantas questões durante muitos anos.

Meu irmão, o mais novo, era o único menino, nascido após minha mãe ter sofrido um aborto doloroso. Batizado em homenagem a meu pai, Joseph Tyree IV era alto, forte e atlético. Meu pai se orgulhava de que o filho se mostrasse ótimo em todos os esportes que praticava. Ele também era criativo, tendo se tornado o cartunista de sua escola primária e toda semana fazendo elaboradas tiras de quadrinhos de um mundo de fantasia habitado por "mergulhões", que produzia para a sua turma. Elas eram divertidas, e minha mãe as adorava. Mas Joseph não gostava muito da escola, e quando entrou na adolescência, a tensão entre pai e filho se tornou uma característica da família.

Eu era a filha do meio, batizada em homenagem à mãe de meu pai, Carla Carleton. Não me considerava particularmente esperta ou de algum modo criativa. Certo domingo, na igreja, recebi um pequeno descanso que dizia: "O que você é, é um presente de Deus para você. O que faz consigo é seu presente para Deus". Cedo, decidi que meu presente para Deus seria satisfazer meus pais. Eu os idealizava e idolatrava.

Para agradar meu pai, estudei duro e sempre obtive boas notas. Para agradar minha mãe, me tornei a diplomata da família — sempre interferindo em todas as discussões familiares, escutando todos os lados, me identificando com todos e tentando encontrar uma forma de eliminar as distâncias. Para agradar a ambos, eu era obediente, esforçada, alegre e confiável. Em muitos momentos, senti que não importava o que eu fizesse, simplesmente não era o bastante para eles. Para meus irmãos, eu deveria ser insuportavelmente boa a maior parte do tempo.

Meus pais buscavam a perfeição em tudo o que faziam. Meu pai era um professor talentoso e um verdadeiro intelectual. Aprender não era simplesmente uma forma de ganhar a vida — aprender era um objetivo em si. Minha mãe era uma artista única e talentosa, mas em grande parte deixou a pintura de lado para criar os filhos e investiu toda a sua energia neles. As expectativas de meus pais eram altas e, algumas vezes, pareciam um fardo pesado. Cresci temendo perdê-los e temendo desapontá-los.

Minha mãe queria que cada um dos filhos aprendesse a tocar um instrumento, portanto eu estudei piano. Embora tivesse começado porque era isso o que esperavam de mim, eu logo descobri que aprender a música e aperfeiçoar minha execução era algo que me absorvia inteiramente. Praticava horas a fio. Gostava do rigor e da atenção aos detalhes que isso exigia, mas também acabei descobrindo na música algo belo que remetia a meus próprios medos, minhas próprias dúvidas e meus pesadelos. Muitos anos depois, alguém me perguntou qual era meu compositor predileto. Sem hesitar, eu disse "Beethoven", pois sempre que estava perturbada, escolhia sua música. "Por que não Mozart?", me perguntaram. Tive de pensar.

Era uma boa pergunta. A música de Mozart era angelical e sobrenatural em sua beleza. Eu podia imaginar a inspiração divina, mas não conseguia ouvir o esforço humano. Eu podia ouvir ansiedade e medo em Beethoven. Sua música era sublime e vitoriosa em seu sofrimento e humanidade.

Meus pais não tinham simpatia por medo, insegurança ou dúvidas. Talvez porque eles mesmos já tivessem muito disso. Eles eram estóicos e esperavam que eu também fosse. Assim, nunca falei a eles sobre meus medos e inseguranças. Contava apenas as coisas que agradariam a eles. Eu me lembro de me transferir, pela quinta vez desde que tinha ingressado no secundário, para uma nova escola como veterana. Sentia falta de meus amigos, que estavam todos na Califórnia, e a Carolina do Norte me parecia um outro mundo. A turma na Charles E. Jordan High School, em Durham, era altamente fechada e dividida em vários grupos, como todas as turmas. Era difícil ser aceita, e eu chorei muito. Meus pais pareciam não compreender como era complicada aquela mudança, mas suas expectativas eram claras: nem minhas aulas de piano nem minhas notas poderiam ser afetadas. Quando cheguei a casa com o primeiro boletim, que tinha uma nota "B" e sete notas "A", eles me lembraram que eu era capaz de conseguir apenas notas "A". No semestre seguinte, eu as obtive.

Nós nos mudamos muito porque meu pai estava subindo na hierarquia acadêmica. Ele lecionou na Universidade do Texas, em Cornell, Yale, Stanford e Duke, e passou anos sabáticos na London School of Economics e na Universidade de Gana, em Acra, África Ocidental. (Ele acabaria se tornando juiz federal no Tribunal de Apelações do Nono Circuito dos Estados Unidos.) Eu freqüentei o primário em Nova York, Connecticut e Califórnia; o ginásio na Califórnia e na Inglaterra; e o segundo grau na África, na Califórnia e na Carolina do Norte. Ao longo de todas essas transferências, aprendi muito sobre as pessoas e muito sobre mudança.

Eu sempre era a garota nova da sala, e, como tal, queria desesperadamente me ajustar, ser querida, fazer amigos. Ao longo dos anos, observei minha mãe em suas muitas festas famosas (ela dava grandes festas). Sempre fazia perguntas a seus convidados e sempre estava interessada nas respostas. Então eu fazia o mesmo. (Amigos daqueles anos lembram que eu quase os encurralava nos cantos para "entrevistá-los".) Isso mostrou que as pessoas, sejam elas crianças sejam adultas, gostam de ser inquiridas sobre si mesmas. Elas se envaidecem com a atenção dedicada a elas e se sentem bem quando alguém presta atenção. Fiz amigos rapidamente dessa forma e também aprendi muito sobre onde estava. Muito mais tarde, enquanto passava de um cargo a outro, descobri que essa também é uma ótima ferramenta de administração. Você não apenas demonstra respeito pelos outros pedindo que eles o ensinem, como também aprende mais rapidamente prestando atenção.

Eu sempre vivia aventuras. Na Inglaterra, fui matriculada em uma escola exclusivamente feminina em Londres. A mim, toda a experiência parecia um filme, com nossos uniformes, nossas diretoras e nossa versão exclusivamente feminina de *Romeu e Julieta*. Recebi o papel de Julieta, que interpretei com um sotaque britânico claramente inadequado. Mesmo o nome da escola parecia ter saído de um romance: Channing School for Select Young Ladies. Adorei aquela época. Minhas novas amigas pareciam alegres e encantadoras. Passávamos tanto tempo tentando quebrar as regras da escola que não dava para nos envolvermos em problemas sérios. Aprendi a enrolar minha saia acima do comprimento regulamentar e a correr pela escada dos fundos da escola para que ninguém descobrisse que estávamos escondidas na sala de aula quando deveríamos estar do lado de fora no intervalo. Era inofensivo e tolo, mas sentíamos a excitação de sermos más.

Na África, experimentei a sensação de ser a única pessoa branca em uma sala e refleti sobre como os poucos negros que conhecia em casa deveriam se sentir. Era ao mesmo tempo ansiedade e simpatia o que sentia quando crianças nos cercavam pedindo dinheiro sempre que íamos aos mercados da cidade. Lembro-me da primeira vez em que ouvi muçulmanos orando e de como, com o tempo, o som evoluía de algo assustador em sua estranheza para algo reconfortante em sua cadência e repetição — sentia a mesma paz quando escutava o som das cigarras de verão ao redor da casa de minha avó. Cresci adorando ser despertada de manhã pelo fiel que sempre ia orar sob a janela do meu quarto. Aprendi a jogar *owari*, um jogo de tabuleiro da África Ocidental disputado com vagens, com um garoto de 10 anos de idade de uma aldeia próxima. Ele era brilhante e engraçado, e, de algum modo, por intermédio do jogo, superamos um mundo de diferenças.

Meu pai estava ensinando a nova constituição ganesa a estudantes de direito. Em 1969, Gana estava experimentando a democracia após a derrubada de Kwame Nkrumah. Eu acompanhava grandes debates em nossa mesa de jantar quando os alunos ganeses de meu pai nos visitavam e vi como era difícil construir um país quando pequenas mas poderosas lealdades tribais entravam em conflito com a idéia maior, porém mais abstrata, de nação. Muito mais tarde, na HP, eu me lembraria dessa experiência e criaria a expressão "mil tribos" para descrever as intensas batalhas campais que se desenrolavam entre os executivos e suas divisões à custa da empresa.

Na Carolina do Norte, pela primeira vez compreendi o que o futebol significava para a vida escolar em algumas regiões do país e a pressão que meu pai deve ter sentido. Eu dava aulas de leitura para vários jogadores de futebol. Eles estavam prestes a concluir o ensino médio, eram astros do time, mas literalmente não sabiam ler. Era pungente e assustador ver a frustração deles, mas juntos conseguimos fazer progressos. Também comecei a trabalhar como voluntária, dando aulas para crianças portadoras de necessidades especiais em alto grau. Ainda me lembro de um dos meus prediletos: um garoto chamado Kenneth. Ele tinha 5 anos de idade, e precisei de seis semanas para ensiná-lo a identificar e dizer "olho" e "orelha". Nós nos sentimos triunfantes quando ele finalmente conseguiu — quase — e a partir de então, sempre que ele me via pela manhã, gritava do outro lado do parque: "Olho! Oêa!" Quando voltei para casa, no recesso de Natal da faculdade, fui visitá-lo, e ele ainda se lembrava. Ele não conseguia dizer o nome, mas ainda gritava "Olho! Oêa!" Foi a primeira vez que senti a alegria e a satisfação de ajudar alguém a conseguir algo que considerava impossível.

Com o tempo, aprendi a reconhecer o padrão de mudança e a me acostumar com aquela sensação perturbadora e nervosa que é ao mesmo tempo medo do desconhecido e excitação com algo novo. E sempre que conheci novas pessoas consegui superar o medo e desfrutar da excitação. Descobri que algumas vezes havia enormes diferenças entre pessoas e culturas, mas também aprendi que normalmente essas diferenças podem ser superadas com respeito e simpatia.

Escrevi muitas páginas em meus diários e longas cartas aos amigos que fiz ao longo do caminho. Quando, hoje, leio as páginas daqueles diários, elas estão repletas de fatos, observações e sensações. Fico chocada com o que está escrito em comparação com o que conseguia falar. Depois, quando fui para a faculdade, escrevi para minha mãe e para meu pai cartas volumosas, nas quais disse a eles o que não podia dizer pessoalmente.

E hoje, escrevendo sobre a minha infância, posso dizer que conheci em primeira mão a força das grandes expectativas: se menos tivesse sido exigido, menos teria sido conseguido. Eu vi os medos e as sensações de desajuste de meus pais os impulsionarem para a frente, e o exemplo deles me convenceu a nunca permitir que meus medos e minhas inseguranças bloqueiem meu caminho. Aprendi que a mudança pode ser ao mesmo tempo difícil e excitante: com cada separação e com cada perda vem uma aventura maior. Descobri o impacto que tem fazer uma pergunta e escutar a resposta, porque em toda parte as pessoas têm algo a ensinar e estão ansiosas para partilhar isso. E percebi como realmente tive sorte.

Minhas melhores lembranças de minha mãe durante a infância são de ela lavar meu cabelo. Eu tinha os cabelos muito compridos, e ela os lavava na pia da cozinha, depois os penteava e trançava em frente ao seu armário. Eram momentos comuns, cotidianos, mas nossas conversas eram íntimas — algumas vezes sérias e outras engraçadas. Estávamos inteiramente sós. Quando meu cabelo estava finalmente arrumado, ela me colocava na cama e batia com a mão na minha testa. Algumas vezes ela cantava para mim. Até hoje consigo ouvir sua voz e sentir o toque de sua mão.

Meus momentos inesquecíveis com meu pai são da nossa viagem pelo país juntos. Estávamos nos mudando novamente e éramos apenas nós dois, o cachorro e um monte de caixas. Tínhamos conversas adultas, e era como se compreendêssemos um ao outro de uma forma madura. Ele me deixou dirigir o carro e me levava a um restaurante toda noite. Hoje, a memória de meu pai está desaparecendo, mas ele ainda se lembra daquela viagem de carro.

Mais tarde, me dei conta do caráter de meus pais. Eles não eram pessoas perfeitas, mas realmente eram honestos e autênticos. Acreditavam em autodeterminação.

Eu não me sentia afortunada quando era criança. Hoje sei que eles foram o meu presente mais precioso.

CAPÍTULO 2

O estrangeiro

Quando chegou a hora de ir para a faculdade, escolhi a Universidade de Stanford. A Califórnia era muito distante da Carolina do Norte (eu deixei claro que pretendia me mudar para freqüentar a universidade), mas ainda assim familiar, já que quando criança eu tinha vivido algum tempo na região. Não passava pela minha cabeça a idéia de freqüentar uma faculdade para ganhar a vida. Como eu sempre tinha considerado certo que iria me formar, pensava na faculdade como um período de puro aprendizado. Meus pais encorajavam essa postura, de modo que eu tive a experiência maravilhosa de estudar os assuntos que realmente me interessavam. Tive aulas de química, biologia, física, economia, antropologia, astronomia, música. Esse rodízio de novos conhecimentos era ao mesmo tempo fascinante e intimidador. Escrevi uma carta para casa exultante com o fato de, de repente, ter me dado conta de quão pouco sabia. Eu também descobri que adorava aprender. E história e filosofia realmente me conquistaram.

Quando estava escolhendo meu primeiro semestre de cursos como caloura, me lembrei de um livro que tinha lido nas aulas de francês do ensino médio. Meu professor tinha pedido à turma que lesse uma obra de ficção de um autor francês no idioma original. Não me lembro muito bem por que me senti atraída por *L'étranger*, de Albert Camus. Talvez pelo fato de, mais uma vez, ter acabado de me mudar, me identifiquei com o título: *O estrangeiro*. Certamente era uma escolha ambiciosa — a filosofia existencialista era bastante complicada em inglês. Achei a obra difícil, envolvente e recompensadora. Não sei muito bem o quanto compreendi dela, mas para mim o livro foi uma revelação. Era sobre uma grande idéia, e sobre como uma idéia, uma filosofia, pode levar à ação. Contava a história de um homem que havia escolhido viver sua vida com base nessa idéia. O poder e a importância da escolha, mais o ato de se tornar do que a estase de ser, para mim eram idéias profundas com um significado pessoal: "(...) o que faz consigo é seu presente para Deus". Se não podemos escolher nossas circunstâncias, sempre podemos escolher nossas reações a elas. Se não podemos escolher quem somos, sempre podemos escolher sermos algo mais. Parar de escolher é começar a morrer.

Decidi fazer o maior número possível de cursos de filosofia. Eu iria estudar filósofos desde os antigos gregos até a era moderna. O poder das idéias para mudar fundamentalmente o modo como as pessoas vêem o mundo; o impacto de idéias de um século nas pessoas e nas idéias de muitos séculos depois; o fato de que a raça humana, não apenas os seres humanos isoladamente, pode aprender — tudo isso era excitante.

Hegel teve um profundo impacto em mim, assim como Camus. A filosofia de tese, antítese, síntese, a possibilidade de reconciliação entre duas idéias aparentemente opostas, parecia a mim ao mesmo tempo brilhante e prática. Mais tarde, eu iria constantemente aplicar esse modelo mental nos negócios. De fato, muitos anos mais tarde, quando um repórter me perguntou quais eram meus escritores de negócios prediletos, eu respondi: "Hegel. Você sabe: tese, antítese, síntese. Na Lucent nós estávamos tentando transformar uma empresa de cem anos de idade em uma principiante. Na HP, nós estamos ao mesmo tempo celebrando nossa história e criando o futuro".

Estudei ética e aprendi que as questões de certo e errado têm nuances e são complexas, exigindo rigor na solução. Eu me lembraria desses cursos quando estávamos lidando com o dilema da propriedade das informações de nossos clientes na HP. Como escolher utilizar aquela informação era uma oportunidade de negócios, mas era também uma questão ética. No final, decidimos abrir mão da oportunidade de negócios que poderia ser criada com a venda de informações de clientes por causa das questões éticas envolvidas; nossos clientes eram os donos das suas informações, e nossa responsabilidade era protegê-las, não vendê-las. Estudei lógica e descobri que os processos de raciocínio disciplinados e as perguntas bem formuladas são tão poderosos quanto as respostas. Em muitos sentidos, essa descoberta me deu a coragem de me transferir para muitos cargos e setores diferentes. E sempre que eu estimulava um empregado a trocar o conforto de sua experiência por um novo emprego em uma oportunidade de crescimento, aconselhava: "Nunca subestime o poder da lógica".

Decidi continuar a aprender idiomas de modo a ler obras filosóficas no original, então estudei grego arcaico — para ler Platão e Aristóteles —, assim como latim, francês e alemão. (Tive aulas de italiano, mas apenas por diversão.) Como meu pai adorava história, eu também estudei isso. Descobri que gostava porque se tratava de pessoas, e, na maior parte dos casos, de pessoas que tinham escolhido fazer as coisas de modo diferente. Aprendi que, embora a história freqüentemente seja escrita por pessoas ricas e poderosas, em geral, também é feita por pessoas comuns que, inspiradas pela idéia de algo diferente, escolhem um novo rumo.

Entre as aulas mais valiosas que tive, estava um seminário chamado "Filosofias políticas cristã, islâmica e judaica na Idade Média." Toda semana precisávamos ler uma das grandes obras da filosofia medieval: Aquino, Bacon, Abelardo. Eram textos enormes — algumas vezes líamos mil páginas por semana. E, no final da semana, tínhamos de resumir seu discurso filosófico em duas páginas.

No meu caso, o processo começava escrevendo vinte páginas. Depois eu reduzia para dez, depois cinco e finalmente duas. No final, chegava a um trabalho de duas páginas em espaço um, que eu esperava que não apenas resumisse, mas também retirasse toda a gordura de um corpo de idéias, reduzindo-o à verdadeira essência de seu significado. Duas páginas não era um resumo simples e superficial de uma obra; era destilar todos os detalhes de uma obra. As filosofias e as ideologias certamente deixaram em mim uma profunda impressão, mas o rigor do processo de destilação em si, o exercício do refinamento mental, a capacidade de dizer claramente em duas páginas o que antes tinha sido dito em vinte — essas eram novas habilidades importantes. Invariavelmente, descobria que compreendia o texto muito melhor ao concluir o processo do que quando tinha começado. Embora na época não soubesse, eu estava desenvolvendo uma importante ferramenta de administração: como compreender e extrair de um volume de informações aparentemente esmagador o cerne da questão. E estava aprendendo uma lição sobre liderança: compreender e transmitir a essência das coisas é difícil, exige muita reflexão e tem um grande impacto.

Desde que comecei a aprender francês aos 4 anos de idade até meu último curso universitário aos 22 anos, fui exposta a todos os tipos de conhecimento: importantes capacidades analíticas como matemática e ciência, alimento para a alma na arte e na música, enriquecimento para o espírito na literatura e na filosofia. Tive a oportunidade de formar meu caráter, assim como meu intelecto. Vi um mundo maior que mudou e ampliou minha perspectiva, e eu sei que isso fez toda a diferença. Assim, muitos anos depois, em 1989, escrevi uma tese de mestrado para o MIT intitulada "A crise da educação: o papel das empresas e do governo na reforma". Argumentei que o sistema educacional está prejudicando o nosso país: não estamos conseguindo ensinar habilidades competitivas e cada vez mais ignorando os temas que são fundamentais para o caráter. A crise educacional se aprofundou desde 1989 em todos os sentidos, mas como nação nós ainda não desenvolvemos o desejo coletivo ou a necessidade urgente de abordar a questão. Nossa competitividade como país exige que compreendamos o mundo mais amplo e preparemos os corações e mentes de nossos filhos para a liderança.

Com os anos se passando na faculdade, começou a surgir a pressão quanto ao que fazer da vida. A verdade é que eu não tinha a menor idéia. Até então havia passado a vida tentando agradar a meus pais e tirar boas notas. O critério de sucesso para ambos era claro, mas além disso eu nunca tivera um objetivo especial ou um rumo claro. Estava interessada em uma enormidade de coisas, e em um momento ou outro eu tinha querido ser tudo, de bombeira a dançarina. Meus pais sempre tinham encorajado todas as ambições. Tudo era possível para mim, mas aquilo que eu escolhesse teria de ser algo que fizesse com perfeição, dedicação e disciplina. Minha mãe e meu pai tinham corrido grandes riscos em suas vidas e não temiam que eu fizesse o mesmo. Eles só insistiam em que eu me dedicasse plenamente a algo que merecesse meu talento e minha paixão.

Eu não sabia pintar como minha mãe. Mas podia tocar piano e imaginei que poderia me tornar musicista profissional — foi o mais perto que eu cheguei de emular minha mãe. Com o tempo, aprendi que, embora adorasse música, não podia viver no isolamento que vinha com ela. De qualquer forma, quem garante que eu realmente tinha talento?

Meu pai amava de paixão tanto o direito quanto o magistério. Então era bastante previsível que eu acabasse me decidindo pela faculdade de direito. Se eu não podia seguir os passos de minha mãe, seguiria os de meu pai. Não acho que tenha usado nenhuma imaginação para chegar a essa decisão. Na verdade, nunca pensei nas alternativas. A decisão satisfaria minha mãe e deixaria meu pai muito feliz.

Meu período em Stanford não foi particularmente feliz; os anos de faculdade foram sérios. Temia não estar à altura, porque todos pareciam muito mais inteligentes. Tinha uma enorme carga de disciplinas, escrevi uma tese sobre sistemas de justiça medievais e julgamento por ordálio, além de trabalhar três dias por semana de modo a conseguir o dinheiro para pagar casa e comida. Contraí uma mononucleose severa e lutei contra a saúde frágil durante um ano. Não me lembro de ter-me divertido muito; lembro-me de trabalhar o tempo todo.

No dia em que me graduei, estava com medo, assustada de deixar a bolha de proteção da universidade, com medo da escolha que estava fazendo, com medo de desperdiçar o inacreditável valor de minha experiência em Stanford. Eu temia cometer erros irreversíveis. Se hoje pudesse conversar com aquela jovem, diria a ela para relaxar, mas na época tudo para mim parecia muito sério.

Fui para a faculdade de direito da UCLA sem qualquer entusiasmo, e desde o primeiro dia ela me deixou desestimulada. Achei limitadora a atenção dada aos precedentes. E quanto a criar algo novo? Para mim, as decisões louvadas como brilhantes freqüentemente não tinham nada a ver com justiça, e tudo a ver com limitações legais determinadas por outro antecedente. Embora pudesse respeitar a lei, não sentia paixão por ela. Sentia dores de cabeça terríveis todos os dias e quase não dormi durante meses. Quando meu pai foi me visitar, eu disse que estava odiando. Ele ficou preocupado, mas não queria que eu abandonasse o curso. Desistir era um fracasso — você persevera, mesmo em situações difíceis. Assim, embora tivesse planejado contar a ele que havia decidido abandonar a faculdade de direito, não o fiz. Voltei e insisti por mais um mês.

Certo final de semana, fui para casa fazer uma visita. Eu estava perturbada. Por mais dramático que possa parecer, a verdade é que realmente tive uma epifania quando estava tomando banho na manhã de domingo. Meu corpo estava tentando me dizer algo com todos aqueles meses de dores de cabeça. Ainda consigo ver o exato azulejo do banheiro para o qual eu estava olhando quando de repente me dei conta de que na verdade não tinha a menor idéia de por que estava na faculdade de direito. Com 22 anos de idade naquele momento, de repente percebi que não podia passar minha vida satisfazendo meus pais. Se eu deveria usar todas as minhas capacidades e todos os meus dons, deveria ser fazendo algo por mim mesma; portanto, eu precisava encontrar algo que me desafiasse e conquistasse meu coração. Minha vida era minha. Eu podia fazer o que quisesse. A dor de cabeça desapareceu. Eu saí do chuveiro e me preparei para desapontar meus pais.

Foi Albert Camus quem disse: "Para sermos felizes, não podemos nos preocupar demais com os outros". Tendo chegado ao que para mim era uma decisão fundamental, eu me sentia alegre — temerosa, mas alegre. Cresci naquele dia. Tive de tomar sozinha uma decisão verdadeiramente difícil. Eu me senti só com aquela escolha, com medo das conseqüências, mas segura de que tinha escolhido bem.

CAPÍTULO 3

Não pense no próximo emprego

As horas seguintes foram terríveis. Minha mãe disse: "Isso não combina com o seu caráter. Estou muito preocupada". Meu pai disse: "Estou muito desapontado. Não sei se você conseguirá algo um dia". Quando eles me perguntaram quais eram meus planos, eu literalmente não tinha nada a dizer a eles. Precisava ganhar a vida — estava desistindo da faculdade de direito, e meus pais não podiam me ajudar — mas não sabia como.

Em 1976, uma pessoa graduada em história e filosofia não tinha exatamente uma garantia de emprego a não ser que quisesse retornar à faculdade para conseguir um título. Durante todo o tempo, desde a infância até o dia em que abandonei a faculdade de direito, eu nunca havia considerado o mundo dos negócios como uma carreira. Meus pais não tinham experiência nessa área, e eu sequer me lembro de ter ouvido o termo *negócios* antes de entrar para a universidade. Nós sempre vivemos em *campi* universitários ou perto deles. Simplesmente não conhecíamos pessoas de negócios. Todos os amigos de meus pais eram acadêmicos, artistas ou donas de casa. Se minha mãe tinha alguma opinião sobre negócios, provavelmente havia sido influenciada pela opinião do pai dela, e sendo um operário de linha de montagem, as opiniões dele não eram positivas. Meu pai era um intelectual, e o mundo dos negócios não parecia a ele intelectual. À noite, na mesa de jantar, tínhamos conversas sérias e conversas amenas. Falávamos sobre arte, música, filosofia, história, política, o clima, nosso dia na escola, nossos amigos; mas nunca falávamos sobre empresas em nossa área, de onde vinham os produtos que usávamos ou sobre economia.

O mais perto que eu tinha chegado de um empresário havia sido na televisão. Meus pais eram muito rígidos em relação à televisão. Nós não tivemos um aparelho até eu completar 10 ou 11 anos, de modo que tinha de escolher com muito cuidado os programas a que iria assistir. Por alguma razão, eu adorava o mundo da espionagem (eu e meu melhor amigo costumávamos fingir ser agentes da CIA), de modo que *O agente da UNCLE* e *Missão impossível* eram os meus preferidos. Em *Missão impossível* havia uma espiã. Ela estava em alguma espécie de negócio, e eu a achava maravilhosa. Chamava-se Cinnamon (interpretada por Barbara Bain) e era elegante e capaz. Sempre serena, ela não escondia nem seu intelecto nem sua beleza. Era uma parceira de igual para igual dos homens da equipe. Freqüentemente era subestimada pelo inimigo e sempre ria por último. Ela, decididamente, era o que eu queria ser quando crescesse.

De volta ao mundo real, nunca havia conhecido ninguém que tivesse um negócio até começar a trabalhar para ganhar meu próprio dinheiro. Durante a faculdade em Stanford, eu precisava pagar por casa e comida; portanto, trabalhei no DJ's Hair Design — um salão de cabeleireiro que ainda funciona no mesmo endereço —, fazendo a contabilidade, atendendo aos telefonemas, marcando horários. Não me lembro de pensar especialmente sobre os aspectos empresariais do salão: a receita, os produtos, os custos. Era fascinada pelos clientes e seu comportamento, além dos cabeleireiros e seus desafios. Aprendi muito sobre como algumas pessoas tratam aqueles que pensam não ter poder — naquele caso eu era a recepcionista sem poder que ficava entre uma mulher e seu cabeleireiro. Vi tanto o melhor quanto o pior das mulheres. Eu me vali de muitas das habilidades diplomáticas que tinha desenvolvido em casa e aprendi algumas novas. Adorava os cabeleireiros — os proprietários, Dan e John, tinham uma loja divertida e agitada. Conheci *gays* pela primeira vez. Aquela era uma época em que ninguém falava sobre orientação sexual, e muitos casais *gays* monógamos iam a festas com as acompanhantes do sexo feminino adequadas. Nós mantínhamos longas conversas e dávamos boas risadas sobre como isso algumas vezes podia ser doloroso e divertido. Eu era fascinada pelas pessoas no negócio, embora nunca tenha pensado no lucro que ele produzia.

Nos meses de verão, quando precisava trabalhar em tempo integral, eu procurava uma agência de empregados temporários, a Kelly Girls (que desde então teve o nome mudado para Kelly Temporaries). Sempre conseguia um emprego de secretária e, graças às aulas de datilografia do ginásio nas quais minha mãe tinha insistido, eu datilografava muito bem. Fui enviada para muitas empresas, incluindo a Hewlett-Packard. Estando na base da pirâmide — secretária temporária —, não possuía nenhuma noção de como era um negócio específico, ou os negócios em geral. Recordo-me de datilografar muito e atender aos telefonemas e lembro das outras mulheres em cargos semelhantes (não havia homens), que, normalmente, eram gentis e, em geral, frustradas. Lembro-me de receber preleções sobre a importância da qualidade no trabalho. Isso fazia sentido para mim, já que eu tinha sido criada acreditando que a qualidade era importante em todos os aspectos da vida, mas não me recordo de ter qualquer noção de por que estávamos datilografando o que quer que fosse.

Naquele momento, tendo abandonado a faculdade de direito sem planos e com muito pouco dinheiro, minha primeira apresentação formal ao mundo dos negócios era procurar os classificados. Procurei empregos de secretária e recepcionista. Fiz todas as entrevistas possíveis e aceitei a primeira oferta de emprego. Meu primeiro apartamento era um buraco, mas era o que eu podia pagar. Ficava em uma região muito questionável da cidade, e como eu não podia ter um carro, caminhava para o trabalho todos os dias. Era vizinha de um casal que brigava o tempo todo, e as paredes tinham a espessura de uma folha de papel. No todo, não era um início de vida independente muito auspicioso, mas cada passo parecia uma vitória. Estava assustada, muito consciente do tom de preocupação e desapontamento na voz de meus pais sempre que conversávamos, mas extasiada. Eu estava fazendo! Eu estava abrindo meu próprio caminho no grande mundo desconhecido. Eu era adulta.

Marcus & Millichap era uma firma de corretagem de imóveis comerciais. Ela ficava, e ainda fica, a uma quadra da sede da Hewlett-Packard em Palo Alto, Califórnia. Na época, havia duas outras mulheres trabalhando na empresa, uma das quais tinha me contratado. Uma era a secretária dos senhores Marcus e Millichap. No que me dizia respeito, ela era a chefona. Sua subordinada era a minha supervisora imediata. Meu trabalho consistia em ficar sentada na frente do escritório e receber os visitantes, atender aos telefonemas e aos chamados, além de datilografar tudo o que me pedissem. Mergulhei no trabalho, freqüentemente chegando cedo e saindo tarde, e estava determinada a ser boa naquilo. Não pensava para onde aquilo me levaria, nem que era indigno de mim. Eu estava grata por ter um emprego, interessada em aprender o que podia haver em um novo mundo e ansiosa para provar a meus chefes que eles não tinham cometido um erro.

Gostava das pessoas na Marcus & Millichap e da agitação do escritório. Via como os corretores ficavam empolgados quando faziam uma venda, como as pessoas eram dedicadas ao crescimento do negócio. Aprendi que algo simples, como, por exemplo, o modo como eu atendia ao telefone, podia significar muito para os nossos clientes. Lembro-me de um deles dizer que havia decidido fazer negócio conosco, após conversar com várias outras empresas, porque eu tinha sido amável e prestativa quando ele telefonou. Comecei a me identificar com as pessoas da Marcus & Millichap e, pela primeira vez, experimentei a sensação de fazer parte de uma equipe. Meus estudos acadêmicos tinham sido razoavelmente solitários. Gostei daquele novo trabalho em equipe.

Orgulhava-me do meu trabalho e passei a oferecer ajuda a quem precisasse. As pessoas começaram a me dar oportunidades. Serei eternamente grata a corretores como Charlie Colson e Ed Dowd, que identificaram mais que uma recepcionista. Eles passaram a me pedir ajuda para escrever propostas, visitar e avaliar propriedades, dar telefonemas exploratórios e participar de reuniões de estratégia sobre negociações futuras. Percebi que adorava os dólares e centavos de um negócio. Era muito divertido descobrir como fazer os números serem bons — para nós e para o cliente. Adorei a natureza pragmática do trabalho. Aquilo não era acadêmico e não era abstrato. Você fazia algo, e algo acontecia. Adorei o ritmo e sempre tinha a sensação de movimento para a frente.

Acima de tudo, eu adorava as pessoas, adorava trabalhar, colaborar e negociar com elas. Pela primeira vez, aprendi que no mundo dos negócios algumas pessoas são movidas por fatos e números, outras, por avaliação e intuição, e a maioria é incentivada por tudo isso. Algumas são levadas mais por emoção e pelo ego do que outras. Adorei a camaradagem de trabalhar arduamente e ganhar, ou perder, juntos. Achei interessante até mesmo a política interna do escritório, porque freqüentemente pediam que eu interferisse para ajudar as pessoas a encontrarem um ponto em comum.

Aquele emprego de recepcionista na Marcus & Millichap estabeleceu as bases para o conselho profissional que eu tenho dado desde então: não pense no próximo emprego; concentre-se em fazer o melhor possível no emprego que tem. Aprenda tudo o que puder de todos que puder. Concentre-se nas possibilidades de cada emprego, não nas limitações. Procure as pessoas que possam dar uma oportunidade a você.

George Marcus e Bill Millichap me fizeram o enorme elogio de pedir que eu me preparasse para me tornar uma corretora de sua empresa. A confiança deles em minha capacidade me deu a coragem, no final, de buscar um MBA. E eles me ensinaram uma inestimável lição de administração: a confiança do chefe é uma poderosa motivação. Como eles identificaram potencial em mim, comecei a procurar por ele em mim mesma.

CAPÍTULO 4

Novos medos

Eu achava que Todd era um bom homem e o conhecia desde a universidade. Ele sabia exatamente o que queria fazer e para onde estava indo. Parecia seguro de si, e para mim ele era reconfortante e conhecido. Talvez por isso tenha me apaixonado por ele — era muito insegura do que queria e para onde iria, ao contrário dele, que se mostrava seguro, oferecendo continuidade e estabilidade. Minha mãe ficou extremamente desapontada por motivos que não conseguia explicar bem, e que só mais tarde eu entenderia. Na época fiquei ressentida com suas críticas. Todd e eu nos casamos em junho de 1977 e imediatamente partimos para a Itália, onde ele estava estudando no *campus* de Bolonha na faculdade de Estudos Internacionais Avançados da Johns Hopkins.

Vivíamos em um apartamento do tamanho de uma caixa de sapatos. Adorei a Itália, os italianos e toda a louca aventura que foi nosso primeiro ano de casamento. Aprendi a tomar café, a beber vinho e a fazer comida italiana. Todd era, de forma muito real, meu professor, pois já tinha vivido na Itália antes, e eu o estava acompanhando enquanto ele se dedicava a seus estudos e à sua carreira. Eu o admirava e confiava nele para tomar as decisões sobre nossa vida. Embora fôssemos marido e mulher, não éramos pares.

Todd estudava em tempo integral, e precisávamos de dinheiro. Eu não tinha autorização de trabalho, mas podia atuar como professora particular de idiomas. Então ensinei inglês a empresários italianos e suas famílias e consegui uma boa clientela no boca a boca. Por dez dólares a hora, as aulas nos sustentavam.

Meus clientes empresários freqüentemente me pediam para "explicar o mundo dos negócios americano". Claro que eu sabia pouco sobre ele, mas, determinada a tentar responder, comecei a ler todos os periódicos e jornais de negócios americanos nos quais conseguia pôr as mãos. Então utilizava os artigos mais interessantes tanto para ensinar inglês quanto para falar de negócios. Embora quisesse ganhar meu dinheiro e satisfazer os alunos, aquelas aulas também eram uma grande experiência para mim. Eu aperfeiçoava meu italiano, mas também ampliava meu conhecimento e meu interesse nos negócios. Assim, após pensar algum tempo, concluí que iria fazer um MBA. Em 1978, não era um processo simples tentar ingressar em uma faculdade estando na Itália. Viajei até bases militares americanas para fazer os exames de admissão aos cursos de administração. Minha primeira tentativa foi frustrada pelo serviço postal italiano — os exames foram literalmente perdidos pelos correios, de modo que, após termos chegado à base, fomos orientados a voltar para casa e esperar quatro meses por uma nova oportunidade.

Se estivesse em busca de um sinal que me indicasse que estava tomando a decisão certa, até então os sinais não eram encorajadores. Tendo finalmente concluído os exames, concorri a uma única vaga: na faculdade de administração Robert H. Smith da Universidade de Maryland. Na época, era a única faculdade de administração reconhecida na região próxima a Washington, onde iríamos morar enquanto Todd concluía seu segundo ano de estudo. Não fui aceita.

Descobri que meu pedido tinha chegado tarde. Os correios italianos estavam freqüentemente em greve, assim como os ferroviários. Além de ter perdido o prazo, o currículo em si não era muito impressionante. De fato, eu me saíra bem no exame admissional e me graduara em Stanford com honras e distinção, mas havia cursado história e filosofia, sido recepcionista e professora de inglês. Não era exatamente uma receita de sucesso. E se não conseguisse ingressar em uma faculdade de administração, eu não tinha outros planos.

Cheguei à conclusão de que teria de falar com alguém. Sabia que era uma aluna apenas razoável do ponto de vista da faculdade, mas estava convencida de que havia escolhido o caminho certo. Após várias semanas tentando superar os diversos comitês e funcionários de seleção, finalmente consegui falar com o presidente do Conselho de Seleção, dr. Ed Locke. Telefonei regularmente enquanto ele deliberava. Meu estômago se contorcia a cada telefonema, e eu ensaiava todos eles antecipadamente, escrevendo os pontos fundamentais que queria destacar. Por mais difícil que fosse dar aqueles telefonemas, era ainda pior a idéia de ser tirada do meu jogo antes mesmo de ele começar.

Eu era uma boa aluna, o que provei na faculdade de administração, me formando apenas com o conceito "A". O fato de ter conseguido aprender todas aquelas novas disciplinas — marketing, finanças, contabilidade, comportamento organizacional e assim por diante — me deu alguma confiança de que realmente poderia ser bem-sucedida na área. Mas também me preocupava, porque sabia que ser uma estudante bem-sucedida não era o mesmo que estar no mundo real, de modo que o que aconteceu fora da sala de aula teve um grande impacto sobre mim. Mais uma vez, alguém acreditou em mim, e isso me encorajou a acreditar em mim mesma. E quando me tornei professora assistente, percebi que poderia fazer diferença para os outros.

Por algum motivo, o deão da faculdade de administração, dr. Rudy Lamone, viu algo em mim, e certa tarde pediu que eu fosse até seu escritório. Eu estava muito nervosa; talvez tivesse feito algo errado. Em vez disso, ele pediu minha ajuda para elaborar um programa de ex-alunos mais eficaz. Fiquei impressionada. O que eu sabia sobre tal coisa? Ele me deu uma oportunidade de trabalhar com ele; aprender com ele; e, mais importante, ser levada a sério por ele. Tratou-me como uma pessoa adulta e uma colega. Achou que eu tinha potencial e quis me ajudar a descobri-lo. Eu o constrangi contando esta história muitas e muitas vezes para alunos da universidade ao longo dos anos. Ele teve uma atitude simples, mas fez toda a diferença para mim. Acreditar no outro, de modo que ele possa acreditar em si mesmo, é um ato de liderança pequeno, mas extremamente importante.

Em um dos cursos do dr. Locke fiz um trabalho sobre as famosas experiências Hawthorne. Muito já tinha sido escrito, mas eu achei que tinha percebido alguns aspectos da questão que outros haviam deixado passar. Ele me garantiu que eu dei uma nova perspectiva a um velho tema, acreditou em minha contribuição o bastante a ponto de colocar seu nome junto com o meu e publicar os resultados. Senti-me como se pudesse conquistar o mundo no dia em que o periódico foi publicado.

O dr. Bill Nichols era professor de marketing. Como eu precisava trabalhar, ele me contratou como professora-assistente. Vendo como ele ensinava, aprendi o poder do humor e o impacto que tem uma boa história. E ao trabalhar como professora (dava aula para oito turmas de iniciantes por semana), também descobri que algumas vezes as pessoas aprendem melhor quando têm de fazer suas descobertas sozinhas. Assim, em vez de falar sobre a importância da marca, por exemplo, concebi uma experiência para meus alunos. Eu os mandei para lojas, defini os tipos de produtos que eles deveriam comprar e então pedi que explicassem suas compras. Era engraçado e recompensador literalmente ver as lâmpadas se acenderem quando um estudante percebia com que freqüência suas decisões eram baseadas quase que exclusivamente naquela emoção amorfa mas poderosa que envolve uma grande marca.

Descobri que alguns dos meus alunos também tinham medo — medo de não conseguirem se formar, de não estarem à altura das exigências. Eles explicavam seus temores quando pediam minha ajuda, e eu descobri que podia fazer diferença para eles construindo sua confiança e mostrando suas capacidades. Acho que foi o primeiro indício do que acabou se tornando minha definição favorita de liderança: "O bom líder é aquele que os homens reverenciam. O mau líder é aquele que os homens desprezam. O grande líder é aquele de quem as pessoas dizem: nós mesmos fizemos". (de Sun Tzu, *A arte da guerra.*)

O dr. Locke me encorajou a fazer um doutorado, mas o mundo real me chamou. Queria um emprego em administração que não fosse de secretariado; então fiz entrevistas com todas as grandes empresas que iam ao *campus* para recrutar alunos. Eu me paramentei com meu único terno azul de entrevistas. Conversei com empresas de consultoria, firmas de contabilidade, fabricantes de automóveis, bancos — todos. Se eles chegavam ao *campus* e estavam interessados em falar comigo, eu estava interessada em falar com eles. Realmente não tinha idéia de que tipo de setor ou empresa estava procurando. A empresa que finalmente me deixou curiosa foi aquela contra a qual a maioria dos meus professores me preveniu: Ma Bell, a companhia telefônica. Em 1980, a Bell System era enorme — com mais de um milhão de empregados. Uma burocracia mastodôntica segundo quaisquer parâmetros e incluía serviços telefônicos locais, interurbanos, equipamentos telefônicos e os Laboratórios Bell. Era uma concessionária de serviço público complexa cujas ações qualquer viúva ou órfão deveria ter, e cujo conhecido logotipo em forma de sino indicava um serviço seguro, garantido, confiável e onipresente.

As pessoas me disseram que era lenta demais, burocrática demais, embotada demais. Apesar disso, eu estava interessada. A área de comunicações, em si, parecia fascinante; era uma ferramenta básica e ainda assim uma tecnologia complexa. Vinham de Washington sinais de mudanças no setor. Uma empresa florescente chamada MCI estava abalando as estruturas e exigindo novas regras. Tínhamos falado muito sobre a indústria de telecomunicações em meus cursos de economia em Stanford e sobre as dificuldades de sustentar uma posição de monopólio quando a tecnologia mudava rapidamente. Além disso, a Bell System contava com algo chamado Programa de Desenvolvimento de Gerenciamento, pelo qual jovens gerentes percorriam diferentes departamentos. Era conhecido como uma oportunidade "promoção-ou-rua". Ou você se saía suficientemente bem em cada atribuição para receber novas responsabilidades, ou era convidado a deixar a empresa.

Isso me soava como um grande desafio. Imaginei que aprenderia muito no setor, que claramente estava crescendo. Eu gostava da idéia de ser apresentada a muitos departamentos diferentes, já que não sabia qual deles poderia ser o mais interessante para mim. Mesmo que saísse após poucos anos, o que parecia provável, seria uma experiência valiosa. Eu aceitei.

A primeira decisão que precisava tomar como nova recruta da AT&T era escolher o departamento no qual começar. Poderia ir para o departamento de finanças, engenharia ou vendas. Após sofrer muito, já que realmente pouco sabia sobre áreas, escolhi vendas. Não sei exatamente porque tomei essa decisão, pois as únicas pessoas da área de negócios que eu tinha conhecido eram os corretores da Marcus & Millichap, que vendiam coisas. Lembro-me de alguém ter-me dito que o departamento de vendas era um bom lugar para começar, pois tinha de aprender tudo sobre os produtos da empresa. Isso fazia sentido. Com o tempo, descobri que não apenas se aprende muito sobre uma empresa quando se vendem seus produtos, mas também sobre si mesmo e como se comunicar de forma eficaz com as outras pessoas. Acredito que todo aspirante a executivo de negócios deveria ter pelo menos uma experiência em vendas.

O começo de minha carreira na Bell System se pareceu muito com a escola. Fui enviada a um treinamento de nove semanas em vendas e produtos. Sentei-me em uma sala de aula com outros novos recrutas, e durante algum tempo foi muito divertido estar com novos colegas. Mas não era muito desafiador. Após algumas semanas, era hora de colocar os livros de lado e realmente começar a atuar — literalmente. Nós estávamos aprendendo algo chamado Processo de Vendas de Sete Passos. Era fácil de estudar, mas depois nos envolvemos em competitivos exercícios de atuação nos quais os instrutores desempenhavam o papel dos clientes, e nós tínhamos de desenvolver propostas complexas e vender a eles. Começou a ficar bastante difícil. Nunca havia experimentado esse tipo de simulação, nem vendido nada. Vender de verdade, em oposição a ler ou falar sobre isso, era muito mais difícil do que eu tinha imaginado.

Quase não consegui passar do primeiro exercício. Ele consistia em transpor uma barreira: convencer a secretária de um cliente em potencial, interpretada por um instrutor de que aquilo que você tinha a dizer ao seu cliente era suficientemente importante para que ela lhe permitisse falar com o chefe. Fui colocada em uma sala de reuniões sem janelas, com um telefone. Era um exercício simples, mas fiquei literalmente paralisada de medo. Lembro de ficar sentada naquela sala, fitando o telefone, tentando reunir coragem para discar o número. Eu estava certa de que iria fazer papel de boba e fracassar no primeiro teste. Disse diversas vezes ao instrutor que não estava pronta, que teria de adiar o exercício. Eu estava com medo de fracassar, portanto estava com medo de tentar.

No final, não tinha escolha. As regras eram claras: se você não conseguisse passar pelo primeiro exercício, não poderia continuar a fazer o curso. Meu primeiro telefonema de vendas foi bastante patético, mas o instrutor, provavelmente por piedade, me deixou superar a assustadora secretária. Eu tive uma enorme sensação de alívio e de vitória — não porque o exercício em si fosse tão importante, mas porque eu tinha dominado o medo e seguido em frente. Fui para os exercícios restantes com energia e confiança recém-descobertas.

No decorrer dos anos, passei a reconhecer este mesmo padrão nos outros; eu não era a única pessoa com medo. E, assim como eu, durante aqueles exercícios de simulação, quando as pessoas são confrontadas com algo novo e desconhecido — mesmo relativamente simples e sem significado —, em geral ficam paralisadas pelos seus medos. Ao longo daquelas longas horas na sala de reuniões, eu tinha aprendido, mais uma vez, que sempre que superava meu próprio medo me tornava mais forte. Alguns podem argumentar que o trabalho de gerente é utilizar o medo para motivar as pessoas, mas acredito que o papel de um líder é ajudar as pessoas a superar seus medos.

CAPÍTULO 5

Não antes de a dama sair

A escola de vendas, como qualquer outra, apresentava uma versão idealizada do seu assunto. Exigia uma boa dose de trabalho duro, mas lá os consumidores sempre estavam dispostos a gastar tempo caso você tivesse uma boa idéia; era possível falar diretamente com a pessoa que tomava as decisões e seus colegas estavam sempre dispostos a ajudá-lo. Quando finalmente cheguei à minha mesa e comecei a trabalhar de verdade, foi um despertar brutal.

Entrei para o setor de Comunicações Governamentais — a divisão da AT&T que atendia ao Governo Federal. Eu não sabia disso no primeiro dia, mas era a primeira MDipper a ingressar na equipe de vendas que me tinha sido atribuída. MDipper era a expressão não muito elogiosa usada para definir pessoas como eu, que ingressavam com diplomas de bacharelado por intermédio do Programa de Desenvolvimento de Gerenciamento.* Todos sabiam quem éramos, e alguns de nós rapidamente ganharam a reputação de arrogantes e impacientes pela transferência para a próxima função. O departamento de vendas que eu integrei era muito bem-sucedido, e eles achavam que não precisavam de nenhuma ajuda de pessoas como eu.

Fui para meu primeiro dia no emprego com grande ansiedade. Eu estava no caminho! Iria fazer um trabalho de verdade! Não sei que tipo de recepção eu esperava, mas recebi um balde de água fria. Meu chefe disse bom dia e me levou para minha mesa. Ela estava ocupada com uma pilha de meio metro de livros e papéis. Ele disse: "Eu fiz uma lista das contas que estamos passando para você. Pode estudá-las. Bem-vinda a bordo". Em uma folha de papel estavam as letras USGB, BIA, WPRS. Perguntei o que elas significavam. Ele disse: "Você descobrirá ali", e apontou para a pilha de material de leitura.

* MDP, na sigla em inglês. (N. do E.)

Eu não sei se estava sendo testada ou se meu chefe simplesmente não sabia o que fazer comigo. Eu fiz o que mandaram. Comecei a ler. Cinco dias depois, ainda estava lendo. Aprendi que BIA era o Bureau of Indian Affairs [Departamento de Assuntos Indígenas], que USGS era United States Geological Survey [Departamento de Pesquisa Geológica dos Estados Unidos] e que WPRS era Water Protection and Resource Service [Serviço de Recursos Hídricos e Proteção]. Também descobri como era a cobrança da AT&T em cada conta, quanto a equipe esperava vender e qual a missão de cada agência. Então, comecei a conversar com meus colegas. Era o que sempre fazia quando me via em uma nova situação. Fiz uma série de perguntas e li o suficiente para aproveitar as respostas. Indaguei sobre nossos clientes e o que estávamos tentando realizar, assim como sobre cada um de meus colegas de equipe: há quanto tempo eles trabalhavam ali, do que eles gostavam e do que não gostavam.

Meu chefe era bem-intencionado, mas estava tendo um relacionamento amoroso com uma mulher do andar de cima e não dispunha de muito tempo para mim. Sentávamos em cubículos de paredes baixas, e minha mesa ficava exatamente em frente à dele. Aprendi a reconhecer o tom especial que ele adotava quando estava falando com sua amada e também a falar com ele rápida e diretamente. O chefe dele, que comandava todo o Departamento de Vendas, parecia muito impressionado com sua própria importância e estava sempre ocupado em algum outro lugar.

Marie Burns trabalhava no serviço de atendimento a clientes havia muitos anos, e estava animada por ter outra mulher na equipe. Ela dava conselhos e oferecia seus pontos de vista livremente. Steve Franz estava no serviço de atendimento a clientes e disposto a trabalhar com qualquer um que estivesse disposto a atuar com ele. Bill Allan, que estava há mais tempo no serviço, era reservado e reflexivo. Ele iria esperar para ver se eu estava à altura antes de se comprometer.

E havia David Godfrey, que foi transferido para o escritório de Washington, vindo de Oklahoma. Ele era conhecido pelo relacionamento que tinha construído com o Departamento de Assuntos Indígenas. O BIA era o órgão do governo responsável pelas relações com as reservas indígenas do país e um grande cliente da Bell System. Operava uma enorme rede nacional ligando escritórios regionais da BIA, e cada reserva indígena tinha seu próprio sistema de comunicações. David sentia muito ciúme do seu feudo e estava prestes a se aposentar. Ele chegava cedo e sempre desaparecia na hora do almoço, normalmente voltando apenas na manhã seguinte. Dizia-se que ele era capaz de vender qualquer coisa. Fui destinada a "co-gerenciar" a BIA com ele. Nenhum dos dois sabia o que isso significava ou quem deveria fazer o quê. David achava que aquilo tudo era uma péssima idéia — um delírio dos nossos chefes que, como ele me informou, "não fazem a menor idéia do que está acontecendo".

Certo dia, David me informou que os dois mais importantes gerentes regionais da BIA estavam vindo para a cidade. Eles controlavam o caixa da rede nacional e aprovavam todos os aperfeiçoamentos da rede. David iria se encontrar com eles para debater nossa última proposta. Achei que era importante conhecê-los e perguntei se poderia ir junto. David pareceu bastante animado com isso e me convidou. Fiquei encantada. Seria ótimo ser apresentada àqueles clientes por David: seria quase uma recomendação dele, que, afinal, talvez achasse que eu podia ajudar.

Um dia antes do encontro David foi até o meu cubículo.

— Carly, lamento muito. Sei que tínhamos combinado de você se encontrar com os dois diretores. Acontece que eles têm um restaurante predileto na cidade, e pediram que nos encontrássemos lá. Sabe, eu sempre faço o que o cliente quer, portanto acho que você não poderá ir conosco.

— Por que não?

— Bem, nós vamos ao The Board Room. Lamento — disse ele e saiu.

Eu precisava consultar Bill. Ele deu um sorrisinho e disse:

— Carly, é uma boate de *striptease*.

The Board Room era mais que uma boate de *striptease*. Como o nome dizia, era um "clube de cavalheiros" de alto nível na avenida Vermont, conhecido não apenas pelo que acontecia no palco. No intervalo das apresentações, as jovens que trabalhavam lá vestiam *baby-dolls* transparentes e dançavam em cima das mesas enquanto os clientes almoçavam.

Os clientes da BIA queriam ir lá, portanto David e Steve iriam ao The Board Room. Quando soube disso, fiquei ao mesmo tempo constrangida e ansiosa. Sentei-me no banheiro feminino para pensar um pouco. Passei duas horas pensando e entrei em um estado parecido com o pânico. Não tinha idéia do que esperavam que eu fizesse naquela situação. Não podia dizer a mim mesma que não importava — claramente era importante me encontrar com aqueles clientes e convencer

David de que deveria ser levada a sério. Nunca passou pela minha cabeça ficar ofendida e exigir que eles não fossem — de qualquer modo, não teria adiantado. Fui colocada em uma situação que os outros tinham criado. Justo ou não, era problema meu encontrar uma solução e decidir como reagir.

Finalmente fui até a mesa de David e disse:

— Sabe, espero que isso não o deixe desconfortável, mas acho que vou almoçar mesmo assim. Encontro vocês lá.

Seria possível ouvir um alfinete caindo no chão enquanto todo mundo no escritório acompanhava o desenrolar da cena.

O dia seguinte chegou, e eu estava em pânico. Naquela manhã escolhi a roupa com o maior cuidado. Coloquei meu traje mais conservador e carreguei a maleta como um brasão de honra. "Eu sou uma profissional", murmurei para mim mesma. Peguei um táxi e, me sentindo uma idiota, dei o endereço ao motorista. Ele se voltou e olhou para mim: "Você está brincando, certo? Você é a nova garota?" Aquilo não estava começando bem.

Quando cheguei ao destino, respirei fundo, ajeitei minha gravata-borboleta (*Dress for Success for Women*, leitura obrigatória naquela época, recomendava gravatas frouxas presas na gola de todas as blusas) e entrei no The Board Room. Era muito escuro e barulhento. Havia um bar comprido à direita do lugar e um grande palco à esquerda. Estava acontecendo uma apresentação ao vivo com dez ou mais mulheres. Meus colegas estavam sentados o mais distante possível da porta, e a única forma de chegar a eles era passando bem em frente ao palco. Agarrei minha maleta com a maior firmeza e caminhei até a mesa, parecendo altamente deslocada e bastante ridícula.

Fui cordial e tentei parecer relaxada, informada sobre o negócio com a BIA e quis desesperadamente ignorar o que estava acontecendo ao meu redor. David estava bem-humorado e na verdade não muito interessado no trabalho. Entornava gim com tônica e chamava as mulheres para dançar em cima da mesa. Os outros homens se mostravam divertidos ou levemente constrangidos, mas ninguém tentou detê-lo. Em uma demonstração de empatia que deixou meus olhos úmidos, cada mulher que se aproximava da mesa observava a situação e dizia: "Lamento, cavalheiros. Não antes de a dama sair".

Após algumas horas, tendo defendido minha posição, eu os deixei lá. Eles deram um suspiro de alívio, tenho certeza, mas no dia seguinte, no escritório, o equilíbrio de poder claramente tinha mudado. Eu havia mostrado a David e Steve que não seria intimidada, mesmo que estivesse em pânico. Provei que não era apenas mais uma MDipper; eu realmente me preocupava em fazer meu trabalho, mesmo quando isso significava atuar em circunstâncias difíceis. Tendo tentado me rebaixar, David tinha rebaixado a si mesmo e estava constrangido. Bill decidiu que iria me colocar sob sua proteção e me ajudar a ter sucesso. Nem sempre podemos escolher os obstáculos que temos de superar, mas podemos escolher como superá-los.

Nunca falamos sobre o que tinha acontecido no The Board Room, e David e eu formamos uma ótima equipe. Foi Bill quem me disse que David bebia muito para ser eficiente. Mas ele conhecia todo mundo, os clientes gostavam dele e o respeitavam por seu trabalho ao longo dos anos. Assim, ele marcava os encontros e eu fazia os negócios. Havia muitos negócios a fazer; nós fornecíamos sistemas de comunicações para todas as reservas indígenas do país, além de redes de informações e de voz para o Departamento. David ficava sentado, olhando como um pai orgulhoso, e me deixava lidar com os clientes. Eu confiava em sua avaliação quanto a quem encontrar, quando e onde. Viajei para muitas reservas indígenas no país inteiro e falei em conselhos tribais. O Departamento de Assuntos Indígenas se revelou uma grande conta e excelente experiência.

Fazíamos várias reuniões em bares, não só porque David gostava de beber, mas também porque muitos de nossos clientes queriam nos conhecer melhor em um ambiente informal. Saber com quem estavam lidando era tão importante para eles quanto o assunto sobre o qual estávamos falando. A confiança era fundamental no negócio. Anos mais tarde, aprendi que o ritual de beber faz parte dos negócios em muitas culturas, particularmente na Ásia. Eu não era uma grande bebedora, mas bebia gim-tônica, como David. E quando a noite avançava e meus colegas ficavam mais à vontade, eu escapulia para o bar e dizia ao *barman*: "A partir de agora, sempre que eu pedir um gim-tônica, prepare apenas tônica. E isso fica entre nós". Acho que ninguém nunca descobriu. Eu estava demonstrando respeito pelos nossos clientes ao deixar que eles escolhessem o ambiente em que faríamos negócios e, ao mesmo tempo, me protegendo.

Viajei o país inteiro visitando clientes da BIA, USGS e WPRS. Quando telefonava para clientes nas sedes em Washington, aprendia algumas coisas. Quando viajava para me encontrar com as pessoas em campo, aprendia mais. Desde então, em todos os empregos, inclusive como CEO, descobri que se você realmente quer saber o que está acontecendo, precisa viajar. Quanto mais longe da sede você for, onde quer que ela se situe, mais você irá descobrir o que realmente está acontecendo.

Foi em uma de minhas viagens a Denver que conheci um gerente regional da Divisão de Minas, parte da USGS. Ele estava frustrado com seu sistema telefônico, um PBX, e disse que ninguém na equipe de vendas local da Mountain Bell dava atenção a ele. Informou que eles continuavam tentando resolver seu problema com a tecnologia existente e que não estava funcionando. A USGS precisava de um modo para lidar com um número gigantesco de chamadas e para mapear as informações fornecidas por essas chamadas. Mais importante ainda; em situações de emergência, eles precisavam realizar gigantescas teleconferências rapidamente, além de reunir um grande número de participantes em diversos locais distantes. Embora isso seja fácil hoje, em 1982 essa tecnologia não existia. Quando conversei com a equipe de vendas local, eles se queixaram de que seria necessário muito tempo e energia para trabalhar essa oportunidade. Havia vendas mais fáceis que eles podiam fazer.

O gerente regional era um cliente em potencial, que precisava que alguém realmente investisse tempo para compreender o problema e depois estivesse disposto a conceber uma solução que atendesse às suas necessidades. Não discuti com ele. Prestei muita atenção e fiz diversas perguntas. Após várias reuniões demoradas, eu disse que, embora não soubesse qual poderia ser a solução, realmente entendia seus problemas e seus objetivos, e prometi dar atenção a eles.

Nessa época, tive oportunidade de me transferir para um departamento diferente. Naquele momento, porém, estava comprometida com os meus clientes. Eu tinha negócios em andamento com eles; portanto, decidi permanecer no cargo, embora como MDipper eu estivesse atrasada para outra função. Muitos colegas disseram que eu estava cometendo um erro. Aqueles com os quais realmente me preocupava gostaram do fato de que, para mim, terminar o trabalho era mais importante do que me transferir para outro.

Ao longo de vários meses, conversei com diversas pessoas da Mountain Bell sobre a oportunidade da USGS. Eu sabia que aquilo era um grande negócio, mesmo que não conseguisse definir a solução. A maioria delas me dispensou rapidamente, dizendo que eu não compreendia os desafios tecnológicos envolvidos, ou que talvez não tivesse entendido bem a situação do cliente. Eu era nova, jovem e mulher — eu claramente não sabia do que estava falando.

Achei que finalmente tinha encontrado alguém que me levava a sério. Eu era uma gerente de primeiro nível, e ele, um de segundo nível da Mountain Bell. Ele me encorajou, escutou atentamente e sugeriu que passássemos o dia visitando diversos clientes e descobrindo mais sobre a oportunidade. Naquele dia, me pareceu que passamos mais tempo no carro do que com os clientes, mas não questionei sua avaliação, pois estava ansiosa para ser tratada como uma colega profissional e achava que ele estava sendo sincero. Quando finalmente retornamos ao hotel no final do dia, ele sugeriu que tomássemos um drinque. Sentada no bar, finalmente me dei conta de que tinha sido tola e ingênua. Meu colega não estava interessado em um cliente, mas sim em uma conquista. Desculpei-me e passei o resto da noite em meu quarto. Ele ligou a noite toda, e a cada vez estava com mais raiva.

Quando fui ao escritório local da Mountain Bell no dia seguinte, percebi que as pessoas estavam olhando um pouco demais para mim. Finalmente me disseram que o homem que eu rejeitara na noite anterior tinha ido trabalhar naquela manhã se vangloriando da grande noite de sexo que tivera comigo. Fiquei horrorizada e me senti humilhada. Pensei no que havia feito de errado. Eu sentia como se todos naquele escritório estivessem rindo de mim pelas costas, o que me deixou ainda mais determinada a provar que havia uma venda importante para a Divisão de Minas, e a ser eu a pessoa a fazê-la.

Desisti da Mountain Bell e comecei a conversar com as pessoas da AT&T em Nova Jersey e Washington. No final, após muitos becos sem saída, descobri alguém que me levou a sério, compreendeu o problema e se dispôs a conceber uma solução. Ele olhou para mim, sorriu e disse: "Você percebe como isso é grande?" Seu nome era Frank.

Depois que tudo foi dito e feito, o sistema foi finalmente vendido, projetado e instalado e era o maior do seu tipo implementado até então pela Bell. Era o Dimension 2000, com o Sistema de Comunicação de Emergência.* Eu levei comida para os técnicos de instalação todos os dias a fim de mantê-los animados e mostrar minha admiração por seu trabalho em tempo integral. O sistema baseava-se em um protótipo que tinha acabado de sair dos Laboratórios Bell, e a insta-

* ECS, na sigla em inglês. (N. do E.)

lação era um enorme desafio. Mais tarde, em função de seu bom desempenho, o ECS se tornaria parte integrante do Dimension, o principal sistema de PBX da empresa. Ganhei um prêmio nacional e fui promovida a gerente de vendas.

Naquele ano e meio, aprendi muito, como, por exemplo, que algumas vezes você precisa ter fé naquilo que sabe, mesmo quando quase todos dizem que você está errado. Descobri que se concentrasse toda a minha energia no emprego que tinha e se utilizasse toda a minha capacidade, surgiria uma oportunidade. Vi, mais uma vez, que só podemos ser diminuídos se permitirmos isso. Aprendi que algumas vezes o maior desafio é aquele que merece ser perseguido e que esse tipo de coisa exige uma equipe.

E conheci Frank.

CAPÍTULO 6

Escolhas do coração

Após sair da universidade e ingressar no mercado de trabalho, algo aconteceu no meu casamento. Com minha carreira na AT&T evoluindo, tornei-me mais confiante em mim mesma. Enquanto me consolidava e crescia, Todd e eu nos afastamos. As escolhas de Todd sempre tinham determinado nossas vidas. A partir do momento em que ficamos em pé de igualdade, o casamento deixou de funcionar. Ele começou a viajar durante semanas, e, certo fim de semana, descobri que ele não estava no escritório, como disse que estaria.

Decidi que era hora de consultar uma advogada. Ela me aconselhou a vasculhar todos os nossos documentos enquanto ele estava fora. Nunca me esquecerei de suas palavras: "Esse cara está armando. Você está ganhando dinheiro e ele o está administrando. Você precisa descobrir o que ele está fazendo com tudo". Eu nunca tinha prestado atenção em nossas finanças. Nunca tinha visto um contracheque dele e não fazia idéia de quanto ele ganhava, embora soubesse que era responsável pela maior parte da renda. Todd parecia gostar de cuidar das nossas finanças, e eu confiava nele. Lembro-me de ficar sentada em casa, na minha escrivaninha, olhando extratos bancários e outros registros.

Quando, finalmente, descobri toda a verdade, vi o mundo de uma forma inteiramente diferente. Não podia acreditar que alguém que eu pensava conhecer tão bem, alguém em quem tinha confiado e amado pudesse se comportar daquela forma. Foi a primeira vez que compreendi perfeitamente como alguns homens são ameaçados por mulheres capazes e bem-sucedidas. Eu voltaria a passar por isso no trabalho, mas descobrir isso em meu casamento era uma revelação dolorosa. Fui criada acreditando que o que você é, é um presente de Deus para você. O que faz consigo é seu presente para Deus. Como alguém que amava você podia se ressentir disso? Em retrospecto, tudo isso parece lamentavelmente ingênuo, mas até hoje subestimo a capacidade que as pessoas têm de abusar de minha confiança e a insegurança que algumas vezes as move.

Na maioria das vezes, quando Deus fecha uma porta, ele também abre uma janela. Durante aquele período terrível em que sofria pensando no que fazer do meu casamento, conheci uma pessoa que se tornou uma amiga para a vida toda e um exemplo. Certo dia, eu estava esperando o ônibus para ir trabalhar e, como era comum naquela época, chorando enquanto esperava. De repente, um carro cruzou quatro pistas e parou na minha frente. A porta se abriu e uma mulher disse: "Entre. Você parece estar precisando de uma amiga". Eu certamente precisava, e Carole Spurrier tem sido uma amiga maravilhosa e amada desde então. Ela também era a mulher de mais alta posição no escritório de Washington da AT&T e se tornou uma constante fonte de orientação e motivação. Carole e sua colega de transporte solidário, Judy Hudson, passaram os vários meses seguintes me dando conselhos matrimoniais enquanto íamos para o trabalho. Rimos e choramos juntas, e elas dissiparam meus medos e minha solidão. Não sei o que teria feito sem elas. Disse adeus a Todd e jurei que nunca mais confiaria em alguém como tinha confiado nele.

Eu quebrei essa promessa. Embora não soubesse na época, acho que me apaixonei por Frank à primeira vista. Ele era o gato do escritório — um cara moreno, bonito e encantador. Seu pai morreu quando ele tinha 13 anos de idade, e ele passou a vida cercado de mulheres: sua mãe, gentil mas indômita; suas irmãs mais velhas, ternas e dedicadas, Ursula e Claudia; suas tias. Ele compreendia e estimava as mulheres, e em troca todas elas o adoravam. Eu o amei porque ele amava que eu fosse capaz. Ele me disse que um dia eu ia dirigir a empresa. Ri e respondi que aquilo era ridículo, e embora eu realmente achasse que era, o amei por imaginar que fosse possível. Além do mais, ele considerava isso excitante, não ameaçador.

Com o tempo, descobri que ele também tinha sido traído. Nenhum de nós achava que podia confiar novamente. Assim, deixamos isso claro várias vezes.

Ele tinha duas filhas pequenas, Tracy e Lori. Eu tinha medo de encontrá-las, porque sabia que podia ser arrastada para a vida dele. Tracy era madura para a idade e protegia o pai. Lori era carente de afeto. Também me apaixonei por ambas em nossa primeira refeição: comida chinesa para viagem. A partir de então, não havia escapatória. Frank me pediu em casamento quando estávamos no carro em frente à casa de sua mãe no Domingo de Páscoa. Tracy se manteve suficientemente discreta por estar com a avó, mas Lori estava pulando, eufórica, no banco de trás. Ela havia escolhido o anel. Dizer sim foi a melhor decisão que eu já tomei.

Tive um último ataque de pânico no dia do nosso casamento. Foi a única vez na minha vida em que realmente tive de respirar em um saco de papel, mas quando finalmente segui em frente e encontrei os olhos de Frank, minha ansiedade desapareceu. Nós nos casamos em uma cerimônia simples na casa de Carole. Dei a cada uma das meninas um delicado bracelete de ouro e disse a elas que não tentaria substituir sua mãe, mas as amaria de todo o coração e seria seu anjo da guarda. Frank e eu tentamos ter mais filhos mas, por mais desapontados que ficássemos, esse não era o plano de Deus. Sentimo-nos completos com a família que tínhamos, e parecia um milagre que tivéssemos encontrado um ao outro.

Ao longo dos 25 anos em que estamos juntos, minha confiança em Frank tem sido absoluta. Sua fé em mim tem sido inabalável; sua honestidade, total. E ele trouxe muito consigo: duas filhas maravilhosas; uma grande, receptiva e afetuosa família italiana; uma nova vida. Hoje nossas filhas têm seus maridos, Lowell e Chris, de modo que finalmente Frank tem homens na família. E há duas outras meninas — nossas netas, Kara e Morgan.

Todos os anos, no Domingo de Páscoa, faço uma oração de graças especial por minha própria ressurreição.

CAPÍTULO 7

Nossa gatinha

Em 1982, eu me tornei gerente pela primeira vez. Não sabia nada sobre ser chefe e não havia cursos de treinamento para isso. Então, pensei em meus próprios chefes e em como eles me chefiavam. Lembrei que me sentia basicamente ignorada e deixada à própria sorte. Eles pareciam ter uma filosofia de gerenciamento do tipo "nade ou afunde". Assim, decidi que podia fazer melhor; seria interessada por meus subordinados.

Era uma equipe pequena, que atendia ao Departamento de Saúde e Serviços Humanos. Pattie Espey, como eu, era uma das jovens contratadas após a AT&T ter feito um acordo com o governo para encerrar um processo se comprometendo a contratar e promover mais mulheres. Ela era brilhante, ativa, frustrada e sempre prestes a desistir. Don Haynes, o gerente de serviços ao cliente, estava lá havia muito tempo. Ele tinha esquecido mais do que a maioria de nós sabia, mas tinha se isolado e era basicamente um aposentado na ativa, além disso não tinha uma boa opinião sobre mulheres na gerência. Bill Cash era assumidamente *gay*, atitude incomum na época, e como resultado foi marginalizado e ridicularizado. Era engraçado e autodepreciativo, mas identifiquei nele o desejo de ser levado a sério; ele estava desesperado para provar seu valor.

Reuni-me com cada um deles e perguntei o que pensavam sobre nosso cliente, o que achavam que fazíamos bem e o que não fazíamos. Indaguei como poderiam contribuir mais e o que eu deveria fazer. Estava bastante claro que ninguém esperava muito daquela equipe. Na verdade, os figurões os juntaram porque pensavam que o cliente não tinha potencial; certamente não havia grande movimentação na conta. Recebi a equipe pelo mesmo motivo: meu novo chefe também não esperava muito de mim.

O gerente distrital, meu novo chefe, sabia que tinha nascido para liderar e parecia atipicamente orgulhoso de seu monograma — RWP —, que colocava em tudo. Ele sabia que estava prestes a ser promovido a um cargo melhor, detinha todas as informações sobre o acordo e por que a AT&T tinha de contratar mulheres. Os números precisavam parecer bons. Era apenas isso.

Ele decidiu que deveríamos visitar os clientes juntos, de modo que ele pudesse apresentar a nova gerente de vendas. Em nossa primeira reunião, ele começou dizendo: "Eu gostaria que vocês conhecessem Carly. Ela é nossa gatinha". Então riu e acrescentou: "Na verdade, ela é nossa nova gerente de vendas". Eu também ri e fiz de tudo para impressionar o cliente com meu conhecimento da missão deles. Após a reunião, chamei meu chefe de lado e disse: "Nunca faça isso comigo novamente". Minha raiva superou o medo de falar com ele dessa forma. Ele me olhou de cima a baixo e retrucou: "Tudo bem. Desculpe. Diga, você já foi animadora de torcida?"

Decidi que eu e minha nova equipe íamos superar as expectativas que os outros tinham de nós. Iríamos estabelecer metas mais desafiadoras para nós e então superá-las. Não ficaríamos satisfeitos em sermos subestimados. Reuni a equipe e dei todas as oportunidades que ela havia reclamado não estar explorando. Lembrei-lhes todas as coisas que tinham dito que deveríamos fazer diferente e melhor. Recordei-lhes aquilo em que cada um se achava bom. Disse que iríamos colocar aquela equipe no mapa da AT&T. Eu não sabia exatamente como, mas, juntos, iríamos conseguir. Lembrei-me do que senti quando as pessoas me deram uma oportunidade na Marcus & Millichap e disse à equipe que ela podia fazer mais.

Pattie e Bill estavam dispostos e animados. Eles não tinham nada a perder. Don estava cético e não sabia como participava de um grupo de pessoas tão estranhas. Mas estava cansado do tédio, e sua curiosidade extraiu o melhor dele. Ele ia tentar. Nós nos reunimos até concebermos uma tática de equipe básica — como íamos trabalhar juntos e que oportunidades íamos explorar. E, durante o ano seguinte, trabalhamos para aparecer.

Cada um de nós contribuía com diferentes experiências e pontos de vista, dificuldades e ambições. Mas como todos contribuímos, o resultado foi melhor. Nem sempre era fácil chegar a um consenso, mas para conseguirmos o que queríamos, precisávamos uns dos outros. Todos gostaríamos de ser tratados com respeito e convidados a contribuir.

Eu precisava de uma equipe que me desse alguma tranqüilidade enquanto eu descobria o que era ser uma gerente de vendas. Isso foi muito antes dos dias de *feedback* total. Ainda assim, a cada três meses eu dava a Pattie, Bill e Don um pequeno questionário que havia preparado e pedia-lhes que dissessem o que eu estava fazendo corretamente e o que estava fazendo de errado. Eles levaram o pedido a sério, foram conscientes em suas respostas e me ajudaram enormemente. Nós também nos divertíamos com isso. Eventualmente Bill fugia do pedido e me dava conselhos sobre guarda-roupa. Ele, em geral, estava certo.

Trabalhando juntos, não conseguimos tudo o que tínhamos planejado, mas obtivemos muito mais do que nos tinha sido pedido ou que esperavam que fizéssemos. Éramos pessoas diferentes unidas por um objetivo comum. Eu tinha experimentado ao mesmo tempo o poder da diversidade e a força dos objetivos comuns. Pattie e Bill foram promovidos. Don se tornou o melhor gerente de serviços ao cliente do distrito — e, decididamente, as chefes não eram tão ruins, afinal. Ele trabalhou muito bem com outra antes de se aposentar. Eu adorei provar que RWP estava errado.

Uma vez por ano os gerentes avaliavam e classificavam seus subordinados. Cada funcionário recebia uma classificação de acordo com o desempenho: Superior, Excelente, Satisfatório, Insatisfatório. A cada um também era atribuída uma classificação numérica que representava sua posição em relação aos outros funcionários da organização. Em minha primeira função, lembro-me de ver meu chefe e todos os outros gerentes de segundo nível irem para uma sala no início da manhã e finalmente saírem ao final de um dia extenuante. Várias semanas depois, meu chefe me dizia como eu tinha sido avaliada e classificada. Nunca entendi bem o que acontecia naquelas sessões. Todo o processo parecia muito importante e misterioso.

Àquela altura eu era gerente de segundo nível e tinha de representar meus próprios funcionários. Estava orgulhosa de ter conquistado aquele grau de responsabilidade, mas também nervosa por não saber o que esperavam que eu fizesse. Além disso, eu estaria interagindo como igual com pessoas que até pouco antes eram meus superiores. Preparei-me cuidadosamente: anotei as realizações de cada um de meus subordinados, seus pontos fortes e as áreas em que eram necessários melhoramentos. Conversei com alguns dos outros gerentes de segundo nível sobre como funcionava a reunião.

Procurei Marie Burns, que sempre tinha sido muito prestativa em minha função anterior. Ela descreveu um processo completo muito racional, em que os supervisores apresentavam seus subordinados e propunham avaliações e classificações. Quando eles tinham concluído as apresentações, havia um debate aberto, e depois todos chegavam a um acordo sobre a atribuição de notas e como cada empregado era classificado no universo geral. Algumas vezes, eles também debatiam o potencial de um funcionário para subir na organização. Tudo aquilo parecia muito razoável — éramos gerentes profissionais nos reunindo para conversar sobre todos os subordinados pelos quais éramos coletivamente responsáveis. Iríamos debater e deliberar juntos, para finalmente chegar a um consenso. Passou a fazer sentido para mim a razão pela qual as reuniões eram longas e extenuantes. Havia muito trabalho importante a ser feito.

Depois falei com Ron Ketner, o gerente cuja equipe se sentava junto à minha. Eu não o conhecia muito bem, mas ele parecia experiente, cáustico e machista. Estava sempre fazendo brincadeiras inconvenientes e certa vez me disse que não via nada demais em uma vendedora ir para a cama com um cliente, desde que fizesse a venda. Eu não me interessava por suas brincadeiras ou por seu ponto de vista, mas ele era respeitado no escritório, de modo que eu queria saber sua opinião sobre notas e classificações.

— Veja bem, Carly, eu não sei o que Marie contou a você, mas eis a verdade. A sessão de notas e classificações não passa de um grande jogo. Cada chefe quer a garantia de que o maior número possível de seus subordinados esteja no alto; do contrário, eles não parecerão bons para seu próprio chefe na vez de serem avaliados e classificados. Assim, você vai competir contra todos os outros naquela sala e precisará fazer alguns favores aos seus amigos se quiser que eles façam alguns a você.

— Mas Ron, isso não é sobre as pessoas que estamos avaliando, e não sobre nós?

— Não, é política pura e simples. Boa sorte.

Eu era uma gerente novata sem histórico. A política de escritório, assim como a política real, é baseada em poder — quem o perdeu, quem o cobiça, quem o detém. Eu não tinha nada disso; portanto, joguei da única forma que podia. Decidi, antecipadamente, que avaliação eu achava que cada um dos meus subordinados realmente merecia e se eles estavam no topo daquela categoria, no meio ou na base. Isso me deu uma noção aproximada da classificação que eles deveriam receber. Quando chegou a minha vez, apresentei minhas conclusões e me recusei a arredar pé durante o resto da reunião. Outros adularam, lisonjearam ou ameaçaram. Alguns até argumentaram e fizeram acordos. A reunião se revelou um pouco como Marie tinha descrito e muito como Ron previra. E eu era um objeto teimoso e inamovível em meio à dança. Quando todos finalmente se convenceram de que eu não mudaria de idéia, me deram o que eu queria. Se não podia convencê-los, iria resistir mais que eles.

Eu não estava particularmente orgulhosa do meu desempenho, pois não havia contribuído muito para o debate. Talvez pudesse ter-me saído melhor de outra forma, mas fiz o que queria. E podia dizer honestamente a Pattie, Bill e Don por que eu defendia a avaliação e a classificação que eles receberam.

Como não falei muito, passei o dia escutando. E aprendi muito sobre como as coisas realmente funcionavam. Primeiramente, só porque alguém era de segundo nível não significava ser mais inteligente que outro de primeiro. Isso parece primário, e é, mas como nunca estive antes em uma grande corporação, apenas supunha que o nível e o título deviam ter alguma relação com caráter e capacidade. Se alguém foi promovido, certamente o foi por ser melhor. Naquele dia, descobri que estava errada. Alguns daqueles gerentes eram inteligentes, outros, não. Alguns eram honestos, outros não. Conheci pessoas de primeiro nível que eu considerava melhores, e de segundo nível que nunca deveriam ter-se tornado gerentes.

As pessoas são pessoas, independentemente de quem são e de que posição ocupam. Algumas merecem seus títulos, outras não. De um lado, considerei essa descoberta alarmante. Eu já não podia supor que os chefes sempre sabiam mais. Por outro lado, isso de alguma forma era fortalecedor. Reforçava o que eu tinha aprendido enquanto crescia: o valor não é medido pelo título ou a posição, mas sim em função do que a pessoa tem e de como escolhe usar isso.

Também observei que os gerentes são mais entusiasmados com os subordinados com os quais se sentem confortáveis. Na prática, isso significava aqueles que os gerentes conheciam há mais tempo, pessoas com quem eles conviviam mais, parecidos com os chefes nos hábitos e interesses, ou subordinados que se adequavam à imagem que os chefes tinham do sucesso; esses funcionários se saíam muito melhor na avaliação e classificação do que os outros, desafiadores ou menos conhecidos. Se um chefe mantinha uma relação desconfortável com um subordinado, isso ficava claro no modo como falava sobre ele.

Algumas vezes, anterioridade e conhecimento podiam prejudicar os resultados, o que acontecia. Se você quer saber se tem uma relação confortável com alguém, concentre-se na personalidade e nas características da pessoa. Portanto, ajustar-se ao papel pode dar resultados. Havia um vendedor muito bonito na mesma equipe de vendas que eu trabalhara e que era um exemplo perfeito. Com boa aparência, se apresentava bem, falava de futebol com todos os gerentes e era bom em contar piadas. Era verdadeiramente agradável. Freqüentemente falhava com os clientes e sempre tinha uma desculpa para não conseguir cumprir as metas. Era classificado sempre no topo da lista. Ele era um clássico "tamanho 42", o número do seu paletó. "Tamanho 42" também era a expressão para designar um gerente que incorporava perfeitamente o papel, com mais aparência que conteúdo. Conforto e familiaridade não têm nada a ver com mérito, a não ser por acaso. Eu estava tendo minha primeira pista de como o preconceito pode se instalar em uma organização e de como é difícil implantar a meritocracia.

Finalmente, o seminário que aconteceu não afetou apenas as decisões daquele dia. Naquela sala, as pessoas fizeram favores umas às outras em troca de outros favores que podiam ser pagos em dias diferentes ou questões diferentes, ou talvez em outra rodada de avaliação e classificação no ano seguinte. Aqueles gerentes tinham de trabalhar juntos em várias questões ao longo do tempo. Aquelas pessoas sobre quem elas estavam discutindo naquele momento específico eram temas importantes em si, mas também eram peões em um jogo maior. É uma pena que haja tantas pessoas com dificuldade de colocar de lado seus próprios interesses e se concentrar exclusivamente no melhor resultado possível para o desafio apresentado.

Eu mesma me tornei tema de um desses seminários. Era minha vez de ser avaliada e classificada como gerente de segundo nível. Ron Ketner tinha se tornado gerente distrital em exercício devido à ausência prolongada do seu chefe, de modo que ele estava na sala com os outros gerentes distritais. Quando a reunião terminou, Ron Ketner me procurou.

— Carly, eu não deveria contar isso, mas ferraram você. Você foi muito bem avaliada, e argumentei que deveria ser classificada como número um. Muita gente concordou comigo. Você fez um ótimo trabalho com a HHS, mas um dos distritais disse que era a vez de o pessoal dele ficar em primeiro lugar; ele recebeu a promessa da posição no ano passado e já tinha dito ao pessoal dele. Nenhum de nós queria concordar, então ele decidiu jogar sujo com você.

— O quê? O que ele disse?

— Disse que quando você trabalhou para ele, ficava com o crédito pelo trabalho [do tamanho 42] o tempo todo.

— Isso é ridículo. Nós nem mesmo trabalhávamos nas mesmas contas! Eu não poderia ficar com o crédito pelo trabalho dele.

— Bem, nós não sabíamos disso, de modo que não podíamos contradizê-lo. De qualquer forma, você terminou como número dois. Isso é bastante bom, você sabe; eu só acho que você merecia a primeira posição.

De fato, o resultado era muito melhor do que eu tinha esperado. Mas eu não estava concentrada nisso — estava ultrajada com o que aconteceu. Não seria a última vez que alguém falsamente maculava minha reputação para servir a outros objetivos. De fato, isso ocorre a todos os tipos de pessoas o tempo todo. É a matéria-prima cotidiana da resistência organizacional e da política mesquinha. Mas era a minha primeira vez. Alguém tinha inventado uma história sobre mim, manchado meu caráter, e feito isso unicamente para atingir seus próprios objetivos. Senti que tinha sido cometida uma injustiça.

Estava tão furiosa que me levantei e parti para o escritório daquele gerente distrital. Pouco antes tinha trabalhado no distrito dele; ele foi o meu primeiro chefe. Certamente não tinha uma posição de poder, e sequer deveria saber o que sabia. Não havia planejado o que ia fazer, mas de algum modo ia esclarecer o caso.

Eu o assustei. Ele era um homem baixo e estava sentado atrás da mesa. Quando ele começou a se levantar, eu disse: "Sente-se", me encaminhei rapidamente para sua mesa e fiquei de pé ao lado dela o mais perto que pude. Literalmente fiz sombra sobre ele.

— Você teve algum problema comigo enquanto trabalhei com você?

— Não, Carly. Por quê?

— Você acha que eu fiquei com o crédito pelo trabalho de alguém?

— Não, Carly.

— Tem certeza? Porque se acha, deveria ter me dito.

— Não, Carly, honestamente. Você era a nossa melhor executiva de contas. Você sabe disso.

— Então, nunca repita isso novamente; e daqui para a frente, se quiser falar algo de mim pelas costas, é melhor estar disposto a dizer na minha cara.

E saí.

Eu estava literalmente tremendo, tanto de medo pelo que fiz quanto de raiva pelo que foi feito comigo. Passei a noite toda acordada, preocupada com isso.

Era a primeira vez que experimentava a precedência do poder pessoal sobre o poder da posição. Na verdade, não tinha sido uma demonstração muito elegante. Cinnamon (de *Missão impossível*) teria feito de forma muito mais sutil — estando acima dele em meus saltos altos, eu era fisicamente intimidadora. Mas funcionou. No dia seguinte, o gerente distrital foi até minha mesa e, mérito dele, se desculpou. Naquele momento, ele já tinha garantido o primeiro lugar; mas ainda assim foi necessária humildade, e acho que o seu remorso era verdadeiro. Isso, ou ele temia cruzar comigo em um beco escuro.

E quanto ao cáustico e machista Ron? Eu tinha aprendido que algumas vezes não se sabe quais são os nossos amigos. Meu próprio preconceito me levara a subestimá-lo.

CAPÍTULO 8

Posso e farei

RWP foi promovido a gerente de divisão e subiu para Negócios Públicos, a organização que interagia com o governo em nível político. Um posto muito importante, já que na época a desconcentração era uma realidade. No dia 1º de janeiro de 1984, a Bell System seria dividida. As empresas de telefonia regionais passariam a ser chamadas de Baby Bell e ficariam responsáveis pela telefonia local. A AT&T passaria a ser AT&T Long Lines, a concessionária da Bell,* responsável pela rede interurbana, e a subsidiária independente** AT&T, que venderia equipamentos. A AT&T IS e a BRE já tinham sido criadas. Faltava ser dado o passo final e mais doloroso, dividir a rede propriamente dita entre serviço local e interurbano.

Era uma solução muito complicada para um problema complexo: como aumentar a inovação e criar competição suficiente em um setor vital, ao mesmo tempo mantendo a qualidade de serviços universais da qual todo o país dependia? Passei muito tempo em 1983 explicando a nossos clientes como isso iria funcionar na prática, do ponto de vista tecnológico, tarifário e regulatório. Viajei por todo o país, visitando escritórios de campo, bem como carregando grandes cartazes que tinha concebido para mostrar às pessoas como seriam as redes, de que modo iríamos administrá-las e como passaríamos a cobrar depois de 1º de janeiro de 1984. Passei bastante tempo aprendendo e depois explicando aos outros que eu realmente compreendia onde haveria problemas. Nesse processo, tinha aprendido o que os bons professores sabem: se você quer mesmo entender alguma coisa, tente explicá-la a alguém. Os

* BRE, na sigla em inglês. (N do. E.)

** IS, na sigla em inglês. (N. do E.)

problemas seriam os limites entre empresas locais e interurbanas e suas redes. No jargão telecom, esses pontos de demarcação eram conhecidos como Pontos de Presença.*

No início de 1984, meu novo chefe me procurou e disse:

— Carly, chegou a hora de você sair de vendas. Para onde gostaria de ir?

Gostei muito de ele ter-me perguntado o que eu queria e também de estar disposto a me ajudar. Pensei durante algum tempo e finalmente disse:

— Quero ir para a Engenharia e trabalhar na Administração de Capacidade de Acesso.

— Carly, por que você quer ir para lá? É um zoológico! Ouvi dizer que está uma bagunça. Ninguém sabe exatamente o que eles deveriam fazer. Soube que estão trabalhando 24 horas por dia, 7 dias por semana, com três turnos de engenheiros por dia. Você nunca esteve na Engenharia.

O Centro de Administração de Capacidade de Acesso** era onde a AT&T Long Lines e as Baby Bells se juntavam, um setor inteiramente novo, porque nunca tinha sido necessário antes. Era o setor no qual, do ponto de vista técnico e de engenharia, as redes de diferentes empresas iriam se juntar nos POPs. Qualquer serviço que precisasse ser oferecido após 1º de janeiro de 1984 teria de passar pelo ACMC. E como todos os interurbanos e circuitos terminavam em algum ponto no território de uma Baby Bell, as Baby Bells iriam cobrar da AT&T (e da MCI) por aquela conexão. Essas cobranças de acesso seriam a principal despesa isolada da AT&T, chegando a bilhões de dólares por trimestre. (Quase vinte anos depois, os métodos utilizados por alguns provedores de servidores interurbanos para contabilizar essas mesmas cobranças de acesso iriam derrubar a WorldCom em uma das maiores fraudes empresariais da história.) O ACMC era o ponto em que surgiriam os problemas.

Meu chefe estava absolutamente certo, e era por isso que eu queria ir, por ser uma novidade. Todo mundo estava tentando imaginar. Talvez eu pudesse ajudar. Era caótico — talvez isso fosse excitante. Um trabalho difícil — eu queria um desafio. Não me importava que não fosse uma transferência típica. Estava em busca de um trabalho interessante em que realmente pudesse fazer diferença.

* POPs, na sigla em inglês. (N. do E.)

** ACMC, na sigla em inglês. (N. do E.)

Meu chefe achava que seria uma transferência arriscada. Eu poderia fracassar e até então tinha sido muito bem-sucedida em minha carreira. Ele sugeriu diversas oportunidades nas quais tinha pensado. Cargos que, segundo ele, me dariam maiores oportunidades de aproveitar minha experiência anterior. Mas eu não estava preocupada com os riscos, embora soubesse que eles existiam. Queria aprender algo novo, além de ajudar a resolver problemas de verdade. Meu chefe conhecia o gerente distrital encarregado do ACMC e telefonou para ele. Bob ficou encantado. Tinha tantos desafios que aceitaria qualquer um que quisesse ajudar. Assim, saí de Comunicações Governamentais e fui trabalhar em Oakton, Virgínia, sede da Região Leste da AT&T.

Ao chegar, vi uma atividade frenética. O ACMC ocupava quase todo o primeiro andar do prédio. As mesas eram separadas por divisórias baixas, de modo que todos podiam ver uns aos outros. As pessoas ficavam de pé junto às mesas, gritando umas para as outras, engenheiros corriam de um lado para o outro com resmas de papel. Realmente era um caos. O escritório de Bob Cann situava-se no canto mais afastado dessa agitação. Ele era cordial, mas estava estressado. Todos trabalhavam muito, e os engenheiros de Oakton estavam acostumados a oferecer serviços calmamente, com qualidade e tempo. Naquele momento, nada parecia no tempo certo, e havia erros demais. Pior ainda, as relações cordiais que tinham existido entre os engenheiros locais de Bell e Long Lines foram seriamente abaladas. Havia muitas acusações e discussões. Ninguém queria ser prejudicado pela burrada do outro. A maioria dos engenheiros achava que desconcentração era uma péssima idéia, concebida por um bando de políticos e executivos que não faziam a menor idéia de como uma rede telefônica funcionava.

Bob tinha decidido me colocar como responsável pelo grupo que projetava os circuitos. Os engenheiros determinavam que serviço deveria ser oferecido e então criavam os projetos de engenharia para torná-lo possível. Esses projetos eram depois repassados às equipes que ofereciam os serviços, e elas trabalhavam com os engenheiros das empresas locais e conversavam com os clientes. Toda a documentação era necessária, porque esse fornecimento passou a ser um processo contratual entre duas empresas independentes, e as tarifas de acesso eram determinadas com base nesses projetos.

Acho que Bob me deu esse grupo porque era o setor que funcionava mais tranqüilamente. Eu não poderia ter muitos problemas e talvez aprendesse algo.

Embora Bob não me visse como uma pessoa supérflua, eu era uma novata na engenharia. Ele não podia permitir que minha ignorância prejudicasse o negócio. Comecei meu trabalho da mesma forma que tinha começado todos os outros. Reuni-me com meus novos funcionários e fiz uma série de perguntas. O que eles faziam? Por que faziam?, etc.

Os engenheiros pareceram amigáveis e receptivos. Eles eram profissionais e muito pacientes na descrição do quê e de como faziam, mas estava muito claro que eles não precisavam de ajuda nenhuma. Eles seriam melhores treinadores para mim do que eu seria chefe para eles. Um deles, Jim Psioda, na casa dos 50 anos de idade, era tímido e reservado. Ele se sentia mal-aproveitado, mas não sabia como ajudar. Não extraí muito dele em nosso primeiro encontro. Carol Swann era uma das engenheiras. Ela parecia infeliz e tensa. Em nosso primeiro encontro, ela me disse que realmente deveria ter sido promovida algum tempo antes. Eu sabia que ela pensava que deveria ter o meu cargo. Era conscienciosa e trabalhava duro, mas se preocupava consigo mesma e parecia isolada do restante do grupo.

Após essa primeira sessão de reuniões, ficou muito claro que eu não tinha como agregar valor dizendo àquelas pessoas como fazer o trabalho ou ficando no caminho delas. Sabiam mais sobre o que estavam fazendo do que eu e já tinham frustração o bastante; não precisavam que eu ficasse por perto tentando "ajudar". Queria demonstrar a elas o respeito que mereciam, portanto precisava saber algo sobre como exerciam suas funções, mas para marcar diferença era necessário eu dedicar meu tempo a algo que ninguém mais estivesse fazendo e que precisava ser feito.

Comecei a estudar projetos de circuitos — aquelas plantas que minha equipe estava produzindo; percebi que eles identificavam cada POP significativo por seu indicador numérico próprio e descreviam o tipo de circuito e o comprimento exato necessário. A tarifa ou o acordo de preços também era anotado. No conjunto, havia muitas informações detalhadas envolvidas em cada registro. Perguntei a alguém se eu tinha compreendido corretamente como funcionava. Tinha. Então perguntei se alguém conferia as faturas de acesso que recebíamos, baseadas naqueles registros.

— Na verdade, não. Nós damos uma olhada todo mês quando elas chegam, e parecem certas. Eles estão nos cobrando com base nos registros que enviamos.

Aquelas faturas representavam muito dinheiro: 2 bilhões de dólares, apenas em nossa área. Achei que aquilo merecia uma nova conferência, então comecei a olhar as faturas de acesso. Elas pareciam certas e apresentavam as mesmas informações que tínhamos dado às equipes de fornecimento. Mas olhei o caos ao redor de mim no primeiro andar e imaginei que deveria estar igualmente caótico na Bell Atlantic, a companhia telefônica local à qual estávamos ligados. As pessoas podem cometer erros em ambientes assim, e talvez estivessem cometendo algum. Eu não sabia o que procurava, mas nesse processo eu estava aprendendo algo e tentando descobrir algo que merecesse ser feito. Assim, sentei à mesa com uma fatura, livros de projetos de circuitos e uma tabela de preços e comecei a checar e rechecar.

Encontrei muitos erros. Alguns não eram significativos, mas outros podiam valer muito dinheiro ao longo do tempo. Eu estava surpresa e queria que alguém conferisse o meu trabalho. Assim, procurei Jim, que se sentia pouco útil.

— Ei, Jim, eu quero saber se você pode me ajudar em uma coisa.

Jim se levantou imediatamente. Pedi-lhe que conferisse o trabalho que eu tinha acabado de fazer e disse por que poderia ser importante. Não queria que ele pensasse que era apenas para ocupar o tempo.

— Estas contas representam muito dinheiro. Se elas estiverem erradas, isso vai nos custar caro.

Jim tinha dúvidas de que pudéssemos achar algo, mas aceitou a tarefa de bom grado. Ele gostou de ter sido chamado para ajudar. Fiz com que se sentisse útil. Ele era lento e minucioso em seu trabalho. Quando finalmente terminou, apareceu com um grande sorriso no rosto. Ele encontou mais erros do que eu.

— Carly, isso é ótimo! Podemos poupar muito dinheiro para a empresa.

Precisávamos ter certeza, portanto começamos a investigar pilhas de faturas. Pedi a Carol para nos ajudar a conferir os registros. Após várias semanas, estava claro que em um só mês tinham nos cobrado dezenas de milhões de dólares a mais. Era hora de procurar a Bell Atlantic. Imaginei que estávamos pagando a eles, portanto eles deveriam vir a nós.

Níveis e títulos representavam muito para as pessoas na Bell System, assim como na maioria das grandes empresas. As pessoas se vinculam aos símbolos de seu poder e autoridade. Na AT&T, o protocolo dizia que um superior podia convocar uma reunião com um subordinado, mas não o contrário. Eu era gerente de segundo nível, e a pessoa encarregada das faturas de acesso na Bell Atlantic ocupava um cargo superior ao meu: gerente distrital. Ele também era a única pessoa com autoridade para solucionar o problema que tínhamos identificado, portanto pedi-lhe que fosse me ver.

Ele foi educado e concordou em ir. Jim, Carol e eu nos sentamos à mesa em frente a ele e sua equipe. Comecei lentamente, analisando cada fatura e apontando cada erro. Sempre que eles faziam uma pergunta, Jim ou Carol apresentavam a documentação de registro. Também apontamos a eles todos os casos em que tinham nos cobrado menos do que deveriam, mas a maioria dos erros era oposta. Nós os inundamos com informações.

Finalmente, eles disseram:

— Certo. Acreditamos em vocês. O que querem que façamos?

— Que nos paguem o dinheiro.

Jim estava triunfante. Ele trabalhava na Bell System havia quase trinta anos e gostava de fazer um grande gerente distrital sofrer. Até mesmo Carol estava começando a se divertir. Aquele era um trabalho sério que valia muito dinheiro, mas nós também estávamos fazendo um trabalho que ninguém tinha feito antes. Descobrimos sozinhos algo que era importante, e aquilo era excitante.

Sabíamos que havia muito dinheiro em jogo e que podíamos obrigar a Bell Atlantic a retificar seus erros. Então começamos a conferir cada fatura. Em pouco tempo, havia trabalho demais para nossa pequena equipe; consegui a autorização de Bob para contratar temporários que nos ajudassem. Tínhamos caixas e mais caixas de papel e mais de 50 pessoas investigando todos os detalhes de cada fatura. Não era um trabalho estimulante e sim tedioso, detalhado e maçante, porém importante. Então, sempre que pegávamos mais temporários, eu me reunia com eles e explicava como o trabalho deles fazia diferença. Dizia quanto dinheiro eles estavam nos ajudando a poupar e explicava por que todos os detalhes chatos que eles estavam investigando eram importantes. Eles precisavam compreender o calor e o contexto do trabalho para poderem realizá-lo com qualidade. E, no final de cada semana, eu contava a todos quanto dinheiro tínhamos economizado. Todo mundo trabalha melhor quando está motivado, e eles estavam, porque sabiam que estavam fazendo uma diferença positiva.

Bob tinha visto o bastante para saber que se estávamos tendo este problema na Região Leste, todas as outras regiões deveriam se encontrar na mesma situação. Então ele pediu uma reunião na sede da empresa em Nova Jersey. Queria reunir os outros ACMC de todo o país e nossos advogados para contar a eles o que estávamos descobrindo. Ele me mandou preparar uma apresentação e fomos para a sede.

Estávamos em uma grande sala de reuniões com muita gente reunida em uma enorme mesa comprida. Bob me apresentou e pediu que eu descrevesse o que estávamos fazendo. Eu só tinha ido à sede uma vez, acompanhando um cliente em uma visita. Era um ambiente muito intimidador, e as pessoas na sala trabalhavam na AT&T e na Engenharia havia muito mais tempo do que eu.

Elas me questionaram imediatamente, discutiram e me interromperam. Suas perguntas revelaram um profundo ceticismo, mas havia algo mais. Estavam quase ofendidas por eu ter descoberto o que não sabiam, mas para cada pergunta que faziam eu dava uma resposta. Não estava atacando o que faziam; simplesmente procurando algo que não vinha sendo feito. Com o desenrolar da reunião, percebi que sabia mais sobre o tema que qualquer outro na sala. Eles tinham poder e posição, eu dispunha dos fatos. E tinha Bob Cann, um homem de ótima reputação que, tendo convocado a reunião e me levado a ela, estava transferindo para mim pelo menos um pouco daquela reputação. Eu nunca vou esquecer disso. Foi generoso e fez uma grande diferença naquela sala e em minha carreira.

É interessante observar a resistência a uma nova idéia ou uma nova forma de realizar um trabalho. Há uma reação emocional ao medo do desconhecido ou de perder poder e influência. Nem sempre diz respeito a fatos e lógica, e esse foi o caso naquela reunião. Bob e eu retornamos de Nova Jersey desapontados e desencorajados.

No caminho de volta, Bob disse:

— Eu adorei ver o que aconteceu naquela sala. Quando você se levantou, o olhar no rosto de todos dizia: "essa garota não tem nada a nos dizer". Então, enquanto você falava, os olhares mudaram; e era possível vê-los chegando à conclusão de que você, afinal, talvez não fosse tão idiota. Veja, Carly, as pessoas olham para mim e, mesmo que não me conheçam, supõem que eu sou muito bom, caso contrário não estaria no cargo que ocupo. As pessoas olham para você e não pensam isso. Você tem de convencê-las.

Eu tinha 30 anos de idade, mas, acreditem ou não, era a primeira vez que me ocorria a idéia de que o fato de ser mulher podia me negar a suposição de competência. Como eu era uma mulher razoavelmente atraente, algumas pessoas supunham que não era competente. Claro que fui assediada e recebi propostas; alguns homens são assim, mas Bob Cann estava me dizendo que muitas outras pessoas não me dariam o benefício da dúvida. Elas não acreditariam que eu pudesse ocupar aquele cargo. E teria de ativamente dissuadi-las de suas suposições sobre quem e o que eu era antes de ganhar respeito. Precisaria trabalhar mais duro e estar mais bem preparada.

Ele também me disse que eu podia ver essa tendência nos seus rostos e em sua linguagem corporal. Ele estava me dando uma grande dica. Com o tempo, aprendi a estudar as pessoas cuidadosamente e a procurar pistas não-verbais. Os antolhos mentais de algumas pessoas são tão grandes que elas não conseguem tirá-los. Mas aprendi que se pudesse convencê-las do que estava fazendo nos primeiros vinte minutos, mais ou menos, elas iriam prestar atenção ao resto. Se você consegue fazer com que as pessoas coloquem de lado seus preconceitos, quaisquer que sejam eles, e realmente a escutem nesses primeiros vinte minutos, você pode confiar em sua capacidade.

Naquele verão, Bob foi enviado para um curso de treinamento de executivos de oito semanas e me deixou encarregada do distrito. Quando apareceu um advogado ambicioso envolvido em um grande conjunto de disputas legais com a Bell Atlantic, teve de lidar comigo. Esse advogado esteve presente naquela reunião de Nova Jersey e achava que o que estávamos fazendo poderia ser útil ao seu caso. Ele era impaciente, beligerante e grosseiro. Foi o primeiro executivo verdadeiramente agressivo com o qual eu lidei. Costumava desprezar as pessoas com as quais trabalhava e gritar com elas. Ele conhecia o direito a fundo, mas não sabia nada sobre engenharia e faturamento. Tinha um verdadeiro problema, e poderíamos ajudá-lo, mas ele teria de se segurar e ouvir com atenção para que fizéssemos isso.

Brigamos durante o verão inteiro. Ele fez pedidos sem sentido, e em vez de simplesmente atendê-los, tentei convencê-lo de que ganharia mais de outras formas. Na maioria das vezes acabava concordando, porque era um homem inteligente, mas isso demandava muita energia. Ele não dava nenhum valor ao trabalho que os outros estavam fazendo. Para ele, seus pedidos sempre eram prioritários, e ele não conseguia entender por que não largávamos tudo para atendê-lo imediatamente. Então nós discutíamos muito sobre tempo disponível.

Não posso dizer que gostava da forma de como ele falava comigo, mas podia avaliar a pressão que ele estava sofrendo. Então deixava para lá. Algumas vezes, quando não ouvia o que queria, ele dava voltas para conseguir uma resposta diferente e telefonava para Jim, que falava devagar e era cuidadoso. O advogado falava muito alto, ficava frustrado e chamava Jim de idiota. Ele telefonava para Carol e a irritava tanto que ela ameaçava pedir demissão. Certo dia, encontrei minha secretária e a de Bob em lágrimas. Ele tinha ido à mesa delas e gritado, exigindo que elas me localizassem imediatamente, onde quer que eu estivesse. O advogado era gerente de divisão — estava um nível acima de Bob — e quando usava sua força, o conflito era grande. Elas estavam com medo de perder o emprego. Humanamente, ele havia sido bastante desrespeitoso. Lembrava-me de ter sido recepcionista e secretária e sabia como era.

Um chefe não é melhor remunerado que um subordinado por ser melhor. Ele ganha mais que um subordinado porque tem maiores responsabilidades. Uma dessas responsabilidades é defender as pessoas quando necessário e protegê-las do que não teriam de lidar. Eu tinha de chamar a atenção daquele homem, porque a forma como ele estava repreendendo as pessoas não era certa. Eu estava muito nervosa, pois ele era um advogado estimado, de alto nível e muita influência. Porém, apesar de meus temores, a medida era necessária. Não estaria cumprindo com minhas responsabilidades se não o enfrentasse. Então fui para o escritório de Bob, fechei a porta e telefonei para o advogado.

— Eu estou aqui com algumas pessoas muito aborrecidas.

— Ah, diga a elas para superar isso. Eu estou com pressa; preciso das informações e não tenho ninguém para me ajudar.

— Estamos todos fazendo o possível para ajudá-lo. Meu pessoal também está enfrentando pressão e trabalhando muito. Mas você não pode falar com eles como falou. É desrespeitoso, é agressivo e é errado.

Ficamos assim durante algum tempo. Honestamente, eu acreditava que se conseguisse fazê-lo ver o impacto que estava tendo sobre as pessoas, perceberia que estava dando um tiro no próprio pé. Para ele, era uma questão de orgulho e poder. Era orgulhoso demais para admitir que estava errado e achava que perderia poder se recuasse.

Toda a minha vida eu dei duro para ser apreciada. A maioria de nós quer ser apreciado, e acho que as mulheres sofrem uma pressão especial para serem agradáveis e contemporizadoras. Naquele dia, decidi que algumas vezes é mais importante ser respeitada que apreciada. Quando estou realmente com raiva, minha voz fica muito baixa e firme. Não falo mais alto, e sim mais baixo. Não conseguia argumentar com ele, portanto iria usar a linguagem que ele compreendia: a do poder. Eu tinha algo de que ele precisava.

Então disse muito serenamente:

— Você vai se desculpar com as duas mulheres que agrediu. Nunca mais vai falar com elas dessa forma. Você não vai falar com Jim ou Carol. E até se desculpar, não vai receber nenhuma informação, nem terá nenhuma ajuda minha.

— Você não pode fazer isso — gritou ele ao telefone.

— Posso e farei.

Eu tremia como uma vara verde e caí em prantos quando desliguei o telefone. Estava exausta e assustada. Também estava furiosa. Ele não podia tratar as pessoas daquela forma e ficar tudo por isso mesmo. Eu disse a nossas secretárias que se ele telefonasse novamente e fosse agressivo, elas deveriam desligar o telefone. E que a responsabilidade seria minha. Disse o mesmo a Jim e Carol. Então esperamos. Paramos de trabalhar em seus pedidos pendentes. Não enviamos as informações devidas. Após dois dias, ele telefonou e se desculpou.

Nunca faça uma ameaça se não estiver disposto a cumpri-la. Não ameace se puder usar a razão, mas se precisar, faça-o com algo que realmente tenha importância, e se mantenha firme. Infelizmente, há um número excessivo de pessoas agressivas. Elas freqüentemente são toleradas no mundo dos negócios porque apresentam resultados. O comportamento agressivo é inaceitável. Todos merecem ser tratados com cortesia e respeito. Às vezes, a única solução é afastá-los, mas eu só aprenderia isso mais tarde. No momento, eu me achava com sorte por não ter sido afastada, e aliviada porque o desejo do advogado de seguir em frente tinha superado o seu orgulho.

O pessoal de Nova Jersey acabou se rendendo. Estávamos conseguindo ressarcimentos, o que não ocorria com mais ninguém. Aí a "empresa" decidiu que todo o país precisava verificar sistematicamente as faturas de acesso e exigir ressarcimento. Um funcionário da corporação foi encarregado de um novo programa nacional. Eles novamente nos levaram para a sede, nos disseram como deveríamos proceder e nos deram uma série de formulários que devíamos preencher e enviar toda semana para dar conta de nosso progresso.

Não me orgulho de como reagi. Eu estava irritada. Tínhamos descoberto o problema e conseguido uma bela solução, e eles estavam modificando aquilo! Pior ainda, precisávamos preencher todos aqueles relatórios idiotas toda semana. De fato, depois daquilo eu passaria toda noite de quinta-feira na mesa da copa preenchendo relatórios da atividade da semana anterior. Calculadora em punho, eu normalmente ficava acordada até as 3 horas da manhã conferindo se estava tudo certo.

Fiquei completamente desmoralizada por não sermos mais os donos do trabalho que tínhamos começado. Jim e Carol se sentiam da mesma forma. Aquilo tinha se tornado maior que nós. Bob Cann sabiamente nos recordou que tínhamos alcançado o nosso objetivo. Fomos bem-sucedidos em mudar a forma segundo a qual a empresa fazia negócios e literalmente a ajudamos a economizar milhões de dólares. Mas ainda era difícil dividir aquilo e deixar para lá — tínhamos nos tornado possessivos com o nosso sucesso.

É preciso lembrar que não era um trabalho glamouroso. Nossas equipes de temporários ficavam no porão do prédio. Tínhamos tantas caixas estocadas que acabamos expulsos de nosso próprio espaço e estávamos usando mesas de metal alugadas. Era importante encontrar uma forma de manter a motivação. Durante muito tempo tinha sido a excitação de estarmos fazendo algo novo e sermos os únicos a fazer aquilo. Sabíamos de algo a mais que os outros. Mas já não havia essa motivação. Finalmente, decidimos que íamos competir com as outras regiões e ser a melhor equipe ACMC de todo o país. Nossos relatórios seriam os mais precisos, nosso trabalho, o mais completo. Quando questionássemos a Atlantic Bell, estaríamos certos, e venceríamos. Tínhamos muito orgulho do fato de ninguém nunca ter encontrado um erro em um de nossos relatórios e de que apresentamos o melhor desempenho entre todas as equipes.

Certo dia de março de 1985, Bob me chamou ao seu escritório. Ele fechou a porta, e quando me sentei, ele disse:

— Parabéns, Carly. Você será promovida a gerente distrital. Voltará para Comunicações Governamentais para cuidar da maior conta civil do governo, a Administração de Serviços Gerais. Terá uma grande equipe sob seu comando.

Claro que eu estava contente. Era uma grande mudança, passar de segundo nível a distrital. Tinha acontecido mais rápido do que eu imaginara. Mas eu não estava tão eufórica quanto achei que ficaria. Não disse nada à minha equipe. Naquela noite sentei-me no sofá com Frank e quando contei a ele a grande promoção, chorei. Ele ficou ao mesmo tempo confuso e frustrado comigo.

— Por que você está chorando? Isso é ótimo. Você foi promovida, e é um excelente cargo. Você já sabe muito sobre o Governo Federal. É perfeito!

Eu estava chorando porque não queria deixar Jim, Carol e Bob. Adorava vê-los toda manhã, participar do prazer deles quando obtínhamos uma pequena vitória, admirava aquela camaradagem especial que é fruto de trabalhar árduo e juntos em algo realmente difícil. Estava chorando porque não queria deixar a Engenharia, pois sentia-me confortável lá. Os engenheiros gostavam de mim, e eu deles. Teria de começar tudo novamente. Eu chorava porque estava assustada. Havia uma grande diferença entre um cargo de gerenciamento de segundo nível e um de terceiro. Será que eu estava à altura?

Reuni-me com cada membro de minha equipe separadamente para contar a eles que estava partindo. Jim Psioda foi um dos funcionários mais leais e dedicados que já vi. Obstinado e persistente em seu trabalho, adorava desafios. Não era vistoso nem elegante (ele tinha língua presa), mas era o rochedo de Gibraltar. Quando se precisava, lá estava ele. Jim era uma daquelas pessoas que se gostaria de ter nas trincheiras. Disse a ele o quanto apreciava seu trabalho, seus conselhos, sua companhia e suas contribuições. Disse como sentiria imensamente a sua falta. Ele me disse que, em seus trinta anos de Bell System, eu fui a sua melhor chefe. Ambos tínhamos lágrimas nos olhos. Jim me deu um grande presente: disse que eu não tinha conquistado apenas seu respeito, mas sua confiança.

Carol começou a chorar quase que imediatamente. Não era apenas porque sentiríamos falta uma da outra, embora ela não tivesse muitos amigos. Há um ano, ela guardava algo, e o que quer que fosse, pesava muito em seu coração. Eu podia perceber isso, mas não sabia exatamente o que era. Ela, então, me contou: queria ter um filho e dedicar mais tempo ao casamento. Já não pretendia trabalhar em tempo integral, mas se sentia culpada por dizer isso. Esforçou-se muito para se formar em engenharia e esperava conseguir uma promoção logo (eu apresentei seu nome para duas vagas de segundo nível, e ela não tinha se saído mal). Era a década de 1980, e de alguma forma ela sentia que não era suficientemente ambiciosa.

Eu disse:

— Carol, você não pode vender sua alma. Não se torne quem não é por causa da pressão. Leve sua vida de uma forma que a deixe feliz e orgulhosa. Se você vender sua alma, ninguém retribuirá — e nos demos um bom e longo abraço.

Foi a primeira vez que usei a palavra *alma* no trabalho. Com o passar dos anos, e vendo como a pressão pelo sucesso pode afetar as pessoas, muitas vezes diria as mesmas palavras para mim mesma e para outras pessoas. Naquele dia, eu estava tentando dizer que o que ela queria para sua vida era muito mais importante que qualquer cargo ou empresa. Também estava tentando manter uma conversa entre dois seres humanos, não entre chefe e subordinado.

Algumas vezes, os chefes se esquecem de ver os subordinados como pessoas, mas em outras, é igualmente difícil ver uma pessoa no chefe. O chefe representa autoridade e poder. Talvez você respeite o chefe, talvez se ressinta dele. Quanto maior o chefe, mais as pessoas vêem o cargo em vez da pessoa. Enquanto eu subia de posição, o trabalho se tornava mais desafiador, e de algumas formas mais recompensador, mas, quanto mais alto eu chegava, mais solitária me tornava.

Quando fui para o ACMC, escolhi o desafio em detrimento da segurança. Ao chegar lá, procurei as possibilidades. Bob, Jim, Carol e eu não tivemos medo de tentar algo novo. O desafio é fruto de que precisamos dar o melhor de nós, e que há possibilidade de isso não ocorrer. O aprendizado vem se colocar à altura do desafio. Algumas vezes, a escolha mais arriscada dá a você uma oportunidade melhor de provar aos outros quem é, e você sempre vai provar algo importante a si mesmo. Você conhece melhor a si mesmo e àqueles com os quais trabalha.

CAPÍTULO 9

Segurando as lágrimas

A Administração de Serviços Gerais era o setor de compras dos órgãos civis do governo. Entre outras responsabilidades, a GSA também fornecia a esses órgãos informações e serviços de comunicação por voz. A equipe que eu comandava mantinha enormes redes nacionais e equipamentos de comutação para a GSA. Participávamos de todas as concorrências para aperfeiçoamentos ou serviços adicionais e disputávamos todas as oportunidades de atender a novas necessidades de comunicações. A GSA valia centenas de milhões de dólares por ano para a AT&T. Os Pedidos de Propostas da GSA (RFP, na sigla em inglês, os documentos que os órgãos do governo usavam como editais de concorrência) valiam quase 20 bilhões de dólares.

A GSA tinha enorme poder de compra e imensa influência no mercado. O trabalho deles era exigir os melhores preços, os termos mais vantajosos e a tecnologia mais moderna. Conseguiam isso se valendo de seu poder de mercado e por intermédio dos processos tortuosos, complexos, cuidadosamente planejados e altamente controlados dos RFPs. Os responsáveis pelas licitações eram duros, exigentes, bastante conscientes do poder da instituição e extremamente difíceis de lidar. Apesar de todos os desafios de trabalhar com a GSA, o negócio era disputado ferozmente por todas as companhias telefônicas, de sistemas integrados e fabricantes de computadores. Se a GSA comprava o que você vendia, você queria fazer negócio com ela.

As decisões de compras da GSA podiam literalmente modificar a paisagem do mercado. Ela podia criar mercados para novas tecnologias e destruir ou salvar empresas. Assim, os funcionários da GSA consideravam que seu dever era promover as políticas públicas e as metas de regulamentação do governo federal. A GSA queria fazer um trabalho de desconcentração. Isso significava que a AT&T teria de enfrentar a maior competição possível, e se perdêssemos uma boa parte do nosso negócio, seria bom. Circulavam na GSA boatos do lançamento de um novo edital. O objetivo era reconstruir todo o Sistema Federal de Telecomunicações (FTS, na sigla em inglês). A AT&T teria de disputar, e correr o risco de perder, todo o seu mercado. O possível edital seria chamado de FTS2000. O nome significava que quem ganhasse o direito de fornecer o novo Sistema Telefônico Federal teria de fazê-lo até o ano 2000. O FTS2000 estava estimado em cerca de 25 bilhões de dólares. Seria a maior concorrência de sistemas não-defensivos já lançada.

Eu não sabia de nada disso quando cheguei para meu primeiro dia de trabalho na nova função. Certamente tinha conhecimento do que a GSA e nossa equipe faziam, mas não do que a GSA estava planejando, ou como as apostas eram altas. Meus superiores também pareciam não saber, e provavelmente por isso não temeram me colocar no cargo. A GSA era uma grande conta, mas estava adormecida havia muito tempo. Um pouco menos de um ano antes de 1º de janeiro de 1984, o fato de a GSA ter um interesse velado em acelerar o impacto da desconcentração não foi levado em consideração pelos executivos ou pelo comando do setor de Comunicações Governamentais. Todas as ações pareciam ocorrer no setor militar no negócio da AT&T.

No primeiro dia, fiz algumas descobertas importantes que distinguiam aquela função das outras que eu tivera. Pela primeira vez, tinha um escritório e uma equipe grande — quase 60 pessoas. Quando comecei a perguntar a elas sobre seu trabalho, logo ficou bastante claro que alguns gerentes de segundo nível não gostaram de eu falar diretamente com seus subordinados. Não era assim com todos, mas muitos daqueles gerentes acharam que o acesso a mim e o conhecimento que iríamos partilhar era um privilégio do cargo. Pela primeira vez, eu estava em um nível suficientemente alto da organização para ver que alguns gerentes supunham agregar valor simplesmente como intermediários entre seu chefe e seus funcionários. Aquelas pessoas achavam que um nível hierárquico tinha valor em si e levavam informações de uma ponta a outra. Já havia ouvido o velho ditado de que "informação é poder", e estava vendo pessoas que colocavam isso em prática.

O pior deles era um sujeito chamado Ethan Downs. Ele parecia um típico "Tamanho 42". Trabalhava no setor há muito tempo e tinha uma mal definida responsabilidade por "novos negócios". Ele estava se preparando para o nível distrital havia anos e ficou profundamente desapontado ao ser deixado de lado, ainda mais quando cheguei. Eu era mais jovem e tinha menos informações sobre a conta.

Apenas isso poderia justificar seu ressentimento e sua condescendência. O fato de eu ser mulher não ajudava.

Foi por intermédio de Ethan que soube pela primeira vez da FTS2000. Ele não forneceu exatamente nenhuma informação, mas fiz tantas perguntas que ele não teve como evitar e me contou. Aquilo me pareceu muito importante, então perguntei como estávamos nos preparando. Ele disse, de uma forma negligente:

— Não se preocupe, Carly. Tenho tudo sob controle; estou me reunindo com alguns planejadores de rede em Nova Jersey.

Eu tinha muito com o que me preocupar enquanto assumia a nova função e deixei aquilo de lado. Mas a cada dois dias retornava ao cubículo de Ethan e perguntava o que estava acontecendo com o FTS2000. Sua postura nada cooperativa começou a me irritar. E também me preocupou. O valor — 25 bilhões de dólares — era muito dinheiro, e minha intuição dizia que estávamos subestimando a situação. Ninguém além de Ethan parecia estar se concentrando nela, e para mim isso não fazia sentido.

Pedi a Ethan que organizasse uma viagem a Nova Jersey. Disse que achava importante ambos nos reunirmos com aqueles planejadores de rede para estabelecer o grau de preparação para o edital. Eu sabia quantos de nós estavam trabalhando nos outros 20 bilhões de dólares em editais da GSA. Achava que poderia fazer algumas comparações genéricas para determinar se as luzes amarelas que piscavam em meu cérebro eram verdadeiras ou apenas resultado da óbvia tensão que aumentava entre mim e Ethan. Ele me disse que não era necessário, apresentou uma série de complicações logísticas e fez de tudo para que eu esquecesse aquilo. Eu insisti, e no final ele não teve escolha.

Nossa viagem foi reveladora. O pessoal de Nova Jersey, especialmente o gerente distrital que comandava a equipe de planejamento de rede, estava obviamente tão frustrado quanto eu. Eles não tinham informações suficientes sobre as exigências do cliente e precisariam em algum momento falar diretamente com o cliente. Qual seria nossa estratégia de reação? Tínhamos uma série de opções técnicas; qual iríamos escolher? Qual era nossa estratégia de vendas? Como queríamos situar nossa proposta em comparação com a rede existente? Eles fizeram todas essas perguntas, e ainda mais.

Em vez de permitir que a informação fluísse livremente entre os participantes da reunião, Ethan tentou responder a todas as perguntas. Seu tom era de tolerância cansada. Ele tinha dado aquela explicação inúmeras vezes, mas pelo bem do negócio o faria mais uma vez. Ethan se colocou como o único canal de comunicação e informação entre Nova Jersey e Washington. Se Nova Jersey precisasse saber algo sobre o cliente ou nossa estratégia, teria que perguntar a Ethan. Se Washington precisasse saber algo sobre o que os planejadores de rede estavam fazendo, teria de perguntar a Ethan. Talvez ele não soubesse como freqüentemente as pessoas querem ouvir as informações em primeira mão, principalmente se elas são importantes. Talvez ele não tivesse noção de que a verdadeira solução de problemas exige conversa de verdade, não um fluxo dosado de informações ao longo do tempo. Talvez ele realmente achasse que estava ajudando ao filtrar e interpretar um conjunto complicado de fatos. Mais provavelmente ele se encontrava na defensiva porque tinha perdido o cargo que ambicionava e estava determinado a conquistar poder controlando a informação e obrigando as pessoas a procurarem-no para consegui-la. Informação é poder. Hoje, a internet mudou tudo. O jogo de Ethan é mais difícil, mas as pessoas ainda o jogam.

Na volta da reunião, tentei explicar a ele por que não podia controlar toda a troca de informações. A FTS2000 seria enorme. As apostas eram altas. Podíamos perder tudo — nosso negócio com o cliente e o novo negócio. Precisávamos de muita ajuda. Ele não podia levar tudo nos ombros sozinho. Não era hora de bancar o herói, mas sim de ser realista. Na verdade, não estávamos adequadamente preparados para o que viria. Ethan podia desempenhar um papel muito importante na solução, pois sabia mais sobre aquilo do que qualquer um. Ou ele poderia ser parte do problema.

Eu realmente queria que Ethan fosse bem-sucedido, precisava que ele assumisse um novo papel. E eu me compadecia dele, pois sabia por que estava desapontado. Se estivesse no lugar dele, talvez agisse da mesma forma. Lembrei-me de como tinha me sentido quando todos nos menosprezaram na ACMC e como tivemos de deixar para lá, mas não havia dúvida de que Ethan teria de mudar. Minhas responsabilidades exigiam que eu maximizasse o nível de preparação da AT&T para competir de forma eficaz pelo negócio da GSA.

Ethan e eu tivemos essa mesma conversa muitas vezes ao longo de diversas semanas. Todas as vezes, ele me garantia que compreendia e prometia fazer melhor. Nada mudava. Finalmente, apesar de meu desapontamento e preocupação, decidi fazer o que era necessário. Se Ethan não queria ou não podia mudar, teria de sair. Eu estava despontada porque realmente achava que poderia modificá-lo e apreensiva porque nunca tinha demitido alguém.

Ninguém gosta de ouvir más notícias. Especialmente de recebê-las de pessoas de quem nos ressentimos — então resistimos em ouvir. Imaginemos a freqüência com que duas pessoas em uma conversa têm lembranças ou interpretações inteiramente diferentes. Quando a notícia é ruim e o mensageiro é mal recebido, o sinal enviado, freqüentemente, é muito diferente do sinal recebido. Quando a resistência é inevitável, as palavras não são suficientes. Muitos detalhes não-verbais podem sustentar ou abalar a mensagem pretendida.

Pensei muito sobre como me comunicar de forma eficaz com Ethan. Como eu poderia explicar? Onde deveria acontecer a reunião? Quando? Há situações em que é importante permitir que as pessoas cheguem sozinhas à conclusão certa no momento certo. Apenas elas podem aceitar e sustentar a decisão. Mas essa abordagem demanda tempo, e eu tinha permitido que aquela situação se arrastasse demais. Ethan estava prejudicando os negócios, e precisávamos seguir em frente. Assim, concordasse Ethan ou não, tínhamos de nos entender imediatamente.

Escolhi uma terça-feira, às cinco da tarde. Ethan poderia sair do escritório depois da reunião e pensar naquela noite. Ele não teria de enfrentar a equipe antes de ter-se preparado. Na manhã seguinte, podíamos discutir os próximos passos e teríamos o resto da semana para montar uma estratégia. Três dias parecia um tempo razoável para definir como seria a transferência de suas possibilidades, prepará-lo para conseguir outra posição e então informar ao restante da equipe. Não queria que ninguém ficasse sofrendo durante o fim de semana, pensando no que iria acontecer. Queria que Ethan e o resto da equipe chegassem ao fim de semana pensando no futuro, portanto tudo teria de estar resolvido até sexta-feira.

Quando me reúno com as pessoas, normalmente as coloco em uma mesa de reunião ou saio de detrás da minha mesa. É mais fácil conversar quando há poucas barreiras, e as pessoas são mais receptivas quando não se sentem intimidadas. Naquela reunião, porém, permaneci atrás da mesa. Ethan achava que eu não deveria ser a chefe, se ressentia da minha autoridade. Então eu precisava que o símbolo daquela autoridade estivesse claramente entre nós; ele podia não gostar, mas não havia como ignorar.

Como já tínhamos conversado muitas vezes, eu ia usar a linguagem que sabia que ele entendia.

— Ethan, você gosta de futebol, certo?

— Sim, por quê?

— Em um time de futebol, cada homem tem uma posição. Todas as posições são importantes, mas só há um *quarterback*. Por quê?

Ethan não sabia onde eu queria chegar, mas foi em frente.

— Porque o *quarterback* define o jogo.

— E quando um jogo é definido, o time joga assim, certo?

— Certo.

— Ethan, na equipe da GSA, todos têm um importante papel a desempenhar, mas só há um *quarterback*. Eu sou o *quarterback*, não você. Você pode achar que devia ser de outra forma, mas não é. Eu sou o *quarterback*, e como você não está interessado em jogar o jogo que eu defini, preciso que você saia da equipe.

Nós nos entendemos. Ethan foi profissional e educado. Agradeci-lhe por suas grandes contribuições — e estava sendo sincera — e me ofereci para ajudá-lo a encontrar uma nova função. No final da semana, quando tínhamos definido um plano de transição, telefonei para meu colega no planejamento de redes na sede e o informei.

— Eu estava pensando quanto tempo você ia demorar antes de fazer isso. Era a coisa certa a fazer.

Fiquei surpresa. Meu colega nunca tinha dito nada sobre a necessidade de afastar Ethan. Talvez ele não quisesse a responsabilidade pela recomendação, mas estava contente por eu ter lidado com a situação. O confronto não é algo fácil — pelo menos não para mim. Preciso reunir coragem, e todas as vezes sofro com isso. Prefiro muito mais a camaradagem de uma equipe trabalhando unida ao conflito de uma equipe com problemas. Quando o confronto é necessário, precisa ser honesto, claro e respeitoso. Todas as vezes que pedi a alguém para deixar seu cargo foi doloroso, certamente, para eles, mas também para mim. E sempre que tomei essa atitude as pessoas me procuraram para dizer que tomei a decisão certa, mesmo quando não tiveram a coragem de me falar isso antes.

Os planejadores de rede da sede e minha equipe começaram a se reunir regularmente. Enquanto isso, as pessoas da GSA começaram a se encontrar com os vendedores para partilhar as primeiras idéias sobre a enorme concorrência. Grupos de empresas interessadas estavam se unindo para competir. As empresas aeroespaciais iam participar porque tinham experiência em integração de sistemas, que seria fundamental para um programa tão complexo. Além da AT&T, estavam competindo a MCI e a Sprint. E, claro, todas as empresas de operação regional da Bell e a GTE planejavam fazer parte da disputa (isso foi muito antes da onda de fusões que varreu a indústria de telecomunicações). Sempre que participava de uma dessas sessões da GSA, tinha, na boca do estômago, a sensação de que estávamos sendo superados. As equipes dos nossos concorrentes eram muito maiores que a nossa, e eles dispunham de executivos de alto nível.

A essa altura, já havia feito meu dever de casa e sabia tanto sobre a GSA quanto qualquer outra pessoa da empresa. Li todos os documentos relevantes e me reuni com todos os funcionários importantes da GSA. Comecei a pensar se estava tentando assumir o papel de herói, como Ethan. Quando o edital do FTS2000 foi liberado, percebi que precisava de ajuda. Embora pudesse continuar confiando no apoio de Nova Jersey, não dominava a situação.

É importante confiar no que se sabe e no que se pode fazer. Não se consegue tomar decisões eficazmente sem confiança. É igualmente importante ser realista sobre o que não se sabe e não se pode fazer: sem realismo, a confiança se torna arrogância. Na realidade, eu não sabia o bastante para tomar todas as decisões corretas sobre a disputa do negócio da GSA. Além disso, não tinha como reunir recursos suficientes na AT&T — eu não tinha influência, ligações ou experiência.

Mike Brunner, vice-presidente executivo encarregado das Comunicações Governamentais, era um líder maravilhoso com sólidos valores. Ele era duro, exigente e algumas vezes impaciente. Também ria sempre e estimulava os outros a fazê-lo. Para conseguir ajuda, eu precisava da autorização de Mike, que se encontrava muitos níveis acima do meu, mas era sempre acessível. Ele era a pessoa que tinha me promovido.

Monica Archambault, a secretária de Mike, era uma mulher bonita, jovial, ativa e inteligente, cuja presença era um prazer. Como a maioria das secretárias realmente eficientes, ela conhecia tudo e todos que tinham importância. Não era nada mau que os homens gostassem de conversar com ela — que obtinha muitas informações durante as visitas deles ao seu escritório. Por sorte, éramos amigas. Como a maioria das agendas de executivos, a de Mike era impossível, e para ele eu não significava exatamente uma prioridade. Tentamos insistentemente, mas os dias se transformaram em semanas e eu não conseguia vê-lo. Provavelmente eu era uma chata, mas Monica finalmente disse:

— Carly, por que você não entra ali e o convida para um drinque hoje à noite? Eu explico que é importante ele falar com você; e, sinceramente, se não for hoje depois do expediente, não sei se ele fará isso.

Mike confiava plenamente em Monica e acreditou quando ela disse que ele deveria tomar um drinque comigo.

Não sei por que ela sugeriu que tomássemos um drinque em vez de sentarmos no escritório dele. Talvez ela achasse apenas que ele estaria mais relaxado após um longo dia e não se irritasse de ter mais uma reunião, ou talvez fosse esperta o bastante para ver que eu mesma estava bastante ansiosa com aquela reunião. Dizer "Não consigo fazer isso sozinha — preciso de ajuda" não parecia a melhor forma de impressionar o chefão.

Fomos a um bar no pátio do nosso prédio, porque ficava perto, mas não um ambiente especialmente favorável a uma conversa de negócios. Era um bar de solteiros, barulhento e enfumaçado. Mike e eu nos sentamos espremidos em uma pequena mesa, gritando acima da música enquanto o restante dos clientes circulava, avaliando as possibilidades. Senti-me tola por ter feito a sugestão e envergonhada por estar desperdiçando o tempo de Mike. Ele foi gentil e me encorajou, fez uma brincadeira para me deixar à vontade. Então tomei fôlego e disse:

— Mike, o FTS2000 é maior que eu. Se não escolhermos uma abordagem diferente, vamos perder.

Pelo menos tinha conseguido sua atenção e fui o mais natural e direta possível porque ele merecia a verdade, mas também sabia que não podia simplesmente apresentar o problema e deixá-lo aos pés de Mike. Se eu ia pedir ajuda, também tinha de propor uma solução. Era fundamental utilizar todos os recursos da empresa inteira, pois nossos concorrentes iriam fazer o mesmo. Além disso, a GSA não queria exatamente que nós vencêssemos; a AT&T tinha sido a única fornecedora de serviços para eles durante anos, e eles achavam que era a vez dos outros. Se outros vencessem a concorrência, a GSA estaria promovendo as metas de política pública de competição nas telecomunicações e ao mesmo tempo obtendo uma rede melhor.

Fiz minha proposta a Mike:

— Precisamos de um vice-presidente em tempo integral para isso. A sede tem de aprovar integralmente nossa abordagem aqui, portanto não pode ser apenas um programa da Comunicações Governamentais. O vice-presidente precisa ser alguém em quem New Jersey confie, para que possa requisitar todos os recursos necessários da empresa. Eu e minha equipe trabalharemos para ele, mas ele precisa ter muito mais talento executivo.

O mundo nos negócios diz respeito a produzir resultados. Se você trabalha para uma empresa, seja ela grande ou pequena, tem de estar preparado para abraçar os objetivos daquele negócio. Se não consegue isso, deve trabalhar em algum outro lugar. Aqueles objetivos empresariais são mais importantes do que qualquer ambição individual ou do que o desejo de "receber o crédito". Eu acreditava nisso e disse a Mike que outra pessoa deveria ser responsável. E acredito nisso até hoje.

Quando nossa reunião de uma hora terminou, Mike tinha concordado. A partir daquela noite, ele se tornou meu sábio mentor. Tive a sorte de contar com seus conselhos durante minha carreira e igualmente de poder chamá-lo de amigo. Muitas vezes rimos sobre aquela noite ao longo dos anos; como eu estava tensa — e intensa. Como ambos parecíamos e nos sentíamos deslocados.

Mike foi à sede para uma reunião com o presidente do conselho da AT&T e sua equipe. Ele pediu um vice-presidente em tempo integral e vários diretores. Era uma enorme alocação de recursos, mas Mike insistiu em que realmente precisávamos da cavalaria. Como freqüentemente é o caso, a chegada da cavalaria não trouxe apenas boas-novas. Enquanto a nova equipe era formada, eu tinha de me entregar a um intenso esforço educacional para que todos tivessem o mesmo grau de conhecimento a partir do qual trabalhar. Isso demandou muito tempo e esforço, e como costuma ser o caso quando novas equipes são formadas, decisões que costumava tomar rapidamente se tornaram grandes deliberações entre muitos novos participantes. Todos tinham um ponto de vista diferente sobre o que deveríamos fazer, e não nos conhecíamos suficientemente bem para atribuir funções e responsabilidades. Até que tivéssemos definido uma estratégia e aprendido a trabalhar uns com os outros, tudo aconteceria lentamente. Era frustrante, mas necessário. Algumas vezes, você precisa primeiramente ir devagar, para depois acelerar. Nós tínhamos de investir tempo para construir uma equipe maior e coordenada, a fim de que pudéssemos agir rápida e eficazmente depois.

Lou Golm, o novo vice-presidente, era a escolha perfeita. Ele estava ascendendo na hierarquia da AT&T havia vários anos. Era seu primeiro cargo de comando, e estava entusiasmado com a oportunidade. Parecia conhecer todo mundo na empresa e podia requisitar as pessoas necessárias. Tinha um estilo tranqüilo que encorajava o intercâmbio. Os outros executivos escolhidos eram mais problemáticos. Parte de minha frustração era fruto da ânsia que eles tinham de me descartar; só porque eu havia pedido ajuda não significava que não podia agregar valor. Alguns deles claramente não tinham trabalhado com muitas mulheres antes, e eu era uma gerente de nível intermediário muito nova.

Um dos executivos foi encarregado da resposta em si à concorrência — no final, ela teria mais de 45 volumes. Em geral, ele se vangloriava de seu apoio às mulheres, mas não conseguia conversar com uma delas sem um constante olhar libidinoso. Foi obrigado a partir antes de concluir sua missão por ter assediado mulheres demais. Encoragei cada uma dessas mulheres (uma das quais, minha amiga Carole Spurrier) a levar suas queixas a Lou Golm, que, no final, agiu com base nelas.

Havia outro executivo encarregado da tecnologia e do projeto de rede. Certa noite, em uma festa de Natal da equipe, ele disse que não sabia se queria "me odiar ou se apaixonar por mim". Frank estava acompanhando a conversa do outro lado da sala e disse que eu ficava alisando o punho enquanto conversava. Não me lembro disso, mas sim de como a conversa terminou:

— Você quer sair?

— Claro — disse ele, imaginando o que eu tinha em mente.

— Bom. Porque eu vou dar um soco no meio da sua cara.

Os sujeitos da Boeing eram os piores. O FTS2000 era um enorme programa, complexo, com muitas partes móveis. A AT&T não tinha experiência interna de administração de programas e, assim, nos associamos à divisão de integração de sistemas da Boeing Company. Ver a disciplina e o conhecimento envolvidos em um gerenciamento profissional de programas fez-me acreditar pelo resto de minha carreira que isso funciona. No final, íamos criar essa capacidade na Hewlett-Packard, mas antes disso, íamos comprá-la ou nos associar para conseguir.

Precisávamos do apoio da alta administração da Boeing, assim como da AT&T; portanto, reunimos os executivos das duas empresas para um encontro. Passamos um dia inteiro em reunião, depois jantamos. O dia tinha sido bom, e todos estavam de bom humor. Durante o jantar, o principal executivo da Boeing Company presente se virou para mim e disse:

— Você fez uma ótima apresentação hoje, Carly. Você realmente compreende este mercado, o cliente e aqueles que estamos enfrentando. Diga-me, quão difícil você acha que será a apresentação oral?

Em grandes licitações governamentais, os vendedores tinham de apresentar propostas por escrito e também fazer apresentações orais e demonstrações técnicas. Durante as apresentações orais, os vendedores destacam os principais aspectos de suas propostas. O cliente faz perguntas e avalia tanto as respostas quanto a equipe de gerenciamento. Em uma licitação altamente disputada, as ofertas freqüentemente são vitoriosas ou derrotadas durante essas "apresentações orais". O governo pode exigir quantas rodadas de propostas escritas, apresentações orais e demonstrações técnicas quiser. Pode eliminar concorrentes a cada fase ou manter todos os concorrentes até o final. Nós esperávamos ter de passar por várias rodadas, e estávamos razoavelmente certos de que ninguém seria eliminado até a decisão final ser tomada. As apresentações orais eram fundamentais para nosso sucesso.

Eu gostei da pergunta. Também gostei do elogio, particularmente por vir daquele executivo, e estava ansiosa para dar minha visão de qual deveria ser a nossa estratégia. Nem todos são eficientes em apresentações orais. Alguns de nossos melhores especialistas em tecnologia não suportariam a pressão, então precisaríamos montar nossa equipe com muito cuidado. Eu conhecia a personalidade dos clientes que iam fazendo as perguntas e tinha algumas idéias sobre como poderíamos nos comunicar com eles da forma mais eficaz.

Levei a pergunta a sério e estava respondendo seriamente, mas após um minuto ele riu e me interrompeu:

— Carly, nós temos muito tempo para decidir nossa estratégia. Eu só estava pensando: talvez você não devesse ser uma das pessoas na apresentação. Sei que algumas de vocês, mulheres, não suportam a pressão. Não queremos que você perca a calma lá. E por que você faria isso? Você não quer passar mais tempo com seu marido e ter filhos?

Podia sentir o sangue me subindo à face. Todos começaram a rir, porque eu estava enrubescendo. E disse de forma quase inaudível:

— Não se preocupe. Não vou perder a calma.

Lou saiu em minha defesa e disse:

— Carly mantém a calma melhor do que qualquer um aqui.

Era verdade. Os dois executivos que Lou tinha levado para a equipe eram conhecidos por seus acessos de fúria. Se um dos dois estava de mau humor, as reuniões tinham de ser desmarcadas. O comportamento deles não teria sido tolerado em uma mulher. Lou era o mais sereno sob ataque; nada, absolutamente nada, o perturbava.

Naquela noite eu perdi a calma. O executivo da Boeing não ia se safar. Ele continuou a me perguntar sobre meu marido, o que ele fazia para ganhar a vida, há quanto tempo éramos casados. Não perguntou a meus colegas homens sobre suas esposas ou seus casamentos. Finalmente pedi desculpas, deixei a mesa e me vi chorando sozinha no estacionamento. Fiquei constrangida e com raiva por estar chorando. Acima de tudo, eu estava desmoralizada por mais uma vez ter sido subestimada e não ter percebido. Acabei retornando à mesa e recebi um pedido de desculpas insincero, mas permaneci distante e fria o resto da noite.

Quando voltei para casa naquela noite, telefonei para Carole Spurrier e contei o que tinha acontecido. Carole também ficou furiosa, mas ela conseguia rir de qualquer coisa.

— Você devia ter dito a ele que tudo ficaria bem se não estivesse menstruada.

Ela estava certa. Teria sido a resposta perfeita — ao mesmo tempo o ridicularizando e constrangendo. Pena que eu não tivesse sido inteligente o bastante para pensar nisso.

Naquela noite, após ter chorado bastante, tomei uma decisão. Nunca mais ia chorar por causa do preconceito dos outros. Claro que o que as pessoas pensassem e dissessem de mim poderia machucar. O que as pessoas fizessem comigo também poderia machucar, mas eu não ia transformar as limitações ou a discriminação delas em um fardo para mim. A vida nem sempre é justa, e é diferente para homens e mulheres. Decidi aceitar essa realidade e não me sentir diminuída por ela. Eu ia realizar tudo o que era capaz. Ia me concentrar em fazer aquilo em que acreditava ser o certo, pelos motivos certos, com toda a minha capacidade. Alguns, talvez muitos, podiam achar que eu não conseguiria, ou não deveria, fazer o que tinha escolhido. Mas isso era problema deles, não meu. Eles não iam me ferir novamente. Certa vez, decidi que minha vida era minha. Naquele momento, resolvi que meu coração também seria meu.

Cheguei perto de chorar durante a batalha na Hewlett-Packard, e ainda mais perto ao deixar a HP, mas, desde 1986, economizei minhas lágrimas para coisas mais importantes: minha família, a beleza da natureza, Beethoven, um grande amigo, a bondade das pessoas, sua sabedoria, suas tragédias ou suas vitórias.

CAPÍTULO 10

A matéria-prima da vitória

O dinheiro e o poder podem corromper; portanto, era provavelmente inevitável que um prêmio de 25 bilhões de dólares e carreiras que podiam ser construídas ou destruídas corrompessem tanto funcionários da GSA quanto vendedores. Mas foi chocante quando aconteceu, e durante algum tempo nenhum de nós acreditou. A maioria dos funcionários da GSA era formada por profissionais honestos e trabalhadores, assim como a maioria dos concorrentes. Mas só é preciso uma pessoa no lugar certo com a oportunidade certa para que todo o processo seja comprometido.

Seriam necessários muitos anos para que a GSA fizesse as encomendas da concorrência FTS2000, e muitos mais para que a rede fosse efetivamente implantada. Enquanto isso, a rede FTS precisava de aprimoramentos; portanto, a GSA resolveu fazer uma licitação provisória para todos os centros de comutação da rede. Um vendedor poderia conquistar um, todos ou nenhum desses centros, e os vencedores teriam algumas vantagens importantes no FTS2000. Quando perdemos todos esses centros de comutação para as empresas telefônicas locais, embora tivéssemos preços que sabíamos ser competitivos, percebemos que havia algo errado. No final, concluímos que houve uma negociação em dinheiro, embora não pudéssemos provar isso em tribunal. Provamos que foram ditas mentiras e que alguns favores tinham sido pagos. Antes que tudo acabasse, houve reportagens na imprensa sobre drogas e favores sexuais, e várias pessoas perderam seus empregos.

Segundo a lei federal de licitações, o vendedor pode contestar o resultado. O caso é analisado por um juiz especial, e o resultado pode ser revertido ou suspenso. Embora a legislação sobre licitações federais seja específica, a forma de julgamento é a habitual. Os advogados do queixoso e do acusado levam o caso ao juiz. Os fatos julgados são apresentados por intermédio de testemunhas das duas partes. A AT&T tinha de decidir se ia acionar nosso cliente e levar o protesto aos tribunais.

Eu sabia que decisão tomar. Como cidadã e contribuinte, estava chocada com a desonestidade do processo. Como gerente, sabia que se permitíssemos uma vitória fraudada, estaríamos jogando fora nossas chances de vencer o FTS2000. Se não pudéssemos mudar o jogo naquele ponto, não teríamos como vencer. E se você não pode jogar para vencer, é melhor não jogar. Se tivesse que perder, que fosse de forma clara e justa. Mas essa decisão não cabia a mim, era uma daquelas situações em que todos os atores precisavam chegar às suas conclusões sozinhos, no tempo certo. Era grande e importante demais. No final, o presidente da empresa, Jim Olson, teria de tomar a decisão.

A sede da empresa enviou equipes de advogados, chefiados pelo lendário John Zeglis, o advogado geral. Eles buscaram assessoria externa, na pessoa do famoso advogado de Washington, Stanley Dees. Como minha equipe era responsável pela rede FTS em funcionamento, eu tinha comandado nossa proposta à licitação em questão. Passei um dia inteiro descrevendo para aqueles advogados o que achava que tinha acontecido e como nosso caso poderia ser apresentado. Meu grande amigo Harry Carr, conselheiro da Comunicações Governamentais, tinha a certeza de que devíamos recorrer à Justiça e que podíamos vencer. No final do dia, John, um advogado de tribunal, sentiu o cheiro de uma boa batalha e recomendou que fizéssemos a queixa.

Foi o início de um dos períodos mais extraordinários de minha carreira. Era minha primeira experiência em um tribunal, mas não a última, e também a primeira com a imprensa. Era minha primeira experiência de ver as pessoas mentirem sob juramento.

Stanley e seus advogados queriam que eu participasse integralmente da preparação para o processo, então ele pediu que eu acompanhasse alguns depoimentos de funcionários da GSA. Fiquei à mesa em frente às pessoas com as quais eu tinha trabalhado e pensava conhecer. Vi algumas delas mentirem sobre acontecimentos, sobre elas mesmas e sobre mim. Sabia que elas estavam mentindo porque eu conhecia os fatos. Stanley sabia que elas estavam mentindo porque tinha visto muitos outros fazerem o mesmo. Para mim aquilo era interessante: se você via um número suficiente de pessoas mentindo e um número suficiente contando a verdade, ficava clara a diferença no modo como eles posicionavam as cabeças, onde fixavam os olhos, no tom e no timbre das vozes. Ver tudo aquilo me deixava furiosa e triste. A experiência, mais uma vez, me recordou a importância de observar as pessoas atentamente, porque as palavras que elas dizem nem sempre são o melhor indicador do que elas estão realmente pensando, sentindo ou pretendendo. Haveria momentos em minha carreira em que seria fundamental saber se o que alguém dizia era o que pensava. Sempre que ignorei isso em minha carreira, as conseqüências foram negativas.

Stanley não teve rodeios comigo. Como minha equipe se encontrava no centro da licitação, eu seria a principal testemunha e a peça fundamental do processo. Podia garantir a vitória ou a derrota. Os fatos estavam do nosso lado, mas eram complexos. Tínhamos de convencer o juiz de que estávamos falando a verdade e os outros, mentindo. Em sua defesa, a GSA se aliou a todas as sete empresas de operações regionais Bell que tinham vencido a licitação. Assim, nossa equipe iria enfrentar oito equipes, e a pressão era enorme. Eu, definitivamente, não podia perder a calma. Então, fiz a única coisa que podia. Trabalhei ainda mais duro, me preparei ainda mais, fiz todas as perguntas em que consegui pensar até que soubesse de todos os fatos relevantes. No final das contas, baseei-me nos mesmos pontos que me sustentaram várias vezes: membros da equipe que sabiam o que eu fazia e acreditavam nos mesmos objetivos que eu; realismo quanto ao que que estávamos enfrentando e confiança no fato de que tínhamos nos preparado cuidadosamente para todas as eventualidades; e muita energia para superar qualquer um.

A cifra de 25 bilhões de dólares é uma grande notícia em qualquer lugar; portanto, a licitação e o nosso processo legal tiveram grande cobertura dos meios de comunicação. Certa manhã, cheguei para trabalhar e descobri que éramos notícia de primeira página do *Washington Post*, do *New York Times* e do *Wall Street Journal*. E elas não eram boas: a GSA, sentindo a pressão, estava acusando uma de minhas funcionárias de conduta imprópria. Ela não fez nada de errado, e só por isso achei que tínhamos de defender sua reputação. Também não queria que nossa equipe fosse colocada na defensiva antes mesmo de irmos para o tribunal. Argumentei firmemente com Lou que precisávamos reagir agressivamente.

A AT&T normalmente era muito discreta na imprensa, de modo que Lou e Mike sentiram que precisavam consultar a sede. Minha apresentação ao vice-presidente da AT&T, Randall Tobias, e à vice-presidente executiva de Relações Públicas, Marilyn Laury, foi realizada em uma teleconferência organizada às pressas no escritório de Lou. Debatemos a divulgação de um *press release* e argumentei que enfrentar os repórteres diretamente, respondendo às suas perguntas, seria mais eficaz. Precisávamos convencê-los, tanto pelo que dizíamos quanto pelo modo como nos apresentávamos, de que estávamos dizendo a verdade.

Nunca havia conversado com um repórter antes, porém sabia mais sobre as acusações e o processo do que qualquer outra pessoa. Se íamos enfrentar as perguntas dos repórteres, eu era a pessoa a fazer isso. Assim, Randy e Marilyn me colocaram à prova. Randy finalmente disse:

— Você consegue fazer isso, Carly?

— Sim, senhor.

Lembro-me de sentir uma enorme satisfação por sua confiança em mim quando ele disse:

— Certo. Vamos lá.

As entrevistas coletivas da AT&T costumavam acontecer em uma grande sala no quinto andar. Um executivo falava atrás de uma bancada e os repórteres se sentavam em filas de cadeiras. Mas, naquele caso, credibilidade era tudo, de modo que Herb Linnen, o diretor de imprensa de Washington, e eu decidimos que a bancada tinha de sair. Os repórteres precisavam ter uma boa visão de mim. Assim, nos sentamos a uma grande mesa.

Seria pouco dizer que eu estava assustada. Lembro-me do primeiro dia numa nova escola e de como era terrível até encontrar a primeira pessoa com quem realmente podia conversar. A partir do momento em que começava a conversar, tudo ficava bem. Assim, quando entrei naquela sala, em vez de pensar nos repórteres e nas matérias que eles iriam escrever, pensei apenas nas novas pessoas que ia conhecer. Apertei a mão de cada repórter e me apresentei. Então simplesmente falei — sobre o motivo de estar ali, de termos feito um protesto contra a GSA e de as acusações contra a funcionária serem falsas. Deixei que perguntassem o que quisessem. Hoje, sempre que faço um discurso, fico nervosa antecipadamente. E cada vez que piso em um palco, penso em uma pessoa e em ter uma conversa com ela.

Naquele dia, aprendi muita coisa que me ajudou mais tarde. Sempre falamos sobre "a mídia", algo que soa como uma instituição ou uma máquina. Na verdade, repórteres são apenas pessoas, e como pessoas de todos os tipos, alguns são bons no que fazem, outros não. Pessoas e repórteres são movidos pela emoção, e algumas vezes a boiada estoura. Todos os repórteres, assim como nós, mergulham em uma reportagem munidos de opiniões, propensões ou idéias preconcebidas — sejam eles ou não capazes de admitir isso. Às vezes, o enfoque deles muda ao longo de uma cobertura; outras, não. E todos os repórteres anunciam seu ponto de vista quando decidem o que incluir na reportagem e o que deixar de fora. Se há um ponto comum entre os repórteres e todos nós é que adoramos uma boa história. Para alguns, uma boa história é mais importante do que os fatos. Naquele caso, tínhamos tanto a história quanto os fatos: gerente desconhecida defende a honra de outra mulher contra o poderoso Governo Federal. Não marcamos todos os pontos, mas fortalecemos nossa causa naquele dia.

O processo foi iniciado e, quase que imediatamente, por volta de 8h15, eu ia me sentar no banco. Nunca estive no banco das testemunhas antes, nem prestei juramento. A fase de pesquisa do julgamento foi longa, e eu sabia que a oposição tinha tudo, de minha agenda pessoal até meus demonstrativos de despesas. Oito conjuntos de advogados observavam e esperavam enquanto Stanley Dees me conduzia ao longo de mais de quatro horas de depoimento.

O depoimento foi bom, mas precisei de grande concentração para prestar atenção às perguntas e dar minhas respostas de forma bem clara, de modo que significassem algo para o juiz, ao mesmo tempo imaginando por que os advogados da GSA rabiscavam furiosamente durante algumas respostas e não faziam o mesmo durante outras. Eu também estava plenamente consciente da importância daquele dia, pois havia muitos executivos da sede da AT&T no tribunal. Tommy Thomsen, que era o chefe de Mike Brunner, disse-me que estava lá para dar apoio moral. Ele estava sendo sincero, mas também tinha ido para avaliar pessoalmente o andamento do caso. No final, tive de esquecer de todo mundo e pensar apenas em uma pessoa, o juiz, e no meu modo de me comunicar, de forma verdadeira e eficaz.

Stanley ficou satisfeito quando o depoimento terminou e queria concluir o interrogatório naquele mesmo dia. Eu estava cansada, e aquilo significava que eu teria de permanecer no banco por mais seis horas. Após algumas horas de interrogatório, eles decidiram verificar minha agenda página a página e se interessaram especialmente por uma com a indicação "Jimmy Olson". Eu sorri ao me lembrar daquela reunião. Foi bom que eles tivessem perguntado sobre o assunto, porque eu precisava de boa dose de energia no meio daquele dia tão duro.

Lou Golm e eu nos encontramos com pessoas no escritório do presidente. Jim Olson tinha reuniões regulares com os 12 altos executivos da AT&T. Eles pediram que apresentássemos nossa estratégia para o FTS2000. A última vez em que eu estive com aquele grupo foi quando Mike Brunner e eu tínhamos ido a Nova Jersey solicitar um vice-presidente. Mike pediu-me que eu o acompanhasse para o caso de haver perguntas em que ele precisasse de minha ajuda, mas eu esperei do lado de fora. Lembro-me de a tarde se transformar em noite e as janelas junto às quais eu estava escurecerem. Mike saiu apenas uma vez e voltou após uma rápida pergunta.

Naquela dia, com Lou, supus que mais uma vez tinha ido como fonte de informações, não como participante. Estava prestes a me sentar do lado de fora quando Lou disse:

— Entre, Carly.

— Tem certeza? — perguntei, hesitante.

— Absoluta.

Eu estava eufórica; aquele era o verdadeiro santuário interno. Havia uma grande mesa retangular, e a reunião já estava acontecendo quando entramos na sala. Lou sentou-se à mesa, e eu em uma cadeira junto à parede. Lou fez as apresentações, e então Jim Olson disse:

— Puxe sua cadeira, Carly, e sente-se à mesa — disse ele, indicando um espaço à sua esquerda.

Fiquei emocionada — ele demonstrou reconhecimento de uma forma muito particular. Também fiquei grata — ele mostrou aos outros executivos que estava preparado para me escutar.

Essa lembrança me fez sentir três metros mais alta novamente. A GSA parecia muito agitada com a anotação em minha agenda.

— Por que sua agenda tem a anotação "Jim Olsen"?

— Porque Lou Golm e eu tínhamos uma reunião com ele.

— Por que vocês se reuniram?

— Para discutir o FTS2000.

— O que vocês discutiram sobre o FTS2000?

— Nossa estratégia.

— Quais aspectos de sua estratégia?

— Bem, basicamente nossa estratégia política.

— Vocês conversaram sobre preços?

— Sim, mas nosso tema principal eram os encontros que o sr. Olson teria no Capitólio com membros do Congresso.

— Por que o sr. Olsen estaria interessado em se reunir com a senhora sobre essas questões?

Naquele momento percebi que o advogado da GSA parecia ao mesmo tempo ansioso e eufórico; todos os advogados em sua mesa estavam rabiscando furiosamente. Eu estava ficando nervosa. O que eles achavam que tinham?

— Bem, era uma licitação importante para nós e...

O advogado me interrompeu:

— Sra. Fiorina, está consciente de que uma reunião com um funcionário da GSA sobre preços e estratégias para o FTS2000 fora do processo de licitação é absolutamente proibido?

De repente eu compreendi. A licitação da GSA era responsabilidade de um alto executivo da GSA chamado Jim Olsen. Eu o pegara.

— Certamente, tenho consciência disso, mas eu estava me reunindo com o presidente da AT&T, Jim Olson.

O tribunal caiu na gargalhada. Mesmo o juiz se divertiu. E o advogado da GSA viu que tinha terminado. Ele fez mais algumas tentativas desanimadas de encontrar indícios incriminadores em minha agenda.

— Vejo que há uma anotação sobre uma reunião às duas horas.

Finalmente, o juiz se cansou:

— A agenda também mostra que ela foi ao cabeleireiro às seis horas. E daí? Siga em frente, advogado.

Anos mais tarde, a questão do cabelo e dos cabeleireiros se tornaria tema de matérias furiosas e imprecisas na imprensa, mas naquele dia eu adorei que a questão tivesse sido levantada. Todos os sete advogados das Bell regionais também me interrogaram, mas naquele ponto eles estavam mais calmos. Às 19h40, o último advogado se levantou e disse:

— Excelência, tenha paciência comigo. Sei que é bastante tarde, mas é difícil fazer isso quando a testemunha é mais esperta que os advogados. Tenho apenas algumas perguntas.

Dez minutos depois, o juiz disse:

— Bem, acho que finalmente podemos suspender a sessão.

E Stanley Dees se ergueu com um grande sorriso no rosto e exultou:

— Excelência, pelo menos me dê o prazer de dizer "Sem objeções".

Naquela noite fizemos um brinde ao juiz e ao infeliz advogado da GSA, que não tinha se preparado como devia.

Nossa vitória esmagadora no tribunal podia ter nos deixado vaidosos. Em vez disso, nos deixou cautelosos. Precisávamos ser realistas, e a verdade era que a GSA queria mais do que nunca que perdêssemos. Vencemos a batalha, mas precisávamos vencer a guerra. Durante a reunião com Jim, discutimos a divisão da concorrência. Naquele momento, o FTS2000 era uma licitação de tudo ou nada: uma empresa ou um consórcio de empresas ficaria com 100% do negócio. Já havia me convencido de que naquelas circunstâncias nós perderíamos. Não era politicamente admissível que o contrato de dez anos para a rede FTS fosse concedido à mesma empresa que estava fornecendo serviços havia 25 anos. Todos diriam que a AT&T teve uma vantagem injusta e protestariam. Iam concluir que a GSA tinha feito algo errado. O Congresso ia pressionar. A nossa seria uma vitória de Pirro. A polêmica seria tão grande que nem nós nem a GSA conseguiríamos continuar. O jogo foi concebido contra nós. Portanto, tínhamos de mudar essas regras.

Por que a GSA não podia dividir o contrato entre dois consórcios? Era uma idéia radical, mas conhecendo o ambiente em que se desenrolava a disputa, a lógica era clara. A GSA acabou apoiando a idéia por compreender que também para eles era uma estratégia de baixo risco. Eles acrescentaram algumas modificações para garantir competição percentual ao longo dos anos: um fornecedor ficaria com 60% do contrato, e o outro com 40%. Em determinados momentos, os dois vencedores disputariam os 20% variáveis.

Naquele dia na sala de conferências de Jim Olson estávamos acertando essa estratégia. Também pedimos a Jim Olson que telefonasse para vários congressistas a fim de transmitir nosso total apoio à idéia e garantir que era do interesse do governo apoiar a divisão do contrato. Finalmente, após todos terem concordado com essa estratégia, Jim se virou para mim e disse:

— Bem, Carly, o que você acha que eu devo dizer a esses congressistas? Por que não escreve algo para mim?

Passei os dez minutos seguintes escrevendo furiosamente à mão, colocando no papel como eu achava que a conversa devia se desenvolver — como devia começar e terminar, quais perguntas fazer, de que fatos ele necessitava, como devia apresentar a proposta. Quando terminei, ele leu em voz alta para seus executivos. Depois deu o telefonema.

Várias vezes pensei naqueles 10 minutos. Se soubesse o que ele pretendia fazer com meu trabalho — dar o telefonema assim, sem perguntar nem modificar —, provavelmente teria ficado intimidada demais para me concentrar no que fazia. Para mim, o presidente do conselho da AT&T dar um telefonema para o presidente da Comissão de Verbas da Câmara era algo grandioso. Algumas vezes é importante saber o que está à nossa frente. E outras, simplesmente dar um passo de cada vez e não olhar muito para a frente. Aquele foi um desses momentos em que tive de me concentrar no trabalho — "O que você acha que eu devo dizer? Escreva algo para mim" — e não me concentrar demais no que estava por vir. ("Ai, meu Deus, minhas palavras vão sair da sua boca. Como um presidente deve se colocar? E se eu usar palavras que ele não diria?") Aprendi a pensar em apenas uma pessoa, no que eu queria dizer a ela, e a superar o meu medo de falar com muitas pessoas desconhecidas. Descobri também que devemos dar um passo de cada vez.

No final, ficamos com 60% do FTS2000. O funcionário da GSA que era responsável pela licitação e pela rede (Ben Benington) faria a observação: "Tudo estava contra a AT&T. Eles venceram apenas porque eram muito melhores do que qualquer um esperava e melhores do que todos os outros". (Certa vez batizei um papagaio que tive de Ben, porque ele sempre me bicava.)

Tinha sido um esforço tremendo. Havia muita oposição na GSA, no Congresso, na imprensa e dentro da AT&T. Como em tudo na vida, alguns obstáculos surgiram no nosso caminho, voltando-se contra nós. Vencemos por causa do total apoio de Lou Golm e especialmente de Mike Brunner, bem como de Tommy Thomsen e Jim Olson. Vencemos porque tinha sido montada uma equipe com as pessoas certas, e essas pessoas se complementavam e confiavam umas nas outras. Vencemos porque trabalhamos duro e nos preparamos para tudo que pudesse surgir no caminho. Vencemos porque nos concentramos no objetivo — obter o máximo que pudéssemos do FTS2000 — e estávamos dispostos a mudar a estratégia e as táticas para atingir a meta. Não mudamos o foco apenas porque ele se mostrou mais difícil do que previmos. Não pensamos em como podíamos perder. Pensamos em como podíamos vencer. Vencemos porque escolhemos vencer.

Todas as vitórias são feitas da mesma matéria: o apoio certo, a equipe certa, a determinação de atingir o objetivo, bastante trabalho árduo. E todas as vitórias têm muito mais a ver com escolha do que com acaso.

CAPÍTULO 11

A viagem, não o destino

Quando Lou Golm assumiu o FTS2000, decidiu me dar autonomia para realizar meu trabalho, e não fazê-lo por mim. Ele era muito ocupado e não precisava da minha ajuda, mas quando precisou, confiou em mim. Ele tratava todos os seus subordinados da mesma forma. Por causa de sua decisão de não cuidar de todos os detalhes, de fazer seu trabalho enquanto fazíamos o nosso, éramos todos mais eficientes. Mais que isso, a confiança de Lou em mim conquistou minha gratidão, lealdade e dedicação ao meu trabalho.

Em janeiro de 1988, Lou começou a me falar sobre a Faculdade de Administração Sloan do Instituto de Tecnologia de Massachussetts. A faculdade oferecia um programa de estudo intensivo com duração de um ano que culminava com um mestrado em administração. As empresas enviavam para lá gerentes de nível intermediário com o objetivo de aperfeiçoamento. A AT&T mandava duas ou três pessoas por ano, e havia muitos candidatos a essas vagas. Vários executivos de Olson cursaram a Sloan. O próprio Lou tinha estudado lá, e ele e Mike Brunner me estimulavam a fazer o mesmo. Era um programa para pessoas que estavam sendo preparadas para importantes cargos administrativos.

Pela primeira vez, eu pensava que poderia chegar a vice-presidente da AT&T. Quando ingressei na empresa em 1980, achava que poderia ficar lá um ano ou dois. Talvez eu não gostasse, talvez eles não gostassem de mim, e talvez eu realmente não fosse talhada para uma grande empresa ou uma carreira em negócios. A AT&T tinha um plano de pecúlio pelo qual a empresa depositava o mesmo valor da contribuição do funcionário; mas se você se demitisse, só poderia receber a parcela de contribuição da empresa se estivesse empregado há pelo menos cinco anos. Eu não optei pelo plano porque sabia que não ficaria tempo suficiente. No meu aniversário de cinco anos de empresa, eu e Frank tínhamos acabado de nos casar e eu tinha sido promovida. Parecia haver muito a comemorar, e eu não estava pensando no que viria a seguir. Na verdade, na minha carreira, que contava então oito anos, eu dirigia todas as energias para o trabalho e não pensava na ascensão profissional que poderia estar à minha frente. E, naquele momento, Lou estava me dizendo que era hora de pensar naquilo. Mais que isso, ele estava me dizendo que eu tinha potencial para ascender a vários níveis.

Claro que disse estar interessada, mas toda a conversa parecera surreal. Frank e eu estávamos visitando Carole Spurrier e seu marido Greg em Key West, Flórida, no dia em que Lou telefonou para me dizer que eu tinha sido escolhida para freqüentar a Sloan. Desliguei o telefone e fiquei repetindo: "Eu não acredito. Eu não acredito". Parecia que a minha vida estava se passando com uma outra pessoa.

Sloan se revelou ao mesmo tempo um grande sacrifício e uma grande bênção. Era um sacrifício porque Frank tinha seu próprio trabalho e não podia se mudar de repente para Boston. Assim, ele ficou em casa com as crianças e os cães, e eu os visitava sempre que podia. Viajava de um lado para o outro. Foi realmente difícil para todos, mas aprendemos como nosso casamento era sólido. Foi uma bênção por causa de tudo o que aprendi e das pessoas que conheci. E ao longo daquele ano, passei a aceitar que a vida de um alto executivo de negócios não era possível apenas para os outros — era possível para mim.

O MIT está cheio de cientistas — literalmente. Para onde quer que você se vire, depara com gênios — ganhadores de prêmios Nobel, aqueles que irão ganhar prêmios Nobel, alunos e professores de inacreditável inteligência. Mas não é apenas a inteligência de todo mundo que cria esse clima. É também uma faculdade em que disciplina e trabalho duro são obrigatórios. Em Stanford, as pessoas são muito inteligentes, mas quando eu estava lá, o clima era bastante descontraído. Eu e muitos outros dávamos muito duro, mas não éramos obrigados a fazer isso. No MIT, todos davam duro — e éramos obrigados. Em todos os departamentos, incluindo a faculdade Sloan, o currículo é rigoroso e extenso, e nesse mundo cheio de pressões espera-se que todos se concentrem em ter um excelente desempenho. Era um ambiente acadêmico intimidador, particularmente por eu ter saído da faculdade havia mais de uma década.

Entre os cursos necessários para o mestrado estavam economia, finanças, contabilidade, pesquisa de operações e comportamento organizacional. Eu já havia estudado muitas dessas disciplinas, mas elas tiveram um impacto diferente naquele momento, depois que passei algum tempo no mercado de trabalho. Fiz algumas descobertas importantes. Lembro-me de estudar a teoria dos jogos no curso de Economia Aplicada de Jake Jacoby. A teoria econômica afirma que as pessoas sempre irão se comportar de forma racional com base em seus próprios interesses. Em termos econômicos, os mercados são reuniões de pessoas que se comportam racionalmente. A teoria dos jogos é uma disciplina quantitativa que tenta prever e explicar tomadas de decisões não-racionais. Em síntese, diz a teoria, as pessoas podem se comportar de forma irracional simplesmente por acreditarem que outra pessoa fará isso.

O medo e a incerteza podem determinar o comportamento. A emoção pode estabelecer uma decisão tão freqüentemente quanto a razão. Grandes grupos, executivos responsáveis ou indivíduos podem ser levados a dar o famoso tiro no pé com seus atos. Essas são afirmações óbvias para qualquer um que tenha observado as pessoas no mundo real dos negócios. Aparentemente, a freqüência e a conseqüência da tomada de decisão não-racional no mercado levaram ao surgimento de um campo de estudos dedicado a explicar isso.

Lembro-me do curso de Gabel Bitran, Modelos de Apoio a Decisões Administrativas, que me deu uma grande visão da necessidade de sistemas de pensamentos holísticos. Se apenas uma parte ou um parâmetro de um problema complexo for compreendido ou abordado, o problema não poderá ser resolvido. Apenas compreendendo todo o sistema — suas interações, dependências, limitações e pressões — é possível fazer uma melhoria real e sustentável. Muitos sistemas e problemas simplesmente são complexos demais para serem abordados de forma adequada por intermédio de uma mudança da estrutura organizacional ou da aplicação de experiência. Segundo o ditado, no caso de um problema complexo, a resposta simples e óbvia é a errada. O curso provou isso.

Em Psicologia Organizacional, curso dado por Ed Schein e John Va Maanen, fizemos elaboradas sessões de negociações interpretando papéis. Dessa vez, desempenhar um papel não me assustou, mas foi revelador observar o comportamento naquelas sessões. Todos participavam sabendo que as soluções só podiam ser encontradas por intermédio da criação de cenários em que todos ganhassem; os dois lados tinham de sentir que suas questões mais importantes tinham sido contempladas. Era perturbador ver como as pessoas rapidamente assumiam um comportamento "eu ganho, você perde", mesmo quando racionalmente sabiam que isso não iria funcionar. Assim que esse padrão era estabelecido e a emoção e o ego assumiam o comando, era muito difícil voltar atrás e encontrar uma solução.

Li um livro de Alfred D. Chandler em nosso curso de estratégia, no qual ele escreveu: "A estratégia deve ser enobrecedora". Isso fazia sentido para mim; o esforço de uma organização deve ser garantido por um objetivo que valha a pena. O medo, a chamada "plataforma de lançamento", é uma motivação temporária. Lemos um estudo de caso em que um CEO estava fazendo grandes mudanças em uma empresa. Todos na turma criticaram-no por estar sendo lento demais; ele não tinha conseguido ganhar ritmo para sustentar seus esforços de mudança. Após algum tempo, levantei a mão e disse: "Todos poderíamos ter cometido o mesmo equívoco. Se ele tivesse agido mais rapidamente, teria sido criticado por ser radical demais". Mais tarde, eu mesma seria chamada de radical.

Não posso dizer que tenha adorado escrever a tese, mas quando ela estava pronta, eu tive uma sensação verdadeira de realização. Hoje sou grata por reconhecer os dois pólos do pânico — "Nunca vou conseguir começar (...) Nunca irei terminar" — entre os quais o escritor oscila.

Fiz eletivas sobre administração industrial. Nunca tinha sido exposta à indústria antes; as disciplinas e os desafios eram fascinantes e complexos. Ao deixar a Sloan, retornei à divisão industrial da AT&T. Estudei as dimensões internacionais da administração de negócios. Isso diz muito sobre o mundo em 1989: nós ainda falávamos em "internacional" em vez de "global". Sem esse curso, acho que não teria segurança para fazer minhas escolhas ao deixar a Sloan.

Fiz um curso fascinante com Michael Lee: Implicações da Tecnologia Avançada nos Negócios. Escrevi um trabalho de pesquisa sobre redes neurais e, além das questões intrincadas da ciência em si, comecei a perceber as ligações não apenas entre biologia e tecnologia, mas também entre biologia, estrutura organizacional e comportamento. Essas descobertas ajudariam a definir a Estrutura de Liderança que eu mais tarde iria introduzir na Hewlett-Packard.

Todos esses cursos moldaram minha forma de pensar nos negócios. Porém, o curso que me obrigou a fazer a investigação mais pessoal foi Leituras sobre Poder e Responsabilidade, com Abe Siegel. Para mim a experiência mais profunda foi ler *Antígona*, de Sófocles. É a história de uma mulher que se mantém fiel aos seus princípios, apesar da enorme pressão que sofre para modificá-los, e o isolamento e o ostracismo a que é condenada em conseqüência disso. Meu grupo de estudo sustentou grandes debates sobre esse livro. Seria Antígona teimosa, e não uma mulher de princípios? Compreenderia ela realmente as críticas que enfrentaria no momento em que tomou sua decisão? Antígona era corajosa, solitária e resoluta. Ela conhecia sua alma e se aferrou a ela. A escolha moral era uma decisão particular, não uma demonstração pública.

Desde que li *Antígona*, uma vez por ano passei a reservar um tempo para investigar em profundidade meu próprio comportamento e minha motivação. É uma espécie de exercício de revisão anual que acontece perto do Ano-novo. Todos os anos, só e isolada, eu me pergunto se estou em paz com as escolhas que fiz. Minha alma ainda é minha?

Conheci uma de minhas melhores amigas no MIT: Deborah Bowker, era uma das poucas mulheres da nossa turma (éramos nove em uma turma de 50). Como eu, ela vivia no centro de Boston, enquanto a maioria morava nos subúrbios. Inicialmente nos aproximamos por necessidade, já que éramos duas mulheres com maridos morando longe, sozinhas em Boston. Com o tempo, nos tornamos praticamente inseparáveis. Decidimos que a turma era séria demais, então fazíamos festas para nossos colegas e seus cônjuges toda noite de quarta-feira em nossos apartamentos. Tornou-se uma tradição da faculdade Sloan. Dividíamos o mesmo quarto em todas as viagens da turma. Nós nos tornamos tão à vontade uma com a outra quanto um casal com muitos anos de casamento. Às vésperas de uma prova importante, eu ia à biblioteca e fazia nosso plano de estudos para a noite. Deborah preparava o jantar. Eu tocava a campainha e dizia "Querida, cheguei!", então comíamos e estudávamos. Ela me apelidou de Antígona.

Observei muitos CEOs naquele ano. Eles iam ao *campus* regularmente e passavam uma noite com nossa turma. Cada um fazia uma palestra de mais ou menos uma hora, depois jantávamos juntos. Talvez àquela altura não devesse ser uma surpresa, mas foi: CEOs também eram gente. Assim como qualquer outra pessoa, em qualquer área, alguns eram bons no que faziam; outros, não. Alguns eram diretos; outros dissimulados. Alguns chegavam ao ápice após uma vida se preparando; outros ainda pareciam surpresos de terem chegado lá. Alguns se dedicavam à intimidação; outros eram sedutores. Você conseguia se imaginar tomando um drinque com alguns; outros você esperava nunca mais ver novamente. Alguns me impressionaram; outros me deprimiram. Principalmente, a interação eliminou o mistério do CEO. Assim, pela primeira vez, eu disse a meu pai quando ele foi me visitar que talvez um dia eu também me tornasse CEO, exatamente como Frank tinha previsto muitos anos antes.

Simplesmente interagir com os outros colegas de Sloan representou um ano de aprendizado. Desenvolvi novas habilidades de colaboração, porque a maioria das tarefas não podia ser realizada sozinha. Adquiri novas visões de outras culturas, porque meus colegas de turma vinham do mundo todo. Fizemos amizades duradouras, estudamos muito e rimos bastante. Alguns de nós descobriram um grande *pub* irlandês perto de Harvard chamado Plough and Stars. Ele passou a ser o cenário de um de nossos jogos prediletos: "Se você pudesse passar uma noite com qualquer pessoa do mundo, viva ou morta, quem seria, e por quê?"

O Plough and Stars também foi cenário de uma importante revelação em nosso último dia, após os exercícios de graduação. As pessoas que participavam do programa Sloan eram muito objetivas, realizadores tipo A, concentradas em objetivos e conquistas. Tínhamos encerrado um ano que era um grande luxo — uma interrupção repentina em nossas vidas, quando pudemos mudar o ritmo, o tempo e a natureza de como passávamos nossos dias. Naquela noite, ficamos pensando em voz alta se tínhamos desfrutado daquele ano suficientemente. Teríamos nos concentrado demais em receber um conceito "A" e não absorvido o aprendizado que fazia parte do processo? Teríamos ficado tão preocupados com o trabalho para o qual voltaríamos que não valorizamos nosso tempo sem trabalho? Os objetivos são importantes, mas naquela noite me dei conta de que o importante na vida é a viagem, não o destino. São os passos no caminho que nos tornam o que somos.

CAPÍTULO 12

Confronto e compreensão

Ao retornar à AT&T, precisava decidir qual função assumir. Uma contava com todo o apoio dos executivos da AT&T que haviam bancado meus estudos no MIT. A outra estava no que eles chamavam de "lado errado do negócio".

Ingressei na Sloan vindo da AT&T Long Lines, o setor de serviços de rede da AT&T. Um dos negócios mais importantes e lucrativos lá era o Serviço 800. Recebi a oferta para um cargo de diretora, responsável pela administração do negócio, e estaria subordinada a um dos diretores mais influentes da AT&T, Joe Nacchio, uma estrela em ascensão. Todos supunham que eu iria aceitar a oferta, e me avisaram claramente que era o caminho mais rápido para o alto.

Enquanto isso, Bill Marx, presidente da Network Systems, foi à Sloan me visitar. A Network Systems, que nasceu da Western Electric, era, definitivamente, a ovelha negra da AT&T. Eles basicamente se preocupavam consigo mesmos, e eram deixados de lado por todos. Apesar de a função ser mal definida, eles estavam começando a fazer negócios internacionais, de modo que eu teria algum papel nesse esforço.

Cheguei à conclusão de que precisava me encontrar com Joe antes de tomar a decisão e, por isso, marquei um encontro no escritório dele em Nova Jersey. Com quase uma hora de atraso, a secretária avisou que eu poderia entrar. Joe foi negligente, nem se levantou da cadeira. Agradeci por dedicar um tempo a mim e pedi que me falasse um pouco sobre o cargo e o que ele pensava que tinha de ser feito.

— Veja, Carly, não sei se este encontro era necessário. É um grande cargo, e o Serviço 800 é provavelmente o maior gerador de lucros da AT&T. Concebemos um plano estratégico de cinco anos e precisamos segui-lo. Acho que é um passo importante em sua carreira.

Ainda tentei fazer algumas perguntas, mas estava claro que Joe considerava aquilo perda de tempo. Também era igualmente claro que ele pensava que a oportunidade de trabalhar com ele deveria ser razão suficiente para eu aceitar o cargo imediatamente. Não gostei dele, pois pareceu arrogante e falso. Quando visitei a Network Systems, eles pareciam entusiasmados com o negócio que estavam criando. Não tinham um plano de verdade, mas sabiam que havia muitas oportunidades fora dos Estados Unidos e que precisavam crescer.

Sofri com a decisão, pois sabia que estaria desapontando muitas pessoas, especialmente Lou Golm, se não permanecesse na Long Lines. Mas a Network Systems parecia mais atraente — mal definida, mas cheia de possibilidades. Era um ambiente desafiador, e achei que poderia dar uma contribuição. O melhor conselho que recebi foi dado por Mike Brunner: "Avalie todos os prós e contras e depois siga os instintos". Assim, decidi ir para a Network Systems.

A reação foi instantânea. Joe Nacchio ficou furioso, e ele podia ser formidável quando estava com raiva. Mobilizou seu chefe, o vice-presidente executivo, que me enviou uma mensagem muito clara por intermédio do diretor de Recursos Humanos: "Carly era propriedade da Long Lines. Ela nunca mais terá uma oportunidade aqui".

Minha primeira reação foi me acovardar. Havia cometido um erro terrível e teria de pagar por ele. Não tinha idéia de que aqueles executivos iriam se irritar tanto com a situação. Após algumas horas, passei a sentir mais raiva que intimidação. Como podiam eles me ver como uma "propriedade"? Joe Nacchio não tinha demonstrado particular interesse no que eu iria fazer no cargo. De fato, ele parecia querer que eu fizesse o mínimo possível além de seguir suas instruções. Ele só queria dizer que eu trabalhava para ele. Tomei minha decisão e ia tirar o melhor dela. Não seria a primeira vez em minha carreira que eu estaria ignorando a sabedoria convencional.

Os primeiros meses não foram encorajadores. O cargo era de diretora de Estratégia Internacional e Desenvolvimento de Negócios.* Soava bem, mas a realidade era mais complexa. Para começar, meu predecessor no cargo ainda estava em seu escritório, e trabalhando naquele que era o relacionamento internacional mais importante da Network Systems, uma *joint venture* com a Italtel, a versão italiana da Western Electric. Ele se ressentia profundamente da minha presença e não ia me ajudar de modo algum. Depois, embora eu não soubesse, minha posi-

* ISBD, na sigla em inglês. (N. do E.)

ção era um peão em uma luta de poder político entre três altos funcionários da Network Systems: o vice-presidente de Estratégia, o vice-presidente de Marketing e o vice-presidente da Network Systems International. Todos os três executivos achavam que deveriam ser encarregados da estratégia internacional e do desenvolvimento dos negócios. Eu me reportava ao vice-presidente de Estratégia, um chefe inteligente, mas um tanto excêntrico, que valorizava acima de tudo planos bem escritos e exigia que todos os documentos chegassem à sua mesa presos por um tipo especial de clipe de papel. Se você não tivesse esses clipes regulamentares, sua secretária os dava a você de bom grado.

O primeiro mês na função se pareceu muito com o meu primeiro mês como funcionária iniciante. Ninguém estava muito interessado em me ajudar a entender o terreno, de modo que eu prestava muita atenção em todas as reuniões, fazia diversas perguntas e ficava até 10 ou 11 horas da noite lendo todos os documentos em que conseguia colocar as mãos. Tentei entender como as decisões eram tomadas naquela organização e, no final, percebi que o organograma de lá nem sempre servia de referência sobre quem tinha influência ou tomava determinada decisão. Lia memorandos e simplesmente não conseguia entender por que certas pessoas eram incluídas na lista de distribuição e outras eram deixadas de fora. Não conseguia prever acertadamente quem ia participar de certas reuniões e não de outras. Pessoas inesperadas respondiam às minhas perguntas. Era uma importante introdução ao fato de que as organizações nem sempre funcionam da forma como são projetadas no papel. Muitas decisões eram tomadas ou altamente influenciadas por indivíduos que não pertenciam à estrutura organizacional que teoricamente tinha o poder de tomar decisões. Esses indivíduos tinham relacionamentos e acesso a outros, dos quais emanava seu poder. E, algumas vezes, as decisões formais podem ser eficientemente abaladas apenas com a recusa em reconhecê-las.

É assim que grandes organizações complexas funcionam, e isso é verdade particularmente em negócios nos quais as pessoas estão juntas há muito tempo e os relacionamentos são profundos e duradouros. Esses relacionamentos se tornam mais importantes que o organograma da organização. Para quem vem de fora é muito difícil penetrar nesses mundos isolados. Todos deveriam compreender como as coisas funcionam na teoria e como elas funcionam na realidade quando assumem um novo cargo ou ingressam em uma nova organização. Pare, olhe e ouça é um bom conselho profissional, não apenas uma recomendação sensata na hora de atravessar a rua.

Nunca tinham gritado tanto comigo quanto naqueles primeiros seis meses na Network Systems. Sempre que fazia algo, havia alguém no meu escritório ou ao telefone berrando comigo — e eu realmente quero dizer berrando. Toda organização tem seu método de atormentar os recém-chegados; o da Network Systems era agredir verbalmente forte e com freqüencia para provocar a sua reação. Só havia outra mulher na diretoria da Network Systems, chefe de Recursos Humanos, uma posição aceitável para uma mulher. Os caras da Network Systems tinham sido criados em uma cultura industrial dura e barulhenta. Meu chefe também era um estrangeiro da Long Lines, e ninguém gostava muito dele. Eles não me conheciam, e eu também vinha da Long Lines; portanto, o que eu sabia sobre o mundo deles? Além disso, eu provavelmente não era forte o bastante para um "negócio de verdade" como a Network Systems. Em parte, eles gritavam comigo para descobrir se eu podia "agir como um homem".

Aquilo era muito diferente da polidez do pessoal da Long Lines, onde todos eram educados. Os confrontos eram evitados e eu freqüentemente era lembrada de que era "direta demais" e precisava ser "mais diplomática". Já na Network Systems, tudo o que eu dizia e fazia era abertamente questionado, em voz alta e em geral acompanhado de um palavrão bem escolhido.

Quando o Natal chegou, eu estava exausta. Frank e eu estávamos tentando nos mudar para uma casa nova em Nova Jersey. Fui para Washington todos os finais de semana durante quatro meses, e depois ele passou a ir para Nova Jersey porque não queria abandonar seu emprego. Todas as batalhas na Network Systems também estavam apresentando a conta. Eu disse a Frank que talvez não desse conta. Com o tempo e o descanso do feriado, finalmente cheguei a uma opinião diferente. Decidi que de muitas formas eu preferia os confrontos da Network Systems à cortesia da Long Lines. Muitas pessoas antes tinham imaginado que eu ia fracassar ou pensado que eu não deveria estar onde estava. Pelo menos aqueles caras eram claros quanto a isso. Tinha certeza de que muitos tinham dito de mim pelas costas o que naquele momento estava sendo dito de frente; mas se eu pudesse escolher, preferiria ouvir as coisas diretamente. E as pessoas não estavam apenas me atormentando; em alguns casos eram discordâncias honestas. Eu achava que deveríamos ter uma abordagem mais sistemática e estratégica em nossas oportunidades internacionais, escolhendo a quais deveríamos nos dedicar, jogando para vencer com a utilização dos recursos adequados e depois garantindo que teríamos o que entregar. Outros consideravam essa postura limitadora e acreditavam que deveríamos ser mais oportunistas, buscando negócios da forma mais ampla possível para aumentar as chances de sucesso. Era um debate legítimo, e eu preferia discutir isso com as pessoas a ser ignorada. Voltei ao trabalho no Ano-novo de 1990 determinada a dar o máximo de mim, tanto na lógica dos meus argumentos quanto na força da minha própria defesa.

Como muitas das resoluções de Ano-novo, esta foi testada quase que imediatamente. Tive de viajar para a Holanda, onde ficava a sede da Network Systems International (NSI), presidida por Jack Heck, que era um executivo da escola antiga. Ele gostava de se ver como "um cara comum", já que havia vindo da fábrica, mas na verdade era senhor absoluto do cargo, do título, do escritório luxuoso e de todos. Ele era engraçado e encantador, e sua turma, extremamente leal; mas ele também falava alto, era rude e grosseiro. Um homem muito intimidador, e eu estava indo levar uma mensagem profundamente desagradável para Jack e sua equipe. Eles participavam de concorrências em todo o mundo, e a organização que tinha de dar apoio às vendas e ao processo de implementação não estava nem informada dos seus esforços nem preparada para atender a eles. Conseqüentemente, a NSI estava perdendo muito mais do que ganhando, e tínhamos feito besteira em duas instalações muito importantes. Se não chegássemos a um acordo sobre quais oportunidades íamos perseguir e disponibilizássemos recursos, continuaríamos a perder ou, pior ainda, a desapontar nossos clientes.

Meu chefe estava entusiasmado com a viagem porque se eu fosse bem-sucedida sua organização ganharia força na batalha contra Jack. E se eu fracassasse, ele não ia perder nada, nem abalaria sua reputação por ter procurado Jack e voltado de mãos vazias. Todos dos dois lados do Atlântico sabiam que Jack e meu chefe se detestavam; eles eram como dois cães ferozes dando voltas um ao redor do outro e rosnando. Jack Heck não queria que eu me saísse bem; ele queria absoluta autonomia para si e sua organização. Não se importava com a sede. Eles não passavam de um bando de vendedores de canetas que não sabiam nada como "as coisas funcionam aqui". Eu estava plenamente consciente da política que cercava minha visita, mas também sabia que tínhamos de mudar o modo como fazíamos as coisas. Causávamos mal às pessoas, correndo atrás de negócios e depois tentando desesperadamente dar conta deles com poucos recursos.

Eu fui e falei dos méritos de uma nova postura com todas as pessoas da organização de Jack que estavam envolvidas na situação. Praticamente, todas concordaram comigo. Elas tinham conhecimento do custo daquela atividade frenética e agüentavam o rojão das queixas dos clientes. Algumas chegaram mesmo a concluir que eu podia agregar valor, mas ninguém iria fazer nada a não ser que Jack determinasse. Aquilo não tinha a ver com lógica, mas com poder: o poder de Jack sobre eles e o poder de Jack comparativamente com seus pares. Muitas decisões em negócios, política, e mesmo algumas vezes na vida, dizem respeito a poder, não às especificidades das questões. Algumas vezes isso é óbvio, e outras, é difícil de identificar.

Finalmente, após não ter conseguido nada em alguns dias, pedi para ver Jack. Um de seus hábitos era se recusar a falar com qualquer um da matriz, a não ser que alguém da sua turma estivesse presente. Ele fazia isso por respeito à sua equipe, mas também por desprezo pelos visitantes. O que quer que tivessem a dizer, estava abaixo dele; ele estava apenas sendo educado. Tive a sorte de Bill Rohrbach ser convidado a participar da reunião, pois ele compreendia o que estava acontecendo e estava tentando me ajudar do seu jeito. E também ele seria uma boa testemunha do que aconteceu.

Depois de algumas amenidades, mais uma vez comecei a explicar por que estava ali e por que precisávamos chegar a um acordo sobre como fazer negócios pelo bem da empresa e de nossos clientes. Jack não me permitiu ir muito além antes de explodir. Ele estava literalmente discursando e vociferando — sobre mim, meu chefe, a matriz, sobre como era difícil fazer negócios, sobre como eu estava desperdiçando o seu tempo e o da sua equipe, sobre como ninguém realmente sabia o que falava, pois não estava lá. Seu rosto ficou vermelho, sua linguagem sombria, e ele fazia de tudo para me assustar e intimidar. Ele estava fazendo um bom trabalho, e posso dizer que Bill também pareceu confuso. O temperamento de Jack era bem conhecido, mas, apesar de todas as explosões, aquela era aparentemente extraordinária até mesmo para ele. Claro que muito daquilo era jogo de cena, mas também uma oportunidade para que ele desse vazão a todas as suas frustrações.

Foram 45 minutos muito longos e difíceis, e devo admitir que fiquei com medo dele. Finalmente, porém, me cansei e deixei de me preocupar com as conseqüências, pois não seria mais aviltada. Li em algum lugar que a raiva pode ser eficiente desde que mantida sob controle. Então decidi me valer dela. Ele estava no meio de uma frase quando eu dei um murro na mesa de reuniões:

— Chega, Jack! Já chega!

Ele pareceu chocado, mas parou.

— Jack, eu não sou idiota. Não sou má. Eu não acordo todos os dias tentando f... o seu negócio. Estou tentando fazer o meu trabalho. E eu estou cansada e de saco cheio de ouvir berros de você e ser sorridentemente fod... pelo seu pessoal.

Era a primeira vez que eu falava daquele jeito, principalmente no trabalho. Mas eu estava falando com Jack na língua que ele entendia: a linguagem dura da fábrica. E me colocando à altura dele, algo que, como pessoa preocupada com a política do poder, ele também compreendia.

— O que significa sorridentemente fod...? — perguntou ele. A curiosidade tinha despertado o melhor nele. Era um palavrão que ele nunca tinha escutado, uma raridade em si. Era fruto da Long Lines, onde a política de dizer exatamente o que você não estava pensando tinha sido elevada ao *status* de arte. Com aquela pergunta, Jack me deu a oportunidade de finalmente me comunicar com ele.

— É uma expressão usada na Long Lines. Sabe, todos aqueles "Tamanho 42", cheios de modos muito educados e políticos, que sorriem para você e o ferram pelas costas?

— O que é um "Tamanho 42"?

Eu expliquei. Naquele momento estávamos ligados em dois níveis: eu estava falando a língua dele, literalmente, e eu também desprezava aquelas caras no negócio de interurbanos. Eram garotos bonitinhos que, na verdade não faziam nada — eles apenas vendiam "minutos de utilização" da rede. E, ainda mais, do meu jeito eu estava dizendo a Jack que gostava da marca registrada da Network Systems: e ponto final.

Jack e eu não chegamos a um acordo naquele dia, mas ele escutou e passou a me respeitar. Quando cheguei ao aeroporto de volta para casa, telefonei para meu chefe e disse que achava que Jack ia ligar para Bill Marx e pedir minha cabeça. Eu acreditava nisso, mas ainda estava contente pela minha atitude. Se não me respeitasse, ninguém me respeitaria. E meu amor-próprio exigia que eu não suportasse o que era, segundo qualquer parâmetro, uma agressão verbal inteiramente inadequada e gratuita.

Não fui demitida. Ao contrário, de forma inesperada, a briga com Jack aumentou minha reputação. Bill Rohrbach contou a todo mundo na NSI sobre o que houve. A maioria deles nunca tinha enfrentado Jack, pois também tinha medo dele. O fato de eu ter feito isso significava algo; era um pouco como enfrentar o valentão da escola e sobreviver. Minha nova reputação de dureza e persistência começou a influenciar as pessoas na organização. Elas começaram a ficar um pouco mais empertigadas e a jogar um pouco mais duro quando nos seus próprios confrontos. Sabiam que tinham uma chefe que não ia sucumbir às críticas. Assim, pouco a pouco, começamos a fazer progressos. Começamos a marcar diferença nas operações cotidianas e nas escolhas estratégicas da Network Systems.

Nada acontece rapidamente em uma empresa de alto porte. Em uma organização complexa, há pessoas demais operando um excesso de partes móveis para que a mudança aconteça da noite para o dia. Mas também é verdade que as grandes organizações têm grande ímpeto. Assim que acontece uma verdadeira mudança no modo de pensar e de agir de uma organização, mesmo que seja inicialmente imperceptível, esse ímpeto por trás do novo rumo continuará a aumentar e ganhar força. Meu confronto com Jack indicou uma modificação importante na forma como a Network Systems pensava seus negócios internacionais. A idéia de que tínhamos de ser mais estratégicos e sistemáticos se consolidou.

Claro que isso não aconteceu apenas porque eu tinha resistido. Foi também porque nos aferramos à idéia de que essa era a melhor forma de fazer as coisas. Um psicólogo empresarial certa vez me disse que uma pessoa precisa ouvir uma nova idéia pelo menos seis vezes antes de aceitá-la. Uma pessoa comum diria: "Mudança demanda tempo". E é verdade. É preciso tempo para ouvir uma nova idéia, para compreendê-la, para aceitá-la, para apoiá-la. E, claro, é preciso tempo para vê-la funcionar.

Líderes que estão implementando mudanças precisam de credibilidade. Minha credibilidade para falar sobre oportunidades internacionais exigia que eu realmente soubesse algo sobre isso — por intermédio da experiência, não do estudo. Assim, viajei muito e, mais uma vez, fiquei encantada em ver como as coisas são diferentes quando você realmente está fazendo algo. Em Nova Jersey, lia o dia todo sobre nossa *joint venture* italiana. Ouvia meu antecessor falar sobre ela, mas quando realmente comecei a negociar com os italianos na Itália, compreendi as complexidades de uma forma diferente e mais profunda.

Nossa relação com a Italtel e sua controladora, a STET, tinha chegado a um impasse. Estávamos tentando negociar uma modificação no controle do negócio e chegamos a um beco sem saída. Com, isso as operações cotidianas estavam sendo afetadas, em prejuízo de nosso esforço coletivo no mercado. Recebi a missão de assumir as negociações. Eu tinha morado na Itália e falava italiano; o que antes parecera uma aventura se revelou uma grande vantagem.

Sabia que os italianos, como muitos povos, dão grande valor ao protocolo. Eu estava abaixo dos executivos com os quais iria negociar, tanto em título quanto em idade. Embora certamente pudesse ter pedido que eles viajassem para os Estados Unidos, em função do fato de que tínhamos o controle, isso teria sido desrespeitoso. Eu iria até eles, e eles determinariam como transcorreriam as negociações. Pedi que eles me enviassem uma agenda antecipada, de modo que pudesse me preparar.

A agenda que recebi era minuciosa na divisão do tempo. Os momentos em que começaríamos, faríamos um intervalo e concluiríamos as discussões estavam estabelecidos para os dois dias. A comida em cada intervalo e refeição encontrava-se detalhada em um cardápio completo. Eu sabia antecipadamente o que teríamos em cada intervalo, o vinho que beberíamos no almoço e o molho que iria acompanhar a massa. Tinha sido deixada inteiramente de fora a essência do que iríamos discutir. O mesmo padrão se repetiu ao longo de seis meses. Eu pedia uma agenda antecipada e recebia um cronograma e um cardápio completo — nada mais. Inicialmente, pensei que não estava conseguindo me comunicar. Depois achei que era uma tática de negociação. Finalmente, descobri que, para aqueles italianos, as discussões produtivas exigiam relações pessoais, que demandam tempo quando se come e bebe juntos à mesa. Após muito tempo partilhando um grande volume de comida italiana e vinhos maravilhosos, fizemos progressos substanciais e concordamos com uma mudança no controle da operação.

A STET era a empresa estatal que detinha as empresas telefônicas italianas, bem como a Italtel. Assim, nossas negociações abrangiam serviços de rede e sistemas. Do meu ponto de vista, isso significava que tanto a AT&T Long Lines quanto a Network Systems tinham interesse nas discussões; portanto, eu representava ambas. Quando não estava negociando na Itália, estava negociando em Nova Jersey, tentando encontrar uma solução que satisfizesse todas as partes. Fechamos um acordo, mas então um vice-presidente executivo da Long Lines decidiu ir a Roma para consolidar sua parte no acordo a que tínhamos chegado.

Seu primeiro erro foi escolher uma data conveniente para ele por estar no meio de uma visita já planejada à Europa. Infelizmente, coincidia com um dos muitos feriados nacionais italianos. Quando nossos equivalentes na STET fizeram objeções à data, a equipe do vice-presidente respondeu que era uma reunião fundamental e a única data possível. Os italianos abriram mão do feriado por respeito a esse vice-presidente executivo, que eles nunca tinham visto. Ao chegar, ele estava acompanhado de alguns membros da equipe sobre os quais não tinha alertado. Foi o segundo erro.

Nós nos sentamos a uma mesa quadrada em uma sala de reuniões. O executivo da AT&T sentou-se em frente aos italianos. Ele disse que a STET era uma parceira importante e que apreciava o encontro. Acredito que ele estava sendo sincero, mas do ponto de vista dos italianos, tudo o que ele fez contradisse suas palavras. Ele leu de um bloco de anotações e raras vezes estabeleceu contato visual. Não teve conversas sociais e falou muito sobre o objetivo de sua grande viagem, bem como das relações que estava mantendo com outros parceiros. Depois de uma hora, insinuou que a reunião havia terminado e que não tinha tempo para tomar uma taça de vinho no terraço com seu equivalente da STET, desfrutando da vista de Roma e do Vaticano. Esse último erro piorou ainda mais o desastre da reunião que ele tinha acabado de conduzir. O problema não era o que ele tinha dito, mas sim como tinha dito, como tinha se comportado e como os tinha tratado.

Quando o executivo e seu séqüito partiram, os italianos explodiram. Nunca os tinha visto tão irritados assim. Tentei em vão acalmá-los e fazer com que se concentrassem nas palavras, mas eles estavam se sentindo insultados demais. Todo o progresso que obtive arduamente desapareceu. Eles declararam que não iam fazer negócios com uma empresa que se comportava daquela forma e que teriam de "reconsiderar" nosso acordo. Passamos muitos outros meses tentando recuperar o terreno perdido, mas nunca voltou a ser o que era antes, e o acordo a que tínhamos chegado foi perdido. O acordo que acabamos fechando foi menos vantajoso para a AT&T, além de termos perdido muito tempo.

As empresas são grandes entidades abstratas. As pessoas não fazem negócios com uma empresa, mas sim com as pessoas que representam aquela empresa e podem empenhar seus recursos e seu apoio. E em todo o mundo as pessoas fazem negócios com pessoas em quem confiam e respeitam. Para alguns de nós, a reação dos italianos pode parecer tola, mas confiança e respeito têm diferentes significados em diferentes culturas. Nos Estados Unidos, a confiança pode ser construída por intermédio de um contrato legal minucioso. O respeito pode ser fruto de uma seqüência de negociações difícil e demorada em que cada lado aprende com que vigor o outro irá defender sua posição. Na Itália, confiança e respeito são construídos com o tempo, desfrutando juntos das boas coisas da vida, com a devida atenção aos detalhes da gentileza.

Se você quer fazer uma negociação eficaz, saiba com quem está lidando. Mostre seu respeito pelo outro, respeitando o que é importante para ele, e dedique tempo para construir a confiança. Confiança e respeito são as bases para bons acordos e a liga emocional que mantém as pessoas unidas na discordância.

Em muitas culturas asiáticas, confiança e respeito são construídos por meio da bebida. Todos se conhecem melhor quando a contenção da sobriedade e as limitações do ambiente de trabalho são eliminadas, permitindo que a disposição, a força moral e a capacidade de julgamento da pessoa sejam avaliadas. No início dos anos 1990, os hábitos em relação à bebida nos países asiáticos eram muito diferentes. Minha primeira visita à Coréia ocorreu em grande parte pelos mesmos motivos que tinham me levado à Itália. Tínhamos uma importante *joint venture* com a *chaebol* coreana Lucky Goldstar (LG). O relacionamento era antigo, mas eram necessárias algumas mudanças, e a equipe local estava tendo dificuldade em implementá-las. Acertamos um encontro entre mim e o presidente da subsidiária da LG, que era nossa parceira.

O fato de eu ser mulher se tornou uma questão assim que cheguei. Não havia nenhuma mulher em posição de mando na Coréia, e aqueles coreanos nunca tinham feito negócios antes com uma mulher. Havia muitas mulheres na Lucky Goldstar, mas todas vestiam uniformes e usavam luvas brancas; eram ascensoristas ou secretárias. Quando entrei no prédio, todos ficaram olhando, apontando e sussurrando. Eu não usava luvas e claramente era superior ao nosso gerente local; isso é fácil de dizer porque o protocolo coreano determina uma disposição de assentos específica em cada situação, incluindo o assento no automóvel que chega. Eu subi pelo elevador privativo do presidente. Todos os que eu encontrei foram educados, curiosos e extremamente céticos.

Eu tinha me preparado cuidadosamente para a reunião, mas não esperava entender todos os detalhes daquele relacionamento complicado e multifacetado tão bem quanto as pessoas que participavam dele havia anos. Mas foi um caso em que o curso de filosofia de Stanford me ajudou. Revisei o histórico de nossas negociações, e, aparentemente, as duas partes estavam ficando confusas e atoladas com a complexidade de tentar conseguir um acordo abrangente. O cerne da questão parecia ser que tínhamos não um, mas três relacionamentos, e poderíamos evoluir compreendendo as diferenças entre eles.

Após o presidente entrar na sala, tive apenas cerca de vinte minutos para convencê-lo de que deveria gastar seu tempo lidando comigo. Todos os seus hábitos culturais diziam a ele que negociar com uma mulher jovem estava abaixo de seu *status* e sua posição. Meu título era suficientemente impressionante para que ele me concedesse uma audiência, mas ele decidiria a duração. Eu disse que a relação AT&T/Lucky Goldstar era de grande importância para ambos, que nossa história conjunta de sucesso nos preparara bem para o futuro, mas que a nova realidade da competição exigia que pensássemos de outra forma sobre nossa relação no futuro. Tracei um quadro de três círculos interligados e disse que na verdade tínhamos três parcerias: uma em produção de bens, outra em pesquisa e desenvolvimento, e outra em vendas a nossos clientes conjuntos. O sucesso em cada um deles era avaliado de forma diferente. Nosso sucesso como um todo era avaliado pelo retorno em lucro líquido.

Eram palavras simples, imagens simples e conceitos simples. Mas representavam uma saída para um impasse. Representavam uma forma de simplificar uma realidade complexa, de modo que as pessoas pudessem compreendê-la e lidar com ela. Algumas vezes, conceitos simples são enganosos porque distorcem a realidade escondendo detalhes importantes. Esse tipo de simplificação poderia ser chamado de desvio. Outras vezes, conceitos simples são fundamentais porque ampliam a realidade, eliminando os detalhes menos importantes, de modo que as pessoas possam se concentrar naqueles que realmente importam. A concentração no essencial é necessária para priorizar o esforço e fazer progressos.

Naquele caso, minha preocupação com o essencial convenceu o presidente a ficar. E passamos o dia juntos com nossas equipes. Por volta de quatro horas da tarde, o ajudante do presidente se aproximou de mim e sussurrou em meu ouvido:

— Desculpe-me sra. Fiorina, mas preciso informá-la de que nosso presidente se diverte da forma coreana tradicional. Ele me pediu que perguntasse se a senhora deseja um homem.

Eu, claro, fui apanhada de surpresa e fiquei perplexa com a pergunta. Não sabia o que significava "forma coreana tradicional" e certamente não gostei do tom de "se a senhora deseja um homem". Então, improvisei:

— Não quero que o presidente faça nenhum arranjo especial por minha causa. O que ele normalmente faria por um colega de negócios coreano estará bem.

O ajudante sorriu e desapareceu. Quando perguntei aos meus colegas americanos sobre o que ele estava falando, eles pareceram muito nervosos. Um deles explicou:

— Bem, a noite coreana tradicional é um churrasco chamado de festa *kisaeng*. Você se senta no chão e bebe muito *scotch*. As mulheres nunca são convidadas, portanto supomos que ele tenha optado por um jantar ao estilo europeu.

Meu anfitrião coreano já tinha feito uma concessão ao se reunir comigo. Ele não iria sacrificar seu modo de diversão tradicional e preferido. Além do mais, seria uma boa forma de ele me testar. Assim, fomos todos para a festa *kisaeng*.

Entramos em uma tradicional cabana de madeira coreana. O pequeno espaço era dominado por uma grande mesa retangular baixa, tendo em sua maior parte uma chapa de metal quente para cozinhar. Sentamos no chão com as pernas penduradas em um recesso abaixo da mesa. Garrafas de *scotch* Four Roses tinham sido colocadas ao alcance de todos os lugares. O presidente sentou-se à cabeceira, e eu me sentei à sua direita. Assim que nos acomodamos, entraram muitas jovens coreanas bonitas vestidas em trajes típicos, todas carregando um pequeno balde de madeira. Cada uma sentou-se à direita de cada convidado. Então compreendi a pergunta que o ajudante tinha feito mais cedo. Eu teria uma coreana como minha companheira de jantar, assim como todos os meus equivalentes do sexo masculino. Eu ainda não compreendia o objetivo do balde, mas logo iria apreciar, assim como o de minha acompanhante.

Na Coréia, o indivíduo faz um brinde a outro. Cada um enche seu copo e bebe ao outro. É ao mesmo tempo um sinal de respeito e uma brincadeira. Eu era o convidado de mais alta posição. Todos estavam muito orgulhosos por terem negociado comigo o dia inteiro e por termos feito grandes progressos. Descobrimos que gostávamos uns dos outros. Eu era objeto de incontáveis brindes, tanto para me homenagear quanto para me testar, embora eu suspeitasse de que principalmente pela segunda razão. É indelicado recusar um brinde; e como um brinde adequado toma tempo, cada pessoa reserva sua vez colocando um copo cheio de uísque à sua direita. Quando você bebe e brinda na direção do copo daquela pessoa, é a vez dela. Logo descobri que havia oito copos de uísque alinhados ao meu lado, e oito colegas radiantes esperando para brindar comigo.

Eu nunca tinha bebido uísque, nem bebido tal volume de qualquer coisa antes. Enquanto bebíamos, carne e vegetais eram preparados na mesa quente. A fumaça e o calor naquela pequena cabana, combinados com o uísque, tornavam impossível a sobriedade, mesmo para o bebedor mais experiente, o que era exatamente o objetivo. Logo a bela mulher à minha direita estava sussurrando em meu ouvido:

— Você não pode perder a compostura. Não pode ficar bêbada nem enjoada. Vou ajudá-la.

E quando ninguém estava olhando, ela rápida e sub-repticiamente tirava um copo de uísque da mesa e o esvaziava no balde. Ela me salvou, e depois percebi que todas as outras mulheres estavam fazendo o mesmo por seus "clientes". Então brindávamos, bebíamos e mantínhamos a compostura fazendo copos desaparecer da mesa sem que ninguém ficasse ofendido.

A verdade é que me diverti bastante naquela noite. Gostei muito de nossos anfitriões coreanos — eles eram calorosos, divertidos e animados. Eu me diverti muito também com minha acompanhante, a garota *kisaeng*. Ela era não apenas bonita, mas altamente educada, com um domínio quase perfeito do inglês. Seu trabalho era me elogiar e me divertir, e ela se saiu muito bem em ambos. Era esperta, interessante e inteiramente fascinada pela oportunidade incomum de fazer seu trabalho para outra mulher. Eu entendi por que os homens adoravam aquele tipo de diversão. (Hoje, há na Coréia estabelecimentos em que as mulheres podem participar de uma festa *kisaeng* tradicional com companheiros do sexo masculino, mas é um fenômeno recente.) E para completar a noite, nós cantamos juntos — a plenos pulmões e fora do tom.

A verdade é que fiquei muito bêbada e passei mal naquela noite. Segundo o modelo coreano tradicional, nossa reunião recomeçava no dia seguinte pontualmente às nove horas da manhã. A sala de reunião estava quente e lotada, e cada movimento exigia um enorme esforço; mas fiquei na frente da sala e assumi o comando por todo o dia. Eu não iria ser reprovada no teste da disposição. Os coreanos e eu tínhamos passado a nos respeitar e a confiar um no outro. No final do segundo dia, o presidente me guiou pelos salões da Lucky Goldstar. Ele estava me exibindo e mostrando como podia ser aberto e flexível.

Até hoje, tenho muito respeito pela Coréia e pelo que o país conseguiu. Tenho grande afeto pelo povo coreano, seu calor e bom humor. Eles me ensinaram a nunca mais entrar em um jogo de bebida sem estar preparada. Ao longo dos anos, participei de muitos rituais envolvendo bebida na Coréia, no Japão e na China. Aprendi a me preparar mental e fisicamente, comendo as comidas certas antes de beber e a ingerir a bebida rapidamente, em vez de tomá-la devagar, para que o álcool seja absorvido pelo sistema de forma mais lenta.

Passei a gostar desses rituais e fiz boas amizades na China por causa deles. É verdade que a confiança, o respeito e a experiência partilhada tornam mais fácil fazer negócios. É verdade que partilhar os hábitos dos outros cria as bases para a compreensão mútua.

CAPÍTULO 13

Conseqüências da força

Boa parte do meu trabalho quando era diretora de Estratégia Internacional e Desenvolvimento de Negócios consistia em formar uma equipe capaz de desempenhar esse papel. Quando cheguei, encontrei na organização muitas pessoas brilhantes sem objetivo definido ou respeito pessoal, dispostas a fazer qualquer trabalho que pedissem, gratas pela oportunidade de contribuir de alguma forma. Elas se tornaram ajudantes; quando outros grupos pediam sua ajuda, elas atendiam, sem se preocuparem se haveria algo mais importante ou merecedor para fazerem. Não eram consideradas pares ou atores de verdade — eram vistas como um recurso disponível.

Como seres humanos, precisamos de objetivos para nos motivar e de confiança para nos levar à frente. Ambos são necessários para que tenhamos amor-próprio e o respeito dos outros. As organizações são formadas de seres humanos, portanto não surpreende que elas precisem exatamente do mesmo. O trabalho de um líder é construir as habilidades e capacidades de uma organização, bem como desenvolver sua capacidade de produzir resultados de qualidade. É também definir um objetivo valoroso e criar a confiança na realização.

Resumindo, decidimos que o objetivo da ISDB era analisar, propor, defender e garantir a implementação de um quadro estratégico para avaliação e exploração de nossas oportunidades internacionais. Em outras palavras, o propósito seria aproximar todo mundo. Uma organização é mais forte quando as pessoas estão dispostas a agir em conjunto, e não trabalhando com objetivos distintos. Estou dizendo "nós" porque a missão foi projetada para uma equipe. Esse tipo de colaboração era necessário para que a missão fosse mais que um belo *slogan* na parede. Um objetivo que orienta o comportamento das pessoas precisa ser plenamente entendido e aceito. Táticas determinadas — "execute esta tarefa específica desta forma específica" — podem ser impostas a uma organização a partir de cima. De fato, às vezes precisa ser assim, quando rapidez e precisão são importantes, e se a ação é polêmica. Uma missão, objetivo ou estratégia é projetada para orientar a tomada de decisões a longo prazo. Isso conduz as energias das pessoas para que o chefe não tenha de determinar todas as ações. Uma organização que exige o envolvimento do chefe em todas as decisões não pode funcionar de forma eficaz a longo prazo; simplesmente é complexo demais e toma muito tempo. Ademais, as pessoas inteligentes querem contribuir com seu talento — não querem que sempre digam a elas o que fazer.

Assim, eu e minha equipe trabalhamos juntos para conceber uma missão e um objetivo com os quais pudéssemos unir todo mundo, que realmente servissem à organização maior da qual éramos parte. Fizemos uma série de reuniões externas, discutimos e debatemos e finalmente concordamos com a definição de uma missão e um quadro estratégico. Então, começamos a apresentá-los à organização em uma série de fóruns estratégicos. As pessoas são motivadas pela razão e pela emoção, da mesma forma que as organizações. E foi durante esse trabalho que aprendi que um líder precisa conquistar os corações, assim como desafiar as mentes.

Parte do quadro estratégico com o qual concordamos era um conjunto de "países a observar": mercados que iriam receber nossa máxima atenção. Havia também "países de exceção": mercados em que não buscaríamos oportunidades sem uma aprovação executiva que nos permitisse desviar recursos de nossas prioridades. E havia mercados nos quais não entraríamos porque as condições ou a nossa capacidade não ofereciam suficiente probabilidade de sucesso para compensar o investimento de recursos escassos. Racionalmente, todos compreendiam que um quadro que permitisse escolher o local para alocar recursos em oportunidades internacionais fazia sentido. As pessoas até compreendiam que nosso grau de sucesso aumentaria se trabalhássemos dentro daquelas limitações. Porém, embora a racionalidade justificasse as prioridades, emocionalmente parecia algo limitador. Falávamos com as várias organizações na Network Systems, e as pessoas invariavelmente investiam todas as suas energias naqueles países que não estavam na lista de atenção prioritária. De início, tentamos lidar com essas objeções usando os fatos e os números do motivo de nossos países prioritários terem valor mais alto, mercados de probabilidade mais alta. Não era suficiente. Emocionalmente, as pessoas sentiam que estavam desistindo de algo: a liberdade de agir com autonomia e a possibilidade de uma oportunidade maravilhosa e desconhecida.

Para serem motivadas a abrir mão de algo, sem depressão ou ressentimento, as pessoas precisam sentir que estão recebendo algo em troca. Nós, por exemplo, temos motivação para trocar os doces por um corpo mais esbelto. Para motivar os membros da organização a abrir mão do modo como sempre realizaram seu trabalho — que representava liberdade e possibilidade — eles precisavam receber algo em troca. Esse algo era um futuro mais promissor e a confiança de chegar a ele. Estímulo e confiança são estados emocionais e, embora possam ser deflagrados pela lógica, na verdade a mente não pensa neles, é o coração que os sente. Assim, me envolvi na estratégia e nos objetivos de toda a organização Network Systems.

A Western Electric era um fornecedor exclusivo da Bell System. A Network Systems, organização que a sucedeu, subsidiária da AT&T, não tinha ido muito além do mundo conhecido de seus clientes domésticos de telecomunicações. Precisávamos de um objetivo que representasse a aspiração das pessoas para o que podíamos e deveríamos fazer. Poderíamos desafiar os líderes de mercado em crescimento e lucro — e derrotar concorrentes é sempre divertido e estimulante. Realmente podíamos ir além das limitações de relacionamentos históricos — e do pai AT&T —, lutando para chegar à liderança mundial. Isso exigiria a disciplina da priorização rigorosa e nosso quadro estratégico, mas podia ser feito, e era algo que deixava as pessoas eufóricas. Sim, a lógica dizia a elas que a receita e os lucros também podiam ser melhores, mas a emoção dizia que isso significava respeito no mercado e, tão importante quanto, respeito dentro da AT&T. Emocionalmente, tínhamos uma oportunidade de mostrar às pessoas como éramos bons. As pessoas se uniram em torno desse futuro. Então precisamos construir a confiança de que poderíamos conseguir isso e de que tínhamos a disciplina, a capacidade e a audácia para realizar.

A confiança para traçar um novo rumo é construída com base no sucesso. Indivíduos ou equipes podem experimentá-lo em esforços individuais. Toda organização pode ter sucesso festejando o sucesso dos seus membros. Assim, transmitir e festejar histórias bem-sucedidas é fundamental para a construção da confiança; portanto, começamos contando histórias do mundo todo — exemplos de equipes que tinham derrotado os concorrentes dando atenção às prioridades e agindo com disciplina. Então, a organização começou a se voltar para a possibilidade de um futuro melhor, funcionando segundo os parâmetros de um quadro que mostrava onde e como deveríamos agir.

Nem todos os meios são justificados pelos fins; assim, tão importante quanto transmitir histórias de sucesso para aumentar a confiança era o fato de que as pessoas compreendessem como não podiam, ou não deviam, agir. No mercado internacional, nosso limite mais importante tem de ser a honestidade e a integridade com que fazemos negócios. Muitos dos mercados nos quais estávamos atuando eram corruptos. Muitos de nossos concorrentes se entregavam a práticas comerciais que violavam a legislação dos Estados Unidos e a Lei de Práticas Corruptas no Exterior. Você pode passar o dia inteiro falando sobre valores como integridade, mas as ações sempre falam mais alto que as palavras.

Nessa época, viajei ao Brasil para conhecer nosso parceiro em uma *joint venture* e alguns clientes importantes. Nosso diretor administrativo de lá era inteligente e informado, com grande experiência no Brasil. Ele era bem-visto, estimado e apresentava resultados. Os escritórios da Network Systems ficavam em São Paulo, mas certa noite tivemos um jantar de negócios em Brasília, a capital, com alguns ministros muito importantes. Nosso diretor administrativo tinha marcado o encontro, e embora eu não compreendesse bem o objetivo, obviamente era importante conhecer os ministros.

Entramos na casa particular de alguém descrito como "amigo e sócio" de um dos ministros. Era uma bela mansão, ampla, de um só andar, cercada por uma vegetação exuberante. Vários conjuntos de portas duplas envidraçadas se abriam pelas salas de estar e jantar e davam para o exterior. O efeito era o de estar no meio de uma floresta tropical à luz de velas cercada por móveis e obras de arte valiosos. Eu me senti em um filme de Fellini.

A conversa girou em torno de diversos temas. Os brasileiros podem ser muito eficientes em suas comunicações, e eu tentei conduzir a conversa para nossas áreas de interesse comercial mútuo. Os anfitriões resistiram aos meus esforços. Estava sendo uma noite adorável com pessoas interessantes e de sucesso, mas, com o passar do tempo, comecei a me sentir desconfortável. Havia algo errado, mas eu não conseguia descobrir. Então senti um arrepio na pele. Não me lembro exatamente o que foi dito, mas de repente me dei conta de que o objetivo da noite era descobrir se eu estava preparada para fazer parte do suborno. Estavam me ensinando como se faziam negócios lá, e como nossos concorrentes participavam do jogo. Nosso diretor administrativo me observava em silêncio.

Eu me fiz de sonsa, me desculpei pelo cansaço e felizmente a noite chegou ao fim. Antes de dormir, perguntei ao diretor administrativo qual tinha sido sua reação.

— Veja, Carly, você não precisa se envolver nisso se não quiser, mas eu preciso, caso queiramos atingir nossas metas aqui.

Eu perguntei a ele:

— Você acha que pode fazer isso sem ser apanhado?

— Claro. Eu fazia isso para meu empregador anterior (uma empresa não-americana) o tempo todo, e podemos controlar tudo aqui. Nosso orçamento é suficientemente alto. Veja, eu sei que você se preocupa com a lei de corrupção no exterior, mas aqui é o Brasil, eu não sou americano e podemos fingir que esta conversa nunca aconteceu.

Dois dias depois ele foi demitido. Embora não trabalhasse para mim, convenci seu chefe a agir. A organização ficou chocada, mas a mensagem era clara: os fins não justificam quaisquer meios, e não iremos tolerar desonestidade e competição. Valores valem mais que resultados. São os valores que determinam nosso comportamento quando ninguém está olhando e ninguém pode descobrir. Eu não podia supor que aquele diretor administrativo ia agir com integridade quando não pudéssemos observá-lo ou apanhá-lo, o que seria a maior parte do tempo. Uma falha de integridade coloca em risco toda a organização, de formas que não podem ser previstas. Desistimos de participar de uma série de oportunidades no Brasil e, conseqüentemente, reduzimos nossas metas. Quando festejamos histórias de sucesso para aumentar a confiança dentro da organização, também oferecemos uma história de alerta para forjar o caráter.

Naquela época, eu estava sempre participando de reuniões com a equipe de executivos de Bill Marx, que me utilizava eficazmente para atingir seus objetivos e me dar o apoio adequado. Ele me deixava travar minhas próprias batalhas quando era importante demonstrar minha força na organização e só interferia quando necessário. Bill era suficientemente inteligente para saber que haveria momentos em que teria de me dar mais apoio. Isso era verdade por várias razões: eu vinha de fora e ia cometer erros; era uma das poucas mulheres e ia despertar algumas suscetibilidades; estava conduzindo uma mudança necessária, mas difícil, e que no processo abalaria situações consolidadas. As intervenções de Bill eram importantes, porque com o sucesso sempre vêm os inimigos.

As pessoas, ao mesmo tempo, apreciam e se ressentem da força e do sucesso das outras; pelas mesmas razões, pessoas fortes e de sucesso são ao mesmo tempo admiradas e atacadas. Algumas se inspiram no sucesso das outras. Outras, que acreditam não poder atingir suas metas sozinhas, se aliam a pessoas fortes quando suas metas e seus projetos são coincidentes. Algumas igualmente fortes e de sucesso podem optar pelo confronto aberto caso discordem, mas o fazem com verdadeiro respeito. E algumas simplesmente se ressentem da força das outras porque isso destaca sua própria inadequação. Há as que invejam um sucesso que consideram maior que o seu mesmo. Inveja e ressentimento são sentimentos de inferioridade e inadequação, alimentando a resistência e o instinto de apelar para o jogo sujo. E em um nível muito primário, no pátio da escola, meninos não gostam de perder para meninas, e meninas, algumas vezes, competem entre si pela atenção de um menino.

Jack Heck lutava limpo. Tínhamos muitas divergências, mas discutíamos abertamente e com respeito. O vice-presidente de Marketing não jogava limpo. Ele era ambicioso e exibido, mas seu impacto não correspondia a seu exibicionismo. Ao ver que eu realizava coisas que ele não fazia ou não podia fazer, deu início a uma campanha de difamação contra mim. Começou contando a uma das gerentes que trabalhavam para mim que eu não a apoiava. Não era verdade, mas ela não tinha motivos para duvidar, e ele era um alto funcionário. Ele disse que iria precisar de sua ajuda de vez em quando, que ela teria de manter aquilo em segredo e prometeu a ela um cargo em sua própria área (o que nunca cumpriu). Depois procurou meu chefe e disse que eu era desleal e o criticava pelas costas. Isso também não era verdade, mas meu chefe era suficientemente inseguro de sua posição e invejoso do meu relacionamento com Bill Marx para se aliar ao vice-presidente, que tinha se transformado em meu inimigo.

Inicialmente eu não sabia de nada disso, mas comecei a perceber que meu chefe e aquele vice-presidente quase sempre me desafiavam em reuniões com dados que diziam ter saído de minha própria organização. Eu me vi em uma posição muito desconfortável. Se eu dissesse que nunca tinha visto os dados, o que era verdade, as pessoas começariam a pensar que eu não sabia o que estava acontecendo. Se ignorasse os dados, pareceria teimosa e ilógica, já que aquilo de fato contradizia minhas conclusões. Claro que os fatos eram limitados e tinham sido escolhidos para reforçar uma questão específica, mas os outros participantes da reunião não sabiam disso. Depois, quando eu buscava uma explicação para compreender os dados ou nossas diferenças ou pedia aos dois vices que me avisassem antes da reunião para que pudesse responder melhor, eles sempre diziam que eu tinha entendido mal. Eu estava "reagindo de forma desmedida".

Às vezes você não descobre um inimigo escondido e nunca sabe o que realmente aconteceu. Nesse caso eu tive sorte. Jack Heck sabia o que estava acontecendo porque ele realmente era antigo e já tinha visto aquilo antes. Ele conhecia bem seus colegas e contou tudo a Bill Rohrbach, que era seu confidente. Bill, que tinha se tornado meu amigo e defensor, me contou.

Certo dia, Bill Marx me chamou e perguntou como eu estava indo. Conversamos um pouco, e ele finalmente disse:

— Você está com algum problema, Carly?

Sempre achei que uma pergunta honesta merece uma resposta honesta. Eu disse que estava tendo problemas com o vice-presidente de Marketing.

— Aparentemente eu não consigo me entender com ele.

Bill tinha contratado aquele vice e gostava dele, portanto, sugeriu uma reunião entre nós três.

Eu não sabia exatamente o que fazer em uma reunião dessas. Não queria que ela me fizesse parecer uma fofoqueira, obrigando Bill a escolher um de nós dois ou a nos passar uma reprimenda. Felizmente, meu inimigo cuidou disso. Bill sabe ser seco; é uma de suas melhores qualidades, e ele começou perguntando:

— Então, como vocês estão se dando?

Eu esperei e não disse nada. As inseguranças e o ressentimento do vice-presidente fizeram sua parte. Em vez de dizer "Carly e eu estamos nos dando muito bem. Eu só acho que ela está errada em algumas coisas", ou algum outro comentário sereno e racional, ele começou a falar rapidamente. E ainda mais rápido. E quanto mais falava, mais emocional e na defensiva ficava. Permaneci sentada, vendo-o se destruir. Uma parte de mim estava aliviada: Bill podia ver com os próprios olhos qual era o problema. E outra, deprimida — o que havia comigo, ou com o que eu estava fazendo, que podia provocar uma reação tão extremada? De uma coisa eu estava certa: o vice-presidente de Marketing tinha criado exatamente a situação que ele mais temia — enfraqueceu sua posição e fortaleceu a minha.

Tive uma longa conversa com minha subordinada, que foi manipulada. Disse-lhe que foi usada para servir aos objetivos dos outros e que, não importava o que ela sentia por mim, não estava fazendo bem a si mesma. Ela aprendeu muito, acho, e acabou sendo promovida. Eu continuei a tratar meu chefe com cortesia, mas nunca mais confiei nele. E, como todos os outros, ignorei o vice-presidente de Marketing.

Vários meses mais tarde, recebi um telefonema de Bill Marx pedindo que fosse com urgência ao seu escritório. Ao chegar, ele me informou que meu chefe estava sendo transferido de volta para a Long Lines; o vice-presidente de Marketing estava se aposentando e os cargos seriam fundidos. Eu seria a nova vice-presidente de Estratégia e Marketing. Para minha absoluta surpresa, eu acabara de ser promovida a executiva.

Saí de casa em disparada sem verificar o marcador de combustível. Como freqüentemente ocorre, eu estava na reserva. Dirigindo de volta para casa em um estado de grande euforia, dei-me conta de que precisava abastecer. Parei no posto e telefonei para minha mãe. Disse-lhe que tinha acabado de me tornar uma executiva da AT&T Company, muito antes do que esperava. Ambas começamos a rir e a chorar ao mesmo tempo. E quando me transferi para o novo escritório, ela me mandou um belo vaso Baccarat e dinheiro suficiente para que minha secretária comprasse uma rosa nova toda semana durante três meses.

CAPÍTULO 14

Inspiração para a mudança

Alguns pontos mudam imediatamente quando se é um executivo. O escritório fica maior, assim como a autoridade. Eu me sentia a mesma pessoa, mas muitos já não me viam da mesma forma. Aprendi a ser mais cuidadosa com o que dizia e como dizia; já não podia haver um comentário inadequado. Em qualquer organização na qual a hierarquia é importante, as palavras ditas pelos figurões sempre têm mais peso — mesmo que não devessem. Também comecei a experimentar o fenômeno "Carly diz". As pessoas atribuíam palavras a mim para atingir seus próprios objetivos, algumas vezes refletindo meus comentários com precisão e outras, apenas o que esperavam que eu tivesse dito.

Algumas situações não mudaram. Lembro-me de participar da primeira sessão de avaliação e classificação como vice-presidente. Um de meus colegas estava apresentando seu subordinado; todos na sala tinham problemas com aquele diretor em especial e disseram isso claramente. Após todos terem falado, pediram que eu também desse minha opinião. Havia trabalhado diretamente com ele e confirmei tanto suas qualidades quanto as graves fraquezas que meus colegas tinham acabado de destacar. Embora tivesse dito praticamente o mesmo que os outros, a reação foi diferente. O chefe do diretor disse:

— Bem, Carly, você simplesmente não gosta dele. Está sendo emocional, não objetiva.

Ele estava tentando me descartar no velho estilo "mulheres são emotivas demais". Mais tarde, após ser promovida a vice-presidente sênior, um colega me acusou raivosamente de ir para a cama com o chefe para abrir caminho; ele tinha argumentado vigorosamente contra uma de minhas recomendações, e minha ordem prevaleceu.

Certamente tinha uma perspectiva mais ampla em minha nova função. Ao longo do ano anterior, as aspirações da organização mudaram. As pessoas na

Network Systems antes se satisfaziam em concentrar as energias nos tradicionais clientes domésticos da Western Electric. Tínhamos erguido os olhos e estudado o mercado como um todo. Oportunidades internacionais e novos tipos de clientes já não eram questões colaterais, mas o cerne de nossas ambições. E queríamos investir nessas oportunidades de crescimento. À medida que aumentavam nossos investimentos, crescia a tensão com o restante da AT&T.

A Network Systems sempre foi uma geradora de lucros previsível para a AT&T e não tinha demandado praticamente nenhum tempo de administração e atenção da matriz. A AT&T era uma das poucas fornecedoras de serviços de rede do mundo que também atuava como fabricante e tinha capacidade de pesquisa básica. Mas a Network Systems estava tentando vender equipamentos de comunicação para os parceiros da AT&T, bem como para seus concorrentes, ao mesmo tempo atendendo à própria rede da AT&T. Os parceiros buscavam se valer dessa situação única; os concorrentes a temiam. E à medida que nossas ambições aumentavam, também aumentava o desafio. Nossos clientes e os clientes em potencial estavam cada vez menos dispostos a negociar um acordo apenas com a Network Systems. Eles queriam garantias de que a Network Systems não conflitava seus interesses ao atender à AT&T e um concorrente, assim como um acordo melhor com a AT&T por estarem fazendo negócios com uma de suas subsidiárias. Enquanto isso, a AT&T continuava a exigir maiores lucros da subsidiária.

Também tive uma noção melhor do que Bill Marx realmente pensava e com o que se preocupava. Ele estava frustrado com a posição de sua organização. Do seu ponto de vista, a AT&T continuava a se colocar no caminho do mercado e ao mesmo tempo não reduzia suas exigências de desempenho financeiro. Além disso, os clientes tradicionais da Network Systems, incluindo a própria AT&T, cada vez mais tentavam diversificar a rede de fornecedores e se afastar de seu antigo e em geral único fornecedor. Bill queria que eu, na nova função, tentasse negociar um conjunto de acordos operacionais entre a AT&T e a Network Systems que definisse como cada um iria atuar no mercado. Ele esperava criar um ambiente mais previsível para nossa força de vendas e nossos clientes.

Minha meta era fechar esses acordos país a país, levando em consideração as relações que cada uma das empresas mantinha naqueles mercados. Fizemos análises e tivemos discussões intermináveis para conceber "regras de compromisso" que fossem ao mesmo tempo suficientemente específicas para serem úteis e gerais para serem compreensíveis. Era um trabalho difícil, e tenho certeza de que meus equivalentes na AT&T estavam tão frustrados comigo quanto eu com eles. Ou não chegávamos a um acordo em relação a um determinado mercado, ou as condições mudavam assim que acertávamos tudo, ou não conseguíamos fazer com que as pessoas em campo seguissem as regras acertadas. Formáramos um bando de pessoas de escritório concentradas na teoria e nos papéis, quando os acontecimentos reais no mercado eram mais rápidos e complicados do que podíamos dar conta. Os conflitos chegaram a tal ponto, que, mesmo quando fechávamos um acordo, não nos dispúnhamos a sacrificar o que era necessário.

Sinergia é um jeito bonito de dizer que o todo é maior que a soma das suas partes. Em termos empresariais, significa que quando diferentes produtos ou serviços são combinados em uma solução ou diferentes setores de uma organização trabalham em conjunto no mercado, há chances maiores de crescer, conquistar mercado e/ou ter lucro. Quando nos reuníamos na sede, dizíamos que ainda havia uma sinergia entre Long Lines e Network System; e a teoria para isso era bastante convincente. Mas se você quer saber o que é sinergia no mundo real, não pergunte à matriz e nem ao pessoal que faz análises. Pergunte à força de vendas. Se os clientes realmente estão dispostos a pagar mais por uma combinação ou lucrar mais com seus negócios, a sinergia existe. Se não estão, não existe; e apenas os integrantes da força de vendas, que conversam com os clientes todos os dias, realmente conhecem a resposta. A sinergia que um dia mantivera a AT&T unida estava desaparecendo.

Ao final de um longo processo, eu e meus equivalentes produzimos um relatório. Ele delineava os acordos que teoricamente poderiam funcionar em cada um de nossos mercados. Nós o apresentamos com o maior entusiasmo e era o máximo que poderíamos conseguir, para ajudar. Não exageramos, mas também não dissemos que era uma perda de tempo. Depois da reunião, Bill me perguntou o que eu realmente pensava. Disse a ele que não ia durar muito.

Algumas semanas depois, Bill me pediu que preparasse uma apresentação estratégica para uma reunião da diretoria da AT&T. Três diferentes cenários estavam sendo desenvolvidos por três equipes distintas: um maximizava a ênfase da AT&T em sistemas de computador, outro na Network Systems, e o terceiro no negócio da Long Lines. O presidente da AT&T, Bob Allen, pediu que o trabalho fosse confidencial.

Uma pequena equipe trabalhou durante várias semanas. Argumentamos que a Network Systems não poderia atingir seu pleno potencial a não ser que fosse separada da AT&T, deixada livre para atingir seus próprios objetivos, sem ser afetada pelas questões da AT&T. Quantificamos minuciosamente o resultado provável de permanecer na AT&T em comparação com a alternativa. Bill Marx foi para a reunião de diretoria convencido de que nossa recomendação era bem fundamentada e esperançoso de que a diretoria concordasse. Ele ficou profundamente desapontado. Eu também, mas ambos sabíamos que mais cedo ou mais tarde aconteceria o inevitável, pois, embora as deliberações da diretoria e nosso trabalho fossem confidenciais, a força de vendas da Network Systems estava inquieta e preocupada. Eles nos olhavam e sentiam o impacto dos constantes conflitos entre nós e nossa matriz no mercado.

Às vezes os inimigos ficam ocultos. Outras, os amigos é que são ocultos. Alguns meses após ter chegado à Network Systems, quando todos gritavam comigo e diziam que eu não tinha nada a acrescentar porque não entendia do negócio, recebi um telefonema. Era de um homem chamado Jim Brewington, responsável pelas vendas da Network Systems para a companhia telefônica U.S. West. Ele disse que estava ligando de Denver e que precisava da minha ajuda. Seu cliente estava fazendo negócios com a operadora de telefonia russa, queria que a Network Systems fizesse negócios com eles na Rússia e ele não sabia como proceder.

— Eu li que você é encarregada de Estratégia Internacional, então imaginei que entendesse mais disso do que eu.

Apenas isso já fez dele um amigo. Ali estava alguém disposto a me dar o benefício da dúvida só porque eu estava no cargo.

— Obrigada por telefonar, Jim. Não sabe como me agrada que você ache que eu posso ajudá-lo.

Acredito que ele não sabia exatamente o que eu queria dizer, porque perguntou:

— Bem, você está no Departamento de Estratégia Internacional e Desenvolvimento de Negócios, certo?

— Certo, certo. Só quis dizer que nem todos acham que eu entenda de algo.

— Ah, não dê muita atenção a esses caras da Western Electric. Todos temos cabeças de alfinete e colarinhos "Tamanho 19".

Ele me fez rir. Levou-me a sério o bastante para explicar toda a oportunidade. Nós acertamos que eu viajaria a Denver para um encontro com ele e seu cliente de modo a descobrir o que poderíamos fazer juntos.

Jim tinha sido criado em uma fazenda de criação de gado em Idaho. Era uma pessoa rígida e não tinha paciência com chatos. Contava com a inteligência dos livros e a das ruas e gostava de se fazer de sonso. Era um trabalhador braçal que nunca se cansava, e se você fosse seu amigo, mantinha-se leal como um cão. Era direto, mas encantador. Não conseguia mentir nem mesmo tentando. Ele e Bill Marx se pareciam muito, e talvez por isso Bill considerasse Jim ao mesmo tempo amigo e protegido. Eu não sabia do relacionamento dele com Bill, mas ao final do nosso primeiro encontro em Denver descobri que tinha encontrado um amigo e um mentor. Bill pedia muitos conselhos a Jim, que não fazia política com ninguém, e sabia que conseguiria uma resposta direta. Jim e Bill algumas vezes discordavam violentamente, mas confiavam um no outro. Bill perguntou a Jim se eu estava pronta para ser promovida a executiva. Acho que também perguntou se eu poderia assumir a força de vendas.

Bill pediu que eu chefiasse a Sales East, a operação de campo na metade leste dos Estados Unidos e o Canadá. Depois eu me tornaria chefe de todas as operações de campo na América do Norte. Bill e Jim acreditavam em mim. Ambos me deram uma oportunidade. Confiei no apoio deles quando precisasse e na verdade quando merecesse ouvi-lo. Em troca pelo que me deram, eles tiveram o melhor do meu trabalho, minha absoluta franqueza e minha lealdade inabalável.

O trabalho de um líder é agregar valor, não se colocar no caminho, presidir ou receber os créditos. Se tudo está funcionando, as pessoas não precisam de sua ajuda. Descubra como as pessoas precisam de você. Às vezes, quando nem tudo está funcionando, as pessoas conseguem ver que há problemas, mas não identificam a causa e, conseqüentemente, a solução. O trabalho de um líder é descobrir e atacar a causa, assim como o trabalho de um médico é tentar curar a doença em vez de simplesmente tratar dos sintomas.

O negócio na América do Norte representava a galinha dos ovos de ouro da Network Systems. Aquelas equipes eram sempre as responsáveis pela maior parte do faturamento e do lucro. Mas com a maior ênfase da empresa nas oportunidades internacionais e no crescimento, elas se sentiam desvalorizadas e menosprezadas. Ao mesmo tempo, seus clientes começaram ativamente a procurar alternativas competitivas; estava sendo mais difícil fechar negócios. O conflito crescente entre seus clientes e a AT&T não ajudava em nada. A força de vendas se sentia encurralada e desmoralizada.

O sintoma disso eram os números. A receita estava diminuindo, as despesas aumentando e o lucro, declinando. Os diretores das equipes sabiam que os resultados eram inaceitáveis. Eles eram profissionais demais para negar o fato, mas quando chegasse a hora dos planos e orçamentos, investiriam muita energia dizendo que não podiam fazer melhor, então falhariam nos compromissos apenas para provar isso. A receita estava baixa porque seus clientes não confiavam na AT&T e não queriam dar nenhum dinheiro à sua subsidiária. As despesas tinham aumentado porque eles desperdiçavam grande parte do tempo de vendas explicando o que a AT&T estava fazendo. Os lucros caíam porque eles competiam com empresas que não precisavam carregar o mesmo peso que eles, portanto tinham de reduzir os preços para fechar negócios. Claro que tudo o que eles identificavam no mercado realmente estava acontecendo. Também era verdade que o crescente conflito estratégico entre a AT&T e a Network Systems se tornou uma desculpa para a sua incapacidade de abordar as questões que estavam sob seu controle administrativo. E o fato de os novos negócios fora dos Estados Unidos receberem tanta atenção se transformou numa desculpa para o fracasso em motivar as próprias equipes; era a síndrome de "se ninguém se importa, por que nós deveríamos?"

Às vezes, as pessoas deixam de buscar um desempenho melhor porque não acham necessário; a falta de ambição é fruto do excesso de confiança. Outras vezes, as pessoas deixam de se esforçar por acharem que não é possível; a falta de ambição é fruto do derrotismo. Sempre que as pessoas deixam de buscar um desempenho melhor, a realização inevitavelmente se torna descuidada e os resultados pioram.

Steve Carson era o principal executivo financeiro da Network Systems e outro sábio conselheiro. Ele costumava dizer: "Causas operacionais produzem efeitos financeiros". Queria dizer que os números não surgem do nada, eles são resultado direto de uma causa operacional. E uma causa operacional é uma forma elegante de se referir aos atos, às decisões e aos comportamentos das pessoas. Se você quer produzir um impacto positivo nas finanças de uma empresa, um negócio ou uma linha de produtos, tem de entender o que as pessoas realmente fazem. Depois precisa compreender como essas ações precisam mudar para produzir resultados melhores. E, finalmente, tem de descobrir como motivar as pessoas para que se comportem de modo diferente.

Um ambiente é diferente do outro. Aquilo que provoca mudança de comportamento em uma fábrica é diferente do que ocorre em um laboratório de Pesquisa e Desenvolvimento. O que é bom em uma empresa não funciona exatamente da mesma forma em outra. Porém, não importa qual seja o ambiente, o ponto de partida básico para provocar a mudança de comportamento é um verdadeiro acordo e uma crença real em que o melhor desempenho é ao mesmo tempo necessário e possível.

Passei dois dias em reunião com meus novos vice-presidentes regionais. Insisti para que estudássemos todas as possibilidades de aumentar a eficiência, e analisamos cada gargalo de vendas. Eu forcei, esquadrinhei e provoquei. Houve muita resistência. "Estamos perdendo tempo demais em reuniões; devíamos estar com os clientes". "Já fizemos isso; por que você acha que desta vez será diferente?"; "Essa é a nossa função, não a sua. Por que você não nos deixa trabalhar?". A ladainha das formas pelas quais eu os estava fazendo perder tempo era longa e repetitiva.

Na tarde do segundo dia, finalmente interrompi a discussão.

— Certo, pessoal. Esqueçam de mim. Vocês eram os heróis da Network Systems. Vocês sempre conseguiam. Agora todo mundo acha que vocês são um bando de bebês chorões. Choramingam o tempo todo, e as pessoas que contavam com vocês estão começando a ficar cansadas disso.

Houve um demorado silêncio. Comecei a me sentir desconfortável, mas não iria rompê-lo. Eu não ia ajudá-los. Finalmente, um deles, Tom Carter, falou:

— Verdade? As pessoas acham que somos bebês chorões? Quem disse isso?

— Jim Brewington e Bill Marx — e era verdade, ou eu não teria dito.

Outro longo silêncio. Eles pensaram no fato de duas pessoas muito importantes, que eles conheciam há mais tempo que eu, estavam falando comigo sobre eles. Tom disse a seus colegas:

— Bem, pessoal, eu não gostei disso. Não pretendo engolir isso. Então vamos dar um jeito, certo?

Foi uma revolução. Fiz um apelo direto e objetivo ao seu ego e ao seu amor-próprio, o que levou à decisão de Tom Carter de se tornar agente da mudança. A mudança não exige que 100% das pessoas a acompanhem. Não necessita sequer da maioria, mas sim de massa crítica. Naquele caso em especial, naquele grupo de colegas, Tom era a massa crítica. Seus resultados sempre estavam entre os melhores, e os colegas o admiravam por muitas razões. Além disso, era um grupo que trabalhava junto havia muito tempo, e cada um devia alguma coisa a ele.

Com energia renovada, nós abordamos detalhes práticos, e no final estava claro que, apesar de todos os fatores que dificultavam nosso trabalho, poderíamos fazer melhorias reais em todos os setores do negócio. O exercício tinha sido longo e penoso, mas todos se sentiam melhor quando terminamos. Ninguém realmente queria ser medíocre, e aqueles caras já tinham sido muito melhores. Eles podiam seguir um caminho para um desempenho melhor.

Ainda assim, a situação realmente era mais difícil que antes. As pessoas estavam trabalhando apenas para ficar no mesmo lugar. Um desempenho melhor iria exigir ainda mais trabalho e maior disciplina. Não podíamos dar aumento às pessoas, pois não dispúnhamos de verba para isso. Então, como poderíamos recompensá-las? A resposta era simples, e a única que tínhamos; nós tornaríamos aquilo divertido.

Começamos a reconhecer realizações, grandes e pequenas. Eu telefonava para as pessoas e agradecia a elas, ligava principalmente para alguém que nunca tinha falado antes com um vice-presidente, e esse pequeno gesto era significativo. Podia surgir um balão na mesa de alguém. Eu mandava cartões simples. Fazíamos teleconferências semanais para avaliar nosso progresso, e cada vice-presidente regional destacava as importantes realizações de sua equipe na semana anterior. Logo, as pessoas passaram a saber se o seu trabalho ia ser mencionado na teleconferência e passaram a competir pela honra. Eu viajava constantemente por todo o território para reuniões com nossas equipes e nossos clientes. Em cada parada, discutíamos os problemas e como resolvê-los, mas também festejávamos nossas vitórias. Realizamos concursos e distribuímos pequenos prêmios.

Um cínico poderia dizer que essas pequenas atitudes não importavam. Qualquer um que um dia tenha chefiado sabe que elas importam. A diferença entre não cumprir a meta e cumpri-la freqüentemente é só uma questão de persistência — você não pode desistir cedo demais. É mais fácil continuar quando você está se divertindo um pouco durante o processo e sabe que alguém se importa.

Nossas equipes competiam no mercado diariamente para fechar negócios com seus clientes, mas também mantinha uma disputa feroz entre si. Se a competição interna prejudica o atendimento ao cliente, é contraproducente. Então, as equipes precisam se concentrar no mundo externo. Quando a competição interna estimula um melhor desempenho, deve ser encorajada; e esse era o caso. Tom Carter e Joe Muriello eram os dois vice-presidentes mais antigos, tinham os maiores clientes, Bell Atlantic e Bell South, e as maiores equipes. Eram os que mais se queixavam e os que mais realizavam. Profissionais consumados, profundamente apaixonados pelo que faziam, eram divertidos e engraçados. Competiam um com o outro em tudo, desde os melhores resultados até minha atenção. Joe e Tom estabeleciam o ritmo para os outros.

Com a aproximação do quarto trimestre, eu precisava estimular as equipes. Embora tivéssemos nos saído bem até então, não íamos atingir as metas a não ser que melhorássemos muito o desempenho. Decidi utilizar o espírito competitivo de Tom e Joe de uma forma mais sistemática. Faríamos uma corrida de cavalos e, para isso, preparamos uma fita de vídeo para apresentá-la. Fomos a um estábulo local, ficamos ao lado de um cavalo e anunciamos que a corrida havia começado. Depois filmamos a enorme pista de corrida de papelão que tínhamos criado e pendurado na parede do lado de fora do meu escritório. Cada equipe era representada por um pequeno cavalo de plástico preso à pista por velcro, em posição relativa uma às outras em função do percentual da meta que cada uma tinha atingido. Mostramos o grande troféu da vitória que seria dado à equipe cujo cavalo cruzasse a linha de chegada em primeiro lugar. Cada equipe teve de batizar seu cavalo. E a partir de então, toda teleconferência semanal começava com o som do toque de corneta que faz os cavalos dispararem pela pista.

Era piegas? Talvez. Alguns vice-presidentes regionais disseram isso, mas Joe e Tom não conseguiram se conter. Era uma competição — muito boba —, mas ambos queriam vencer. Então eles entraram no espírito e quanto mais eles competiam um com o outro, mais difícil era para seus colegas permanecerem sentados na cerca. Eles podiam ver os próprios cavalos de plástico ficando bem para trás, enquanto os de Joe e Tom competiam cabeça a cabeça. Toda semana, após a corneta, os céticos ouviam "... e atropelando na curva...". Assim, no final, o orgulho de cada um mostrou o melhor deles. Além de tudo, era realmente engraçado.

Muitos nas outras organizações da Network Systems acharam que estávamos malucos. Havia muita conversa do tipo: "O que Carly acha que está fazendo lá?" Sinceramente, eu não ligava. Se isso nos desse os resultados de que precisávamos, valia a pena enfrentar a artilharia. Quando o ano terminou, apresentamos resultados melhores do que tínhamos previsto. E assim que o troféu foi entregue ao vencedor, todos queriam saber como seria a competição do ano seguinte. Escolhemos o *slogan* "Desça a corredeira, sinta a força". Eu me sentei em uma balsa vestindo um colete salva-vidas e segurando um remo para anunciá-la.

Claro que não teríamos alcançado nada sem planos detalhados para melhoria de desempenho e todo o exercício que a excelência operacional exige. Também não teríamos conseguido tanto sem motivação extra. O trabalho árduo se transforma em algo desagradável se você não se divertir um pouco.

O ano de 1993 se transformou em 1994, e a sinergia que tinha existido entre a Long Lines e a Network System foi substituída por um claro conflito estratégico. Sempre que eu me reunia com um cliente, passava 75% do encontro escutando seus problemas com o restante da AT&T. Certo dia, recebi um bilhete manuscrito do presidente da AT&T, Bob Allen, o que era muito incomum. Nunca tinha recebido nada diretamente dele. Ele me pediu, de forma muito casual, uma reunião na próxima vez que eu fosse a Basking Ridge. Embora conhecesse Bob, claro, e tivesse participado de grandes reuniões nas quais ele estava presente, nunca me encontrei com ele sozinha. Era muito curioso e um pouco perturbador.

Nós nos reunimos em uma sala de conferências no corredor do seu escritório. Bob foi amistoso e educado. Ele me perguntou se eu gostava da Network Systems e respondi que adorava. Tinha aprendido a me sentir à vontade lá, e comandar a América do Norte era a melhor função que eu já tivera. Disse a ele que foi ótimo trabalhar para Bill Marx. Falamos sobre isso durante um tempo que me pareceu longo demais, então Bob finalmente perguntou:

— Como está sendo com os clientes das operadoras regionais da Bell?

Disse-lhe a pura verdade:

— Bob, está cada vez mais difícil. Nós nos tornamos os bodes expiatórios de todas as suas queixas sobre a AT&T.

Contei também sobre uma reunião recente com a Pacific Bell, na qual o presidente passou os primeiros 30 minutos exibindo repetidamente um vídeo com os mais recentes comerciais da AT&T. Ele considerou o tom e o conteúdo ofensivos à sua empresa e queria ter a certeza de que compreendíamos perfeitamente como ele ficou irritado antes que começássemos a discutir um importante contrato que a Network Systems mantinha com a Pac Bell. Em parte, foi uma eficiente tática de negociação — nos colocando na defensiva desde o início — e em parte por verdadeira frustração.

— Bob, o problema é que quando nossos concorrentes vão ver os clientes das operadoras regionais da Bell, eles não precisam perder tanto tempo. Podem usar o pouco tempo com o cliente para falar sobre seus produtos e seu relacionamento. Nós só podemos gastar 25% com isso, o que acaba fazendo diferença.

Toda essa conversa levou apenas 10 minutos, mas parecia ser a razão do nosso encontro. Bob me agradeceu por comparecer e saiu. Um minuto depois, Bill Marx entrou. Ele tinha sido promovido e estava chefiando os negócios de Sistemas de Comunicações Empresariais e Microeletrônica. Seu escritório ficava em Basking Ridge.

— Como foi, Carly?

Contei a ele sobre as perguntas de Bob e minhas respostas. Ele sorriu e disse:

— Bom.

E foi só isso.

Só houve outro fato notável naquela reunião. Duas semanas antes, Lori, Tracy e eu tínhamos ido às compras. Na ocasião, eu estava me sentindo particularmente sem-graça e parecida demais com uma vice-presidente de empresa, e quando Lori sugeriu que fizéssemos um segundo furo nas orelhas, eu concordei. Nós nos divertimos muito, e achei que dois brincos em cada orelha ficava ótimo; nada empresarial. Aparentemente, estava certa, porque durante toda a reunião com Bob Allen, reparei que ele olhava de modo atento para minhas orelhas. Ele oscilava levemente de um lado para o outro, observando uma orelha e depois a outra. Bill foi menos sutil. Ele simplesmente perguntou:

— Por que você furou as orelhas de novo?

Mais cedo, Joe Mauriello foi ainda mais direto:

— Carly, os clientes da Bell South não vão gostar desses brincos. Eu acho melhor tirá-los quando for nos visitar.

Só para garantir, ele conferia minhas orelhas antes de qualquer reunião.

Naquele verão, Rich McGinn, que se tornou presidente da Network Systems, começou a fazer muitas perguntas sobre o trabalho que fiz para Bill em função da reunião de diretoria dois anos antes. Afora isso, não tinha nenhuma noção de como poderiam estar as deliberações. Ainda assim, estava esperançosa. Vários meses depois, em uma tarde de setembro, Rich McGinn convocou alguns de nós para sua sala de reuniões e nos contou que Bob Allen ia anunciar a divisão da AT&T no dia seguinte. Network Systems, Business Communications Systems, Microeletronics e a maior parte dos Laboratórios Bell iam se tornar uma empresa distinta: Newco. O setor de computadores, que na época tinha adquirido a NCR, também seria desmembrado (depois adotaria o nome NCR). E a AT&T seria uma empresa de serviços de rede.

Fiquei eufórica. Pulei da cadeira, joguei os braços para o alto do modo como um árbitro indica um *touchdown* no campo de futebol e gritei: "Isso!". Todos me falaram para baixar a voz — era uma notícia muito confidencial. Eles estavam certos, claro, mas não consegui conter minha euforia com a oportunidade. Seríamos uma empresa independente, livre para encontrar seu caminho e atingir o potencial.

Quando o anúncio foi feito, marquei uma teleconferência com todos os funcionários da minha organização. Como a notícia era importante, eles certamente teriam muitas perguntas a fazer, mas o que eu queria, na verdade, era transmitir como estava eufórica com a possibilidade. Todos, inclusive eu, sempre se queixavam de como nosso trabalho era difícil por fazermos parte da AT&T. A partir daquele momento, estávamos livres. A forma como lidaríamos com nossos clientes e concorrentes seria uma decisão nossa. Teríamos outros problemas, claro, mas eles seriam apenas nossos e dispúnhamos de poder e capacidade para resolver; jamais pudemos resolver a questão de sermos controlados pela AT&T. Agora éramos senhores do nosso destino.

Fiquei desapontada com a reação à conferência. Quase todos, incluindo os vice-presidentes, se concentraram nos riscos de encolhimento. E se isso acontecesse? E se aquilo acontecesse? Depois se concentraram em si mesmos. Quando saberemos se nossas funções vão mudar? Nossos cargos serão diferentes? Quando garanti a eles que não haveria mudanças nos programas e nas pensões, muitos perguntaram se poderiam se aposentar pela AT&T, e não pela Newco. Para ser justa, a divisão era uma enorme mudança na vida e na carreira deles. Diferentemente de mim, eles não estavam preparados para aquilo; não sabiam que era uma possibilidade apresentada dois anos antes. Ainda assim, havia algo mais importante por trás da diferença entre nossas reações.

Lidar com a mudança é aprender algo novo — uma nova rotina de trabalho, uma nova dieta, uma nova tacada de golfe, um novo emprego. Inicialmente, é muito difícil. Parece não ser natural e exige grande esforço. Às vezes, você desiste e retorna ao antigo método de fazer as coisas. Mas se insistir, com o tempo, o que era novo se torna cada vez mais fácil, até se transformar em uma segunda natureza. Eu estava acostumada às mudanças, pois passei por muitas para saber que sempre há algo de bom nelas; portanto, eu via a oportunidade e as possibilidades. Meus colegas não estavam acostumados a isso. Parecia difícil demais, e eles queriam manter seus padrões conhecidos. Sentiam medo pelo que a mudança poderia provocar, e não poderemos retomar o velho método de fazer as coisas mesmo que quiséssemos — com a divisão anunciada, não havia como voltar atrás.

Naquele dia aprendi algo bastante importante: para muitas pessoas, mesmo uma profunda insatisfação com o presente conhecido pode ser preferível ao medo de um futuro desconhecido. Aprendi também que quando as pessoas sentem medo, se voltam para si mesmas, a fim de se proteger e àquelas coisas que são mais pessoais e essenciais para elas. E, naquela noite, enquanto refletia sobre aquele dia extraordinário, lembrei-me de que ficava saudosa sempre que me mudava para uma nova cidade e uma nova escola. O lugar que eu deixava parecia muito melhor. As pessoas da Network Systems também iam sentir saudades e falta da forma como as coisas eram. Sabia que teria de lutar para fazê-los se concentrar no nosso objetivo, porque em suas mentes e em suas conversas eles continuariam voltando ao que deixaram para trás. Sabia, também, por experiência própria, que seria mais fácil enfrentar o nosso futuro quando todos se conscientizassem de que não havia como voltar novamente para "casa".

CAPÍTULO 15

O poder do trabalho em equipe

A criação da Lucent Technologies significava mais que uma oferta pública inicial.* Tinha a ver com o que acontece quando há uma mudança na imagem que uma organização tem de si mesma. Estava relacionada à euforia que pode afetar as pessoas quando as suas referências mudam da realização do trabalho diário para fazer história. É uma história de intensa concentração e camaradagem criada a partir de uma paixão partilhada e objetivos comuns. E, no final das contas, é uma história sobre como as escolhas de um líder podem destruir ambos.

Em dezembro de 1994, Henry Schacht, o novo presidente e CEO da Newco, me convidou para ser vice-presidente executiva de Operações Corporativas. O cargo incluía uma mistura incomum de responsabilidades, de Estratégia a Sistemas de Informação. De início, implicava basicamente comandar nossos esforços na preparação para a IPO em abril de 1995 e a mudança completa em setembro. Naquele momento, a Newco consistia em uma reunião de bens dos quais a AT&T estava se livrando. Ela não tinha nome, identidade, objetivo unificador ou rumo. E tínhamos um grande volume de trabalho, complexo e detalhado, a fazer, para nos desligarmos da AT&T no que dizia respeito à Tecnologia da Informação,** propriedade intelectual, balanços e imóveis.

Eu não queria o cargo, pois adorava a posição que ocupava e ansiava por trabalhar com os clientes, já que estávamos prestes a ser independentes e nos livrarmos dos conflitos que nos causaram tantos problemas no mercado. Revelei isso a Henry, mas ele insistiu e falou que Bob Allen tinha dito que ele precisava colocar no cargo alguém que realmente conhecesse a Network Systems. Concordei relutantemente, embora na verdade não tivesse escolha; mas disse que não queria per-

* IPO, na sigla em inglês. (N. do E.)
** IT, na sigla em inglês. (N. do E.)

manecer no quartel-general da empresa por mais de dois anos. Minha hesitação era fruto da ligação emocional que eu mantinha com minha equipe da América do Norte — não queria deixá-la. Conheci uma alegria muito especial por acreditar em uma equipe mais do que ela mesma e de ser recompensada vendo seu orgulho, seu prazer e sua confiança recém-descobertos quando eles conseguiam mais do que achavam possível.

Nunca tinha me envolvido em um desmembramento e sabia muito pouco sobre Wall Street ou o processo pelo qual estávamos prestes a passar. Eu jamais tinha escrito um prospecto ou mesmo lido um, nem estivera no pregão da Bolsa de Valores de Nova York. Havia muitas questões envolvidas na abertura de capital que precisavam ser abordadas. Ainda assim, decidi que, antes de a Newco poder fazer algo, precisaríamos chegar a um acordo sobre nossas aspirações. Precisávamos escolher o que seríamos. Qualquer caminho é bom se você não tem em mente um destino, e qualquer meta é aceitável se não há aspirações. A identificação como rejeitados da AT&T dificilmente motivaria as pessoas. E a motivação é fundamental para que as pessoas sigam em frente em vez de sentirem saudades dos bons e velhos tempos, para que aprendam novas formas de operar no lugar de se basearem exclusivamente em velhos hábitos. Era essencial manter o mais alto nível de desempenho exigido de nós com a abertura de capital.

Para alguns, as palavras *aspiração* e *inspiração* são mistificação, exagero, ou uma besteira não-operacional. São pessoas que se esquecem de que cada relatório de faturamento e cada balanço no mundo é produzido pelo trabalho duro cotidiano de pessoas comuns. E elas conseguem mais quando são motivadas por um objetivo que valha seu esforço. Coordenam suas ações individuais em um esforço coletivo mais poderoso quando sabem que lutam por um objetivo comum compreendido por todos. Em nenhum outro lugar aspiração e inspiração são mais importantes que em uma organização grande e complexa que passa por grandes mudanças. Nas empresas de grande porte, as milhares de ações e as incontáveis pequenas decisões tomadas precisam contribuir para o lucro. E, em época de mudança, os empregados precisam abandonar antigos hábitos e aprender novas habilidades, e todos os atos e decisões de cada um precisam se ajustar a novas formas de produzir algo diferente.

Li tudo o que pude, porque, embora conhecesse bem a Network System, não conhecia as outras organizações que se uniam para formar a Newco. Li sobre suas histórias, seus projetos de negócios, suas realizações, suas estratégias; estudei todos os números, assim como li o que a diretoria da AT&T tinha visto quando tomou a decisão de realizar a separação. Conversei também com banqueiros, ouvi todos os seus analistas e fiz muitas perguntas. Quando me considerei bem informada, argumentei com veemência que deveríamos pensar grande, lutar por muito mais e nos concentrar nas possibilidades. Teríamos apenas uma oportunidade de criar aquela nova empresa.

Como era meu papel, apresentei meu ponto de vista quando os executivos mais antigos da nova empresa se reuniram sob a liderança de Henry Schacht para decidir tudo juntos, desde nossos objetivos estratégicos até os detalhes operacionais do serviço ao cliente. Henry sabia que todos teriam sua própria visão de como deveria ser a Lucent. Ele, sabiamente, esperou para conseguir um consenso sobre todos os aspectos importantes do nosso desafio. Rich McGinn ficava impaciente com aquelas reuniões; elas eram demoradas, confusas e freqüentemente frustrantes. Ele falava mal de Henry pelas costas, assim como fazia com Bill Marx. Henry, porém, tinha conhecimento de que formar a equipe, construir a visão e construir o plano para levar à frente essa visão exigia investimento de tempo e energia. Aquelas reuniões produziram uma determinação coletiva de buscar o sucesso e uma decisão coletiva de chegar à liderança.

Os ingredientes fundamentais de nossa visão de liderança eram três. Seríamos uma empresa de comunicações de definição mais ampla em vez de uma limitada fornecedora de equipamentos de telecomunicações. Essa distinção era importante porque a Lucent poderia concentrar suas energias tanto em dados quanto em voz, tanto em componentes quanto em sistemas, tanto em consumidores, empresas e governos, quanto em provedores de rede, em diferentes tecnologias. Ser uma empresa de comunicações era não apenas a maior aspiração pela qual lutarmos, mas também um objetivo comum para a reunião de ativos que compunham a empresa, de microeletrônica a bens de consumo, de sistemas de rede à pesquisa básica.

Tiraríamos o máximo de vantagem de todos os aspectos de nossa história e de todos os ativos de que dispúnhamos. A conseqüência prática disso era uma decisão de utilizar nossas capacidades, em vez de buscar não investir em algumas ou tirar o peso de outras. Éramos basicamente desconhecidos no mercado, e iríamos com orgulho introduzir uma história de cem anos de inovações e realizações. No lugar de apenas nos concentrarmos no futuro, iríamos festejar nosso passado. Finalmente, seríamos tão ousados, tão ágeis e tão agressivos quanto uma companhia inteiramente nova, porque de certa forma éramos exatamente isso. Tal atitude teve um impacto direto nas metas que estabelecemos e nas escolhas que fizemos.

O nome *Lucent*, que significa luminoso, a escolha do ousado logotipo vermelho (que insisti para que reconsiderássemos após ter sido rejeitado por me lembrar das pinturas de minha mãe) e a primeira campanha publicitária que apresentava o *résumé* introdutório de "um lançamento com cem anos de idade" foram conseqüências dessas três decisões. O nome, a marca e a publicidade da Lucent foram aclamados como uma grande obra de marketing. Publicidade e marketing só são bons se forem autênticos — reflexo real das aspirações, capacidades e escolhas de uma empresa. Publicidade e marketing autênticos, portanto, são conseqüências de decisões estratégicas e operacionais específicas, não de campanhas descoordenadas ou pensamento positivo.

Marketing e publicidade, claro, são uma forma de comunicação. E embora haja muitas formas de comunicação, só há um público. Os especialistas podem argumentar que há muitos públicos — empregados, clientes, acionistas e comunidades. Acredito que na realidade todos esses se tornaram um só. Primeiramente, a tecnologia fez isso; como todos sabemos, simplesmente não é mais possível, por exemplo, falar aos empregados sem que os acionistas tenham conhecimento, e vice-versa. Em segundo lugar, em especial para uma grande empresa de capital aberto, a maioria das pessoas faz parte de mais de um grupo. Um empregado é um acionista. Um acionista é um cliente e vive em uma comunidade na qual a empresa tem grandes instalações. Um cliente também vive ali e possui ações. Todas essas pessoas são influenciadas por tudo o que vêem e ouvem, assim como por seus amigos, vizinhos e colegas.

Embora diferentes tipos de comunicação possam servir a objetivos diferentes — um prospecto oferece um panorama detalhado de todos os riscos e incertezas enfrentados por uma empresa, enquanto uma campanha publicitária pode passar uma visão abstrata do caráter de uma empresa —, todos encontram seu caminho para o mesmo público. Assim, a comunicação autêntica é baseada não apenas na realidade, mas também consistente entre diferentes grupos. Você não pode dar aos acionistas um conjunto de informações, e outro completamente diferente aos empregados, e esperar autenticidade. Mensagens diferentes podem ser agradáveis durante algum tempo, mas não serão autênticas, e com o tempo as pessoas irão escolher em qual acreditar.

Portanto, a comunicação autêntica é difícil, pois exige o equilíbrio de riscos e aspirações, porque ambos são reais; de detalhes complexos e conceitos simples, porque ambos são necessários para a compreensão; o reconhecimento constante de que qualquer palavra e número podem ter enorme importância para quem se interessar. Isso se aplica a qualquer empresa de capital aberto, seja a Hewlett-Packard ou a Lucent Technologies. Trabalhei duro em todos os detalhes da apresentação que faríamos para os acionistas na turnê de vendas, estudei todos os aspectos de nossos anúncios e passei longas noites refletindo sobre cada palavra e cada número do prospecto.

Inicialmente, não imaginava que me envolveria tanto com o prospecto. Os banqueiros descreveram aquilo como "algo em que os advogados e contadores trabalham". Logo ficou claro para mim que aquele documento era muito mais que isso. Era uma declaração de quem éramos e o que tínhamos escolhido nos tornar. Além do mais, foi tema de intensa negociação entre a matriz AT&T e a nova companhia da qual eles estavam prestes a se separar.

É da natureza dos negócios nos Estados Unidos que as negociações se tornem reais quando as palavras são colocadas no papel. Tudo pode ser dito e definido antecipadamente. Nada está verdadeiramente acertado até que seja escrito e a tinta seque. Certo dia, por volta de meia-noite, recebi um telefonema de Jim Lusk. Ele tinha sido *chief financial officer* (CFO), o principal executivo financeiro em minha função anterior, e naquele momento funcionava como o controlador da Lucent. Ele chefiava a equipe financeira que trabalhava no prospecto e estava em Nova York com ela e seus equivalentes da AT&T.

— Carly, estou precisando de ajuda. Estamos com muitas questões aqui, e não estou conseguindo chegar a um acordo.

Acreditei em Jim. Se ele dizia que precisava de ajuda, era verdade.

— Estou indo.

Praticamente viramos as noites durante semanas. Foi uma experiência enriquecedora; e, como todo aprendizado, foi divertido. Na primeira noite, perguntei para que servia o pequeno botão junto à porta da sala de reuniões. Descobri que havia um semelhante em todos os escritórios nos quais o prospecto estava sendo preparado e impresso. Adorei quando fui informada de que podia apertar o botão a qualquer hora do dia ou da noite e apareceria alguém para pegar meu pedido de qualquer tipo de comida e bebida. Qualquer tipo! Brinquei dizendo que precisava de um daqueles em casa. Para tornar o ambiente mais relaxado, eu freqüentemente testava os botões. Quando as discussões chegavam a um impasse, eu as interrompia para fantasiar sobre o que deveríamos pedir quando apertássemos o botão; normalmente concluíamos que nossas cinturas não podiam suportar, considerando-se que M&Ms parecia ter-se tornado a base da nossa dieta, mas ainda assim ríamos bastante. Todo mundo se divertia com isso, e logo passamos a chamá-los de botões da Carly.

Eu instituí um processo chamado de "virada de página". Normalmente, uma vez por dia, uma equipe muito grande de representantes da AT&T e da Lucent se reunia para discutir o prospecto. Era quando havia confusão. Jim pediu ajuda porque os acordos que ele achava terem sido fechados desapareciam quando as palavras eram colocadas no papel. Ou palavras definidas previamente tinham de ser novamente revisadas, e as pessoas mudavam de idéia. Ou ninguém conseguia chegar a acordo algum, portanto era impossível seguir em frente. Entretanto, precisávamos de um processo para discutir, concordar e fazer valer os acordos. Assim nasceu a "virada de página".

O trabalho do grupo consistia em ler cada uma das páginas do prospecto. Sugeri um processo pelo qual discutiríamos exaustivamente qualquer questão que surgisse em cada página. Iríamos debater o tema até que o grupo chegasse a um acordo ou concluísse não ser possível tal acordo. Neste caso, eu tomaria a decisão final a favor da Lucent, se considerasse ter autoridade para isso. Um representante da AT&T decidiria a favor deles — pessoas diferentes eram responsáveis por temas diferentes — se tivesse autoridade suficiente. Caso a decisão precisasse ser levada a instâncias superiores, a questão seria colocada de lado. Todas as questões se encaixavam em uma dessas três categorias, de modo que podia ser resolvida ou colocada de lado. Quando tivéssemos concluído esse processo na página, nós a viraríamos. Feito isso, a página não podia ser virada de volta. Íamos debater, decidir, mas não revisar.

O gesto de virar a página se tornou um símbolo de progresso e uma vitória a ser festejada. Após discussões especialmente longas, o grupo naturalmente explodia em aplausos, satisfeito quando, com grande pompa, virava a página simultaneamente. De início, passávamos horas em uma página. Com o tempo, o grupo começou a identificar quem levantava questões legítimas e quem provocava a perda de tempo. A pressão coletiva para que o tempo dos outros fosse gasto sabiamente manteve o grupo em movimento. Após uma semana, melhoramos o processo, concordando que certas questões poderiam ser abordadas posteriormente e que subgrupos deveriam concordar na questão da linguagem a ser apresentada ao grupo ampliado.

O grupo aceitou meu processo porque todos queriam ir em frente, porque precisavam de uma forma de garantir que todas as questões importantes fossem consideradas e discutidas e, ao mesmo tempo, as decisões fossem tomadas de modo conveniente. Às vezes, os líderes decidem pelos outros. Outras, eles deixam que as pessoas decidam. E ainda outras vezes, os líderes criam processos que ajudam a tomar decisões e a escolher em que momento devem liderar e em que momento devem seguir a liderança. Essa descoberta iria me guiar depois, ao chegar à HP.

Usamos uma versão desse mesmo processo quando produzimos o material final da excursão (foi necessária uma longa excursão, em que visitamos o maior número possível de investidores, para encontrar compradores para as ações da Lucent). O efeito cumulativo de todo esse esforço coletivo e tomada de decisão coletiva foi uma verdadeira sensação de camaradagem e objetivo partilhado que inundou e contagiou a nova equipe de liderança da Lucent. Quando começamos a excursão, nos dividimos em três equipes de três executivos cada. O entusiasmo pela nova empresa e a nossa missão ficavam óbvios para qualquer um que nos escutasse. Muitos investidores disseram que foram conquistados por nossa paixão. Quando chegamos a Nova York, o *Wall Street Journal* publicou: "São os Rolling Stones? É Barbra Streisand? Não, é a excursão da Lucent!" E Henry, em cuja equipe estávamos Jim Lusk e eu, brincava no início de cada reunião. Ele desenhava uma linha no meio das longas mesas às quais nos sentávamos em frente a possíveis investidores e dizia: "Por favor, não alimentem nossos apresentadores, ou eles pularão a mesa para convencê-los!"

A excursão teve três semanas cansativas com oito apresentações por dia. Mas adorei cada minuto — o imenso prazer da equipe entrosada que Henry, Jim e eu formamos, o encanto de realizar algo pela primeira vez, a motivação de falar sobre algo em que eu acreditava profundamente, bem como reconhecimento de que uma empresa estava sendo construída na frente dos nossos olhos.

Os funcionários também podiam sentir isso. Em janeiro, quando apresentamos a eles nosso novo nome e logotipo, houve uma explosão coletiva de alegria e entusiasmo. Fiquei com lágrimas nos olhos enquanto via Henry revelar o círculo vermelho traçado à mão e exibir o primeiro anúncio, enquanto os funcionários faziam uma ovação espontânea. Havia muitos olhos úmidos naquele dia no auditório. E, na manhã de setembro, em que soltamos um balão de ar quente para simbolizar que estávamos inteiramente livres e vi nossa nova bandeira tremular na fresca brisa de Nova Jersey, as lágrimas rolaram novamente. Eu amava a Lucent.

Era enorme o contraste com o que estava acontecendo na AT&T. As pessoas e os líderes da AT&T gastaram toda a energia se afastando e abrindo mão de bens. Eles não pensaram no que restaria quando tudo fosse concluído e não aproveitaram a oportunidade para se reinventarem porque não a identificaram. Essa falta de imaginação afetou tudo — seu entusiasmo, o trabalho de equipe, as aspirações, o desempenho. Havia muita política interna, praticada sempre que não há um objetivo de valor para que as pessoas se concentrem no mundo externo. E era possível sentir a diferença entre o que estava ocorrendo na Lucent e o que se passava na AT&T sempre que se ia de um lugar ao outro. Muitos amigos que deixei na AT&T, durante as noites de negociação, me telefonavam e diziam coisas como: "Cara, eu tomei a decisão errada! Todo mundo pensava que vocês seriam a companhia chata sem futuro, mas acho que fomos nós que nos tornamos isso". Lembraria disso mais tarde ao chegar à Hewlett-Packard e enfrentar a decisão pelo *spin-off* do que seria a Agilent Technologies.

Os dois anos que passei nas Operações Corporativas foram um impressionante exercício de aprendizado. Antes da IPO, eu pensava em Wall Street como a misteriosa máquina poderosa por trás da maior economia do mundo. Wall Street era difícil de compreender ou explicar, mas tinha grande poder de discernimento. Os banqueiros eram os sumos sacerdotes da religião do capitalismo, e os analistas, seus acólitos. Porém, como já havia ocorrido muitas vezes antes, a experiência e a observação revelaram a verdade por trás do mistério. Wall Street é uma reunião de muitas pessoas, que têm egos, ambições e conflitos de interesses. Como qualquer grande grupo de pessoas, há uma enorme variedade de metas e objetivos. Embora alguns sejam críticos e sábios, nem todos os investidores são inteligentes e nem todos os banqueiros agregam valor. Alguns são movidos pela emoção e a sabedoria popular mais do que outros. Há os que são movidos pelo entusiasmo de um negócio, outros pelos números ou pelo potencial de um negócio. Wall Street e o mercado funcionam porque são grandes e transparentes. Com o tempo, há um número suficiente de pessoas com bastante dinheiro, e o bom senso prevalece. Porém, o tempo e a lei dos grandes números têm de operar. A curto prazo, ou quando os atores são poucos, emoção, ambição e ganância podem sufocar o bom senso. Isso ficou bastante claro em 1995, muito antes da bolha do final dos anos 1990 ou do crescimento dos fundos de *hedge*. Mas, em 1995, a maioria dos investidores realmente estava investindo no patrimônio que é representado por um certificado de ações. Cinco anos depois, cada vez mais eram feitas apostas não no patrimônio, mas no valor do próprio certificado. Hoje, para muitos corretores e investidores, essa moeda e suas flutuações se tornaram mais importantes do que a empresa e sua capacidade.

Também aprendi outras coisas como, por exemplo, sobre divisão de sistemas de informação e seu impacto na operação de uma empresa. Negociei um acordo de terceirização com a IBM e sobrevivi para lamentar isso (e aprendi muito sobre suas vulnerabilidades, o que depois iria ajudar a HP a competir com eles). Fiz o *benchmarking* da Hewlett-Packard e descobri uma empresa com grandes qualidades, com a qual era impossível fazer negócio caso fosse necessário um acordo entre suas muitas unidades de negócios diferentes. Testemunhei o poder do trabalho de equipe e da causa comum. E, mais uma vez, aprendi o que as pessoas realmente conseguem quando têm a liderança e o apoio certos, a tática de jogo correta e a vontade de vencer.

CAPÍTULO 16

Passeando de ônibus

Quando meus dois anos como vice-presidente executiva de Operações Corporativas chegaram ao fim, Henry cumpriu a sua palavra e me convidou para o cargo de presidente de Produtos de Consumo, divisão da Lucent que fabricava e vendia equipamentos de comunicações ao público — basicamente telefones com e sem fio. Após três meses mergulhada na nova organização, pedi para ver Henry e Rich a sós. Minha avaliação da situação era pessimista. As pessoas se mostravam entusiasmadas, mas os produtos não eram competitivos. Os custos de produção eram muito altos, e o volume, baixo demais. A qualidade, as características e o *design* dos nossos produtos estavam bem abaixo dos de nossos concorrentes. O mercado de consumo é dominado por marcas, e todos os investimentos na marca Lucent tinham sido quase que exclusivamente voltados para o mercado empresarial. Em um mercado cada vez mais global, em que nossos principais concorrentes eram europeus e asiáticos, nossa distribuição baseava-se fundamentalmente nos Estados Unidos.

Para concluir uma apresentação longa e exaustiva em que isso tudo foi apresentado detalhadamente, ofereci três opções para que Henry e Rich refletissem. A primeira seria continuar no mesmo rumo, com o maior volume de melhorias possível. A conseqüência desse cenário era uma melhoria real, mas apenas em volume, em nossos resultados financeiros. Não implicaria uma reviravolta, apenas um resultado mais respeitável. Seríamos lucrativos, mas não nos níveis da concorrência. A opção dois era um investimento para buscar a liderança, o que exigiria grande aumento nos gastos para a construção de uma marca voltada para o consumidor, acordos de distribuição global, contratação de bons *designers* e engenheiros, transferência e modernização de nossas fábricas. A opção três era considerar o encerramento das atividades da divisão de Produtos de Consumo no todo ou em parte.

Eu recomendava a terceira opção, pois não acreditava que a Lucent teria paciência, ambição ou recursos para se tornar uma grande empresa de bens de consumo, e disse que manter uma linha de bens de consumo eternamente ultrapassada prejudicaria a Lucent como um todo. Reconheci que uma decisão como essa demandaria tempo para ser tomada e mais tempo para ser concebida e executada. Também apresentei um plano para a primeira opção, assumindo, por mim e pela equipe da Produtos de Consumo, o compromisso de tornar o negócio lucrativo e de colocar no mercado produtos melhores. Teríamos de promover algumas mudanças administrativas, o que podia ser feito. Rich e Henry ficaram um tanto perturbados, pois não contavam com essas alterações. Uma coisa era certa: não havia mais dinheiro a ser investido, de modo que a liderança de mercado não seria possível. Sabia que eles estavam desapontados, certamente com o que eu havia dito, mas talvez também comigo. Mas a sinceridade é a marca da lealdade, e a Lucent — e Henry — tinham minha plena lealdade.

Dediquei-me à nova organização. As pessoas tinham sede de liderança, de modo que qualquer coisa fazia muita diferença. Não partilhei com eles tudo que conversei com Henry e Rich, mas fui clara quanto aos desafios e às limitações. Não teríamos mais dinheiro para investir. Um concorrente asiático como a VTech ou um europeu como a Nokia contavam com algumas vantagens importantes. Nossas escolhas eram poucas e simples: podíamos conseguir mais com o que já possuíamos — ou não.

Como acontece sempre que um novo líder apresenta um desafio, é preciso que uma massa crítica de veteranos aceite esse desafio. Quando isso não ocorre, o novo líder é simplesmente ignorado. Pessoas que nunca trabalharam em organizações grandes e complexas freqüentemente se surpreendem ao descobrir que às vezes um único agente de mudança com título e posição pode se tornar efetivamente impotente com a decisão coletiva das pessoas de manter o *status quo*. Um chefe pode contratar e demitir; transferir pessoas e dinheiro; avaliar e recompensar; ameaçar e inspirar. Cada um desses atos e decisões será analisado e interpretado pela organização. Algumas interpretações levarão a mudanças. Outras vão desencorajá-las. Nenhum chefe, nem mesmo um presidente ou um CEO, pode ordenar que as pessoas mudem, nem obrigá-las a se comportar de modo diferente. As pessoas agem segundo sua própria vontade. Elas tomam as suas decisões, e em grandes empresas tais decisões são facilmente ocultadas.

As pessoas escolhem mudar e liderar. Homa Firouztash, responsável pelo setor de aparelhos com fio da Produtos de Consumo, era um belo iraniano que conseguiu escapar com vida quando da queda do governo do Xá. Ele confiava em poucas pessoas. Ele queria meu cargo e achava que seu colega no setor de sem fio não estava à altura do posto (ele estava certo). Tinha muitos motivos para me ignorar. Todos os recursos de desenvolvimento de produtos, produção e distribuição eram atribuídos a ele, não a mim. As pessoas confiavam nele e o respeitavam; elas não me conheciam. Ainda assim, Homa escolheu liderar a mudança.

Chegamos ao fim de uma longa e difícil reunião de toda a organização durante a qual eu expusera os desafios que enfrentávamos e as escolhas que precisávamos fazer. Finalmente, chegamos àquele momento em que as pessoas precisam decidir agir de uma forma ou de outra. É tolo o líder que acredita que uma escolha não precisa ser feita; ela é necessária, e as pessoas precisam saber que estão escolhendo. A verdadeira mudança sempre começa nesse ponto.

Homa não falou muito naquele dia, nem nos dois meses anteriores. Naquele momento ele se ergueu. Seu inglês era imperfeito, e suas observações, desarticuladas. Mas ele falou com convicção e autenticidade; portanto, ele efetivamente liderou. E ao final de um longo discurso no qual ele fundamentalmente disse que não gostava muito do ponto em que estávamos, que preferia que tivéssemos mais dinheiro e tempo, e que achava que a Lucent não valorizava o suficiente a divisão de Produtos de Consumo, ele concluiu:

— Bem, vamos entrar no ônibus e começar a passear. E se você não quiser, saia!

Era uma metáfora confusa, sem dúvida. Todos riram e aplaudiram ao mesmo tempo. Ele tinha dito o que queria e deixado sua marca; a partir daquele momento, sempre que acenávamos, perguntávamos uns para os outros: "Você está passeando de ônibus?".

Outros se juntaram à massa crítica e escolheram liderar. Dando continuidade à metáfora confusa, Roger Spence se apresentou e reconcebeu nossos processos de contratação e avaliação para que pudéssemos fazer mudanças substanciais de pessoal em pouco tempo. Roger estava na divisão de Produtos de Consumo havia muito tempo. Mostrava-se eufórico com a mudança e achava divertido pensar de forma diferente. Tinha grande senso de humor e às vezes se valia dele para suavizar o caminho da mudança. Ele escolheu criar algo novo, se comprometendo com o resultado e influenciando outras pessoas a fazerem o mesmo. Liderança tem a ver com fazer uma diferença positiva, e qualquer um, em qualquer posição, pode escolher liderar.

Começamos a melhorar, a atingir nossas metas. E a organização passou a sentir o ritmo e o aumento de confiança que sempre acompanham o bom desempenho. As pessoas não querem ser medíocres; apenas temem às vezes não melhorar, ou que isso não faça diferença mesmo que elas o consigam.

Com a euforia na organização aumentando, Rich e Henry se decidiram pela terceira opção. Era o momento certo de garantir a solidez a longo prazo tanto da Lucent quanto da Produtos de Consumo, e, assim, começamos a estudar possíveis parcerias. Eu só podia contar isso a poucas pessoas, o que me afastou da minha equipe e me fez sentir sozinha. Era a decisão certa e necessária para o bem da Lucent a longo prazo, mas, ainda assim, difícil.

Não queríamos vender de imediato, porque era necessário proteger acordos entre a Produtos de Consumo, a Lucent e seus clientes. Porém, o patrimônio da Produtos de Consumo, que se tornou mais valioso graças ao trabalho duro de todos, precisava ser propriedade de uma empresa disposta a fazer os investimentos necessários. Isso significava uma empresa de bens de consumo com ambições no setor de comunicações. Acabamos negociando uma *joint venture* com a Phillips Electronics, que estava investindo pesadamente no mercado de comunicações se valendo da força de seus bens de consumo e de sua distribuição. Durante semanas, viajei em segredo entre Nova Jersey e Bruxelas. Era física e emocionalmente exaustivo.

Como a Phillips seria a principal acionista da nova empresa, o novo CEO viria de lá e iria escolher sua equipe. Apoiei a escolha dele e me esforcei muito para que as pessoas certas da minha equipe fossem colocadas em cargos de liderança fundamentais. Permaneci na diretoria durante um ano e fiquei satisfeita com a equipe mista, pois acreditava que a *joint venture* era de interesse, a longo prazo, da Produtos de Consumo, Phillips, Lucent e da nova empresa que estávamos criando. Gostei do novo CEO e viajei com ele para as principais instalações da Produtos de Consumo a fim de apresentá-lo às pessoas, explicar a estratégia, dizer por que defendia a decisão e agradecer a elas pela dedicação e pelo trabalho árduo. Era triste, mas não revelei meus sentimentos. Estava me afastando não apenas de um patrimônio, mas de pessoas, e para mim sempre é difícil dizer adeus. Ver seus rostos pela última vez dificultava ainda mais, porém, eu achava que devia a elas minha presença e minha gratidão. Apesar de ter muita experiência em dizer adeus, isso não ajudava em nada.

Quando o novo empreendimento começou a operar no ano seguinte, logo ficou claro, para minha grande tristeza, que o acordo foi um erro. Estratégia tem a ver com fazer escolhas. Execução tem a ver com fazer com que as escolhas funcionem. São os dois lados da moeda. A estratégia era grandiosa, mas os líderes não conseguiam colocá-la em prática. Eu era tão responsável quanto qualquer um pelo fracasso da *joint venture*.

O novo CEO da *joint venture* se revelou uma escolha equivocada. Eu viajei a Nova York para me reunir com os executivos da Phillips, sócia majoritária, e apresentar meu ponto de vista. O empreendimento iria fracassar, a não ser que o CEO que todos apoiamos fosse substituído. Ele estava distraído com assuntos pessoais, não tomava decisões e não conseguia enfrentar e solucionar as inevitáveis discordâncias que surgiam entre dois grupos de executivos reunidos para criar uma nova empresa. Ele também era como um filho para o CEO da Phillips, que compreendia meus argumentos, sabia que seu próprio CFO concordava comigo, mas ainda assim não podia fazer nada. Uma das razões pelas quais a liderança se torna solitária é que ela exige ao mesmo tempo paixão e distanciamento. Um líder precisa fazer parte da equipe e ser capaz de dar um passo atrás, para ver claramente. É preciso distanciamento para tomar decisões difíceis.

Ao terminar minha rodada de despedidas com o pessoal da Produtos de Consumo, fiquei sem função e sem perspectivas claras. Muitas mudanças estavam ocorrendo na Lucent. Henry estava se aposentando — mais cedo do que queria e do que seria ideal para a organização, mas foi pressionado a fazê-lo pela óbvia impaciência e ambição do candidato a CEO, Rich McGinn. Henry tinha sido absolutamente generoso em sua parceria com Rich e deixara claro que ele seria o próximo CEO. Rich retribuiu debochando de Henry e constantemente ameaçando partir. Quando Henry deu seu longo e emocionado adeus à equipe de executivos da Lucent Technologies, Rich se sentou na platéia revirando os olhos e olhando teatralmente para o relógio. E quando Henry partiu, Rich destruiu o trabalho de equipe que Henry construiu cuidadosamente.

Para começar, Rich criou dois cargos de co-COO.* Dan Stanzione, que comandara a Network Systems nos dois anos anteriores e que antes tinha sido presidente dos Laboratórios Bell, dividiria as responsabilidades de COO com Ben Verwaayen, ex-CEO da companhia telefônica holandesa, que Rich tinha recrutado para a Lucent com a promessa de um grande futuro. Dan e Ben eram homens comprometidos, ambiciosos e de princípios, que imaginavam um dia se tornarem CEOs da Lucent. Mérito deles, ambos se esforçaram para que desse certo e criaram uma divisão de trabalho entre eles, mas era uma situação que permitia a Rich jogar um contra o outro em função do modo como decidia partilhar informações e do que confidencialmente pedia que cada um fizesse por ele. Também era um mecanismo da qual a organização podia tirar vantagens. Se Ben tomava uma decisão de que as pessoas não gostavam, elas sempre podiam procurar Dan, e vice-versa.

Depois, Rich pegou o que tinham sido os três setores da Lucent — Network Systems, que vendia sistemas para operadoras telefônicas; Microelectronics, que vendia para fabricantes de equipamentos; e Business Communications Systems, que vendia para clientes empresariais — e criou 11 negócios. Cada um teria um presidente, assim como um balanço de perdas e lucros. Rich queria negócios menores, "mais ágeis". Os papéis e as responsabilidades desses 11 presidentes, além dos conflitos e das superposições, não foram resolvidos, mas a maior parte dos recursos da empresa era dada a eles, que eram responsáveis por apresentar resultados.

Finalmente, Rich criou uma estrutura administrativa dupla. O Comitê de Operações era composto por ele mesmo, os dois COOs, o CFO e Pat Russo, o EVP, o vice-presidente executivo responsável pelos Recursos Humanos, Relações Públicas, Estratégias de Marketing e Questões Externas. O Comitê se reunia a cada duas semanas. O Comitê Administrativo, integrado pelos 11 presidentes e os dois COOs, se reunia uma vez por mês. Os dois comitês não sabiam exatamente o que deveriam fazer, de modo que a luta pelo poder entre eles começou quase que imediatamente. As pessoas viam a confusão e o conflito, e os exploravam em benefício próprio.

Rich tinha criado uma estrutura administrativa do tipo eixo e raios. Ele era o eixo. Seus COOs, CFO, EVP e os 11 presidentes eram os raios. Qualquer estrutu-

* Executivo-chefe de operações, na sigla em inglês. (N. do E.)

ra, mesmo que seja mal projetada e desajeitada, pode funcionar com trabalho de equipe e alguns ajustes, mas Rich não estava interessado em formar uma equipe. Ele utilizava informação, acesso a seu escritório e favores pessoais para garantir que todos fossem mantidos em equilíbrio precário. Além disso, ele realmente não sabia como apresentar resultados. Antes da Lucent, quando comandou a Network Systems, em geral, deixava os difíceis detalhes operacionais a cargo de outras pessoas. Quando reunia seus subordinados imediatos para exigir um desempenho melhor, normalmente abandonava a reunião após ter feito a declaração de abertura e deixava por nossa conta a decisão de como e quem faria o quê.

Naquela época, eu já trabalhava com Rich havia cinco anos. Ele era seguro, acessível e encantador quando queria, mas não tinha caráter. Não confiava nele como líder e não gostava da estrutura administrativa que ele criou. Ele me convidou para ser presidente do Global Service Providers Business. No papel, representava o maior cargo da Lucent, porque o faturamento reunia o de todos os nossos negócios com operadores de redes em todo o mundo — no fundo, a velha Network Systems. Na verdade, eu iria controlar uma parcela muito pequena dos recursos necessários para produzir aquele faturamento. Eu administrava todas as nossas vendas e os recursos de serviços, mas não o desenvolvimento de produtos ou a fabricação. Sabia que produtos e fabricação eram os centros de poder na Lucent e que meus colegas presidentes iriam exercitar suas prerrogativas até o limite máximo possível. Eu seria responsável pelo desempenho geral, mas Rich não me daria a autoridade.

Considerei um insulto que Rich não tivesse simplesmente feito de mim presidente da Network Systems em substituição a Dan Stanzione. Ficava exausta só de pensar na dificuldade de me movimentar em meio àquelas novas estruturas internas. Reportava-me a Ben Verwaayen, que tinha grandes idéias sobre todas as coisas que deveríamos fazer de modo diferente. Fiquei na defensiva e me comportava mal com Ben, dizendo que a Lucent tinha feito tudo certo até então, e que ele talvez devesse aprender algo sobre a organização antes de declarar que ela apresentava problemas. Nesse período, Frank e eu decidimos tirar as primeiras férias de duas semanas de nossas vidas. Ambos precisávamos de descanso e tempo para pensar. Eu disse a Rich que o informaria de minha decisão ao voltar.

Viajamos para a Itália com Carole e Greg Spurrier. Fomos para Milão, alugamos um carro e seguimos por Portofino, Siena, Úmbria, Florença, Veneza, Lago

Como. Foi delicioso voltar à Itália, falar italiano, estar com meu marido e meus amigos. Duas semanas fora pareceram um luxo enorme. Estávamos em uma gôndola em Veneza quando meu celular tocou. Era Rich McGinn. Ele me ofereceu um aumento e muitas opções de ação e disse que precisava da minha decisão. Disse que ele a teria quando voltasse. Eu não estava me esquivando; apenas não tinha uma resposta. E dinheiro não me ajudava a chegar a uma conclusão.

Rich nunca entendeu minhas motivações. Não era uma questão de dinheiro ou de opções de ação. Eu gostava do que o dinheiro podia comprar, e comprava. Considero-o como um sinal do valor que o empregado tem para a empresa e acredito que devo ser recompensada em bases competitivas. Mas ele não conquista meu coração, que tem de estar no trabalho que eu escolho. Para mim, a paixão sustenta o tremendo esforço, e aquele novo trabalho ia exigir uma devoção especialmente intensa. Se dissesse sim, iria dedicar tudo de mim.

Em novembro de 1997, decidi que ia me dedicar plenamente durante dois anos. Não podia deixar a Lucent — eu a amava demais. Não podia deixar as pessoas com as quais tinha trabalhado, nem abandonar a idéia de um lançamento de cem anos de idade. Rich achou que tinha me convencido, mas na verdade permaneci apesar dele, não por causa dele. Mas eu precisava descobrir como obter níveis mais altos de desempenho em seis organizações diferentes. Nós só poderíamos conseguir com coordenação e colaboração.

Coordenação e colaboração não são conceitos vagos e mal definidos para "vamos todos juntos". Um trabalho de equipe eficiente é mais do que bons modos e boa vontade, embora ajude uma organização a funcionar de forma mais eficaz. A coordenação é fruto de metas partilhadas. A colaboração resulta de parâmetros de sucesso partilhados. Objetivos comuns e parâmetros comuns precisam ser claramente definidos e aceitos. As pessoas precisam saber por que estão colaborando e em que momento foram bem-sucedidas. Elas precisam saber que todas as outras estão comprometidas com as mesmas coisas. Também precisam saber que não podem obter resultados de outra forma. O simples processo de "virar a página" que tínhamos empregado para preparar o prospecto da Lucent era um exemplo de coordenação e colaboração.

A colaboração que supera limites de organização é fundamentalmente diferente da tomada de decisão do tipo "ordem e controle" dentro dos limites de uma organização. A colaboração pede mais consultas e acordos entre colegas. Pede aceitação de responsabilidades ao partilhar recursos. Significa confiar que os outros farão seu trabalho, sabendo que precisam confiar no fato de que você fará o mesmo. Decisão de comando e controle é um movimento vertical de informação ascendente na hierarquia e de decisão abaixo dessa hierarquia. A decisão cooperativa é um movimento de informação e decisões horizontais por intermédio de muitas cadeias de comando. A decisão comando e controle é definida pelo organograma de uma organização. A decisão cooperativa é definida por processos e pelas passagens de um grupo ou pessoa ao seguinte. Isso fica talvez mais claro vendo quem se comunica com quem — em reuniões, por *e-mail*, em telefonemas.

Se pensar na forma mais rápida de levar um produto a um cliente, você acaba traçando uma linha horizontal de colaboração por meio de muitos departamentos: todos os departamentos, desde o desenvolvimento de produtos, passando por fabricação, transporte e vendas, até as instalações precisam estar envolvidos. Qualquer movimento para cima ou para baixo nas cadeias de comando de cada departamento apenas atrasa o processo, do ponto de vista do cliente, que sofre se algum departamento perde o ritmo no processo. Ainda assim, dentro de uma organização a colaboração é muito mais difícil de ensinar e motivar do que praticar comando e controle. Todos entendemos que um chefe pode dizer a um subordinado para fazer algo; o pedido de cooperação de um colega não parece ter a mesma influência. É mais rápido "fazermos nós mesmos" do que depender de outros. Parece mais simples compreender os colegas em nossa própria organização. Assim, as pessoas precisam ser convencidas de que a colaboração é a única solução. E os líderes necessitam ter disciplina para exigir, avaliar e recompensar.

Passei os meses seguintes fazendo uma ponte entre os escritórios de meus colegas presidentes e os de Dan e Ben, aos quais os presidentes se reportavam. Definimos as metas que eram difíceis, mas possíveis. Decidimos como avaliar o sucesso e quem era responsável pelo quê. Tivemos até mesmo de decidir como avaliar e recompensar nosso pessoal; se aqueles que deixassem de colaborar fossem promovidos, e não os que resolveram colaborar, as pessoas logo receberiam a mensagem de que não éramos sérios.

Foi um trabalho difícil e detalhado, mas todos tinham os mesmos propósitos. Ajudou muito que a maioria de nós já tivesse trabalhado junto. Fiz as pazes com Ben, e nos tornamos grandes aliados. Até hoje ele é um grande amigo. Todos conhecíamos os desafios inerentes ao estilo de liderança de Rich e à estrutura que ele tinha escolhido, e nos comprometemos coletivamente a fazer da Lucent um sucesso. Chegamos a um acordo.

Insisti em realizar uma reunião conjunta para anunciar e explicar nosso acordo às equipes, além de materiais de apresentação conjuntos para os detalhes. Boatos e mistérios são contraproducentes nos negócios — todos precisam ouvir as mesmas coisas da mesma forma, se possível ao mesmo tempo, para evitar confusão e suposições. São necessárias clareza e consistência para evitar mal-entendidos e reinterpretações; portanto, a comunicação verbal precisa do apoio de material escrito.

Eu também queria que nos divertíssemos um pouco. Ninguém sabia mais como deveríamos nos chamar. Costumávamos ser a Network Systems. Naquele momento, éramos seis organizações distintas que atendiam aos mesmos clientes. Tornou-se incômodo demais falar todos os nomes cada vez que quiséssemos nos referir aos nossos grupos. E não podíamos deixar nenhum grupo de fora, pois interpretariam mal a exclusão. Esse problema poderia se transformar em fonte de diversão em nossas reuniões.

Eu gosto de dizer: "Se você pode dar um jeito, mostre". Naquele caso, precisávamos de um nome. Seríamos os BUFKANS: Business Units Formerly Known as Network Systems (ou Unidades de Negócios Antes Chamadas de Network Systems). Como "O Artista Antes Conhecido como Prince", nossa cor seria o púrpura. E como era o Ano do Dragão no calendário chinês, nosso mascote seria um dragão. Fizemos essa apresentação em nossa reunião com ar debochado e demos a todos uma camiseta púrpura com um dragão na frente e BUFKANS nas costas. As pessoas adoraram porque era bobo, porque nos dava um tema em torno do qual nos unirmos e porque destacava uma coisa séria de forma não tão séria — podíamos não ter um bom nome, mas podíamos ser uma boa equipe.

E nos saímos bem. Todo o tempo e a dedicação que investimos na definição de nossos objetivos e avaliações, todas as discussões difíceis que travamos para esclarecer os papéis e as responsabilidades individuais foram recompensados. Planejamento cuidadoso, disciplina e motivação para participar sempre são recompensados, mas demandam tempo e paciência.

Nosso trabalho de equipe enfrentou um grande desafio quando a Lucent adquiriu a Ascend Communications. Rich queria se assegurar de que a Lucent não ia sufocar seu novo negócio; portanto, a Ascend permaneceu como um negócio isolado, se reportando a Dan Stanzione. Isso significava que a Lucent teria duas diferentes forças de vendas disputando os mesmos clientes: uma para os produtos Lucent, outra para os produtos Ascend; uma se reportando a Ben, outra a Dan. Apesar dessa divisão estrutural, as companhias telefônicas que eram nossas clientes estavam cada vez mais se concentrando em dados e queriam começar a integrar as capacidades de voz e dados. Aquelas duas forças de vendas teriam de trabalhar juntas, e essa missão seria minha. Eu era a líder da força de vendas da Lucent, que precisava da Ascend um pouco mais do que a Ascend precisava da Lucent.

A Ascend era uma empresa de 1,4 bilhão de dólares pela qual a Lucent pagou quase 24 bilhões de dólares. Sediada no Vale do Silício, ela tinha basicamente uma cultura de vendas. O líder da sua força de vendas era um grande bebedor charmoso que se orgulhava de sua irreverência e independência. Ele contava piadas indecentes e promovia muitas reuniões de vendas, com clientes e companhias femininas. Embora soubesse se vestir com esmero, se divertia comparecendo de *shorts* de ginástica e chinelos a reuniões em que o traje exigia maior formalidade. Era parte do seu *show*: "Eu sou duro, apresento resultados e não dou a mínima para o que vocês pensam". Ele conseguiu sua independência como resultado da aquisição e não precisava fazer nada que não quisesse.

A força de vendas da Ascend refletia seu líder. Quase exclusivamente masculina, como a grande maioria das empresas do Vale do Silício na época, ela não se preocupava muito com uma velha empresa com sede na costa leste que vendia equipamentos de voz. Naquela época, nossa força de vendas tinha quase metade de mulheres, com uma equipe de chefia dominada pelas mulheres. Estávamos em plena explosão das ponto-com, e já haviam sido cunhadas as expressões *nova economia* e *velha economia*. A Ascend definitivamente era nova economia — crescimento acelerado e vôos altos com uma arrogância que igualava o preço de suas ações. As antigas regras não se aplicavam a ela. Para eles, a Lucent era definitivamente a velha economia. Não tínhamos compreendido claramente a nova ordem mundial e por isso gastamos tanto dinheiro para comprá-los. Eles não tinham muito a aprender nem grande incentivo para trabalhar conosco. Não éramos tão duros ou espertos quanto eles.

Rich e Dan convocaram uma reunião conjunta das duas forças de vendas na Califórnia. Achei que era uma ótima idéia para dar a partida e sabia que aquele primeiro encontro seria fundamental para o que aconteceria depois. A forma como as coisas começam tem um grande impacto no fato de elas continuarem, ou não. Pouco antes da reunião, Frank e eu tiramos férias em St. John, nas ilhas Virgens. Alugamos uma casa grande, e nossa família, as irmãs e o cunhado de Frank foram para lá, onde passamos uma semana maravilhosa. Todos os dias eu me exercitava caminhando pela praia e pensava naquela reunião com a Ascend. Enquanto subia a colina na direção da casa sob o sol e o calor me perguntava: como podemos conseguir o respeito deles? Como podemos nos colocar rapidamente em pé de igualdade? Como podemos mostrar que temos algo a oferecer?

Eu sentia a obrigação de responder a essas perguntas por toda a minha organização e sabia que o nosso pessoal estava muito nervoso com aquela reunião, assim como minha equipe de chefia. A reputação da Ascend os precedia. Enquanto fazia as malas para a reunião, Frank perguntou se eu tinha decidido o que fazer.

— Sim, mas não vou contar antes de ter feito. Posso pegar um par de meias emprestado?

Não contei a Frank o que tinha em mente porque não queria que ele tentasse me dissuadir.

A reunião começaria com um discurso de Rich, depois de Dan, e finalmente de meu equivalente na Ascend. Naquela manhã, vesti cuidadosamente um terninho largo com botas de caubói. Rich e Dan falaram genericamente sobre as oportunidades e sobre como estavam animados com a união de suas grandes forças de vendas. Mantendo a fama, o chefe de vendas da Ascend, que subiu ao palco de *shorts* de ginástica e chinelos, foi irreverente e engraçado e disse as coisas certas sobre o futuro e o sucesso de trabalho de equipe. Acredito que ele estava sendo sincero, embora ninguém tivesse certeza. Quando chegou minha vez, usei *slides* para apresentar muitas informações e falei sobre as perspectivas conjuntas que esperavam por nós de acordo com cliente, geografia e conjunto de produtos. Apresentei o que considerava uma argumentação factual em prol da cooperação com base na oportunidade disponível e nas realidades competitivas. Falei atrás de uma bancada:

— Nossa cooperação é baseada em oportunidade partilhada. Mas nossa parceria precisa se basear em respeito mútuo, e isso só se consegue dizendo a dura verdade uns aos outros. E a dura verdade é que achamos que vocês na Ascend são um bando de caubóis que não entende a necessidade que nossos clientes têm de qualidade de serviço.

Era com isso que nosso pessoal se preocupava, entre muitas outras coisas, e quando eu disse aquilo, a multidão se agitou, desconfortável. Os "caras da Ascend" estavam ofendidos.

— Não se irritem. Vocês pensam muito pior de nós.

Todos ficaram agitados. Não parecia o tom correto para uma sessão de formação de equipe. Rich e Dan pareciam preocupados.

— A verdade é que vocês nos consideram um bando de frescos (eu escolhi a palavra deliberadamente). Vocês não nos acham duros o bastante, nem que conhecemos suficientemente as ruas.

Então saí de detrás da bancada, levantei uma das pernas das calças e mostrei a eles minhas botas de caubói.

— Mas só quero que vocês saibam que não estou usando sandálias. Estou calçando botas de caubói Tony Lama, e podemos muito bem chutarmos bundas com elas — e as pessoas riram.

Fui para o centro do palco, dei as costas à platéia, desabotoei o paletó e lentamente o joguei no chão. Quando tive absoluta certeza da atenção de todos, me virei para fitá-los. O volume nas minhas calças formado pelas meias emprestadas de Frank estava claro para todo mundo naquele salão.

— E nossos bagos são tão grandes quanto os de qualquer um nesta sala.

Rich literalmente caiu da cadeira às gargalhadas. O lugar explodiu em berros e assovios. Após vários minutos de baderna, meu colega da Ascend voltou ao palco e disse:

— Eu sei quando fui derrotado.

E nós ficamos juntos, respondendo as perguntas.

Foi ultrajante o que fiz. Não tinha certeza de que teria coragem para ir até o fim. Nem todas as pessoas apreciaram o bom humor — algumas poucas o consideraram de mau gosto e grosseiro —, mas comunicação eficaz significa falar a linguagem que as pessoas compreendem. E consegui o que queria.

CAPÍTULO 17

Solidão

O outono de 1998 foi terrível. Tornei-me uma celebridade, e minha mãe morreu. Embora em muitos aspectos incompatíveis, esses dois acontecimentos tinham algo em comum: ambos mudariam a minha vida e me tornariam mais solitária.

A Lucent Technologies estava crescendo. Kathy Fitzgerald, agora uma grande amiga, era a vice-presidente sênior de Marketing e Relações Públicas. Inteligente, perspicaz, espirituosa e dura, era a melhor em sua área, e estava muito ocupada, porque a Lucent vivia nos noticiários. Ela era encarregada da imprensa, e nesse aspecto ninguém questionava sua capacidade ou autoridade — ela era muito eficiente. Trabalhamos na Network Systems, lado a lado, durante o lançamento da Lucent, e confiava plenamente em sua avaliação. Se ela me pedisse para conversar com um repórter sobre a Lucent, eu o fazia; do contrário, fugia da imprensa. Certo dia, ela telefonou e disse que a revista *Fortune* estava lançando um número especial chamado "As cinqüenta mulheres mais poderosas dos negócios". Eles iriam à Lucent porque havia muitas mulheres em altos postos e queriam especificamente entrevistar Patty Russo e eu. Kathy estava entusiasmada com a possibilidade de destacar a diversidade da equipe administrativa — a Lucent era provavelmente a única empresa com duas mulheres na relação. Eu concordei com a entrevista, claro, e recebi Pattie Sellers, editora da *Fortune*, durante cerca de uma hora no escritório de Kathy.

Várias semanas depois, Kathy telefonou dizendo que a *Fortune* queria fazer uma foto, pois talvez Pat e eu ficássemos entre as dez primeiras e ficamos. Semanas depois, recebi um telefonema de Pattie dizendo que eu tinha sido escolhida como a "Mulher Mais Poderosa dos Negócios." Estava chocada, eufórica e imediatamente telefonei para minha mãe, que ficou extasiada.

Naquela primeira entrevista, e em todos os seis anos em que fui considerada a "Mulher Mais Poderosa dos Negócios", eu disse que, embora me sentisse lisonjeada e honrada, achava que a lista era uma má idéia. Uma coisa é dar destaque a mulheres de negócios de sucesso. Pode ser uma forma maravilhosa de encorajar outras mulheres a entrar no mundo dos negócios, ou talvez permanecer nele, e pode também servir para lembrar a todos que a diversidade é boa para os negócios. Mas a lista transmite uma mensagem inteiramente diferente. Ela indica que, como no tênis, no golfe ou no futebol, há a divisão ou o time das mulheres, e o dos homens. As mulheres têm de competir umas com as outras porque não podem competir com os homens. Além disso, não há uma lista dos "Cinqüenta Homens Mais Poderosos nos Negócios." Muitos colegas do sexo masculino várias vezes expressaram a mim sua gratidão por isso, especialmente quando liam as descrições de mulheres que tinham perdido algumas posições. Eles estavam contentes de não serem submetidos ao mesmo grau de escrutínio e críticas. "É isso o que você consegue quando faz sucesso?"

Meu raciocínio evidentemente não fez sucesso na *Fortune*. Eles estão no negócio para vender revistas, e as listas vendem. A vantagem extra de uma "vencedora-surpresa" — uma desconhecida que tinha "derrotado" Oprah Winfrey no primeiro lugar — também vendia. Era claramente ridículo dizer que Carly Fiorina tinha mais poder e influência — como quer que se defina isso — que Oprah Winfrey. Nenhuma análise objetiva sustentaria tal conclusão. Mas era uma ótima história.

Depois disso, todos sempre perguntavam: "Como é ser a mulher mais poderosa dos negócios?" Eu não me sentia nada diferente do dia anterior, mas de alguma forma essa resposta nunca satisfazia as pessoas. Depois tentei distorcer a pergunta respondendo: "Não sei, eu nunca fui um homem". Ou talvez, de um modo um pouco mais sério: "Nunca me vi como uma mulher de negócios. Eu me vejo como uma pessoa que faz negócios e por acaso é mulher".

Tentava mudar de assunto o mais rapidamente possível, não queria ficar falando sobre ser uma mulher de negócios, mas sim de negócios. Durante toda a minha carreira fui uma mulher bem-sucedida porque não permiti que homens me rotulassem. Eu os desafiava quando necessário, falava a linguagem que eles entendiam e demonstrava meu valor mais por intermédio de atos que de palavras. E deixei com realizações a minha marca. No caminho, mudei a opinião de alguns homens sobre aquilo de que as mulheres eram capazes e encorajei e dei oportunidade a outras mulheres. Esse novo rótulo de "mulher de negócios" — fosse ele poderoso ou não — era um retrocesso.

A fotografia da capa, a matéria e todo o estardalhaço que se seguiu me transformaram em celebridade. Essas personagens são vistas como propriedade pública, não como pessoas de carne e osso; são caricaturadas, investigadas e criticadas de uma forma que cidadãos particulares, mesmo ricos e poderosos, não o são. Adoramos ver a ascensão de celebridades; adoramos ainda mais vê-las cair. Na época, eu não compreendia isso tão claramente quanto agora, mas logo percebi que as pessoas passaram a me tratar de um modo diferente.

Quando eu as conhecia, elas já tinham formado as suas idéias sobre mim. Em uma reunião em Pequim, um ministro chinês muito importante me perguntou se eu era a mulher mais rica dos Estados Unidos. Aqueles que eu já conhecia passaram a me ver de outro modo, a me observar mais atentamente para descobrir se eu iria mudar como resultado da nova fama. Algumas pessoas pensaram que, sendo uma celebridade, eu me tornara diferente delas, isolada dos outros. Muitas já não conseguiam me ver, só a "Carly Fiorina, a Mais Poderosa Mulher de Negócios".

Algumas tribos indígenas acreditam que a fotografia rouba sua alma. É uma analogia útil, porque quanto mais fotos são tiradas, mais invisível a pessoa se torna. É inquestionável que a fama abriu portas para mim e para as empresas que representei, o que significa novas oportunidades, e sou grata a elas, mas a fama é algo solitário.

Minha mãe já estava doente quando me viu na capa da revista *Fortune,* muito mais doente do que imaginávamos. Ela era a pessoa mais forte que eu conhecia, com um entusiasmo pela vida que parecia inabalável e, por isso, supusemos que ela iria se recuperar.

A doença surgiu em janeiro, quando ela começou a se queixar de dores de artrite nos joelhos e nos pulsos. Ao longo da primavera e do verão, ela pareceu enfraquecer e perdeu o gosto por alguns de seus pratos prediletos. Em agosto, ela e meu pai planejavam passar algumas semanas conosco em Nova Jersey, mas ela telefonou chorosa, dizendo que estava doente demais. Eu fui vê-los, e entre idas ao hospital e a vários especialistas, finalmente consegui convencê-la de que precisava de ajuda em tempo integral em casa. Assim, passei a ir quinzenalmente à Califórnia para visitá-los.

Minha mãe era extremamente independente e durante toda a vida temeu ser incapaz de cuidar de si e se tornar um fardo para os outros. Ela sempre evitou medicamentos e estava rejeitando os tratamentos que os médicos prescreviam para o que todos pensavam ser artrite reumatóide. Ela perdia peso e força rapidamente. Para facilitar, transferimos sua cama para a sala de estar, a fim de que ela não precisasse subir as escadas. Sempre que eu ia vê-la, ela dizia que não era necessário.

Quando minha mãe viu a *Fortune*, não conseguiu parar de abraçar a revista. Fico feliz realmente por isso tê-la deixado tão feliz. Nós nos sentamos na sala, e ela disse:

— Gostaria que você vivesse na Califórnia. Sinto muito a sua falta.

— Mãe, de certa forma, em certo sentido eu também gostaria muito, mas minha vida e meu trabalho estão na costa leste. Também sinto sua falta, mas você sabe que sempre estarei aqui se precisar de mim.

— Eu sei, mas seria muito bom tê-la mais perto. — Disse ela com um olhar distante, para depois acrescentar: — Quem sabe? Talvez algum dia você se torne CEO da Hewlett-Packard.

Não sei por que ela disse isso. Nunca tínhamos conversado sobre a empresa. Eu ri alto e disse:

— Bem, isso nunca vai acontecer.

E ela respondeu:

— Nunca se sabe, Carly, nunca se sabe.

Em novembro ela voltou para o hospital, e eu disse à minha irmã que passaria uma semana lá. Quando Clara contou à minha mãe, ela insistiu para que eu mudasse de idéia. Mesmo assim, eu fui e a surpreendi. Após uma semana de exames, ela foi submetida a uma cirurgia exploratória, quando os médicos descobriram uma vasculite aguda. Ficamos extremamente aliviados, pois não se tratava de câncer; os médicos acreditavam que ela podia ser tratada. Ao partirmos, estávamos otimistas, mas 10 dias depois ela estava morta.

Telefonei para minha mãe quatro ou cinco vezes por dia depois da cirurgia e ainda acho que deveria ter percebido algo em sua voz, sentido seu desespero crescente. Na tarde de 30 de novembro, embarquei no avião da Lucent com Ben Verwaayen para uma viagem à Europa. Telefonei para minha mãe imediatamente antes de entrar no avião e disse que estava indo para a Europa, mas estaria de volta em alguns dias. Quando nos despedimos, ela disse:

— Eu adoro você.

Foram as últimas palavras que eu ouvi dela.

Depois de quatro horas de viagem, decidi telefonar para a Califórnia. Era incomum — eu não dava telefonemas pessoais do avião — mas algo me dizia para ligar. Quando consegui me comunicar com o hospital, minha irmã atendeu ao telefone e disse:

— Mamãe tomou uma decisão. Ela quer sair do hospital, está suspendendo todos os medicamentos e vai parar de comer e beber.

— Por favor, deixe-me falar com ela.

— Ela diz que vai falar quando você voltar.

— Então pelo menos diga a ela para continuar bebendo até eu voltar.

Minha mãe estava tão determinada a controlar sua morte quanto tinha controlado a própria vida e se recusou a reagir.

Meu pior pesadelo se tornava realidade: minha mãe estava morrendo, e eu não tinha como chegar até ela. Sobre o Oceano Atlântico, no meio da noite, eu pensava freneticamente em como fazer isso. Perguntei aos pilotos se eles podiam voltar com o avião, mas o combustível era insuficiente. Quando aterrissamos no aeroporto de Schiphol, perto de Amsterdã, reservei um lugar no primeiro vôo, para a Califórnia, que partiria em seis horas. Mas o avião teve problemas mecânicos e ficamos esperando por mais três horas. Realmente era como um daqueles sonhos terríveis em que você corre o tempo todo mas não chega a lugar algum.

Ao longo daquelas infindáveis horas de vôo e espera, fiquei perguntando a mim mesma: "Por que ela não falou comigo? Por que não me contou? Será que eu disse ou fiz algo que a levou a desistir?" Talvez ela não conseguisse suportar me ouvir chorando, ou tentando convencê-la a mudar de idéia. Talvez eu não tenha prestado atenção quando ela quis me dizer alguma coisa importante. Ainda não consegui encontrar as respostas nem me perdoar por meu fracasso, por não ter percebido que ela escolhera morrer. Eu devia estar lá.

Mantive a compostura até pousarmos em São Francisco quase 24 horas após ter telefonado para o hospital. Enquanto tocávamos o solo, uma enorme e resplandecente lua cheia de outono se erguia no horizonte. As lágrimas então começaram a rolar, e ainda rolam sempre que vejo a lua cheia. No momento em que cheguei a casa, ela estava inconsciente. Passei aquela noite ao lado de sua cama, e ela faleceu às 5 horas da manhã de 2 de dezembro. Espero que ela tenha percebido que eu estava lá, que tenha me ouvido sussurrar "eu te amo, eu te amo" repetidamente, que tenha sentido minha mão na dela. Nunca saberei, mas quando ela morreu, uma única lágrima escorreu por sua face.

Ficamos muito chocados. Nenhum de nós era forte o bastante para suportar e fazer um elogio. Assim, pedi ao organista que tocasse todos os hinos comoventes e arrebatadores de que minha mãe mais gostava. Durante o funeral e depois dele, todas as noites, durante meses, chorei, inconsolável. Quando eu chegava do trabalho, jantava, ia para a cama e chorava. Nem sabia que podia chorar tanto por tanto tempo.

Não consigo me esquecer de sua imagem ao dar o último suspiro. Algumas vezes, quando me olho no espelho, eu a vejo tão claramente que perco a respiração. Sinto sua falta todos os dias e tento deixá-la orgulhosa todos os dias. Ela morreu nova demais e cedo demais, mas sua vida foi uma bênção. No final da vida, testemunhando a sua coragem, descobri a minha própria. Vi o que ela tinha escolhido e suportado e aprendi que poderia sobreviver a tudo o que temia desde a infância. Todos os meus outros medos pareceram muito menores.

CAPÍTULO 18

Recrutamento

A Lucent era uma empresa importante; especialmente depois da reportagem da *Fortune*, os recrutadores telefonavam várias vezes, e eu ligava de volta. Assumi o compromisso de permanecer dois anos no cargo, mas certa noite de fevereiro de 1999 eu estava trabalhando sozinha, já tarde, no escritório, quando o telefone tocou e uma voz disse:

— Aqui é Jeff Christian, da Christian & Timbers. Não desligue. Estou telefonando por causa de um posto de CEO na Hewlett-Packard.

Fiquei imediatamente perturbada. Tudo que li sobre aquela empresa, que experimentei pessoalmente com ela, me dizia que a função de CEO seria um extraordinário desafio. A Hewlett-Packard era a famosa pioneira que gerou o Vale do Silício a partir de uma garagem. Depois, o crescimento e a inovação desapareceram, e a empresa passou a ser conhecida como a grande dama do Vale do Silício. Em artigos sobre tecnologia e o setor da tecnologia da informação, a HP raramente era mencionada. Conseqüentemente, a diretoria decidiu dividir a empresa, separando os negócios originais de teste e avaliação das áreas de computação e impressão, que manteriam o nome HP. De certa forma, a divisão era semelhante à que tínhamos efetuado com a Lucent e a AT&T, mas com uma diferença importante. As áreas que se tornaram Lucent nunca foram consideradas as principais da AT&T. O setor de telefonia interurbana era o cerne da AT&T e permaneceu com a marca AT&T. Na HP, por outro lado, os setores de teste e avaliação tinham dado início a tudo naquela famosa garagem, mas foram deixados de fora e estavam perdendo a marca HP. Sem ter conhecimento de mais nada além disso, eu sabia que havia divergências culturais e crises de identidade na Hewlett-Packard, bem como todas as outras complexidades de uma grande reestruturação empresarial.

Jeff Christian e eu marcamos um almoço no Short Hills Hilton. Estava nervosa por ter de falar com o pessoal da Lucent e explicar por que iria me encontrar com um recrutador. Seria profundamente desconcertante se começassem a circular boatos de que eu estava saindo ou procurando emprego. E a HP certamente não queria ver seus candidatos em potencial na imprensa. (Como a empresa anunciou que estava à procura de alguém, obviamente havia discussões na imprensa sobre isso. Citavam os nomes de muitos candidatos, mas em nenhum momento em quase seis meses meu nome foi citado.) Assim, Jeff e eu escolhemos um canto tranqüilo e isolado e mantivemos as vozes em tom baixo. Ninguém prestou atenção em nós.

Quando ouvi Jeff dizer "Hewlett-Packard" ao telefone, pensei: "Por que eles estariam ligando para mim?" Aquela ainda era a minha reação; portanto, foi a primeira pergunta que fiz no almoço: "Por que eu?" E que faria repetidas vezes antes de aceitar o cargo. Compreender a resposta parecia fundamental. Para ser realista, eu era uma escolha nada convencional, até mesmo arriscada. Nunca tinha sido CEO, e a HP era uma empresa complexa, com uma série de desafios em um momento de grande transição. O fato de a diretoria estar procurando um profissional fora da empresa já era suficientemente revolucionário. Levar em consideração alguém de fora do setor, que não pertencia à área de engenharia, para não falar em uma mulher, de fato seria polêmico.

Jeff tinha várias respostas: a diretoria acreditava que precisava de um verdadeiro agente de mudança; realmente buscava um recomeço diferente do passado. O setor estava se movendo rapidamente, e a empresa teria que mudar de forma substancial para se colocar em pé de igualdade e competir na era da internet. Eles consideravam que a separação da Lucent da AT&T talvez fosse uma experiência útil para a divisão altamente complexa que eles acabaram de anunciar e agora teriam de levar a cabo. Ao mesmo tempo, buscavam alguém que respeitasse o famoso HP Way, alguém que pudesse se ajustar a essa cultura, não romper com ela. A diretoria sabia que a empresa carecia de estratégia e necessitava de alguém que pudesse moldá-la e transmiti-la. Finalmente, algumas pessoas da HP que conheci durante minhas viagens de *benchmarking* e em tentativas de parceria com a empresa tinham me recomendado à diretoria.

Jeff descreveu como a diretoria tinha levado a cabo um rigoroso processo para definir e priorizar as habilidades fundamentais que queria no novo CEO. Passou vários meses nesse processo e se preparou para muitos meses mais de entrevistas e deliberações. Parecia bastante claro, e muito razoável, que aquele seria um longo processo. Para a Hewlett-Packard, uma empresa enorme e importante, a escolha de um CEO era crítica, e não era uma decisão a ser tomada de forma apressada.

O Comitê de Busca incluía Lew Platt, presidente do conselho e CEO; Sam Ginn, presidente do Comitê de Indicação e Governo; Dick Hackborn, um ex-executivo da HP; e John Fery, ex-presidente do conselho da International Paper. Se a HP estivesse interessada em continuar, minha entrevista seguinte seria com Lew. Eu o vi pela última vez em 1995, quando ainda estávamos tentando uma parceria com sua empresa. No final, desistimos e procuramos a Sun Microsystems, uma forte concorrente, apenas porque a HP não conseguia tomar uma decisão e seguir em frente. Isso custou à HP praticamente todo o negócio da Lucent. Terminei aquele primeiro encontro com Jeff bastante certa de que não haveria um segundo. Sabia que a HP e Lew eram muito cautelosos, e eu não representava exatamente essa escolha. Mas fiquei intrigada e me senti desafiada. Devo admitir que ouvi as palavras de minha mãe em meus ouvidos: "Talvez algum dia você se torne CEO da Hewlett-Packard", o que me deu um arrepio na coluna e me convenceu a não descartar a questão totalmente.

Decidi, então, que se o processo continuasse, eu faria três coisas: seria absolutamente sincera com Rich McGinn; ia me assegurar de que a diretoria da HP sabia exatamente quem eu era e como iria trabalhar; não poderia haver surpresas, e eles precisavam estar preparados para aquela com quem iam se envolver. Era fundamental saber no que eu estava me envolvendo. Esse seria um desafio maior do que qualquer outro e eu teria de fazer um bom trabalho de casa se aquilo se tornasse sério.

Com esse roteiro em mente, voltei ao trabalho e logo mergulhei outra vez nos desafios da Lucent. Várias semanas se passaram, até que chegou o aviso de que Lew Platt queria me ver. A escolha do local era importante — nenhum de nós queria ser visto conversando em público. Assim, a HP enviou um avião da empresa para Nova Jersey e me levou para o aeroporto de San Jose, onde Lew e eu nos encontramos no hangar que abrigava a frota da empresa.

Lew tinha acabado de retornar de uma viagem ao Japão, estava cansado e sentindo os efeitos do *jet lag*. Ainda assim, dedicou à reunião toda sua energia e atenção. Conversamos durante horas, muito mais, creio, do que previmos. Lew estava claramente frustrado e preocupado com o baixo crescimento e lucro da empresa.

Após os grandes anos do início da década de 1990, o desempenho da HP tinha piorado. Em março de 1999, a empresa ficou abaixo das estimativas dos analistas quatro trimestres seguidos e estava a caminho do quinto. Ele disse que na HP ninguém estabelecia metas desafiadoras. Disse que se sentia quase impotente de conduzir a empresa no caminho de um desempenho melhor por causa de sua natureza e estrutura altamente descentralizada. Ele sentia que a cultura era ao mesmo tempo uma força poderosa e uma fonte de fraqueza, o que certamente representava um obstáculo para a mudança. Ele achava que a futura divisão seria traumática.

Então, conversamos sobre metas desejadas e cultura, falei sobre como certos valores importantes naquela cultura talvez pudessem ser utilizados para produzir um desempenho melhor. Também chamei a atenção para a minha experiência na Lucent e disse que a divisão poderia servir para liberar muita energia latente na organização, apesar do trauma — ou talvez por causa dele.

Aquilo não me pareceu uma entrevista, mas sim uma colaboração — duas pessoas, ambas grandes admiradoras da HP, conversando sobre como torná-la melhor. Dirigi-me a um quadro e escrevi coisas à medida que concordávamos com elas. Inovação, lealdade do cliente e contribuição eram valores que poderiam levar a um melhor desempenho, e o estabelecimento de metas era fundamental. Se as metas fixadas forem muito baixas, as pessoas podem superá-las em muito e ainda assim ter um desempenho ruim em comparação com a concorrência no mercado; se elas forem altas demais, as pessoas podem ficar abaixo da meta interna e, ainda assim, superar os adversários externos.

Lew usou muito a expressão *transformação*. Mas a maior parte da nossa conversa não foi sobre estratégia, mas sobre desempenho operacional e como melhorá-lo. Fiz muitas perguntas sobre a estrutura, por causa da minha experiência com as várias unidades de negócios da HP, e algumas sobre a diretoria, mas ficou claro que havia uma grande tensão entre Lew e vários membros da diretoria, particularmente Dick Hackborn. Minha impressão foi a de que, embora Lew estivesse frustrado, na verdade não queria sair, e sua "aposentadoria" era mais uma decisão da diretoria do que dele. (Mais tarde fiquei sabendo que ele disse a seus subordinados após a reunião da diretoria de janeiro de 1999 que tinha sido afastado, mas sempre foi contada ao público a história de que ele escolheu o momento para se aposentar e buscar um novo CEO.)

Lew foi ao mesmo tempo generoso com seu tempo e surpreendentemente sincero sobre seus desapontamentos. Ele concluiu o encontro dizendo: "Há muito tempo eu não ficava tão empolgado". Deixei o hangar gostando muito dele e profundamente preocupada que o desafio fosse ainda maior do que imaginara, mas ainda assim acreditando que podíamos chegar a um consenso sobre como a HP seguiria em frente. Ficou claro para ambos que eu iria para a próxima rodada de entrevistas com os outros membros do Comitê de Busca.

Meu encontro seguinte foi com Sam Ginn no aeroporto de San Francisco. Eu viajava o tempo todo, e aeroportos são locais movimentados e anônimos. Ninguém suspeitaria se me visse em um deles. Sam Ginn, presidente do conselho da Vodafone PLC, ex-presidente do conselho e CEO da AirTouch, era inclusive cliente da Lucent, e tínhamos feito negócios juntos. Ambos passamos pela Bell System e pela AT&T, portanto tínhamos em comum algumas experiências a partir das quais começar.

Sam foi duro, direto e não mediu palavras. A HP não possuía estratégia, a cultura era neutralizadora e não havia mecanismos de administração de talentos — a diretoria nunca falava sobre as pessoas da organização ou seu desenvolvimento. Ele me revelou que as pessoas não circulavam pelos vários departamentos da HP, como acontecia na AT&T. Elas permaneciam na mesma unidade de negócios — eram altamente especializadas em certas questões, mas tinham pouca experiência e perspectiva. Estratégia, cultura e pessoas foram os temas de Sam em todos os nossos encontros. Por isso, a diretoria tinha concluído que precisava de um agente de mudança — um "CEO transformador" foi a definição dele para descrever o que estavam procurando.

Tal como Jeff, Sam também descreveu todo o rigoroso processo que a diretoria tinha utilizado para definir o conjunto de características do novo CEO. Como presidente do Comitê de Indicação e Governo, ele se orgulhava do questionário que os membros da diretoria tinham respondido, de suas respostas refletidas e das discussões cuidadosas. Confiava no fato de que a diretoria chegaria à conclusão correta por causa de sua meticulosidade, da avaliação cuidadosa que faria de cada candidato e do tempo que estava investindo para garantir que concordava a cada vez que revisava a relação de candidatos.

Perguntei a ele sobre os membros da diretoria: como eram? Discordavam sobre algo? Sam considerava a futura divisão da empresa, e a conseqüente divisão da diretoria, como uma oportunidade para efetuar algumas modificações na diretoria. Ele não se estendeu, mas achei que era uma questão importante a ser abordada novamente caso tivéssemos outra reunião. Descobri que Phil Condit, presidente do conselho e CEO da Boeing, e Sam pensavam de modo muito semelhante sobre diversos pontos, e que Dick Hackborn seria uma peça importante na busca do CEO. Walter Hewlett, Susan Packard, Pattie Dunn e Jay Keyworth nunca foram mencionados. Aparentemente, para Sam, eles não eram peças importantes.

Perguntei a ele sobre o que eu considerava uma forma radical de descentralização: muitas unidades de negócios isoladas agindo de forma praticamente independente. Disse a ele que experimentei os resultados disso como cliente da HP e como parceira em potencial. Ele concordou sinceramente com minha observação e acrescentou que aquilo era fruto de história, falta de estratégia e de liderança. Também perguntei se a diretoria não se incomodava que a HP não parecesse desempenhar um papel tão importante quanto Sun ou IBM. Scott McNealy, CEO da Sun, tinha, certa vez, observado que a HP era "aquela bela fabricante de impressoras". Embora Scott fosse conhecido por suas alfinetadas e seus sarcasmos, neste caso parece ter acertado o alvo. Descobri que Sam e Scott jogavam golfe juntos. Sam, que tinha muito respeito por Scott e achava que ele estava certo sobre a HP, disse, brincando, outra famosa observação sobre a Hewlett-Packard: a de que eles eram a única empresa capaz de vender *sushi* como "peixe morto frio". "Precisamos de um marketing melhor", disse ele.

Perguntei por que eles tinham pensado em alguém como eu, da indústria de telecomunicações, e ele respondeu que redes e operações de rede representavam a chave para a era da internet, que a tecnologia de comunicações estava cada vez mais interligada com a computação e que a divisão AT&T/Lucent tinha importância. Destaquei que não era engenheira. Ambos concordamos que isso, somado ao meu *status* de estranha ao setor e à empresa, iria provocar muitos comentários, preocupação e ceticismo. O fato de eu ser mulher não foi mencionado. Assim, terminei aquela primeira conversa com Sam insegura sobre se iríamos seguir para a rodada seguinte.

Em outra oportunidade, no mesmo aeroporto, John Fery perguntou de várias formas diferentes por que eu pensava que daria conta do desafio do cargo de CEO da HP. Eram as perguntas certas. De fato, por quê? Disse a ele que não iria, nem poderia, fazer nada sozinha, que precisaria da ajuda e do apoio da diretoria, bem como da equipe administrativa. Acrescentei que tinha muita experiência em situações novas em que eu era a estranha no ninho e que dei conta, com sucesso, de outros desafios que exigiam o desenvolvimento de novas habilidades quando as minhas não eram suficientes. Também fui bem clara ao dizer que, embora adorasse novos desafios, aquele era maior do que todos os outros que tinha enfrentado. A diretoria precisaria estar muito certa da minha escolha, ou da escolha de qualquer outro, pois transformação não era algo fácil e as grandes empresas têm uma lógica própria. Hierarquias e burocracias consolidadas podem sabotar qualquer um — incluindo um CEO. Mudar a HP seria um trabalho longo e confuso. Por isso, a diretoria precisava ter certeza do que queria e estar segura em relação ao líder que ia colocar à frente dessa missão.

A diretoria da HP estava me entrevistando tanto quanto eu a ela. Era imprescindível que compreendêssemos uns aos outros, que eu soubesse o máximo possível antes de assumir um compromisso. Se deixasse a Lucent, a decisão seria angustiante para mim, assim como um golpe em uma organização que eu adorava. Acreditava que um dia teria a chance de ocupar o cargo máximo, era bem remunerada e tinha várias opções que valiam muito dinheiro. Sair seria não apenas um grande risco, mas também uma perda considerável. E ainda havia a vida doméstica: nossa filha mais nova finalmente se adaptou a Nova Jersey, a mais velha, que estava passando por um divórcio doloroso, e nossa neta viviam na Virgínia. A família de Frank morava perto, em Pittsburgh, e todos os nossos amigos eram da costa leste. Como tinha dito à minha mãe, nunca achei que voltaria a viver na costa oeste — nós adorávamos a costa leste.

Comecei a fazer pesquisas seriamente. Li *The HP Way*, de Dave Packard, pela quarta vez (eu já o tinha lido três outras vezes ao longo dos anos para diversos cursos e durante minhas visitas de *benchmarking* à HP). E o reli mais uma vez com menos de dois meses de HP. Comecei a procurar referências à HP em tudo que lia sobre o setor e visitava regularmente o seu *site*.

A primeira reunião com Dick Hackborn só aconteceria em junho, e eu já sabia que a opinião de Dick seria fundamental para o processo de seleção da diretoria, mas aquela também era uma reunião decisiva para mim. Dick criou e geriu o negócio de impressoras Laserjet para Bill e Dave. Quando Dave Packard deixou seu cargo de subsecretário de Defesa em 1990 e demitiu sumariamente John

Young, Dick Hackborn foi o homem que Bill Hewlett e Dave convidaram para novo CEO. Ele teve de recusar três vezes antes que eles se voltassem para Lew Platt. E naquele processo de sucessão de CEO bastante público foi enviado um sinal muito claro. Young estava promovendo muitas alterações. Lew Platt era uma segunda opção bem distante, e sua função seria a preservação da empresa. Para garantir isso, Bill e Dave colocaram na diretoria sua primeira opção, Dick Hackborn. Eles estavam ficando velhos e, pela primeira vez, também começaram a levar seus filhos para a diretoria. Quem era Dick Hackborn, e o que ele realmente pensava sobre transformação?

A reunião também era importante porque a HP tinha acabado de anunciar uma reorganização. Sempre que eu visitava o *site* deles, ficava chocada com duas coisas. Se fosse um cliente, não seria capaz de descobrir como a HP era organizada ou para onde telefonar se quisesse vendas, serviços e assim por diante. Além disso, não se via muito da empresa ou da marca Hewlett-Packard, mas sim produtos isolados e negócios, não um todo coerente. A empresa não parecia ter um princípio constituinte ou um objetivo consistente. Em outras palavras, sem os dois fundadores e o HP Way, não havia HP. O que aconteceria quando a empresa fosse dividida e aquela história e aqueles valores tivessem de ser partilhados com outra empresa que seria ao mesmo tempo cliente, parceira e, em alguns casos, concorrente? Apenas a história não seria suficiente para manter tudo unido e funcionando: a empresa já estava se desintegrando e se deteriorando. A diretoria tinha tomado claramente a decisão de manter os setores de computação e impressão unidos, mas o que seria necessário realmente para implementar essa decisão?

A reorganização que foi implementada parecia aumentar ainda mais esses problemas. Em vez de um CEO, na verdade passou a haver cinco. Lew Platt era o CEO "corporativo". Foram nomeados quatro outros CEOs para quatro áreas: impressoras Laserjet (Carolyn Ticknor); impressoras Inkjet (Antonio Perez); servidores PC e padrão da indústria (Duane Zitzner); e sistemas, principalmente Unix, armazenamento e serviços associados (Ann Livermore). Como ficou claro pelo título de CEO, cada setor possuía alto grau de autonomia e autoridade — com suas próprias estratégias, recursos de desenvolvimento e produção, e forças de vendas distintas. Os papéis e as responsabilidades entre Lew e os outros CEOs eram pouco claros. O anúncio da empresa explicava que a mudança iria tornar a HP mais rápida e ágil.

Achei que era exatamente o movimento errado no momento errado, pois continuaria a manter a HP dividida em um momento em que ela precisava se unir, o que tornaria muito mais difícil o trabalho de um novo CEO, qualquer que fosse ele. Se a diretoria achava que aquela era a mudança certa no momento certo, então, definitivamente, eu era a pessoa errada para ser CEO. Precisava conhecer a posição de Dick Hackborn. Ele estava em Nova York e fomos almoçar lá. Fiquei surpresa com Dick, que era introvertido e não parecia muito preparado para a entrevista. Como não fez muitas perguntas, comecei a lançar as minhas.

— O que você pensa da recente reorganização?

Ele não achava que tinha grande importância:

— Era apenas algo que Lew queria fazer.

Eu o pressionei:

— Por que a diretoria permitiu uma grande reorganização imediatamente antes de empossar um novo CEO?

— Bem, o novo CEO pode mudar isso.

— Não é muito perturbador fazer uma organização passar por isso se vocês sabem que vão reorganizar novamente?

Dick, então, pareceu um pouco envergonhado.

— Bem, para dizer a verdade, a diretoria estava muito cansada de enfrentar Lew em tudo — ele na verdade não nos consultou sobre isso. Assim, decidimos que seria mais fácil deixar para lá; e, se for necessário, corrigiremos mais tarde.

Fiquei surpresa com a resposta. Que tipo de CEO iria reorganizar o negócio sem pelo menos prevenir a diretoria, especialmente alguém que estava prestes a sair? Que diretoria permitiria uma grande reorganização em um momento como aquele, a não ser que concordasse com ela? Por que ela permitiu que o CEO demissionário fizesse algo? Eu precisava ser franca com Dick.

— Dick, acho que é a pior jogada possível e acredito que a HP precisa definir uma estratégia coerente e uma estrutura que unifique a empresa, para facilitar fazer negócios com ela. Como cliente e parceira em potencial da HP, sempre achei que a única vantagem da empresa é seu grande conjunto de ativos. Se realmente não há sinergia nesses setores, a HP precisa dividi-los ainda mais. Se você acredita que essa reorganização é o passo certo para a HP, então eu realmente acho que não sou a pessoa certa para a função.

Pela primeira vez, Dick se animou:

— Você está absolutamente certa, Carly. Precisamos de coerência.

Ele falou com verdadeira frustração, até mesmo raiva, de seu desapontamento com a HP, que estava ficando para trás, e no momento era medíocre tanto na percepção quanto na realidade. Ele disse:

— Nós precisamos de uma mudança radical.

Contei que lidava com a HP há 10 anos e que em todo esse tempo nunca sentira urgência em ninguém. Todos eram extremamente agradáveis, educados e simpáticos, mas ninguém parecia ter espírito competitivo ou a noção de que o tempo é importante. Todos falavam sobre tecnologia e valores — não sobre clientes ou concorrentes. Eu voltei a perceber isso quando já estava na HP. Mas naquele momento era algo com que eu e Dick Hackborn concordávamos entusiasmadamente.

No final do nosso almoço naquele dia, Dick Hackborn e eu concordamos em três pontos muito importantes: que a HP não tinha uma preocupação externa com clientes nem concorrentes e carecia desesperadamente disso; que o tempo não corria a nosso favor e era necessária uma noção de urgência; e que a sinergia consistia na chave para libertar o valor único da Hewlett-Packard Company. Avaliei a discussão como boa, mas continuei incomodada com a recente reorganização. Era incoerente com tudo o que estabelecemos. Tinha prejudicado a empresa, exacerbando tanto sua preocupação interna quanto sua descentralização. Como um membro da diretoria que concordava comigo de forma tão entusiasmada podia ter permitido tão passivamente que acontecesse uma grande mudança como aquela?

Foi minha primeira experiência com o que descobri ser um comportamento comum: as pessoas na Hewlett-Packard não enfrentavam as questões. Dick podia concordar comigo que era a jogada errada, mas não podia enfrentar Lew para impedir que ela fosse feita. Minha chegada foi dificultada porque a diretoria apoiou implicitamente uma mudança feita pelo CEO demissionário oposta às mudanças que eu iria fazer. Foi difícil para os funcionários, pois eles ficaram confusos e gastaram muita energia na reorganização de Lew e na minha. E a credibilidade da administração foi prejudicada, porque eles justificaram seus cargos de CEO com grande convicção e depois foram obrigados a explicar por que já não os exerciam.

Após alguns meses na HP, aprendi que os valores do HP Way tinham sido corrompidos de forma muito importante. O respeito ao indivíduo passou a significar ser gentil e não-combativo, mesmo quando o negócio precisava exatamente de divergências e discussões francas e sérias. Altos padrões de integridade se aplicavam a pecados de ação — você não mente. Não se aplicavam a pecados de omissão — você pode ficar em silêncio em vez de falar; não precisa dizer o que realmente pensa. E assim como Dick no almoço, as pessoas faziam comentários sobre as outras quando elas não estavam presentes, sem coragem de dizer pessoalmente; falavam uma coisa na sala, outra fora dela.

O processo de recrutamento avançou lentamente, mas o interesse da diretoria em mim estava aumentando claramente. No segundo encontro, Sam Ginn começou a falar sobre dinheiro. Essa era uma questão difícil, porque eu tinha milhares de opções de ação muito valiosas da Lucent que iriam se tornar minhas em outubro. (Apesar do grande pacote baseado em ações que a HP acabou me dando para em parte me compensar por aquelas que perdi, acabei perdendo mais de 85 milhões de dólares por deixar a Lucent em julho.) Lew Platt disse que ele e seus executivos passaram por um longo teste psicológico. A diretoria decidiu que todos os candidatos a CEO deveriam ser submetidos ao mesmo processo, o que parecia sensato se ela queria realmente conhecer quem estava contratando, e, por isso, concordei. (Posteriormente fiquei sabendo que alguns candidatos a CEO se sentiram ofendidos com a sugestão e frustrados com o tempo que o processo de recrutamento estava tomando, o que os fez desistir da disputa. Não sei se isso é verdade.)

O teste psicológico era composto de duas partes: um questionário na internet, que demorei mais de três horas para concluir, e uma entrevista pessoal com dois psicólogos. A entrevista foi realizada em Foster City, Califórnia, no Dia dos Pais. Conversamos durante mais de duas horas. As perguntas eram absolutamente pessoais, voltadas mais para a minha família do que para a HP. Depois, os dois psicólogos apresentaram à diretoria um relatório sobre mim e os outros candidatos. Nem os resultados do processo nem o relatório foram partilhados comigo. Não conheço a natureza da discussão na diretoria, mas, após ter sido contratada, vários membros dessa diretoria me disseram que eu superei claramente todos os outros candidatos até então e que minha franqueza tinha se destacado.

Após a entrevista, dirigi de volta para São Francisco, onde estava visitando meu pai. Ele considerou toda a "coisa psicológica" um insulto e, como definiu, "tolice da Califórnia" e disse que não queria influenciar minha decisão. Enquanto eu crescia, ele sempre dizia: "Cada um de nós tem de seguir sua própria estrela".

Ainda assim, ele também estava arrasado com a morte da minha mãe e queria desesperadamente que eu voltasse para a Califórnia. Conversei com ele com muito cuidado, porque não queria criar expectativas. Ele estava perdido e só, e eu não queria desapontá-lo. Mostrei a ele todos os motivos pelos quais a HP não ia me oferecer o cargo: eu nunca tinha sido CEO, não era engenheira, não fazia parte do setor, vinha de fora, era mulher, e isso só para começar. Depois soube que John Young tinha usado praticamente esses mesmos argumentos para garantir à diretoria da Lucent, da qual ele era membro, que a empresa não ia me perder porque a HP nunca iria me oferecer o emprego.

Meu pai disse:

— Mas Carly, você pode mostrar a eles por que seria uma ótima escolha. Eles precisam mudar, e você pode mudá-los.

Então, expliquei ao meu pai por que eu não ia mostrar a eles, por que eu precisava que aquela fosse uma decisão difícil para a diretoria, não fácil.

A função seria extremamente difícil, e a diretoria não podia se arrepender na metade do caminho. Eles precisavam me assumir como CEO o tempo todo, e isso exigia que compreendessem em todas as suas dimensões como eu seria uma escolha polêmica e arriscada, assim como difícil e arriscada era a transformação que ela dizia desejar. Acrescentei que talvez não quisesse o emprego, pois nossa vida estava arrumada em Nova Jersey e, por mais que eu o amasse, seria uma mudança muito difícil para a família. Disse quanto dinheiro poderia perder e dei a ele todos os argumentos em que pude pensar para reduzir sua expectativa. Eu sabia que estava sendo clara, porque ele parecia se encolher à medida que eu falava. A mim doeu deixá-lo tão triste, mas eu achava que não tinha escolha. Naquela noite, fiquei pensando se estaria certa de tentar aquele emprego.

Aparentemente, foi uma reunião no final de junho de 1999 que definiu minha escolha como a nova CEO da HP. Haveria outras reuniões antes e depois da segunda conversa com Dick Hackborn, mas de acordo com todos os relatos, do ponto de vista da diretoria, a decisão foi tomada após Dick ter falado a eles sobre o nosso último encontro.

Nós nos encontramos no aeroporto de Chicago por excesso de cautela. Sugeri o lugar porque quando integrava a diretoria da Kellogg Company descobri que era ideal para reuniões secretas. A busca já durava quase seis meses, e a especulação na imprensa estava aumentando, com artigos sobre as duas candidatas internas, Ann Livermore e Carolyn Ticknor. Mais tarde, soube que a diretoria nunca as considerou candidatas de verdade, mas permitia que a empresa, mercado exterior e as próprias mulheres achassem que tinham chances reais.

Sem realmente conhecermos o lugar, terminamos no Gaslight Lounge. As garçonetes usavam saias curtas e meias arrastão. Dick Hackborn parecia desconfortável e constrangido — eu garanti a ele que já estivera em lugares muito piores (sabe-se lá o que ele pensou!). Ele se preparou para conversar o tempo necessário para chegar às suas próprias conclusões (acabamos nos reunindo por quase quatro horas e bebendo litros e mais litros de chá gelado). Eu estava cheia de perguntas e dúvidas.

Para começar, falamos sobre a diretoria. Eu queria saber como eles chegaram à decisão de dividir a empresa, demitir o CEO (pois na cabeça de Dick era exatamente isso que tinha acontecido) e buscar um novo no mercado. Um CEO tinha iniciado um processo de planejamento estratégico com base na tese de que a Hewlett-Packard, com receita de cerca de 40 bilhões de dólares, tinha se tornado grande demais para continuar a crescer e complexa demais para administrar. A diretoria, com a ajuda dos consultores da McKinsey & Company, concordou que a HP precisava ser dividida (vários cenários de divisão foram analisados antes de a decisão final ser tomada) e, no meio do processo, disse a Lew que ele perderia o emprego. Ficou clara a surpresa para Lew, que se sentiu traído pela diretoria. Isso explicava o ressentimento que eu percebia sempre que nos encontrávamos. Ele tentava esconder seus sentimentos, mas não conseguia disfarçar a amargura — que enfim transbordou no jantar de despedida e influenciou fortemente sua decisão de enfrentar a diretoria de forma pública na aquisição da Compaq.

Fiz muitas perguntas a ele sobre os integrantes da diretoria, em especial os membros da família. Dick foi cuidadoso e respeitoso em suas respostas, mas deixou claro que Bill e Dave nunca tinham planejado colocar os filhos no negócio. Ele disse que, com o tempo, a diretoria queria se "profissionalizar", ou seja, queria que a participação fosse determinada mais pelas credenciais que pelas ligações familiares. Sam Ginn estava conduzindo esse processo de profissionalização para a família. Walter Hewlett tinha decidido ir para a Agilent (novo nome do setor de testes e avaliações). Susan Packard Orr, que claramente era estimada e respeitada por todos, permaneceria mais algum tempo, embora tivesse manifestado seu desejo de deixar a diretoria o mais rápido possível após a divisão. David Woodley Packard, filho mais velho de Dave, tinha ficado tão irritado com a divisão da empresa que deixou a diretoria. E o cunhado de Bill Hewlett, Jean-Paul Gimon, concordou com Sam que deveria deixar a diretoria assim que o novo CEO fosse escolhido. Pouco depois de minha chegada, descobri que Jean-Paul não tinha entendido que a idéia era essa. Foi uma introdução rápida, e muito irritante, à política familiar.

Retrospectivamente, acho que uma das coisas mais marcantes do processo de recrutamento foi como a família apareceu pouco. Ela simplesmente não era assunto das conversas. A política familiar não parecia ser um fator importante no modo como a empresa funcionava, e os membros da família não pareciam ter papel importante na diretoria. De fato, nunca me encontrei com nenhum deles durante o longo processo de recrutamento. Eu não conhecia o bastante para pedir uma reunião dessas, e eles devem ter pensado que não era necessário.

Conversamos muito sobre os temas que tínhamos abordado na reunião anterior. O tempo corria contra a empresa. Não havia preocupação com a competitividade. Eu fiz muitas perguntas sobre a equipe administrativa — quem eles eram, se eram bons. Dick pareceu ter a maioria deles em boa conta.

— Nosso grande problema é liderança e estratégia, Carly. As pessoas são capazes, os produtos são bons.

Foi uma conversa divertida — pensar nas oportunidades e concordar sobre o que era necessário para aproveitá-las.

Então, a conversa mudou de rumo de forma interessante. Perguntei quais eram os planos de Lew. Ele, claro, era ao mesmo tempo presidente do conselho e CEO. Dick insinuou que Lew deveria sair o mais rápido possível e pensei que uma transição mais lenta poderia ser útil. Primeiramente, a função de CEO já era o bastante para começar, e eu não precisava ser também presidente do conselho. Na verdade, disse a Dick, eu não queria ser presidente do conselho. Eu precisaria de ajuda, e a divisão complicava tudo, pois demandaria muito tempo e esforço. Tanto a Agilent quanto a HP teriam de agir rapidamente para definir suas novas identidades, distintas, e seus planos operacionais. Haveria muitas decisões difíceis sobre quem ficaria com quais recursos, muita discussão, especialmente sobre propriedade intelectual e alguém precisaria agir como juiz, o que não poderia ser feito nem pelo novo CEO da HP nem pelo CEO da Agilent. Deveria ser alguém que todos considerassem objetivo e neutro, e eu achava que a pessoa indicada era Lew Platt.

O desprezo de Dick por Lew de repente ficou claro. Ele achou a idéia péssima, porém, não podia contestar a lógica dos meus argumentos e tentou uma jogada de efeito.

Rick Belluzzo foi chefe do setor de computação até se afastar abruptamente. Quando estava na HP, era visto por muitos como o herdeiro natural de Lew. Encontrei-me com Rick várias vezes quando estava na Lucent e cheguei mesmo a falar em uma reunião de vendas da HP em São Francisco a pedido dele. Então Dick disse:

— Rick é um sujeito realmente bom. Eu culpo Lew pela saída dele. Por que não fazemos de Rick Belluzzo o novo presidente do conselho?

O que Dick estava tentando fazer? Era uma sugestão impraticável. Rick e eu tínhamos quase a mesma idade. Na época, Rick era presidente do conselho e CEO da Silicon Graphics e claramente tinha suas próprias ambições. Dick estava criando uma situação impossível para ambos: em vez de trabalharem juntos, o presidente do conselho e o CEO estariam competindo um com o outro. Além disso, imaginei que eles o estavam entrevistando para o posto de CEO. Se ele era bom o bastante para ser presidente do conselho, por que não para ser CEO? Fui clara e disse que não ia funcionar, e eu não o faria.

Dick recuou rapidamente, mas minha sugestão de manter Lew como presidente do conselho durante algum tempo não pareceu viável para Dick. Então propus Dick como presidente. Ele ficou surpreso, mas claramente lisonjeado. Eu precisava da ajuda de um veterano que soubesse de tudo na empresa e conhecesse muito bem a HP. Ao final daquele longo almoço, achei que Dick e eu tínhamos chegado a um acordo. Se eu me tornasse CEO, ele seria o presidente do conselho.

Depois perguntei a Lew Platt sobre Rick Belluzzo. Foi um dos raros momentos, durante o longo processo de recrutamento, que deveria estar sendo particularmente difícil para Lew, pois o vi perder a calma.

— Eu disse à diretoria que eles só trariam Rick de volta sobre o meu cadáver! Ele não é candidato.

Ah, a política, os ressentimentos e as divergências que eram sugeridos por seus comentários se ajustavam aos de Dick! Perguntei a Lew quais eram seus planos para a transição, sem falar a ele sobre minha conversa com Dick. Ele disse que sairia assim que a diretoria considerasse útil, e supus que ele sairia rapidamente.

Depois Lew ficou tão ultrajado pelo fato de seu rival, Dick Hackborn, se tornar presidente do conselho que insistiu em uma transição mais demorada. Sam Ginn, que na diretoria normalmente assumia o papel de homem razoável e pacificador, buscou um acordo: Lew permaneceria como presidente até dezembro. Dick Hackborn assumiria a presidência nesse momento. Ninguém pediu minha opinião. Quando finalmente fui informada da decisão, após ter aceitado o emprego, disse a Sam que aquilo seria um problema, pois achava que a animosidade entre os dois tornaria a vida difícil para todos, principalmente para mim.

Após quase seis meses de reuniões, finalmente me encontrei com toda a diretoria em julho, para um jantar. Cheguei cedo, sabendo que era uma noite cheia de significados. Segui para o estacionamento da Marcus & Millichap e fiquei sentada no carro pensando no significado de deixar de datilografar e preencher fichas para me tornar CEO de uma empresa Dow 30 sem percorrer mais de um quarteirão. Pensei em minha mãe — nas palavras dela naquele dia, em sua morte, no que ela pensaria e diria esta noite. Mais do que qualquer outra coisa, eu queria que ela estivesse viva.

Antes daquela noite, eu só tinha me encontrado com quatro integrantes da diretoria. Disseram-me que o traje era esporte fino. A noite começou com um vinho no pátio externo. Todos foram amigáveis, e me pareceu que eles tinham chegado a uma conclusão. Não acho que Walter Hewlett estivesse lá — se estava, não chamou atenção. A conversa foi leve, e com o passar da noite, fiquei surpresa de não estarem fazendo mais perguntas. Então; finalmente decidi que precisava dizer algo.

Falei sobre o meu respeito pela empresa, sobre o tempo que estava ligada a ela, sobre a oportunidade que era a divisão: injetar nova energia e velocidade na HP, e sobre o HP Way. Disse que o mais importante a fazer era conseguir o equilíbrio entre preservação e reinvenção. Foi a primeira vez que utilizei essas palavras. Disse a palavra *preservação* porque o legado da empresa era um símbolo e uma motivação poderosos. E escolhi o termo *reinvenção* porque a invenção era uma virtude fundamental de Bill e Dave, e eu precisava encontrar uma palavra para mudança que capturasse seu espírito pioneiro. A frase, que pareceu ser bem recebida pela diretoria, seria usada muitas outras vezes.

Embora ninguém tivesse dito isso, naquela noite dirigi de volta para a casa de meu pai sabendo que a diretoria tinha tomado sua decisão. E eu também sabia do fundo do coração que tinha tomado a minha.

CAPÍTULO 19

Esse terno é um Armani?

Na tarde de 16 de julho de 1999 sentei-me no escritório de Rich e disse a ele que estava partindo. Seus olhos se encheram de lágrimas, e ele disse:

— Carly, nunca mais será como antes. Você é a alma da Lucent.

Eu não esperava essa reação. Desde o primeiro encontro com Jeff Christian, Rich sabia que eu estava conversando com a Hewlett-Packard, e eu devia a verdade a ele. Em todo esse tempo, só tivemos duas conversas sobre o asunto. Nem Henry nem qualquer outro membro da diretoria falou comigo sobre isso. Acredito que Rich pensava que poderia usar dinheiro para me manter ali, e ele apostava que nunca me ofereceriam o cargo.

Na última semana de junho, pouco depois do jantar com a diretoria da HP, Rich McGinn tinha organizado um retiro de líderes nas montanhas Pocono. Foi desastroso. Pela primeira vez nos quatro anos de história da Lucent, os executivos achavam que não poderiam alcançar os números do plano para o ano seguinte. Rich não estava disposto a ouvir. Seus 15 altos executivos estavam tentando dizer que ele estava fora da realidade, mas ele continuou a aumentar em muito os objetivos da organização e não se mostrava disposto a permitir a introdução de temas na pauta que deveríamos abordar. Assim, não tivemos oportunidade de discutir aberta e objetivamente os nossos desafios. Uma equipe que tinha sido unida agora estava dividida. E Rich não percebia, ou não se importava.

Uma das tarefas do líder é avaliar a capacidade da organização. Se ele subestima a organização, seu desempenho é abaixo do possível. Se superestima sua capacidade, a organização desaponta. O trabalho do líder é avaliar com precisão e, assim, aumentar a capacidade da organização, criando habilidades, montando equipes e gerando confiança.

Todo líder já ouviu um subordinado dizer: "Eu não vou atingir esse desempenho". O líder avalia o raciocínio por trás das palavras. Algumas vezes, as pessoas dizem "não consigo" porque não sabem fazer o que está sendo pedido a elas. Nesse caso, é necessária uma conversa sobre alternativas e soluções. Precisamos criar novas habilidades, estudar oportunidades diferentes ou pensar criativamente em outras abordagens? Esse tipo de solução demanda diálogo aberto e cooperativo. Nós pensamos nisso? Já tentamos aquilo? Alguém pode nos ajudar?

Às vezes, as pessoas dizem "não consigo" porque querem uma resposta fácil para um desafio difícil. Um desempenho ruim exige menos trabalho que um bom desempenho. Nesse caso, é necessária uma conversa que reafirme a realidade da oportunidade e a validade da execução do plano. Talvez seja necessário incentivo extra para que as pessoas deixem de olhar para o que é fácil e se concentrem no que é possível. Talvez precise ser encontrada motivação diferente para encorajar as pessoas a ir adiante.

Outras vezes, as pessoas dizem "não consigo" porque o objetivo para o qual estão sendo convocadas é inalcançável. Nesse caso, é imprescindível se assegurar de que todos têm a mesma visão da realidade. Por que as pessoas vêem os fatos de modos diferentes? Onde está o consenso? Se esse objetivo é inatingível, pelo que devemos lutar?

Sempre que um líder ouve a expressão "não conseguimos", qualquer que seja a razão, é preciso conversar mais, sendo as equipes formadas nessas conversas, quando as pessoas podem trabalhar juntas para resolver problemas satisfatoriamente e atingir objetivos, por intermédio da efetiva colaboração.

No final de dois dias, ainda não tínhamos conversado de verdade. Não estávamos colaborando, era a continuação de um padrão bem conhecido e meus colegas se mostravam irritados. Muitos me abordaram. Uma conversa em especial ficou marcada; Gerry Butters, na época no comando do Optical Networking Group, me puxou de lado e disse:

— Carly, esta empresa não é de Rich; ela é sua. Você é a verdadeira líder, nos lidere.

Durante toda a minha vida acreditei que liderança não tem nada a ver com título ou posição, mas com marcar uma diferença positiva para e com os outros. A liderança tem a ver com integridade de caráter, valor das capacidades e eficácia da colaboração com os outros. Qualquer um pode liderar, em qualquer posição, a qualquer momento. Vi pessoas liderarem de posições modestas até as mais altas. Assim, o pedido de Gerry me perturbou. Eu adorava a Lucent — não deveria me apegar a ela e liderar, a despeito de todas as dificuldades? Mas o CEO da empresa que eu amava não era um líder, e eu não o respeitava. Enquanto via a reunião de Pocono se desenrolar, percebi que já não podia ser leal a Rich, eu não iria derrubá-lo, mas também não podia segui-lo. Era hora de partir.

A última semana na Lucent foi terrível. Devo ter revelado isso no rosto, porque as pessoas ficavam me perguntando o que havia de errado. Eu não podia dizer adeus. A notícia de que ia trocar a Lucent pela Hewlett-Packard era importante para as duas empresas, portanto era necessário um anúncio formal. Tive uma conversa chorosa com minha secretária de muito tempo e amiga querida, Maybeth Osmun, e outra com minha leal e capaz assistente executiva por oito anos, Kate Silvieri. Contei a Kathy Fitzgerald porque ela teria de preparar o anúncio. Ela disse que eu estava branca como um fantasma quando entrei em seu escritório. Nós nos sentamos e eu chorei. E a última coisa que disse a Rich quando o deixei só em seu escritório foi:

— Rich, reduza as metas. As pessoas não têm realmente como dar o que você está pedindo.

Naquela noite, Frank e eu pegamos um avião da HP e voamos para a Califórnia. Eu estava emocionalmente exausta e dormi arrasada. Quando chegamos ao hotel, por volta de 2 horas da manhã, escrevi uma carta para os funcionários da Lucent Technologies. Eles só a leriam na segunda-feira, mas eu precisava virar a página antes de dormir. Quando eu acordasse, meu compromisso tinha de ser com a Hewlett-Packard.

O fim de semana foi um redemoinho de preparativos. Primeiramente, eu queria conversar com Ann Livermore, que estava desapontada e a quem tinham feito muitas perguntas; foi grande a especulação sobre ela na imprensa, e muitos perfis foram publicados. Queria me apresentar, dizer pessoalmente que esperava trabalhar com ela e que apoiava as suas estratégias concebidas para o mercado. Fiz uma grande oferta para que ficasse. Ela estava abalada pelos acontecimentos das 24 horas anteriores, mas ainda assim foi gentil, profissional e deu apoio. Eu e a Hewlett-Packard tínhamos sorte de contar com ela.

Então Lew e eu começamos a preparar o anúncio para os funcionários. Gravamos um vídeo juntos, no qual falei de minha admiração por ele, minha gratidão pela oportunidade e meu entusiasmo por estar me ligando a uma empresa lendária. Falei sobre mudança e continuidade, a importância de inovação, de contribuição, de preocupação com o cliente e sobre velocidade, porque sabia que o tempo corria contra nós. O mercado e nossos concorrentes estavam se movendo muito mais velozes do que nós.

Nós nos preparamos intensamente para a entrevista coletiva marcada para a manhã de segunda-feira. Uma vez que meu nome nunca tinha sido anunciado como possível candidata, todos ficariam surpresos. Haveria muitos repórteres, e, então, passamos bastante tempo pensando em como iríamos responder às perguntas. "Quais são seus objetivos como nova CEO?", "Como foi o processo de seleção da diretoria?", "Lew, como você e Carly irão trabalhar juntos?", "Você acha que faz diferença não ser engenheira?", "O que você tem a oferecer vindo de fora?", "E o seu pacote de compensações?", "Você não é da indústria de computadores. Qual a importância de sua experiência em comunicações?"

Talvez fosse porque dois possíveis candidatos eram mulheres. Talvez porque meu gênero não tenha sido muito abordado no processo de entrevistas. Talvez porque estávamos todos concentrados em apresentar minhas credenciais e criar a melhor e mais correta impressão naquele primeiro dia importante. Qualquer que tenha sido o motivo, a única pergunta para a qual eu não estava preparada foi aquela feita com maior freqüência: "E o telhado de vidro? Como é tê-lo quebrado? Isso significa que ele não existe mais?" Por mais que seja difícil acreditar, não nos preparamos para uma pergunta sobre meu gênero.

Na noite anterior à notícia, no domingo, Lew e eu jantamos com a equipe de executivos. Já havia tomado minha primeira decisão: não ia levar comigo uma nova equipe. Visto que li o máximo possível sobre aqueles executivos, sabia que alguns deles talvez não chegassem ao fim. Ainda assim, era importante dar a todos eles o benefício da dúvida e a oportunidade de se tornarem agentes de mudança. Eles estavam na HP há muito tempo, e eu precisava conquistar o respeito e a confiança deles antes de eles se comprometerem com o que iria pedir.

Aquela era uma organização burocrática, com uma cultura muito arraigada. As pessoas de fora eram raras e normalmente rejeitadas. Mudanças significativas e sustentáveis teriam de sair de dentro. Eu poderia ser um catalisador para a mudança, mas se uma massa crítica da liderança de então não a abraçasse e a fizesse sua, não haveria mudança. Quando se pede que os funcionários de uma empresa mudem, eles irão procurar as pessoas que conhecem. Não bastaria ao novo CEO dizer: "Precisamos mudar". Os funcionários teriam de ouvir isso dos outros.

Eu estava em grandes empresas há 20 anos e sabia que a organização podia me ignorar ou me sabotar, pois já tinha visto isso acontecer. Não conhecia todos os relacionamentos ou a história que importavam, nem sabia quais eram as estruturas de poder informais. Além disso, não possuía todas as respostas. Eu era uma CEO nova, em uma situação nova, em uma empresa que prosperou ao longo de 60 anos. Aquelas pessoas sabiam mais do que eu sobre os desafios da HP e eu precisava da ajuda delas. Se era para a Hewlett-Packard mudar, a empresa precisaria de muito mais que um novo CEO. Precisaria de uma nova concepção de si mesma, da natureza e do ritmo do setor, das necessidades e exigências de seus clientes e da ferocidade e habilidade de seus concorrentes.

O jantar não foi bom, porque a equipe não foi preparada com antecedência e se mostrava fria e curiosa. Quando nos sentamos, Lew pediu que cada um se apresentasse. Reparei que todos usaram seus títulos de CEOs, falaram em "minha organização" ou "meu pessoal" com ar de proprietários. A mensagem era clara: eu estou bem, tenho meu próprio negócio e não preciso de sua ajuda. Quando eles terminaram, Antonio Perez foi direto:

— Diga-nos, Carly, por que você?

Não achei que deveria justificar a decisão da diretoria ou o seu processo e disse:

— Lew, por que você não descreve à equipe o processo pelo qual a diretoria passou durante os últimos seis meses?

Naquele momento, com a realidade de um novo CEO calando fundo, Lew demonstrou todo o seu desapontamento com a forma como foi tratado; não havia como deixar de notar o ressentimento enquanto ele defendia a diretoria.

O jantar falou por si. Nem a diretoria nem Lew tinham sido claros com a equipe de executivos sobre sua crença em que era necessária uma mudança fundamental. Ninguém tinha partilhado o processo de seleção ou os critérios. Ninguém os tinha alertado para o fato de que seu novo CEO considerava necessárias uma nova estratégia e uma nova estrutura. Não obtive ajuda nenhuma daquela diretoria, e a equipe de administração nutria por mim o mesmo ceticismo que uma burocracia governamental tem em relação a uma nova nomeação política: "Vamos ver quanto tempo dura". Aquilo seria mais difícil do que eu imaginava.

Mas antes de começar, eu teria de sobreviver ao primeiro dia. Olhando para trás, nossos preparativos para o massacre da mídia tinham sido risíveis, apesar dos especialistas de fora que estávamos trazendo. Sabia que cada palavra que Lew e eu disséssemos na segunda-feira seria estudada pelos funcionários. Estávamos embarcando juntos em uma longa e difícil jornada de mudança, e o modo de começar fazia diferença. As palavras que usei para descrever a empresa, meus objetivos, nossos desafios e nossas oportunidades permaneceriam. A organização iria se lembrar delas, e eu teria de conviver com elas. Como nova líder, eu queria falar a todos os funcionários sobre o que tínhamos em comum, sobre o que iria nos unir, sobre a Hewlett-Packard — nosso respeito pelo legado daquele grande empreendimento, nosso desejo de construir um futuro juntos, o reconhecimento de que não éramos suficientemente concentrados, rápidos ou agressivos naquela nova era da internet.

Não queria falar sobre o fato de eu ser mulher ou sobre o telhado de vidro — aquelas perguntas eram uma distração da missão e me afastavam da imensa maioria dos funcionários. Assim, estava despreparada e fiquei impaciente com todas essas perguntas. Quando eu disse "o telhado de vidro não existe", isso virou manchete. Tentei mudar de tema, mostrar que as mulheres podem fazer qualquer coisa que os homens façam, dizer às mulheres que, embora haja muitos obstáculos e preconceitos, não existe uma barreira invisível que as impeça de realizar os seus sonhos. Estava refletindo sobre minha própria experiência, que provava ser possível conseguir se concentrando mais nas possibilidades do que se fixando nas limitações ou nas desigualdades. Não consegui transmitir nada disso, e, desde o primeiro dia, não escapei da classificação de "Carly Fiorina, a CEO mulher". Nem conseguiria fugir do incansável interesse da mídia.

Jamais quis chamar atenção para mim mesma, mas já que isso estava ocorrendo, eu queria desviar essa atenção para a empresa. Sempre que concordava em dar uma entrevista, estabelecia regras: não falaria sobre o telhado de vidro, nem sobre mim, apenas sobre a empresa. Ao longo dos anos seguintes, recusei diversos pedidos da *Glamour*, *People*, *Vogue*, Diane Sawyer, Oprah Winfrey e outros. Eram grandes veículos e personalidades, mas eles não se interessavam pela empresa, mas sim por mim.

Do primeiro ao último dia na HP, fui criticada por aparecer demais na imprensa ou por não ser suficientemente acessível a ela. Da primeira matéria sobre minha contratação até a última sobre minha demissão, a linguagem e a intensidade da cobertura eram diferentes para mim em comparação com qualquer outro CEO. Era mais pessoal, com comentários sobre minha personalidade e aparência, o vestido, o cabelo ou os sapatos. Naquela primeira semana, o editor da *Business Week* foi me ver com um jornalista porque estavam preparando uma matéria há vários meses. A Hewlett-Packard seria matéria de capa, gostássemos ou não, e todos recomendaram que eu conversasse com eles. Antes mesmo de sentarmos, a primeira pergunta do editor foi:

— É um terno Armani que você está vestindo?

A *Vanity Fair*, embora alertada diversas vezes de que estava escrevendo ficção sobre mim, continuou a publicar que eu constantemente viajava com um cabeleireiro e um maquiador. Havia constantes boatos, estimulados pela imprensa local, de que construí um banheiro de mármore rosa em meu escritório. (Na verdade, ocupei o escritório do meu antecessor e não comprei nem construí nada.) Não havia banheiros particulares, nem mesmo portas nos escritórios dos executivos. Os CEOs da Lucent, Cisco, IBM, Dell, Sun Microsystems, Microsoft, Compaq, Oracle, GE, 3M, Dupont e assim por diante viajavam todos em jatos executivos, e a HP tinha os seus há 30 anos. Ainda assim, minha viagem em um vôo da empresa foi noticiada como prova de meu desrespeito ao HP Way, minha natureza "régia" e meu "distanciamento" dos funcionários.

Eu era descrita alternadamente como "vaidosa", "glamourosa" ou "coberta de diamantes", o que freqüentemente era entendido como um tipo de "marketing" superficial.

Todos os discursos que fiz enquanto CEO — e foram muitos; 47 apenas em 2004 — foram em resposta a pedidos de um cliente ou empregado da HP. Recusei muito mais do que aceitei. Cada um desses encontros era uma oportunidade de influenciar clientes, bem como representar a capacidade da empresa. Outros CEOs também eram convidados a falar, mas minha participação se destacava como prova de que eu "buscava os holofotes".

Normalmente, se referiam a mim pelo prenome. Havia muitos comentários, particularmente dolorosos, de que escolhi não ter filhos por ser "ambiciosa demais". As pessoas desprezavam a carreira de Frank e suas contribuições para nossa família, e a comunidade o descrevia imprecisamente como "marido doméstico".

Nas *chat rooms* da área do Vale do Silício, desde o momento em que cheguei até muito depois de ter deixado a HP, normalmente era descrita como "gatinha" ou "vagabunda",* doce demais ou dura demais, e, além disso, presunçosa. Certamente, além do fato de ser mulher, eu não era uma CEO típica do Vale do Silício. Enquanto o líder arquetípico era introvertido, eu era extrovertida. Enquanto o Vale adorava se vestir mal, eu adorava me vestir bem. Enquanto os líderes do Vale falavam sobre os *bits* e *bytes* da tecnologia, eu falava sobre o impacto da tecnologia no homem. Não fui criada no Vale; vinha da costa leste e cresci nas grandes empresas de tijolo e cimento da velha economia, não nas pequenas pioneiras da nova economia.

Nos primeiros meses do meu mandato, Scott McNealy, da Sun Microsystems, decidiu abrir sua reunião de analistas debochando de mim. A Sun Microsystems estava voando alto no final dos anos 1990, assim como Scott, de modo que tudo o que ele dizia e fazia merecia grande espaço na mídia. Ele apresentou um esquete com uma atriz de peruca loura e longas unhas vermelhas, de pé, em frente a uma garagem. A garagem desabou sobre sua cabeça, para diversão da platéia.

Quando eu finalmente cheguei ao topo, após passar toda a carreira lutando para ser avaliada pelos resultados e pelas realizações, a atenção dada a meu gênero, minha aparência e à interpretação da minha personalidade superava em muito todo o resto, o que me desapontou profundamente. Talvez nesta nova era de informação sempre constante e conectada, em que fato, ficção e opinião parecem ter o mesmo peso, isso já não seja verdade. É inegável que as palavras ditas e escritas sobre mim tornaram minha vida e meu trabalho infinitamente mais difíceis. Talvez as palavras dos outros me definissem mais claramente na cabeça de muitas pessoas do que meus próprios atos. Talvez seja um dos motivos pelos quais escrevi este livro.

Naqueles primeiros dias como CEO, fui entorpecida pelos comentários da mídia, a recepção fria do Vale, o ceticismo da equipe de executivos e a passividade da diretoria naquela transição fundamental. E fui estimulada pelos funcionários da Hewlett-Packard. Apenas no primeiro dia, recebi centenas e mais centenas de mensagens por *e-mail*. Alguns perguntavam sobre "*e-services*", porque isso tinha sido recentemente anunciado como a estratégia da empresa para a internet.

* "Industry Wants Girls to Stick to Knitting", de Carles Cooper, CNET, sexta-feira, 10 de março de 2006, 4:00:19, hora do Pacífico.

Algumas especulavam sobre o que eu pensava do HP Way. A grande maioria expressava entusiasmo com a oportunidade de mudança. A partir daquele primeiro dia, li todas as mensagens de *e-mail* e respondi a várias delas. Minha coragem para fazer o que era necessário sempre veio dos funcionários. A empresa pertence a eles — não à diretoria, aos fundadores ou às famílias dos fundadores. As pessoas da HP são a HP. Meu trabalho como CEO era criar nossas habilidades e capacidades, assim como confiança e aspirações. Acredito profundamente que todos têm potencial maior do que imaginam. Sabia que o potencial da HP também era superior ao que a maioria das pessoas conseguia ver. Minha tarefa era liderar a transformação de uma empresa que um dia foi grande e estava afundando por bloquear o potencial de seus funcionários e seu patrimônio.

Ao longo dos anos, recebi dezenas de mensagens de funcionários, e milhares quando parti. Eu as recebo até hoje. Em todo aquele tempo, apenas uma não tinha assinatura. Os autores de todos os outros *e-mails*, tanto os que davam apoio quanto os que eram críticos, permitiram que eu soubesse quem eles eram, assim como o que pensavam. Sou muito grata pela franqueza e a sabedoria das pessoas da HP. Elas são os guardiões do seu legado e aqueles que irão construir o seu futuro.

CAPÍTULO 20

Mil tribos

Dediquei-me ao trabalho da mesma forma que sempre fiz ao iniciar uma nova tarefa: me reuni com o maior número de pessoas e fiz o máximo de perguntas possível. Estudei os detalhes de nossos números e planos. Viajei muito e me encontrei com clientes, parceiros e funcionários.

Ao longo do período na HP, encontrei-me constantemente com os clientes. Podia ajudar a abrir portas e fechar negócios, mas sempre queria saber como os clientes viam nosso desempenho. Se você quer saber o que precisa mudar em uma empresa, pergunte aos clientes. Um dos clientes mais importantes na GM me disse:

— Carly, vocês têm os melhores profissionais do setor; sempre que peço para resolverem um problema específico, eles respondem com dedicação e qualidade. Mas nunca sei a quem procurar; e se não consigo achá-los, eles nunca me encontrarão.

Vários clientes reforçaram essa frustração por sermos reativos em vez de proativos e difíceis de fazer negócios, lentos demais. Sempre que pedia que eles escolhessem uma impressão para descrever a HP, eles diziam "boa", "movida pela engenharia" ou "tecnicamente excelente". Nenhum deles dizia "concentrada", "eficiente" ou "de ponta". Todos disseram que estávamos perdendo mercado para os concorrentes, que éramos caros demais. Os maiores clientes disseram que não estávamos investindo o suficiente em novos produtos ou características para rivalizar com a concorrência. Muitos se queixaram de que, na era da internet, os produtos da HP sequer eram compatíveis entre si. Outros achavam que nossos engenheiros saíam do zero sempre que projetavam um novo produto: um cliente disse, exasperado: "Vocês não podem pelo menos colocar o botão de ligar sempre no mesmo lugar?"

Quando pedi a nossos vendedores que descrevessem uma típica reunião com um cliente, eles brincaram falando sobre se encontrarem pela primeira vez do lado de fora da porta do cliente. Queixavam-se de que quando um cliente pedia uma reunião importante, todos os setores enviavam um representante e o cliente se via sufocado em meio a muita gente e confusão, ou que então ninguém comparecia. A HP não se preocupava com o cliente. Não colaborávamos efetivamente com o cliente, não antecipávamos as suas necessidades ou as ações da concorrência, esperávamos que nos telefonassem. E eles telefonavam cada vez menos — por isso a taxa de crescimento da HP diminuía, enquanto a do restante do setor aumentava.

Sempre acreditei que as empresas líderes de mercado devem se concentrar nos clientes. Alguns argumentam que uma empresa deve se concentrar nos concorrentes ou nos acionistas. Claro que isso é fundamental, mas só o cliente compra o produto da empresa. Sem faturamento não há negócio, e sem aumento do faturamento, um negócio fica para trás, não cresce. A transformação da HP tinha de começar pela forma como atendíamos os clientes.

Como admirava os Laboratórios HP, então decidi que meu primeiro "cafezinho" seria com os funcionários de lá. Os cafezinhos começaram com Bill e Dave nos primeiros dias, quando Lucille Packard preparava *cookies* para os engenheiros e Bill e Dave se sentavam com os primeiros funcionários e conversavam sobre os negócios. A expressão passou a ser usada para definir qualquer interação pessoal entre gerentes e seus funcionários. Eu não achava nada demais começar pelos laboratórios da HP — afinal, era uma empresa de tecnologia, e a inovação representava o nosso combustível. Os escritórios de Bill e Dave, perfeitamente preservados até hoje, ficam no prédio dos Laboratórios HP. Seguindo os passos de Henry Schacht, habituei-me a visitar os Laboratórios Bell uma vez por mês quando estava na Lucent e sabia que essas interações não apenas eram significativas para os pesquisadores como me permitiam estar a par dos avanços tecnológicos mais importantes. Eu também pretendia visitar os Laboratórios HP uma vez por mês.

Porém, os funcionários de lá consideraram minha escolha impressionante. Ficaram animados por eu pretender visitá-los regularmente. Ninguém ia lá, nem parecia se interessar pelo que estavam fazendo. Eram considerados basicamente uma despesa dispensável e sem controle para a empresa. A inovação era vendida como um dos valores da HP, mas ninguém avaliava a inovação, investia nela ou a premiava. O resultado é que a HP era uma das poucas empresas com um laboratório de pesquisa central, mas não fazia parte sequer das 25 primeiras fontes de inovação no mundo pelo critério de registro de patentes.

Em uma das visitas, apresentaram-me algo impressionante chamado Cool Town, que depois se tornou o principal ponto de meu primeiro discurso público sobre a HP e minha visão da empresa. Cool Town era um laboratório em que toda pessoa, lugar e coisa tinham sua própria presença e identidade na internet. Isso significava que todos estavam ligados uns aos outros e podiam interagir. Era a primeira visão do que mais tarde passei a chamar de futuro "digital, móvel, virtual, pessoal" — um futuro em que tudo que é físico e analógico pode ser representado em forma digital; em que tudo pode se mover para qualquer ponto porque existe no ciberespaço e pode ser transmitido em rede; em que a realidade virtual pode um dia ser tão atraente quanto a realidade física; e no qual os indivíduos podem controlar uma miríade de ações, acontecimentos e informação em benefício próprio. A primeira forma como a HP ia usar seu patrimônio no alvorecer do século XXI era verdadeiramente digital, móvel, virtual e pessoal, formando a base do estabelecimento de nossa estratégia e vantagem competitiva.

Mal pude me conter ao ver Cool Town. Era o que a HP podia fazer. Cool Town se utilizava de todas as capacidades que tínhamos, e isso nos distinguia dos concorrentes. Perguntei a Dick Lampman, chefe dos Laboratórios HP, quantos outros executivos tinham visto aquilo.

— Nenhum. Não conseguimos convencer nenhum a vir aqui.

Perguntei o que ia acontecer com Cool Town.

— Devemos acabar com ela mês que vem. Não conseguimos mais verba.

Todos os gerentes estavam concentrados em suas próprias linhas de produtos. Cada um era responsável por sustentar seu negócio. Nenhum deles sabia como financiar um futuro que pudesse estar além dos limites do seu negócio. Ninguém era recompensado por gastar dinheiro em uma possibilidade incerta que poderia não melhorar o resultado do momento, mesmo se isso parecesse importante para a empresa como um todo. Ninguém sabia como reunir os consideráveis recursos da HP, todos administravam seus próprios lucros e prejuízos. Em síntese, todo o processo administrativo na HP tinha se concentrado em incrementalismo. Todo o tempo do administrador e a maior parte de nossos consideráveis recursos de desenvolvimento de produtos estavam concentrados nas linhas de produtos existentes. Se a melhoria de um produto demandava mais investimento que um setor específico podia alocar em um ano, isso não era feito, mesmo que as conseqüências a longo prazo fossem terríveis. Perdemos a liderança em Unix como resultado dessa lógica administrativa. Não avaliávamos a introdução de novos produtos ou novas patentes. Deixei Cool Town determinada a salvar o projeto e mudar a forma como financiávamos e valorizávamos nossos esforços de pesquisa. E Dick Lampman seria um dedicado e eficiente agente de mudança nesse processo.

Minha primeira reunião com a equipe executiva aconteceu pouco depois que cheguei. Ainda tínhamos cerca de duas semanas no terceiro trimestre da empresa (o ano fiscal da Hewlett-Packard vai de 1º de novembro a 31 de outubro, e o terceiro trimestre é composto de maio, junho e julho). Perguntei qual era nossa situação no trimestre, se estávamos prontos para cumprir as metas e as expectativas do mercado. Para mim era uma pergunta óbvia, que eles deveriam esperar, mas todos pareceram surpresos. Um dos executivos me perguntou se deveríamos falhar no trimestre para que pudéssemos culpar Lew e começarmos renovados no último e mais importante quarto trimestre. Respondi que estabelecemos metas para o trimestre e tínhamos de cumpri-las — uma transição de CEOs era irrelevante. Bob Wayman, executivo financeiro-chefe (CFO), disse que desconhecia a situação da empresa como um todo. Ele explicou que cada um dos quatro CEOs tinha seu CFO, que não se reportava a Bob e nunca partilhava seus números com o "coletivo" antes que o trimestre terminasse e eles concluíssem seu próprio balanço de lucros e perdas. Quando pressionei os executivos em busca de detalhes, eles responderam que estavam "dentro do plano" ou "abaixo do plano", sem mais detalhes. Quando perguntei como esses planos contribuíam para os resultados da Hewlett-Packard e para as expectativas que o mercado tinha de nosso desempenho, ninguém conseguiu responder à pergunta. Quando iniciei uma conversa sobre como poderíamos ter um desempenho "acima do plano" em algumas divisões para compensar o desempenho "abaixo do plano" em outras, a resistência foi forte e imediata. Aqueles executivos não achavam ser obrigação deles melhorar os resultados da empresa como um todo — a função deles era cumprir seus próprios planos. Não surpreende que a empresa tivesse ficado abaixo das metas nove trimestres seguidos. A Hewlett-Packard era literalmente a soma de suas partes, e ninguém fazia a soma antes que tudo estivesse concluído. Entendi por que Lew Platt tinha dado títulos de CEO aos executivos: por serem mais

CEOs do que ele mesmo. E Bob Wayman não agia como CFO da empresa; nenhum dos CFOs setoriais se reportava a ele, o mesmo acontecia em Recursos Humanos e Relações Públicas, assim como em algo chamado Internacional.

Visto que os membros da diretoria e os clientes tinham identificado a comercialização como nosso principal problema, reuni-me com o pessoal da área. O comercial corporativo se reportava ao CFO. Eles estavam marginalizados e desmoralizados. As equipes comerciais das unidades de negócios se orgulhavam de seus produtos e de suas marcas. Cada equipe possuía seus próprios orçamentos e estratégias publicitárias e se relacionava diretamente com os canais de distribuição. Nenhuma ligava às outras. Após uma ou duas semanas de conversa, produzi uma lista com várias marcas de produtos que colocávamos no mercado. A HP tinha 150 delas. Nas reuniões, perguntava às pessoas o que elas pensavam quando olhavam para aquilo. Nove em cada dez pessoas a estudavam cuidadosamente e me mostravam quais marcas de produtos estavam faltando. Apenas uma em cada dez pessoas perguntava: "Onde está a marca HP?" Não era apenas simbólico que as submarcas de produtos tivessem se tornado mais importantes do que a marca da empresa, tanto no mercado quanto dentro da própria empresa. Era um reflexo do fato de que as "mil tribos" não tinham uma identidade coletiva. A empresa era composta de 87 diferentes balanços de perdas e ganhos.

Duane Zitzner, o CEO do setor de computadores, promoveu uma reunião de dois dias com sua equipe e me convidou a participar. Sentei-me na sala, prestei atenção e fiz anotações durante aqueles dois dias. Duane falou sobre "meus produtos" e "minha turma". Sua equipe falou principalmente sobre seus produtos, muito pouco sobre clientes e concorrentes, e nada sobre o restante da HP. Eles poderiam ser uma empresa distinta. Cada uma das 87 divisões de produtos da HP contava com sua própria equipe de recursos humanos, IT, financeiro, marketing, vendas, pesquisa e desenvolvimento. Todas tinham sua forma de trabalhar e agiam quase sempre por conta própria.

Eu sabia, por ter lido *The HP Way* tantas vezes, que a estratégia de Bill e Dave sempre foi dar aos engenheiros as ferramentas de que necessitavam para inventar novos produtos. Se um novo produto fazia sucesso no mercado, Bill e Dave criavam um negócio próprio em função dele. Os engenheiros se tornavam gerentes de negócios, e cada negócio era definido por seu próprio balanço de perdas e ganhos. Cada gerente se responsabilizava por garantir o sucesso de seu negócio e controlava os recursos de que necessitava para ser bem-sucedido. Ter o balanço de perdas e ganhos e controlar esses recursos era a fonte do poder das pessoas e do respeito da organização. Os produtos e a engenharia que os produzia eram o cerne da empresa de Bill e Dave. E a empresa sempre foi o trabalho de Bill e Dave — a função de um gerente era cuidar de seu próprio negócio. Quando Bill e Dave saíram, ninguém assumiu essa função, ninguém gerenciava a empresa.

Nessa época, o genro de Bill Hewlett me procurou e se queixou de que Sam Ginn disse a ele para deixar a diretoria, mas Jean-Paul Gimon tinha certeza de que eu reconsideraria. Ele disse que o restante da família estava observando atentamente. Jean-Paul estava certo de que eu reverteria a decisão de Sam por respeito aos fundadores e às suas famílias.

Sam Ginn acreditava piamente que controlar a participação da diretoria era função sua como presidente do Comitê de Indicação e Governo, e não função minha como CEO, ou de Dick (e depois minha) como presidente do conselho. Sam Ginn estava convicto de que Jean-Paul não era qualificado e garantiu aos outros integrantes da diretoria que Jean-Paul partiria. Ele propôs uma reunião com Walter Hewlett, por quem tinha mais respeito, para explicar a situação. Walter disse que entendia a posição de Sam, mas que representantes das duas famílias deveriam permanecer na diretoria. Assim, sugeri que Walter, que integrava a diretoria da Agilent, também compusesse a diretoria da HP; parecia uma solução razoável que atenderia tanto à necessidade de representação das famílias quanto à necessidade de Ginn trocar um membro da diretoria. Sam adorou. Não consegui detectar a reação de Walter, mas ele concordou. Assim, Jean-Paul estava fora.

A explosão das ponto-com estava no auge. Todas as empresas investiam dinheiro em tecnologia, temendo ficar para trás e pensando no que o ano 2000, a virada do milênio que se aproximava, significava para os sistemas computadorizados do mundo. Fui para a HP achando que estávamos perdendo tempo. Durante o processo de recrutamento, os membros da diretoria falaram freqüentemente que o tempo corria contra nós. Eu estava com pressa, pois todos os clientes e concorrentes se moviam mais rápido do que nós. Mas o ritmo que encontrei nas viagens e conversas com as pessoas da HP era lento e altivo. Enquanto o resto do Vale do Silício parecia o tempo todo viver de muito café e pouco sono, o pessoal da HP parecia relaxado e calmo. Os estacionamentos esvaziavam entre 16h30 e 17h todas as tardes. A pergunta que os funcionários mais fizeram naqueles primeiros meses foi o que eu pensava do equilíbrio entre vida e trabalho. Lew tinha definido isso como sua prioridade número um para a empresa.

Dan Plunkett pediu-me que descrevesse minhas reações ao chegar. Ele era um behaviorista organizacional e consultor de quem lancei mão freqüentemente na Lucent. Ele também trabalhou comigo na HP durante a minha administração. Procurei a analogia correta. Finalmente, disse que me senti como se todos os prédios que visitei estivessem embrulhados com diversas camadas de bandagem. Do lado de fora, havia uma cacofonia de sons, a luz era brilhante e ofuscante e milhares de aspirantes eufóricos brigavam por atenção. Do lado de dentro da HP, os sons eram abafados, a luz, suave, e as imagens serenas de Bill e Dave como antigas figuras paternas gentis eram mais visíveis do que a dura realidade do mercado. A HP, especialmente na sede, que ficava muito perto da garagem original, parecia um mausoléu ou um casulo. Todo o sucesso era avaliado dentro daquele ambiente protegido, e a política interna dava o tom.

Enquanto atuaram, Bill e Dave foram líderes lendários para as pessoas da HP. Assim que partiram, se tornaram figuras épicas, e, com o tempo, os acontecimentos se tornam história, e a história se torna mito. A HP era a empresa de Bill e Dave; portanto, eles tomaram as decisões em benefício da Hewlett-Packard. Jay Keyworth, um antigo membro da diretoria que foi amigo de Dave, certa vez me disse: "Não havia nada de democrático no modo como Bill e Dave dirigiam a empresa. Era como uma espécie de ditadura benevolente". Quando as pessoas não estavam certas de um novo produto ser lançado, Bill e Dave decidiam. Até minha chegada, Bill e Dave sempre decidiam quando era hora de um novo CEO, e quem deveria ser esse novo CEO. Quando anunciaram a divisão da empresa, foi pedido ao filho de Bill e à filha de Dave que falassem à empresa e dissessem o que pensavam que seus pais fariam e diriam. Sua mensagem de apoio um tanto reticente foi depois diluída pela decisão do filho mais velho de Dave de deixar a diretoria em sinal de protesto.

Bill e Dave eram maiores do que a vida. Alguns dos que os conheceram bem me disseram que eles apequenavam aqueles ao seu redor. Não posso dizer; não conheci Dave, que já tinha morrido, e quando vi Bill pela primeira e única vez, ele estava praticamente incapacitado. Sei que, ao chegar à empresa que eles fundaram, encontrei um grupo de pessoas que não conseguia imaginar o futuro além de Bill e Dave e das estratégias e práticas que eles sempre tinham seguido. Vi uma empresa sem identidade ou noção de si além da celebração do legado de Bill e Dave e dos valores que eles defendiam. O passado era reconfortante e fonte de sabedoria; portanto, as pessoas vasculhavam as lembranças em busca de orientação e se orgulhavam de Bill e Dave. Desde a partida deles ninguém tinha estado à altura e nada se comparava ao "modo como as coisas eram". As pessoas não tinham confiança em si mesmas e nas outras. O tempo parou para o pessoal da HP; eles não sabiam como seguir em frente sem seus fundadores, sentiam medo da mudança; e se mudar algo significasse destruir tudo? A organização era frágil e tímida.

Porém, apesar do medo, eu sabia que havia pessoas na HP ansiosas por mudanças. A partir de minhas viagens e conversas, e das muitas mensagens de *e-mail*, concluí que uma massa crítica de pessoas sabia que se a empresa não estava progredindo, estava ficando para trás. As pessoas que falavam com clientes e encontravam concorrentes sentiam de forma mais aguda essa necessidade de mudança. Elas buscavam um defensor para a mudança que consideravam necessária.

A mudança sempre exige grande esforço. Uma vez iniciada, ela nunca é exatamente o que você esperava; às vezes as pessoas se cansam do esforço e sonham com os bons e velhos tempos que acabam parecendo melhores, especialmente quando vistos através da névoa do tempo. Em todas as instituições, os poderosos e os que tomam as decisões sempre privilegiam o *status quo*; a continuidade preserva sua posição. Como eu tinha aprendido bem, muitas pessoas preferem o conhecido problemático aos riscos do desconhecido. Cuidado com o que você deseja; não balance o barco; não troque de cavalo no meio da corrida: todos esses são alertas sobre os riscos da incerteza e as conseqüências de atos imprudentes. Por essas razões, a tendência natural de toda organização ou instituição é sempre manter, preservar e proteger as coisas do jeito que são. Praticamente, a mudança é algo antinatural exigindo, portanto, o uso sustentado de força.

Na HP, porém, o passado e o *status quo* também estavam envoltos na religião do HP Way e na mitologia dos fundadores. Bill e Dave, um dia, tinham sido radicais e pioneiros, mas naquele momento havia muitas situações em que uma nova idéia era rapidamente descartada com o comentário: "Não fazemos isso dessa forma. Não é o HP Way". O "HP Way", uma frase da qual Dave desgostava intensamente por temer que passasse a significar qualquer coisa, estava sendo utilizada como uma proteção contra a mudança. Novas idéias tinham dificuldade em sobreviver na HP. Novas pessoas também. Susan Bowick, a vice-presidente de Recursos Humanos, estava ali há muito tempo. Ela sabia que a mudança estava muito atrasada e que podia ser extraordinariamente difícil.

— Carly, na HP nós precisamos de mais do que agentes de mudança. Precisamos de guerreiros da mudança.

Ela estava certa e também previu corretamente que enquanto eu me tornava uma defensora da mudança para alguns, seria uma perigosa herege para outros.

Antes de fazer a primeira mudança administrativa profunda, tomei diversas decisões. Todos na HP, começando pela equipe de executivos, teriam de aprender a pensar na empresa como um todo, não apenas em seu próprio setor. Precisávamos nos inspirar em algo mais que as lembranças de Bill e Dave. Precisávamos determinar nossos rumos indo ao mercado e olhando para a frente, não ficando do lado de dentro e espiando pelo espelho retrovisor. Precisávamos colaborar mais, porque nossos clientes exigiam isso, e nossos concorrentes estavam nos derrotando. Precisávamos reconhecer que a independência de cada divisão estava desperdiçando recursos e diluindo nossa força no mercado. Tínhamos de pensar mais alto e ter resultados melhores, pois já estava bastante claro que a empresa tinha um enorme potencial não aproveitado. A HP carecia de uma fundamental disciplina de resultados, e durante anos não conseguiu se valer de sua força coletiva e lançar mão de seu patrimônio único.

Precisávamos de mais líderes. Gerentes controlam recursos, mas as pessoas seguem os líderes. Gerentes produzem resultados desejados nos limites conhecidos e nas condições definidas. Líderes assumem riscos, agem, produzem entusiasmo e criam algo novo. E precisávamos desmistificar e desconstruir o HP Way, porque aquilo tinha se tornado um empecilho.

Certa noite, em casa, percebi que precisava ter em mente o quadro geral. A reinvenção da HP exigira uma abordagem holística. Era um problema de sistemas complexos, como tantos que eu tinha estudado no MIT. Havia tanto a fazer e tanto em risco que eu não podia me dar ao luxo de ignorar nenhum dos parâmetros que afetavam o desempenho da organização. Então, eu tracei quatro linhas em uma folha de papel e desenhei um quadrado, que batizei de "Estrutura de liderança da HP". Chamei a linha superior do quadrado de "Estratégia e aspirações". A estratégia de uma empresa reflete uma decisão sobre como investir recursos; as aspirações de uma empresa refletem as razões e os objetivos daquele investimento. Seguindo no sentido horário, chamei a perpendicular direita de "Estrutura e processos"; como uma empresa se organiza e opera para realizar o trabalho. A linha de baixo foi chamada de "Recompensas e avaliação"; a empresa valoriza o que avalia e avalia o que vale, e as pessoas dão atenção ao que é recompensado. Recompensas geram resultados. A última linha foi chamada de "Cultura e comportamento"; a forma como as pessoas agem no cotidiano e os hábitos e a personalidade de uma empresa podem não estar incorporados da mesma forma que as estruturas de organização formal e as regras, mas elas são pelo menos tão poderosas quanto.

Se não tivesse unido essas quatro linhas, não teria formado um quadrado completo. Da mesma forma, se estratégia e aspirações, estrutura e processos, recompensas e avaliação, e cultura e comportamento operam de forma cruzada, a empresa é mais fraca e menos eficiente. Uma empresa é um sistema, e a transformação de uma empresa demanda uma abordagem sistêmica. Para que a HP fosse bem-sucedida, precisaríamos mudar todos os quatro parâmetros da estrutura de liderança. Para que se transformasse em uma única empresa poderosa, em vez de mil tribos, precisávamos de compreensão e compromisso de todos os lados do quadrado. Quando deixei a HP mais de cinco anos depois, ainda estávamos utilizando a estrutura de liderança como nosso guia.

Deitados na cama naquela noite, Frank e eu conversamos sobre todo o trabalho que precisava ser feito e tudo o que eu tinha aprendido nos dois primeiros meses de empresa. Frank perguntou:

— E o que você acha?

— Acho que será andar na corda bamba sem rede.

CAPÍTULO 21

Escolhendo liderar

Minha primeira reunião com a equipe administrativa aconteceu em Seascape, Califórnia, e durou três dias. Eu tinha vários objetivos. O primeiro era observar atentamente minha nova equipe: quem eram eles? Como eles agiam e interagiam? Os líderes são definidos por três pontos: caráter, capacidade e colaboração. São francos e corajosos; conhecem sua força e se valem dela; eles compensam suas fraquezas confiando em outros com habilidades complementares; aprendendo e se adaptando constantemente; sabem quando precisam de ajuda e procuram por ela; sabem quando os outros precisam de ajuda e a oferecem. Eles têm sólidos laços de coleguismo e não temem partilhar com os outros. Há líderes de todas as formas, tamanhos e cores, de todas as origens e níveis de uma organização. Eles podem surgir a qualquer momento e em qualquer lugar, mas são consistentes e firmes em suas ações e abordagens. Líderes identificam, apóiam e encorajam outros líderes. Eu precisava descobrir com quantos podia contar.

Em muitos sentidos, minha nova equipe executiva nunca tinha sido convocada antes a liderar. Todos eram gerentes que evoluíram em um único setor ou função durante a carreira na HP. Eles conheciam profunda e detalhadamente suas próprias unidades isoladas, mas jamais foi pedido a eles que pensassem além de suas fronteiras. Em menos de dois meses eu vi o fôlego e o alcance da Hewlett-Packard de uma forma que eles não tinham conseguido. Assim, meu segundo objetivo era que meus executivos vissem o conjunto da empresa da qual seus setores eram apenas uma parte — nós iríamos estudar todo o catálogo de produtos da HP, seus planos e investimentos. Isso nunca foi feito nos 60 anos de história da empresa.

Finalmente, no início da reunião, anunciei que nenhum daqueles executivos permaneceria no mesmo cargo três meses depois. Eu não podia dizer quais seriam suas novas funções — íamos determinar algumas delas juntos —, mas podia garantir que suas responsabilidades iriam mudar. Precisava apresentar a eles a realidade de que era necessária uma reorganização. Mais ainda, eu disse isso porque tinha que mudar o contexto em que eles funcionavam. Queria que descobrissem novas coisas sobre a empresa a partir de um novo ponto de vista. Se aqueles executivos lidassem com tudo para proteger seu feudo, nunca iriam encontrar áreas comuns. Eles precisavam pensar na empresa como um todo de forma mais ampla, e sem o peso do cargo que exerciam. O melhor encontro acontece quando as pessoas partilham uma mesma experiência. É feito maior progresso quando as pessoas descobrem as coisas juntas.

Quando concluímos a revisão do catálogo, ficou claro para todos que nossas oportunidades eram gigantescas. Tínhamos grande capacidade e muitos recursos, mas os estávamos dissipando. Éramos organizados em função de produtos, e embora isso tivesse funcionado no passado, competíamos internamente, duplicando esforços, e era difícil fazer negócio conosco. Como impressão LaserJet e Inkjet eram setores distintos, os engenheiros de um setor estavam desenvolvendo plataformas que desempenhavam as mesmas funções que aquelas desenvolvidas por outros engenheiros. Fazíamos o mesmo trabalho duas vezes, em geral, embora talvez de modos ligeiramente diferentes, porque nossos engenheiros achavam que aproveitar os esforços de desenvolvimento de outra pessoa era um fracasso. Essa era a origem da queixa do cliente de que o botão de ligar estava em um local diferente em cada produto; a HP não avaliava o valor do reaproveitamento e da vantagem conseguida.

Ao mesmo tempo em que desenvolvíamos a mesma capacidade em muitas organizações, todos se queixavam de que não dispunham de recursos suficientes para investir em novos negócios, o que não valia apenas para impressoras. Possuímos uma série de projetos de pesquisa e desenvolvimento em todas as 87 unidades distintas. Alguns buscavam atender as necessidades do mesmo cliente ou segmento de mercado, e ainda assim todos os líderes de projeto diziam que não financiávamos suficientemente o trabalho. O fracasso em aproveitar o trabalho significava que estávamos dissipando recursos escassos.

Os setores de impressoras colocavam-se claramente como os líderes do segmento, mas Antonio e Carolyn eram presunçosos, assim como suas equipes. Não buscavam aprimoramento constante em comparação com seu próprio desempenho. Já não estávamos tão bem quanto antes, mas quando questionei nossa atuação em queda, observaram que estávamos melhor do que outros concorrentes.

Empregávamos recursos, mas não conseguíamos avaliar sua produtividade ou eficiência. Cada uma das 87 unidades de negócios tinha marcas, canais, equipes de recursos humanos, sistemas de IT e relatórios financeiros. Perguntei quanto gastávamos no total em finanças, IT ou recursos humanos e como eram nossos gastos em comparação com padrões competitivos. Ninguém soube responder à pergunta. Sequer sabíamos com quantos funcionários contávamos na folha de pagamento.

Éramos lentos no mercado, não líderes de mercado. A Sun Microsystems estava nos batendo feio na computação Unix, nosso maior e mais lucrativo segmento de computação. Vários anos antes, Dick Hackborn e Rick Belluzzo forçaram uma grande transferência de recursos da Unix para plataformas de computador de servidores de padrão da indústria (ISS) de base Microsoft. Dick estava na diretoria da Microsoft, e Rick acabaria se juntando à administração da empresa, embora não permanecesse muito tempo. Estávamos com o pior de dois mundos. Não investimos em Unix e também estávamos sendo acossados em ISS pela Compaq. Já tendo sido os líderes em Unix, ocupávamos então o segundo ou terceiro lugar, dependendo do mercado, e nos arrastávamos atrás de Sun e IBM. Estávamos em oitavo lugar no mercado de servidores-padrão da indústria.

Nosso negócio de PC ficava atrás de Dell e Compaq. Éramos considerados uma empresa de produtos, enquanto a IBM, uma empresa de sistemas; nosso setor de serviços não podia competir com o da IBM. Nosso único *software* era o OpenView, um sucesso com as taxas de retorno bruto mais altas da empresa, mas tínhamos de aumentar a base de clientes e nossa força de vendas não sabia como vender *software*.

Sempre celebramos a invenção, mas já não inventávamos. Nossa geração anual de patentes estava bem atrás de outros, e éramos superados por todos, de Siemens a Lucent, passando por Fujitsu e IBM. Não avaliávamos nossa inovação, e ninguém era capaz de me dizer quantas patentes produzíamos. Não tínhamos noção de produtividade dos recursos de pesquisa e desenvolvimento. Contávamos com engenheiros de equipamentos demais e engenheiros de programas de menos.

Durante as revisões, as pessoas falaram de seu desempenho em comparação ao plano, não em comparação aos maiores concorrentes. Enquanto as outras empresas cresciam rapidamente, nosso crescimento desacelerava. Não sabíamos quanto gastávamos ou quanto desperdiçávamos. Todos esses problemas significavam oportunidades de cortar custos, gerar valor, fazer o negócio crescer, ter um desempenho melhor. Eram razões empresariais reais para a mudança. Embora todos estivessem animados com as possibilidades, éramos contidos pela dura realidade de nossa posição no mercado; na era da internet, a época do puro produto tinha terminado. Nós fazíamos produtos isolados, mas nossos clientes queriam sistemas e soluções. Precisávamos de maior colaboração em tecnologia e clientes.

De um lado, éramos encorajados pela riqueza que tínhamos diante de nós; de outro, teríamos de fazer algumas escolhas. Descrevi esse processo como chutar diamantes brutos andando pela rua — todos eles brilhavam com os indícios do que poderiam vir a ser, mas nenhum tinha sido lapidado e polido.

Observei minha equipe ao longo dessa revisão. Eram profissionais orgulhosos e viram claramente que poderíamos ser melhores. Também não tinham trabalhado juntos antes, se conheciam bem e estavam na mesma empresa havia anos, mas não eram de modo algum uma equipe. Na verdade, nunca tinham colaborado antes; eram amigáveis, mas não colegas; educados, mas não francos. Ninguém iria desafiar o outro diretamente, mas todos eram passivo-agressivos; indivíduos me ofereceriam suas opiniões sobre outros em particular. Quando fiz perguntas diretas naquele fórum público, as pessoas ficaram chocadas; fui "ensinada" que aquele tipo de discussão era melhor em uma reunião individual. As burocracias de desempenho insuficiente sempre se dissolvem em polidez. Já tinha visto isso na AT&T e estava vendo ali. O verdadeiro desempenho exige verdadeira franqueza, e a conversa direta e necessária quando há problemas difíceis.

No último dia, falamos sobre nossas aspirações para a empresa e nosso papel como executivos. Deixei claro que a Hewlett-Packard era responsabilidade daquela equipe — não apenas minha. Disse que íamos tomar decisões importantes sobre nossa estratégia e estrutura, sobre o que iríamos avaliar e como iríamos nos comportar sempre juntos, como uma equipe. Acrescentei que precisávamos definir nossas aspirações e que, uma vez estabelecidas, não desistiríamos de uma ou outra. Quando decidíssemos o que queríamos ser, faríamos o necessário para atingir nossas metas. Decidi que a HP, quando se ativesse ao núcleo central de nosso negócio, não seria derrotada pela falta de imaginação vista na AT&T. Eu sabia que nossas aspirações tinham de refletir o verdadeiro potencial de nosso pessoal e da empresa, além de merecer os esforços contínuos. Precisávamos pensar alto, porque éramos capazes. Nosso futuro tinha de valer tanto quanto nossa herança.

Foi um dia importante que marcou o verdadeiro começo da jornada de reinvenção. Diferentemente de outras empresas de tecnologia, a HP estava tanto na computação quanto na impressão, e os clientes eram consumidores e empresas. Após muita discussão, a diretoria decidiu o conjunto de bens que permaneceria na HP e os que seriam transferidos para a Agilent. Não íamos rever aquela decisão (embora depois a reexaminássemos duas vezes durante minha administração). Em vez disso, aspirávamos à liderança, o que significava ser número um ou número dois em todos os mercados nos quais decidíssemos atuar. Tiraríamos vantagem de nosso catálogo único de produtos e clientes.

Pouco depois da reunião de Seascape, a diretoria da HP também se reuniu. Sob a liderança de Lew Platt, toda a equipe de executivos participava da maioria das reuniões de diretoria. Eu achava isso prático — todos ouvíamos a mesma coisa ao mesmo tempo. Acompanhei a reunião da diretoria em julho, quando Lew atuou como CEO pela última vez e apresentou o resultado financeiro mensal da empresa. Na ocasião, os presidentes de comitês relataram suas reuniões, e não houve perguntas nem debates. A única interação aconteceu nos intervalos. Eu pretendia agir de modo diferente. Na reunião de setembro, pedi a Bob Wayman que apresentasse as finanças da empresa e que cada executivo falasse sobre seus setores. Falei sobre as conclusões de nossa reunião em Seascape e de minhas metas como CEO. Houve muitas perguntas e bastante interação. A reunião foi ótima.

Durante muitos anos, a diretoria não se envolveu de modo algum nas estratégias ou nas operações da empresa. A primeira experiência real de atuar como diretoria tinha sido na divisão da empresa e na contratação de um novo CEO. Antes disso, como alguns antigos membros da diretoria me contaram, eles simplesmente agiam como prepostos, fazendo o que quer que Bill e Dave quisessem. Mesmo depois que Bill e Dave se afastaram, nada mudou muito. Lew Platt deu a eles a oportunidade de agir. Ele concluiu que a HP se tornou grande demais e complexa demais para administrar; esse era, como ele deixou claro, o motivo por trás do desempenho em queda da HP. Por isso, ele defendeu a divisão da empresa.

Em função do que tinha visto até então, a HP não foi administrada com disciplina como empresa durante muitos anos. Esse era o principal motivo para o seu desempenho ruim. Eu achava que a criação da Agilent era um equívoco, a solução estratégica errada para o que era fundamentalmente um problema operacional.

Abrimos mão de alguns de nossos mais valiosos bens em *software* e sistemas exatamente no momento em que precisávamos investir neles. A divisão produziu um pesadelo de conflitos em torno de propriedade intelectual. Apenas uma vez me perguntaram se eu achava que a decisão Agilent tinha sido a certa e respondi com honestidade. Ainda assim, meu trabalho consistia em executar a decisão. Eu disse que o mais difícil seria separar os sistemas de informação e atribuir a propriedade intelectual. Brigaríamos por ambos, e ambos seriam complexos e custosos. No final, não faríamos a divisão, nem resolveríamos a questão definitivamente antes de 2004.

A diretoria reunia indivíduos interessantes. Sam Ginn e Phil Condit eram os únicos CEOs integrantes da diretoria que faziam parte da lista *Fortune 50*. Eu ia depender muito deles, e suas opiniões representavam grande peso na diretoria; eles eram os únicos integrantes que entendiam por experiência própria a complexidade de administrar uma empresa global. Dick Hackborn, como muitos executivos da HP, era engenheiro e tecnólogo. Durante toda a sua carreira na HP, foi considerado um estrategista brilhante que sempre tinha se valido de alguém para fazer o trabalho operacional difícil para ele. Ele vivia em Boise, Idaho, onde ficava a sede do setor de impressoras Laserjet, e ainda se relacionava com a maioria dos funcionários de lá. Jay Keyworth era um físico nuclear que foi conselheiro nacional de ciência durante o governo Reagan. Dessa forma, ele conheceu Dave Packard. Patricia Dunn era CEO e depois vice-presidente do conselho de uma empresa de investimentos, a Barclays Global Investors. Disseram que ela originalmente defendeu a divisão da HP em setores distintos de impressão e computação, embora suas opiniões freqüentemente fossem difíceis de compreender. Walter Hewlett e Susan Packard normalmente eram os últimos a falar nas reuniões da diretoria.

Na reunião de setembro, conversei com a diretoria a respeito de como deveríamos gastar nosso tempo e também de meu próprio papel. Partilhei com eles as conclusões a que tínhamos chegado na reunião em Seascape. Com base nisso, precisava concentrar meus esforços em estratégia, equilíbrio e desenvolvimento de potencial. No tópico estratégia falei sobre fortalecer nossa embrionária estratégia de internet: *e-services*. A reação do mercado foi boa quando se fez o anúncio na primavera, mas se realmente pretendíamos realizar algo, teríamos de utilizar nossos recursos de modo diferente (com o tempo, por exemplo, determinamos que toda impressora deveria ter um equipamento ligado em rede e que nossa infra-estrutura de computadores precisava oferecer os níveis mais altos de disponibilidade, o que exigiu grande investimento e a reorganização de nossos esforços de desenvolvimento de produtos). Disse que precisávamos recuperar a liderança no mercado Unix e avisei que voltaríamos à diretoria com uma considerável proposta de investimentos. Além dessas decisões imediatas, precisávamos de um mecanismo de tomada de decisões estratégicas. A estratégia, na verdade, tem a ver com escolhas de investimento, que são mais que apenas aumento de volume.

Disse que escolher investimento era apenas um lado da moeda; o outro era a execução necessária para cumprir a estratégia. Teríamos de melhorar enormemente nossa eficiência; a não ser que poupássemos muito dinheiro, não poderíamos investir mais. E sem maior disciplina operacional, nenhum investimento compensaria.

Comentei que tanto os objetivos corporativos quanto os valores originais que formavam o HP Way representavam um grande equilíbrio. Os objetivos destacavam lucro e crescimento. Os valores acentuavam trabalho de equipe e responsabilidade. Equilíbrio é a arte da liderança — os líderes rejeitam a tirania e sabem que o equilíbrio entre muitos objetivos é fundamental para o desempenho sustentável. Ainda assim, apesar da sabedoria dos fundadores, a organização já não era equilibrada. Estávamos reforçando a preservação em detrimento da reinvenção, produtos em detrimento de clientes, independência em detrimento de interdependência, lucro atual em detrimento de crescimento futuro, aversão ao risco em detrimento da decisão, e cautela em detrimento de agilidade. Precisávamos recuperar o equilíbrio adequado, e meu papel seria funcionar como contrapeso quando necessário, valendo-me de minha posição e autoridade para determinar os padrões e as rotinas da organização.

Finalmente, atingir nosso potencial significava pensar de forma diferente sobre nossas expectativas de desempenho e em como avaliávamos o sucesso. Precisávamos pensar mais alto e esperar mais, já não podíamos aceitar a mediocridade. Tínhamos uma avaliação de nosso sucesso em termos relativos e contra alternativas competitivas. O sucesso sempre foi definido como cumprir o plano. Nós nos tornamos uma organização que estabelecia um nível suficientemente baixo para podermos superar, e ainda assim superar o plano podia ser um grande fracasso no mercado. Cada setor possuía seu próprio plano. A única avaliação do desempenho geral da empresa era o plano de divisão de lucros semestral. Não havia punições por falta de crescimento, desempenho inadequado em comparação com os concorrentes ou falha em atingir os objetivos gerais da HP. Assim, embora a HP tivesse deixado de cumprir a meta e apresentasse um desempenho inferior durante nove trimestres, os funcionários estavam recebendo pagamentos recorde. Não surpreendia que as pessoas acreditassem estar tudo bem; elas estavam sendo muito bem recompensadas pelo fraco desempenho. Para conseguirmos mais, o que claramente podíamos fazer, precisaríamos ao mesmo tempo avaliar e premiar o sucesso de modo diferente.

Após terminar essa discussão, alguém perguntou o que mais me preocupava em relação à iminente divisão. Disse que tinha visto a AT&T perder uma oportunidade de se redefinir quando abri mão do patrimônio da Lucent. A Agilent iria passar pelo que eu sabia, por experiência pessoal, ser um processo difícil, mas muito estimulante. Quando passassem pelo processo, seriam mais fortes e melhores que antes. As pessoas que permaneceriam na Hewlett-Packard teriam tanto trabalho árduo para executar a divisão quanto seus colegas da Agilent; mas não podíamos terminar sendo inferiores à antiga empresa. Também precisávamos fazer uma jornada estimulante e sair mais fortes e melhores, valendo-nos do trauma da divisão para recuperar as energias e o entusiasmo. Precisávamos ser uma empresa tão nova quanto a Agilent. Precisávamos de inspiração.

Quando me perguntaram quanto tempo eu achava que demoraria o processo de mudança na HP, falei em pelo menos três anos. Parecia um tempo muito longo naquela época acelerada. Não podíamos prever o estouro da bolha da tecnologia, o ataque terrorista ou a prolongada recessão econômica global de quatro anos e a queda no mercado de ações que iria tornar nossa jornada ainda mais longa e difícil que aqueles três anos previstos. Mas a mudança sustentável demanda um equilíbrio correto entre paciência e urgência. A transformação bem-sucedida de uma empresa complexa e guiada pela tradição tomaria muito tempo, mesmo nas melhores circunstâncias, mas tínhamos de começar rapidamente e prosseguir com determinação.

Gostei que toda a equipe executiva tivesse acompanhado a discussão. Conversei com os funcionários sobre estratégia, equilíbrio e potencial em cafezinhos quando viajava pela empresa e ao redor do mundo. Se uma empresa é produtiva, todo mundo tem um papel, e as pessoas precisavam saber o que eu pensava de meu papel como CEO, assim como que tipo de mudança estava por vir. Falei de meu entusiasmo e de minha paixão pela empresa, lembrando a eles que havia apenas um nome em nossos contracheques, um nome no certificado de ações e um nome no qual nossos clientes confiavam. Ao longo do tempo, usei os mais impressionantes exemplos de nossa desintegração em mil tribos. Eu disse a eles o que os clientes tinham revelado a mim. Informei que tínhamos 150 marcas diferentes no mercado. Um único exemplo que explicava tudo foi dado por Susan Bowick. Quando finalmente tivemos tempo de contar, descobrimos 1.500 *sites* na internet dedicados ao treinamento de funcionários. Como cada divisão da empresa possuía seus próprios sistemas de IT e suas equipes de recursos humanos, cada divisão criou seus próprios *sites*. Os funcionários podiam entender isso, pois o treinamento era muito valorizado na HP, e eles perceberam que não estavam sendo bem servidos.

Em novembro, a diretoria aprovou uma mudança histórica no plano de divisão de lucros que existia há décadas. Criamos um bônus pelo desempenho da empresa e, a partir de então, nossas metas se basearam em parâmetros externos e desempenho comparativo. Com o tempo, ampliamos essas metas, incluindo avaliações de crescimento e satisfação do cliente, além do lucro, e estabelecemos níveis de desempenho em aspiração, alvo e base. Queríamos estimular as pessoas a buscar a excelência, e os objetivos de aspiração eram desafiadores e davam as maiores recompensas. Se não atingíssemos o desempenho aspirado mas ficássemos acima da meta, a recompensa seria maior do que se tivéssemos apenas cumprido a meta. E o desempenho básico era uma recompensa mínima; abaixo desse nível não havia bônus adicional. Bill Hewlett costumava dizer: "Só é avaliado o que é feito". A HP freqüentemente recebia de seus funcionários aquilo o que tinha pedido. Naquele momento, precisávamos que os funcionários voassem mais alto e pensassem no mundo externo.

Com o tempo, fizemos outras mudanças. Os executivos, por exemplo, precisavam se tornar líderes na HP, não apenas gerentes de unidades de negócios; portanto, grande parcela do seu pagamento seria determinada pelos resultados da HP. Incluímos várias formas de avaliar as ações. Após a aquisição da Compaq, acrescentamos medidas específicas para o processo de integração. Ainda assim, com a introdução do bônus por desempenho da empresa, vários princípios novos e muito importantes foram estabelecidos. Recompensa e avaliações eram usados para produzir desempenho e podiam ser modificados quando se necessitava de um desempenho diferente. O HP Way não seria destruído porque alteramos o histórico plano de divisão de lucros. Éramos capazes de conseguir mais. Vencer significava mais do que dar o que tinha sido prometido; vencer significava dar o que era necessário. E excelência não dizia respeito a nunca falhar; excelência dizia respeito a sempre lutar por mais.

CAPÍTULO 22

Guerreiros da mudança

De agosto a novembro de 1999, eu e minha equipe executiva discutimos e deliberamos. Nós nos reuníamos como Conselho Executivo, mas disse a cada um dos executivos que eles teriam de ir à reunião do conselho usando dois chapéus. Eles sempre representaram suas organizações e responsabilidades e, a partir daquele momento, teriam também de sentar à mesa usando o chapéu da HP. Eles eram a equipe de liderança da Hewlett-Packard Company, e juntos tomaríamos as importantes decisões estratégicas, operacionais e políticas da empresa. Estava determinada a montar uma equipe alinhada que pudesse fazer as escolhas difíceis necessárias para conduzir a empresa ao século XXI. Vi como esse tipo de trabalho de equipe tinha sido importante para a Lucent. E como estratégia e operações são os dois lados da moeda, precisávamos falar sobre ambos. Íamos estabelecer nossa estratégia e decidir o que era necessário para cumpri-la, além de acompanhar a execução e corrigir os rumos quando fosse preciso.

Decidimos fazer grandes mudanças em três lados da estrutura de liderança, e já tínhamos concordado que a liderança era nossa aspiração. Estabelecemos que, na era da internet, simplesmente conceber produtos sólidos e independentes era uma estratégia inadequada; precisávamos oferecer sistemas *on-line*, ferramentas e aplicativos em rede e serviços, retomar nossa herança de inventividade e investir em pesquisa, desenvolvimento e inovação.

Concluímos que era preciso mudar nossa estrutura e consolidar 87 setores de produtos distintos em 17. Eles seriam administrados como parte de dois grandes grupos de tecnologia para aumentar nossa capacidade de unificar plataformas e equilibrar gastos de pesquisa e desenvolvimento. Decidimos concentrar em apenas uma unidade todo o desenvolvimento de produto, fabricação, administração e comercialização de Laserjet e Inkjet, a fim de eliminar a competição interna que havia entre essas duas unidades. Carolyn Ticknor se tornou vice-presidente executiva de Sistemas de Imagem e Impressão. Da mesma forma, reunimos toda a geração de produtos de computador em uma organização. Duane Zitzner passou a vice-presidente executivo de Sistemas de Computação. Precisaríamos gastar centenas de milhões de dólares para recuperar nossa liderança em Unix, mas também sabíamos que havia esforço desperdiçado e duplicado em pesquisa e desenvolvimento. Simplificando, o trabalho de Duane era gastar o necessário e poupar o possível. Podíamos ganhar eficiência simplesmente padronizando o modo como fazíamos as coisas em toda a empresa — no financeiro ou em pesquisa e desenvolvimento.

Reuniríamos nossos recursos aos clientes porque precisávamos simplificar o modo de realizar negócios com eles. Também precisávamos nos dedicar mais a vender solução de sistemas, o que nossos clientes estavam cada vez mais solicitando, e nossa margem bruta era maior quando fornecíamos um pacote de produtos e serviços do que quando vendíamos apenas um produto isolado. Até pedirmos que uma força de vendas se concentrasse na venda de sistemas, ninguém podia atender o cliente. Reunimos todos os recursos de vendas e serviços que interagiam com clientes empresariais em uma só unidade, a ser chefiada por Ann Livermore; consolidamos os esforços voltados para o consumidor em outra unidade chefiada por Antonio Perez. Seria nossa missão agregar os recursos da HP em benefício do consumidor; não seria obrigação do consumidor descobrir como navegar em meio às nossas complexidades.

Iríamos modificar os processos segundo os quais administrávamos as funções básicas de recursos humanos, finanças e IT para reduzir dramaticamente os custos e a complexidade. Identificamos quase 2 bilhões de dólares em reduções de custos possíveis, eliminando redundância e duplicação. Para conseguir essa economia, teríamos de organizar os recursos horizontalmente por toda a empresa, e não manter equipes distintas em cada unidade de negócios. Embora os recursos permanecessem nas unidades de negócios, pediríamos aos vice-presidentes corporativos de cada função que se responsabilizassem com o tempo por obter desempenho de alto nível competitivo. Bob Wayman, por exemplo, teria CFOs se reportando a ele e seria responsável por fornecer os sistemas financeiros da empresa por um custo competitivo.

Com a aprovação pela diretoria do bônus por desempenho da empresa, definimos novos parâmetros. No início do novo ano fiscal em novembro, fizemos planos de negócios detalhados para produzir crescimento acelerado e maior lucratividade. Estabelecemos planos operacionais representando a nossa capacidade e o que era necessário para nos tornarmos competitivos. Eles apresentavam alguns riscos associados, mas sem grandes ambições não há melhor desempenho.

Todos os movimentos consistiam em grandes mudanças em relação a um modelo de operações que tinha permanecido praticamente imutável por 60 anos. Juntos, representavam uma mudança grandiosa para qualquer empresa — mais do que compreendi plenamente na época. Mas cada mudança era uma resposta lógica para um problema real e uma oportunidade de melhorar nosso desempenho. Todos concordamos quanto aos problemas, às oportunidades e aos melhoramentos necessários, e ninguém conseguia pensar em uma solução melhor.

Estávamos assumindo um risco com essas mudanças amplas, mas precisávamos nos mover com velocidade suficiente para realmente avançar. A mudança de volume algumas vezes é considerada mais segura, mas o incrementalismo freqüentemente não tem a força necessária para superar a inércia e a resistência. Se a mudança é interrompida, fracassa. Uma vez que as mudanças começam, recuar é fatal. Às vezes você precisa pagar para ver.

No início de dezembro, partilhei nossas conclusões com a diretoria e, antes disso, com Lew, que deu seu apoio e fez alguns comentários úteis sobre as forças e as fraquezas de vários executivos. Todos passaram pela mesma avaliação de liderança que enfrentei no recrutamento; portanto, Lew partilhou comigo informações sobre eles. Alguns executivos tinham uma percepção de si mesmos bastante precisa. Outros não se lembravam claramente dos resultados da avaliação ou a tinham ignorado.

Marcamos uma reunião com a equipe de chefia de aproximadamente 300 pessoas, a fim de apresentar nossas decisões e buscar seu apoio na execução das muitas mudanças. Reuni-me com a minha equipe executiva no dia anterior para finalizar a pauta e a forma de abordagem. Começaria explicando as razões para a mudança e, depois, Ann, Duane, Carolyn e Antonio falariam sobre seus novos papéis, seus novos títulos (pois já não seriam mais chamados de CEOs), sua nova colaboração e responsabilidade pela melhoria do desempenho. Então, começaríamos a falar sobre a implementação dos nossos planos.

Com o passar do dia, o comportamento passivo-agressivo do qual antes eu só tivera vislumbres foi explicitado. Carolyn e Antonio já não concordavam.

A desconfiança e a antipatia mútuas aparentemente eram bem conhecidas da organização como um todo, mas eu as via pela primeira vez. Duane, apesar das enormes e novas responsabilidades que recebeu, continuava achando que tinha perdido. Ele continuava a descrever sua preocupação como "vindo do meu pessoal", mas estava claro que não estava disposto a abrir mão de seus recursos ou poder. Ann Livermore apoiava, mas ela era, por natureza, cautelosa. Bob Wayman, normalmente quieto e observador, era um grande defensor das mudanças, mas deixaria que eu saísse na frente em defesa delas. Debra Dunn, que naquele momento chefiava nossos esforços de estratégia e desenvolvimento de negócios, e Susan Bowick estavam se esforçando muito para me ajudar, mas como não eram as principais forças na sala, os outros as ignoraram.

Isso acabou levando a um esforço de última hora para recuar em nossos acordos e decisões. Percorremos o mesmo terreno e voltamos a fazê-lo. As pessoas pediram tempo, tentando parar o relógio antes de enfrentarmos a organização pela manhã. Quando chega a hora da verdade e as pessoas realmente têm de se comprometer publicamente com um curso de ação difícil, podem questionar todo o processo usado para tomar as decisões, os fatos empregados para justificá-las e a posição de liderança daqueles que as defendem. Se o processo foi correto, se houve acordo quanto aos fatos, que são precisos segundo o conhecimento de todos, e as decisões continuam a ser a melhor opção disponível, o líder não pode fraquejar. Se o fizer quando desafiado em tais circunstâncias, vai perder a capacidade de escolher e decidir na próxima oportunidade. Se não demonstrar força no momento em que ela é necessária, um líder não poderá liderar efetivamente de novo. Fraquejar é perder o apoio de todos os que o apoiaram. Se o líder não consegue se manter firme frente à incerteza, ao risco e à adversidade, ninguém mais conseguirá. Demora e indecisão são a escolha para fazer nada. Quando o *status quo* é claramente inaceitável, os líderes decidem agir.

No final de sua gestão, John Young tentou aprimorar e consolidar uma série de atividades, mas Dave Packard voltou do que, segundo todos os relatos, foi um período frustrante de dois anos no Departamento de Defesa e declarou que John estava "centralizando" demais a empresa e o demitiu sumariamente. A organização recebeu a mensagem e retornou às tradicionais unidades produtocêntricas de negócios, ao comando vertical e ao controle de recursos. E na passagem de

John para Lew, as pessoas, mais uma vez, receberam a mensagem de que mudança demais não era o que Dave Packard queria.

Às quatro horas da tarde eu já estava cheia, pois escutei, argumentei e revisei tudo o que tínhamos descoberto antes. Naquele momento, minha equipe precisava de um dado de realidade, e eu disse:

— Pessoal, não sairemos desta sala até vocês estarem preparados para apresentar nossas decisões e seus acordos uns com os outros. Dave Packard não voltará para a cidade em seu cavalo branco para salvá-los destas mudanças.

Naquela noite, ficamos ali até as 8 horas. Não foi bom, mas fizemos. E no dia seguinte, lançamos a equipe de administração ampliada da HP no programa de reinvenção da empresa.

Pensei muito, durante longo tempo, em como defender a mudança, uma vez que não podia ordenar às pessoas que mudassem, e eu nunca teria a lealdade cega que eles reservavam para Bill e Dave, mas também sabia que as pessoas mudam se realmente quiserem; portanto, em vez disso, apelei para o seu intelecto e orgulho.

Primeiramente, apresentei um filme reunindo entrevistas com nossos clientes, que disseram ao nosso pessoal o que eu tinha ouvido: "Vocês estão ficando para trás, é muito difícil lidar com vocês, vocês estão atrasados, vocês são lentos e são sempre reativos. Vocês precisam melhorar porque dependemos de vocês e lhes respeitamos". Mostrei um filme com eles, de uma reunião similar com Lew Platt dois anos antes. Eles disseram uns aos outros na época o que eu precisava dizer agora.

As pessoas inteligentes normalmente sabem o que precisa mudar em uma organização. Aqueles gerentes reconheceram todas as questões e oportunidades com as quais estávamos tentando lidar. Mas em dois anos, praticamente, nada havia mudado. Eles se reconheceram porque perceberam que não representavam a mudança buscada. Eles não tinham liderado o que sabiam que deveria ser feito.

A mudança demanda mais do que uma compreensão intelectual do necessário. Demanda o apoio dos outros, o reconhecimento de que fugir é muito pior do que seguir em frente e a força de continuar, assim como a decisão de liderar a mudança, que não ocorre naturalmente. É necessário liderança, em muitos níveis, e de muita gente. Por isso, precisa ser reunida uma massa crítica de guerreiros para a mudança. Por isso, são necessárias grandes ações quando a verdadeira mudança é preciso. Por isso, um líder não pode fraquejar.

Uma empresa é, em grande parte, como um sistema de computador: ambos têm objetivo e missão, e têm *hardware* e *software*. O *hardware* de uma empresa é sua estrutura, seus processos, seus planos, suas avaliações, seus resultados e pode ser representado por relatórios de faturamento e balanços, por organogramas e descrições de cargos, por manuais de como fazer e objetivos, registros de pontos e relatórios. O *software* de uma empresa é sua cultura de valores, hábitos, disposições e comportamentos. Alguns podem considerar todas essas coisas como "besteira", que não merece o tempo de um administrador sério. Não compreendem como as empresas realmente funcionam e não percebem que as pessoas são as geradoras de produtos e lucro. Um computador não funciona sem *hardware* e *software*, nem uma empresa. Como um computador, uma empresa não pode ter um desempenho melhor a não ser que *hardware* e *software* sejam atualizados. O *software* da HP precisava ser atualizado. Precisávamos ter novas idéias sobre nós mesmos e a própria mudança, adquirir novos hábitos para decidir e trabalhar em conjunto, redescobrir o que realmente significavam os valores originais da HP.

Na manhã do segundo dia da nossa reunião, durante a sessão de perguntas e respostas, um dos gerentes ergueu a mão e perguntou:

— Carly, você falou em mudança. Você falou em assumir riscos e ganhar rapidez. Não podemos cometer erros?

Dave Packard disse em *The HP Way*: "Ficar parado é perder terreno". Em 1999, todos os hábitos e práticas da Hewlett-Packard se voltavam para esta estase. Em geral, o instinto era ficar imóvel até que todas as situações estivessem prontas, as questões respondidas e todos os riscos possíveis definidos. Alguns, no Vale do Silício, diziam que a melhor forma de administrar uma empresa de tecnologia em uma época de mudanças rápidas era "preparar, disparar, apontar, apontar, apontar, apontar". Com isso, queriam dizer que agir e tomar decisões rápidas era fundamental, e assim que isso ocorria, você gastava energia para fazer com que ela fosse a decisão certa. A brincadeira era que a filosofia administrativa da HP tinha se tornado "preparar, apontar, apontar, apontar, apontar..." Ninguém disparava até tudo estar absolutamente perfeito; portanto, ninguém disparava. Susan Bowick descrevia essa filosofia como a falta de disposição de dar o primeiro passo em uma viagem sem estar completamente preparado para qualquer coisa que possa acontecer no caminho. No momento em que reuníamos todas as nossas provisões, estávamos pesados demais para nos mover e o momento tinha passado.

A tomada de decisões por consenso era considerada o ideal. Há, claro, momentos em que o consenso é importante, e há outros em que um indivíduo ou um grupo reduzido decide por um grupo maior. Na HP, porém, pedir o consenso era uma forma muito eficiente de conseguir a paralisação do processo decisório. Era necessário tempo demais para tomar uma decisão, porque consenso significa que todos têm de dizer sim — e ninguém pode dizer não.

Eu respondi ao gerente:

— Sim, cometeremos erros. Eu vou cometer e vocês também — se não cometermos, será porque não estamos tentando nada novo. O objetivo não é perfeição, é progresso. E em um mundo que se move cada vez mais rapidamente, uma decisão imperfeita tomada no momento adequado e bem executada é melhor que uma decisão perfeita tomada tarde demais. Vamos errar, mas nosso objetivo deve ser aprender com eles e não cometer o mesmo erro duas vezes. Quando fracassarmos, não conseguirmos ou errarmos, vamos nos levantar, sacudir a poeira, aprender a lição e seguir em frente. É o que os campeões fazem — disse e repeti isso muitas e muitas vezes ao longo dos cinco anos seguintes.

Na Lucent eu costumava dizer: "Está mais ou menos certo. Vamos decidir e continuar". Essa linguagem era desleixada demais para a cultura de engenharia da HP. Então cunhei a frase "suficientemente perfeito". Eu dizia: "Nossos clientes e nossos concorrentes vão estabelecer o ritmo, e nós vamos nos mover quando a decisão for suficientemente perfeita".

Quando Bill e Dave administravam diretamente a empresa, ela faturava 1 bilhão de dólares. Naquela época, um cafezinho com o administrador podia mudar o rumo dos acontecimentos. Mesmo depois de eles terem deixado a administração direta, as palavras de Bill e Dave tinham muito peso e impacto. Depois, a resposta da nova CEO a uma pergunta, mesmo com 300 dos principais administradores da empresa escutando, não seria suficiente para mudar a disposição ou o comportamento das pessoas. Não considerei isso pessoal, é da natureza humana e das grandes empresas.

Passei toda a minha carreira em grandes empresas e sabia que elas são fundamentalmente diferentes em grau e gênero de outras organizações, e, em particular, de pequenas empresas. Como analogia, tanto um *jet ski* quanto um porta-aviões são veículos motorizados que vão à água. Dirigir um *jet ski* exige conhecimento e prática, mas mesmo um piloto experiente será incapaz de comandar um porta-aviões. É possível ler todos os manuais e assistir a todas as aulas para aprender como comandar um porta-aviões, mas só com a experiência a habilidade é dominada. Um porta-aviões tem um comandante, muitos oficiais e milhares de pessoas que desempenham funções importantes todos os dias para que ele possa cumprir sua missão. Não era suficiente que 300 administradores pensassem de modo diferente sobre tomar decisões e assumir riscos. Todo mundo precisava pensar de modo diferente. A atualização de um *software* precisa ser sistemática e sistêmica.

Em especial, as pessoas precisavam pensar de modo diferente sobre mudança. Comecei a citar Charles Darwin para os funcionários: "Não é a espécie mais forte que sobrevive, nem a mais inteligente, e sim a mais adaptável à mudança". Era uma afirmação simples e poderosa a ser lembrada e repetida por muitas pessoas na HP para muitos de seus colegas. A mudança não é ruim, ela é necessária. Permanecer imóvel é perigoso. As espécies que não se adaptam são extintas. As pessoas que param de aprender envelhecem antes do tempo. Empresas que param de se adaptar e aprender irão se apagar com o tempo e nunca recuperarão sua antiga glória.

Falei aos funcionários sobre touradas. Cada touro tem sua própria *carência*, que é aquele ponto da arena ao qual ele retorna quando ameaçado. À medida que a batalha se desenvolve e o touro é ameaçado cada vez mais, ele volta à sua *carência*. E embora o touro acredite que se retira para a segurança, na verdade está se expondo a um perigo maior, e cada vez fica mais fácil atacá-lo. Não podemos voltar às nossas áreas seguras, nem recuar para o conforto daquilo que costumava ser.

Precisávamos entender que, em uma empresa de tecnologia que busca a liderança, a mudança estará sempre conosco. Não é apenas uma vez e pronto. Assim, começamos a falar sobre a jornada em que estávamos embarcando. Não podíamos descansar sobre os louros, pois nossa história não era uma garantia do futuro. História é algo construído enquanto rumamos para o futuro, e precisávamos pensar de um modo diferente sobre como as decisões eram tomadas durante a jornada em um mundo em mudança acelerada. Então falamos sobre velejar. Um barco a vela não segue em linha reta, embora precise ganhar ímpeto para a frente e velocidade suficiente. É estabelecido um destino, marcado um curso e o barco parte, ajustando as velas para aproveitar ou compensar os ventos que mudam, as marés e o clima. Para chegar com sucesso e em segurança ao final da jornada, é preciso flexibilidade.

Histórias e analogias são ferramentas de comunicação poderosas por serem simples e fáceis de memorizar. E a mudança, principalmente a mudança sistêmica de todo o quadro de uma empresa, exige uma comunicação verdadeira, clara, persistente, consistente e disseminada. Como as pessoas ouvem mensagens conflitantes, resistem a elas ou simplesmente não querem ouvir nada, minha experiência é que a verdadeira mudança, em geral, demanda dez vezes o volume de tempo de comunicação que você originalmente planejou. Assim, eu usaria todos os fóruns, todos os discursos e todos os cenários para me comunicar com os funcionários da HP. Não importava com quem eu estava falando, não importava em que parte do mundo eu estava. As pessoas tinham de me escutar, mas elas também precisavam acreditar em mim. Portanto, minha comunicação devia ser autêntica, equilibrando aspirações e riscos, otimismo e realismo, grandes idéias e pequenos detalhes, além de ser coerente com as outras coisas que ouviram de mim ao longo do tempo. E em toda essa comunicação, a idéia mais importante era a mudança necessária e possível, e que podíamos conquistar o que escolhêssemos.

Mesmo antes da aquisição da Compaq, havia quase 8 mil funcionários da HP trabalhando em mais de 130 países, que eram diariamente bombardeados por mensagens do escritório local, do chefe imediato, da unidade de negócios, do mundo ao redor deles. Além da mudança, havia milhares de coisas disputando sua atenção. Quando cheguei à HP, perguntei como poderia me comunicar com todos os funcionários ao mesmo tempo e fui recebida com um silêncio perturbador. Ninguém antes quis fazer aquilo. Uma vez por trimestre, Lew Platt gravava um vídeo anunciando o pagamento da divisão de lucros. As fitas eram enviadas para todo mundo; o texto era mandado por *e-mail* (muitos sistemas diferentes, não um único sistema global); e o áudio era transmitido em locais nos Estados Unidos que tinham sistemas de alto-falantes. Além desse processo, a comunicação simultânea com todos não era possível.

Como tinha acontecido em todos os cargos que ocupei, viajava com freqüência e visitava empregados em todo o país e em todo o mundo. Era um gesto de respeito, e sempre que visitava um local, especialmente aqueles em que nunca tinham visto um CEO, eles gostavam. Sempre aprendi muito nesse processo, assim me conheciam melhor. Mas eu não podia ver e falar pessoalmente com cada funcionário. Era impossível viajar para todas as partes, e mesmo que pudesse, tomaria muito tempo. Eu precisava descobrir outros meios de me comunicar eficaz e rapidamente; do contrário, perderíamos tempo e energia antes que o processo de mudança fosse implantado. Eu precisava enviar sinais poderosos e significativos para o pessoal da HP.

No final, acabamos criando um *site* na internet para informação interna e comunicação entre empregados, e integramos globalmente nossos sistemas de *voice-mail* e *e-mail*. Tivemos, regularmente, reuniões globais virtuais e ao vivo de altos executivos e preparamos materiais consistentes para ajudar os gerentes a transmitir os comunicados às suas organizações. Promovemos reuniões virtuais com todos os funcionários duas vezes por ano por teleconferência global, e eu com freqüência enviava *e-mails* sobre os temas mais variados, de transferências de pessoas, atentados de 11 de setembro, rendimentos trimestrais e ajuda às vítimas do *tsunami*. Esse sistema de comunicação global foi uma grande ferramenta para acelerar a integração da Compaq e fundamental para manter todas as pessoas atualizadas e com os mesmos propósitos, mas não poderíamos esperar isso ser feito para nos movermos. Precisávamos começar a jornada, e a mensagem tinha de ser alta o bastante e suficientemente clara para se erguer acima dos ruídos, da algazarra, da resistência e da confusão.

Todos sabemos que uma imagem algumas vezes vale mais que mil palavras. Da mesma forma, em uma empresa com uma história rica e mitológica, os símbolos são muito importantes —uma espécie de atalho que todos entendem. Na HP, nenhum símbolo era mais poderoso do que a garagem onde tudo tinha começado e nenhuma imagem despertava mais orgulho que a dos jovens Bill e Dave, naquela garagem, inventando seu primeiro produto. Na HP, mudança sistêmica significava mudança a partir de dentro, o que demandava atingir os guerreiros da mudança em toda a empresa. Eles precisavam ser despertados e convocados para a ação; ouvir que éramos uma só empresa, não mil tribos, que nossa empresa tinha sido criada por inventores, e inventores constroem o futuro; que se olhássemos para onde e como tudo tinha começado, descobriríamos a sabedoria e a inspiração para seguir em frente e conseguir mais. Como as motivações e intenções de um líder são sempre investigadas, os funcionários precisavam ouvir outra coisa: que sua nova CEO festejava o legado da HP com orgulho. Ela apoiaria os guerreiros da mudança e seria responsável pela jornada que estava por vir. Ela acreditava que era possível e acreditava neles.

Para inspirar, e também para educar, escrevemos as Regras da Garagem, descrições explícitas de como acreditávamos que as coisas deviam ter funcionado nos primeiros tempos. Elas foram o primeiro passo na desconstrução e desmitificação do HP Way. Precisávamos ser claros em relação aos valores, comportamentos e práticas que realmente tinham a ver com a HP. Por exemplo: "Idéias radicais não são más idéias". Colaboração significa partilhar e adotar práticas melhores. Nós descrevemos esta filosofia como "Partilhe ferramentas, idéias. Mantenha as ferramentas destrancadas". Tínhamos de nos concentrar no mundo externo, não no interno. "O cliente define um trabalho bem-feito". A HP dizia respeito à excelência, não a títulos: "Dê uma contribuição todo dia".

Tomamos a marca original HP — aquela gravada em um tijolo do prédio dos Laboratórios HP — e acrescentamos uma única palavra abaixo dela: INVENT. Lançamos a marca com uma nova campanha publicitária em novembro, na feira Comdex anual (uma feira de telecomunicações organizada em Las Vegas que desapareceu com a explosão da bolha das ponto-com). Em meu discurso ali, falei sobre a visão para a empresa e encerrei com um filme de dois minutos. Naqueles dias loucos do *boom* de 1999, lembramos a todos o que Bill e Dave realmente tinham feito. Usamos muitas fotografias antigas e rolos de filmes. Fiz a narração dos primeiros anúncios e fiquei ao lado da garagem no final. Embora tivesse relutado em posar, alguns funcionários tinham apresentado a idéia, e, assim como outros, pediram que eu o fizesse. "Precisamos saber que você estará conosco durante toda a viagem, Carly".

Também dei início a discretas negociações para comprar a garagem original e a primeira casa de Dave e Lucille, onde ela havia assado aqueles *cookies*, do senhorio que alugava a propriedade há 25 anos. A mim parecia que devíamos proteger e restaurar a casa e a garagem, de modo que os criadores da HP inspirassem muitas outras gerações da empresa. Gastamos 2,1 milhões de dólares para comprar a propriedade e pouco mais para restaurá-la. Demorou um pouco para ser concluído, porque o gerente responsável, que estava muito envolvido emocionalmente com o projeto, teve câncer. Não tivemos coragem de tirar o trabalho dele até ele ter sucumbido tragicamente à devastação da doença. A casa e a garagem foram finalmente abertas ao público em 2005. (Fiquei triste por sequer ter sido convidada a participar.)

Antes de concluirmos a nova marca e a campanha publicitária, convidei as famílias Hewlett e Packard para um coquetel à noite do lado de fora dos escritórios de Bill e Dave na HP. Além dos filhos, convidei seus netos. Terminamos com uma bela multidão. Muitos netos estavam vendo os famosos escritórios dos avós pela primeira vez. Os filhos aparentemente estavam se reunindo após um período de afastamento, pois a maioria nunca tinha sido convidada a visitar a HP antes. Falei com eles sobre meu respeito por seus pais e suas famílias e partilhei minha esperança de que a empresa voltasse à liderança e ao seu padrão de qualidade. Expliquei a eles o lançamento da marca e a campanha publicitária. Exibi o filme de dois minutos sobre Bill e Dave. Ao final, muitos enxugavam os olhos. Eu estava entre eles, e ainda choro quando vejo aquelas imagens e ouço a música. E Jim Hewlett disse serenamente:

— Eu não me orgulho da HP há muito tempo. Quero me orgulhar novamente.

Alguns na imprensa atacaram minha participação nos anúncios como arrogante. Talvez Lee Iacocca possa fazer isso, ou Hank McKinnel, ou Victor Kiam, mas de alguma forma eu era diferente deles. Alguns veteranos disseram que era uma heresia, que eu estava tentando substituir Bill e Dave. Com o tempo, esse grupo iria apontar para minha foto pendurada ao lado das fotos de Bill e Dave nos saguões da empresa como mais uma prova de minha intenção de ter o mesmo destaque dos fundadores; parecia irrelevante que os retratos de John Young e Lew Platt tivessem sido pendurados no mesmo lugar quando eles eram CEOs. Pensaram no motivo de eu ter escolhido o novo logotipo: seria para eliminar os nomes Hewlett e Packard? Talvez eles tivessem se esquecido de que tínhamos escolhido o logotipo que Bill e Dave preferiam, ou talvez os fatos simplesmente não se ajustassem à idéia. Durante a batalha que se seguiu, nossos oponentes passaram todos esses exemplos de heresia para a imprensa, que diligentemente os noticiou do ponto de vista dos verdadeiros crentes. Como costuma ser o caso, os críticos, mesmo quando poucos, são mais barulhentos que os defensores.

Apesar da polêmica, eu sabia que os guerreiros da mudança tinham ouvido o toque de clarim. Li em seus *e-mails*, vi em seus rostos. Sim, clientes, parceiros e concorrentes também receberam a mensagem, e isso era importante. Mais importante, porém, foi que dentro da empresa o ritmo começou a acelerar, as cabeças a se erguer, o entusiasmo a aumentar. As pessoas passaram a acreditar que talvez a HP pudesse se reinventar. Podíamos reimaginar nosso futuro e retornar às nossas raízes de invenção. Passado e futuro não eram tese e antítese. Eram a síntese necessária para a mudança.

Os críticos que disseram que eu queria substituir Bill e Dave não compreendiam grandes empresas nem minha motivação. A Hewlett-Packard se tornou grande demais, complexa demais e global demais para ser comandada por força da personalidade, autoridade ou ordem. A Hewlett-Packard claramente era maior do que eu, mas também tinha se tornado maior do que Bill e Dave. Uma empresa global complexa é administrada por intermédio de um sistema holístico de estratégias e objetivos; estruturas, processos e práticas; avaliações e recompensas; cultura, comportamento e disposição. O sistema precisa ser coerente e profundamente enraizado na organização. A mudança só pode começar se sua força for maior do que o peso da história e o poder do *status quo*. E um líder que respeita as pessoas e a instituição que lidera, luta por um desempenho sustentado que continue muito depois de ele ter partido. "Um bom líder é aquele que os homens reverenciam. Um mau líder é aquele que os homens desprezam. Um grande líder é aquele do qual as pessoas dizem: 'Nós fizemos.'"

CAPÍTULO 23

Você é exatamente o mesmo

Naquele primeiro outono, eu me encontrei com cerca de vinte membros da velha guarda, que passaram a me ver como uma herege. Certo dia, inesperadamente, Rosemary Hewlett, segunda esposa de Bill, telefonou para o escritório e disse:

— Carly, Bill e eu queremos convidar você e Frank para almoçar aqui em casa.

Fiquei realmente comovida com o convite. Disse a ela que havia muito sonhava em conhecê-los.

Quando chegamos, Rosemary, Bill e outros vinte homens que eu não esperava nem conhecia estavam sentados junto à piscina. Todos eles eram gerentes aposentados da HP. Bill estava em uma cadeira de rodas, e não conseguia falar. Estava tão curvado que eu não conseguia ver seus olhos. Então, ajoelhei-me no piso junto à sua cadeira e disse o quanto o respeitava e quão honrada e humilde me sentia de estar comandando a empresa que tinha o seu nome. Depois, para mudar um pouco o clima da conversa, disse como ele tinha sido bonito e como as damas da HP ainda se encantavam com as fotos dele como alpinista (Bill tinha uma bela reputação de mulherengo). Ele murmurou algo ininteligível, e pouco depois seu ajudante o retirou para o almoço, que ele normalmente fazia sozinho. Os demais seguiram para a sala de jantar.

Rosemary sentou-se em uma das extremidades da mesa e me orientou a ficar na outra. Meus inquisidores, pois foi o que eles se revelaram, ocuparam os dois lados da mesa. E durante as três horas seguintes fizeram todas as perguntas em que puderam pensar. No final de tudo, um deles disse: "Bem, Carly, acho que você tirou um A+". Rosemary foi encantadora e lisonjeadora. Os outros não disseram nada. Muito depois, esse grupo se tornaria o núcleo da resistência à fusão e à minha liderança.

Lamento não ter conhecido Bill Hewlett quando ele tinha mais vigor. Lamento nunca ter conhecido Dave Packard. Jay Keyworth certa vez me disse:

— Gostaria que você tivesse conhecido Dave.

— Eu também gostaria. Nós somos pessoas muito diferentes, mas acho que o compreendo.

— Vocês não são diferentes, são exatamente iguais. Talvez Dave fosse um pouco mais alto, mas ambos têm uma perspectiva mais ampla, humanista. Como Dave, você é franca, convicta e concentrada na excelência.

Foi uma da coisas mais agradáveis que alguém já tinha me dito. Depois, ele iria me descrever como "o filho que Dave Packard nunca teve". Embora fosse uma coisa cruel a dizer sobre seu amigo David, Jay queria dizer que eu ao mesmo tempo entendia e adorava o negócio que Dave tinha criado.

Em novembro, sem aviso, Lew convocou uma sessão executiva na reunião da diretoria de novembro e pediu que eu fosse excluída. Ele falou à diretoria durante mais de uma hora. No intervalo da reunião, Dick Hackborn, que substituiria Lew como presidente do conselho no mês seguinte, foi me ver. Nós nos instalamos na sala de conferências onde eu me reunia com o Conselho Executivo.

— Carly, a diretoria pediu que eu conversasse com você. Lew diz que você está indo muito rápido e fazendo mudanças demais. Ele acredita que você não o consultou adequadamente. Diz que transmitiu sua preocupação a você, que o ignorou.

Eu fui apanhada de surpresa. Parecia cedo demais para que eles perdessem a coragem, e a diretoria, e especialmente Dick, freqüentemente transmitia a mim sua frustração e impaciência com Lew. Meu coração estava acelerado, porque de repente vi que estávamos em um importante momento da verdade para aquela diretoria.

— E o que a diretoria disse?

— Bem, francamente, ficamos todos mudos, até que finalmente Sam Ginn disse: "Bem, o que esperávamos quando a contratamos?" Carly, Lew falou com você sobre isso?

— Dick, Lew e eu não tivemos essa conversa. Na verdade, ele parecia apoiar as mudanças organizacionais que estamos planejando. Mas o que a diretoria está pensando é mais importante do que aquilo que Lew pensa. Eu não posso ser refém dessa diretoria. Ou estamos juntos nesse processo de mudança ou ela não acontecerá. É difícil demais. Precisamos estar afinados.

— Você está certa. Estamos com você.

Eu estava confusa. Dick estava sendo sincero comigo ou não? Depois, naquele mesmo dia, Jay foi me ver. Ele disse:

— Você se incomoda se eu der um conselho? Corteje Dick. Corteje Dick.

Pareceu uma escolha de palavras muito estranha. Jay parecia ignorar as opiniões dos outros membros da diretoria. Com o tempo, aprendi que Jay não dava importância à maioria dos outros integrantes da diretoria. Embora ele respeitasse Sam e Phil como CEOs bem-sucedidos, claramente achava que ele e Dick eram os guardiões da chama de Bill e Dave.

Eu já havia decidido que seria muito mais aberta e falaria mais nas reuniões do que Lew costumava fazer na diretoria. Eles pareciam apreciar o diálogo mais informal e informativo, e realmente queria que eles soubessem tudo o que eu estava fazendo e pensando. Eles me recrutaram para um esforço de mudança que claramente era ainda mais difícil do que descreveram, e precisávamos ter o mesmo ponto de vista sobre o que era necessário.

Aquela diretoria e eu estávamos embarcando juntos em um processo desafiador. Nós precisávamos estar de acordo, e isso significava que precisávamos ter uma mesma compreensão tanto das escolhas estratégicas quando de nossas questões operacionais. Eu integrara o conselho de diversas grandes empresas, e sabia que o papel de um membro do conselho é inerentemente difícil. O trabalho da equipe administrativa é administrar a empresa e produzir resultados. O conselho se reúne seis ou oito vezes por ano e não tem como conhecer suficientemente os detalhes de um negócio para administrá-lo. Ainda assim, precisa representar os proprietários da empresa, e isso significa saber o bastante para fazer as perguntas certas. O membro do conselho precisa determinar se a empresa está nos trilhos ou descarrilou. Uma empresa pode descarrilar em questões éticas, por causa de escolhas estratégicas equivocadas ou pela inadequada disciplina de desempenho. Uma empresa pode descarrilar se sua liderança já não está interessada em tomar os rumos e as decisões certos. Eu concluí que a diretoria da HP só poderia fazer seu trabalho se compreendesse plenamente nossa estrutura de liderança e todas as escolhas que estávamos fazendo em relação a essa estrutura. Além das revisões regulares de nossos resultados e de nossos planos financeiros futuros, isso, na prática, significava que também iríamos discutir escolhas estratégicas, estruturas organizacionais, avaliação de desempenho, nosso programa ético, nossa reinvenção cultural e nossos funcionários em altos postos. Eu também decidira que aquela diretoria precisava ter o máximo de informação e acesso ao que estava acontecendo na empresa. Meus atos e decisões tinham de ser completamente transparentes para eles. Passei a convidá-los regularmente para reuniões administrativas, como uma que tivéramos em dezembro, e os encorajei a se encontrarem com funcionários e gerentes sem minha presença, o que se tornou um hábito para Dick e Jay. Também encorajei as conversas regulares com a equipe de executivos. E, com o tempo, atualizamos o *site* da diretoria para permitir que os integrantes tivessem acesso à mesma informação disponível para qualquer empregado. Eu sabia, pela minha participação em outros conselhos, que esse tipo de interação entre todos os níveis de administração de uma empresa e um conselho fora das reuniões de diretoria era incomum, assim como o seu acesso a um volume tão grande de informações detalhadas. Com o tempo, alguns dos integrantes de minha equipe administrativa iriam se queixar de que havia interação demais. Em alguns momentos, os membros da diretoria distraíam as pessoas de seu importante trabalho cotidiano. Após a fusão, muitos dos membros da diretoria da Compaq expressaram surpresa com a natureza das interações com empregados e administradores.

Havia outros problemas em minha abordagem. Os membros da diretoria, algumas vezes, não se continham e ignoravam onde terminava seu trabalho e onde começava o do administrador. Normalmente, os integrantes só se envolviam com as áreas que interessavam a eles; portanto, estavam tendo uma visão limitada da empresa e não tinham perspectiva. Dick e Jay, por serem tecnólogos, adoravam se encontrar com as equipes técnicas. Como não tinham conhecimento operacional, não compreendiam as conseqüências de suas sugestões. Eles, algumas vezes, tentaram redirecionar os gastos de pesquisa e desenvolvimento a meio caminho. Integrantes da diretoria apresentavam todo tipo de idéias — algumas vezes em reuniões de diretoria, outras em suas próprias reuniões com os funcionários.

Algumas dessas idéias eram ruins; me disseram de início para demitir Bob Wayman, por exemplo. Achavam que ele tinha sido um CFO fraco antes de minha chegada. Ele, de fato, tinha sido, mas, na verdade, nunca tivera verdadeiras condições de fazer o trabalho. Argumentei que deveríamos dar uma oportunidade a ele, e com suas novas responsabilidades Bob Wayman se tornou um CFO de primeira linha. Algumas das idéias eram boas. Dick e Jay apresentaram a idéia de uma fusão com a Compaq. Eu e outros da equipe administrativa passávamos um bom tempo tentando separar as boas idéias das ruins.

Porém, muitas idéias são sempre melhores que poucas idéias, e os benefícios de um relacionamento informal e aberto superavam os riscos. Eu sabia que não deveria tentar controlar o fluxo de informações, mas não queria correr o risco de falhas de compreensão e de comunicação. Alinhamento e confiança são conseguidos por intermédio de transparência, informação comum e diálogo constante e franco. A equipe administrativa precisava estar afinada, assim como a diretoria. O que estávamos tentando com a reinvenção da HP era arriscado demais e difícil demais de operar de outra forma. Eu também estimulei a diretoria a participar de sessões executivas regulares sem mim, pois não queria que começassem a surgir frustrações, como tinha visto acontecer em outras diretorias. Os comunicados dessas sessões vinham de Dick, como presidente do conselho, e depois, após ele ter se retirado, do presidente de Nomeação, Sam Ginn, ou do presidente de Compensação, Phil Condit.

Em janeiro de 2000, fizemos uma reunião de estratégia de três dias com a diretoria e a equipe administrativa sênior. Falamos sobre nossa estratégia de então, nossos planos para o novo ano e nossos desafios. Todos os membros do Conselho Executivo compareceram. Convidei John Chambers, da Cisco, a comparecer e falar à diretoria. Chambers conhecia bem a HP, assim como também a mim, porque tínhamos competido ferozmente quando eu estava na Lucent, e eu achava que a diretoria poderia se beneficiar da visão de alguém de fora. Ele foi franco e nos deu apenas 50% de chances de sucesso.

Ao final daqueles três dias, a diretoria fez uma de suas sessões executivas regulares. Quando os membros da diretoria me convidaram a juntar-me a eles, falamos sobre nossas várias escolhas de estratégias e de como tínhamos achado útil a natureza intensa e detalhada da reunião. Finalmente, eu disse:

— Preciso ser franca com esta diretoria e dizer que estou muito perturbada desde sua última sessão executiva. Fui apanhada de surpresa pelos comentários de Lew e preciso saber se tenho o apoio de vocês para o programa que acabamos de montar lá fora.

Seria um hábito de toda a minha administração pedir aos integrantes da diretoria informações sobre o que eles tinham ouvido em uma reunião, expressar minhas próprias preocupações e perguntar quais eram as deles.

O apoio da diretoria foi unânime. Susan Packard falou:

— Carly, sinto muito que a tenhamos perturbado. Sua abordagem da função do CEO é muito diferente. É muito animador estar discutindo idéias e não apenas olhando páginas de números. Nós realmente não entendemos a intenção de Lew na hora. Acho que ele estava amargo.

Para minha tristeza, e de acordo com o que ela tinha planejado havia bastante tempo, Susan Packard iria deixar a diretoria em 2000, e nós duas estaríamos em lados opostos na batalha que se aproximava. Porém, Susan sempre foi franca, empática e teve classe. Ela carrega o legado de David e Lucille Packard com dignidade e competência.

Quando fiz o discurso na formatura da Universidade de Stanford, minha *alma mater*, em junho de 2001, descrevi minha chegada à Hewlett-Packard como a descoberta de um lugar onde meus valores e meu caráter estavam à vontade. Por isso eu tinha aceitado o cargo, apesar de todos os desafios; acreditava que a HP era uma empresa de "valores e caráter únicos (...) uma empresa capaz de tornar a tecnologia e seus benefícios acessíveis a todos".

Um dos objetivos corporativos originais da Hewlett-Packard diz: "A melhoria de nossa sociedade não é trabalho de poucos. É uma responsabilidade de todos". Dave Packard certa vez disse: "As pessoas supõem equivocadamente que nosso objetivo final é o lucro. O lucro é o que torna possível todos os outros objetivos". Bill e Dave provocavam seus engenheiros não apenas para que eles inventassem, mas para que inventassem coisas que fossem ao mesmo tempo úteis e significativas — úteis no sentido de que a invenção serviria a um objetivo real; significativas no sentido de que tivesse um verdadeiro impacto nas pessoas. A HP seria uma empresa que inventaria para muitos, não apenas para alguns privilegiados.

No alvorecer do século XXI, para mim, o *boom* da tecnologia de informação em rede parecia o equivalente moderno da Renascença. Eu tinha estudado história medieval, porque era fascinada pelo modo como a humanidade evoluíra de um período de trevas e medo para um de otimismo e crença profunda no poder do potencial humano. A Renascença tinha a ver, principalmente, com a libertação da imaginação individual. E, no presente, a internet tinha criado uma nova forma de comunicação aberta, democrática, imediata e não hierárquica. O mundo digital, móvel, virtual, pessoal é aquele em que as tradicionais barreiras de tempo, geografia, acesso, riqueza, poder e posição começam a cair. O potencial individual pode ser libertado. Estamos vivendo em uma época que é definida pelo poder das idéias e o poder das relações com o conhecimento, a informação, e de uns com os outros. Pessoas inteligentes com variados tipos de idéias maravilhosas vivem em todas as partes do mundo.

Uma corporação poderosa tem alcance global, portanto, responsabilidade global. As corporações são 52 das cem maiores economias da Terra. Uma corporação pode e deve fazer uma diferença positiva no mundo. E a tecnologia pode ajudar a libertar o potencial das pessoas como nunca antes tinha sido possível na história da humanidade.

Minha profunda crença nesses princípios tornava a Hewlett-Packard um lugar muito bom de estar. A empresa tinha o caráter certo (como era refletido em seus valores), a capacidade certa (com seu foco em sistemas abertos e tecnologias padronizadas para atender a consumidores, empresas e governos), bem como um histórico de colaboração com governos, escolas e líderes comunitários. E nada me deixava mais orgulhosa do que encorajar, galvanizar, louvar e apoiar a bondade intrínseca e o desejo do pessoal da HP de todas as partes, de dar uma contribuição às suas comunidades.

No início de 2000, Debra Dunn e eu começamos a conversar sobre como concentrar os esforços filantrópicos da HP de modo mais eficiente. Como tudo o mais na empresa, a filantropia tinha se tornado uma gigantesca reunião de projetos bons, mas incoerentes, discretos e mal financiados. Embora os funcionários da HP fossem muito apaixonados, todos aqueles projetos eram desvinculados do restante do negócio e não eram prioridade para ninguém na equipe executiva. Como CEO, considerei que era minha obrigação dar o tom. Exercer nossas responsabilidades como cidadãos empresariais do mundo não era apenas uma coisa boa a fazer; era uma parte integral do modo como nossa empresa faria seus negócios. Faríamos bem, e faríamos o bem.

Pela primeira vez, estudamos todos os nossos projetos comunitários espalhados pela empresa e por todo o mundo. Definimos nossas prioridades como sendo educação e desenvolvimento comunitário. Cada um dos programas aprovados receberia verba e atenção suficientes para realmente fazer uma diferença sustentável. Se um programa não tivesse impacto suficiente ou se não estivesse entre nossas prioridades, iríamos encerrar nossos esforços após uma transição adequada.

Na educação, nos concentramos em identificar e orientar alunos do ensino médio de comunidades carentes para a matemática e a ciência. Demos bolsas de estudo e estágios a esses estudantes, e trabalhamos com escolas e universidades. Esse tipo de esforço certamente fez diferença na vida desses jovens, e se tornou o principal programa de muitas escolas, assim como também ajudou nossa empresa a longo prazo: a indústria de tecnologia da informação não teria engenheiros e cientistas talentosos em número suficiente se não identificássemos e educássemos aqueles que hoje não têm acesso nem são atendidos.

Ao mesmo tempo, nos concentramos em desenvolvimento comunitário por intermédio do acesso à tecnologia: treinamento, empreendedorismo e parceria. Em Houston ou na África do Sul, em San Diego ou na Índia, cada comunidade atingida pelo pessoal da HP é melhor por isso. Investimos tempo de administração, atenção e dinheiro nessas comunidades por um período de três anos. Nos concentramos em criar programas sustentáveis e capacidades, e nos saímos muito bem. Com o tempo, porém, o desenvolvimento comunitário também significa desenvolvimento econômico, e precisamos criar novos mercados e novos consumidores para nossos produtos. As nações em desenvolvimento são os mercados que mais crescem para produtos de tecnologia da informação. Nos Estados Unidos, todas as pesquisas diziam que a marca HP era bem conhecida entre homens brancos de classe média; mulheres, jovens e minorias não nos conheciam nem consumiam. Nós, claro, reposicionamos nossa marca e reprojetamos nossos produtos para atender a essa questão, mas nossas atividades de desenvolvimento comunitário também tiveram impacto. Foram uma prova clara do que queríamos para a marca. Queríamos fazer diferença tanto quanto queríamos fazer uma venda.

Nossos esforços para ter um impacto positivo no mundo e na vida das pessoas não eram atos de caridade, mas de interesse pessoal iluminado. Aqueles programas, portanto, seriam examinados pelo Conselho Executivo e pela diretoria exatamente como qualquer outra prioridade empresarial. A filantropia sempre tinha encantado o pessoal da HP. A partir de então, nós também iríamos cuidar disso com disciplina operacional, avaliar o impacto de nossos esforços e exigir profissionalismo de nossos parceiros, assim como de nós mesmos.

Debra acabaria administrando esses programas no mundo todo. Ela e as pessoas com as quais trabalhou em todo o mundo fizeram uma diferença real e positiva. Elas fizeram o bem, ajudaram a empresa a se sair bem, e foram líderes.

CAPÍTULO 24

Grandes idéias e pequenos detalhes

Na HP, precisávamos aprender como pensar e agir horizontalmente por uma questão básica de eficiência e eficácia. Éramos uma empresa multibilionária que encomendava, literalmente, bilhões de dólares de componentes e insumos, e ainda assim negociávamos com nossos fornecedores como 87 entidades distintas. Conseqüentemente, não conseguíamos acordos melhores. Desperdiçávamos investimentos em tecnologia, porque ninguém partilhava os resultados. Apenas nossos gastos com folha de pagamentos e procedimentos financeiros valiam bilhões de dólares de economia.

E não conseguíamos pensar como nossos clientes. Enquanto eles pensavam que todos na HP trabalhavam para a mesma empresa, não sabíamos nada sobre eles como clientes da HP. Não sabíamos o quanto eles compravam de nós no total, e nem o que eles pensavam de nós como empresa. Não tínhamos conhecimento, informação e tendência a atendê-los como HP. Quando os clientes compravam sistemas compostos de múltiplos produtos, terminavam reunindo aqueles produtos eles mesmos; cada organização desenvolvia e entregava seus produtos, mas ninguém achava que era responsabilidade da empresa administrar todo o processo em benefício dos clientes.

Toda a minha experiência na Lucent me dizia que nada na HP seria mais difícil do que adquirir a nova capacidade de colaboração horizontal baseada em processos. As pessoas trabalhavam juntas em uma unidade administrativa organizada em torno de um produto; uma equipe era definida por um organograma, não por uma oportunidade, um problema a ser solucionado ou mesmo o pedido de um cliente. A não ser que aprendêssemos como definir, administrar e controlar processos horizontais com eficiência e disciplina, não poderíamos reduzir nossos custos, aumentar nossa lucratividade e acelerar nosso crescimento.

A história da HP tornava ainda mais difícil a colaboração horizontal, mas a criação de processos horizontais é um desafio administrativo que os líderes enfrentam em todos os tipos de instituições. O século XX tinha sido uma época em que os problemas eram solucionados e o conhecimento se ampliava em cadeias de comando verticais. Alfred P. Sloan nos deu o organograma das empresas modernas e criou a prática da administração moderna. Nas universidades, departamentos especializados eram o princípio organizador do aprendizado e do aumento do conhecimento. No governo, seja ele municipal, estadual ou federal, uma missão sempre foi cumprida em uma unidade estanque: como cidadãos, sabemos bem como é frustrante quando essas unidades não se comunicam umas com as outras.

No mundo global cada vez mais complexo do século XXI, no qual tecnologia e comunicação em rede controlam comércio, ciência e governo, as cadeias de comando vertical já não são suficientes para resolver nossos problemas ou aproveitar as oportunidades. Vemos os mais fascinantes avanços da ciência acontecendo na interseção de disciplinas como biologia e engenharia; foi essa a descoberta do meu estudo de redes neurais no MIT, por exemplo, e é a base da ciência da nanotecnologia. Vimos os esforços de recuperação de catástrofes prejudicados pela incapacidade de organizações de trabalhar além das fronteiras tradicionais entre departamentos governamentais e entre governos municipais, estaduais e federal. Verificamos que possíveis pandemias, como a gripe aviária, exigem colaboração horizontal entre muitas entidades e muitos países. Talvez o exemplo mais dramático esteja bem na nossa frente, na comunidade de informações. Se, no passado, a CIA e o FBI funcionavam com base em informação compartimentalizada e de necessidade de conhecimento, hoje o desafio é partilhar informações em uma enorme rede horizontal de aliados em outros departamentos e outros países, de uma forma rápida e eficiente.

A colaboração horizontal é um comportamento fundamentalmente diferente do comando vertical e do controle de recursos. Ela exige o reconhecimento da importância do papel desempenhado pelos outros. Por exemplo: um desenvolvedor de produto precisa reconhecer a importância do instalador; produtos podem ser projetados de uma forma que seja difícil demais de instalar no espaço do cliente, ou podem ser projetados de modo diferente. Cada organização também precisa aceitar o impacto que tem sobre as outras e para o resultado de todo o processo. A HP tinha de se adaptar, adquirindo novos hábitos de colaboração além dos limites das organizações, em vez de formar equipes apenas dentro desses limites. A função do líder é gerar capacidade e confiança; portanto, muito freqüentemente o trabalho do líder é dar oportunidade para que as pessoas desenvolvam novas habilidades.

Parte de nossa estratégia para recuperar a liderança em Unix era o lançamento de um servidor Unix de ponta que chamamos de Superdome. Seria a maior e mais complexa plataforma de computação que a empresa já tinha lançado. Estaríamos pela primeira vez competindo com os maiores computadores da IBM. Nós pretendíamos colocá-lo no mercado em setembro de 2000. Um lançamento bem-sucedido do Superdome demandava um grande produto que operasse em especificações complexas e exatas, além de identificar o grupo perfeito de primeiros clientes que pudesse se beneficiar da capacidade do produto e depois convencê-los a comprar o produto. Precisaríamos desenvolver novos e eficientes métodos de treinamento do cliente. A HP precisaria aceitar a responsabilidade pela instalação bem-sucedida de todo o sistema; os clientes não conseguiriam montar aquele sistema sozinhos. Em síntese, para dar certo, praticamente todos os departamentos teriam de trabalhar juntos, e teríamos de pensar do ponto de vista do cliente. Levaríamos um produto do laboratório de pesquisa até as instalações do cliente; esse era um processo horizontal que atravessava muitos departamentos e múltiplas cadeias de comando. Precisávamos aprender como definir, executar, avaliar e administrar esse processo.

Assim como estratégia e execução são dois lados da mesma moeda, da mesma forma a mudança acontece por intermédio de grandes idéias e pequenos detalhes. Eu reuni equipes de todas as organizações da HP que estariam envolvidas no lançamento do Superdome, desde pesquisa e desenvolvimento até vendas, de pesquisa de mercado a apoio técnico e instalação. Como aquilo não tinha a ver com chefes ordenando às pessoas que fizessem coisas, e sim com pessoas aprendendo novas habilidades, juntamos gerentes de todos os níveis. E durante meses nos reunimos e concordamos nos detalhes de lançamento de *softwares*, técnicas de instalação, como seria o relatório de problemas, quais poderiam ser nossos primeiros clientes.

A organização aprendeu muito ao longo dessas reuniões e eu aprendi muito sobre a organização. As pessoas eram expostas a outras disciplinas dentro da empresa: engenheiros descobriam que, afinal, o pessoal do marketing podia ter uma função; e o pessoal de vendas aprendia que nem todas as características merecem ser desenvolvidas. Desenvolvedores de produtos começaram a pensar em produção e instalação. Criamos um mecanismo para avaliar como um consumidor poderia definir sucesso; o chamamos de Experiência Total do Cliente.* Se o produto fosse desenvolvido no prazo e segundo as especificações, mas a instalação fracassasse, a TCE seria prejudicada. Não bastava que cada ator fizesse a sua parte; todos os atores tinham de desempenhar seus papéis bem e de forma coordenada, para criar um processo e uma experiência completos que satisfizessem o cliente.

Hoje, a TCE é um mecanismo de avaliação e um conjunto de programas que está profundamente entranhado na estrutura da HP. A TCE é avaliada regularmente, são estabelecidas metas de aprimoramento constante, e as pessoas são remuneradas de acordo com os resultados da TCE. A TCE não pode ser melhorada sem a colaboração horizontal de todas as organizações envolvidas no produto e na satisfação dos clientes.

O Superdome é um dos produtos mais lucrativos e de maior sucesso da HP, e sua apresentação para os clientes foi aclamada como um dos melhores lançamentos de um novo produto na história da empresa. (Algumas pessoas na sempre cética mídia o chamaram de Superbomb em setembro de 2000, mas finalmente tiveram de admitir que estavam erradas.) O pessoal da HP identificou benefícios reais e palpáveis na cooperação além dos limites; e, com o tempo, essa nova forma de trabalho se tornou mais comum. A prática de reunir as pessoas que realmente precisavam fazer o trabalho, independentemente do nível hierárquico, em vez de reunir gerentes do mesmo nível que depois iriam transmitir as determinações "em cascata" para suas equipes, também se tornou um hábito. Utilizaríamos a mesma prática para, por exemplo, conseguir a muito bem-sucedida integração de Compaq e HP, bem como para inserir a empresa no setor de entrenimento digital.

Com o tempo, estenderíamos nosso aprendizado a todos os processos na empresa. No final, pediríamos aos administradores que definissem mapas de processos e mecanismos de avaliação de modo que nossa colaboração horizontal tivesse o mesmo rigor operacional e a mesma disciplina que todos os outros aspectos do negócio. Esperávamos contínuos aperfeiçoamentos na eficiência de todos os processos. Por exemplo: mesmo após a integração da Compaq ter sido

* *Total Customer Experience*, TCE, na sigla em inglês. (N. do E.)

concluída, ainda sabíamos que poderíamos economizar um bilhão de dólares por ano em nossos processos da cadeia de suprimentos.

Horizontal não é o mesmo que *centralizado*. A tomada de decisão centralizada é um comportamento tradicional, vertical, comando e controle em que as decisões tão tomadas em um único ponto central. A tomada de decisão horizontal é distribuída por meio de muitas organizações e muitos pontos. Cada pessoa que toma decisões conhece seu papel em função do mapa do processo. Cada decisão individual pode ser avaliada, mas a eficácia de todo o processo também precisa ser medida.

As pessoas freqüentemente confundem tomada de decisão horizontal com tomada de decisão centralizada. Na HP, essa confusão algumas vezes foi genuína, e outras vezes uma efetiva técnica de resistência, porque estava inserida na cultura: centralização era ruim. Bill e Dave sempre tinham louvado as virtudes das unidades descentralizadas. Os chefes das várias unidades de negócios queriam mais controlar o poder que dividi-lo. Embora esperassem que os outros confiassem neles e os respeitassem, não estavam preparados para agir da mesma forma em relação aos outros. E algumas pessoas simplesmente não tinham experiência para perceber que processos bem concebidos podem produzir comportamento de forma tão eficaz quanto ordens.

O pessoal da HP tradicionalmente era promovido dentro de um único setor ou uma única função, com base na experiência na área. Essa experiência profunda e limitada podia ser um ingrediente importante na capacidade de um administrador, mas não era formação suficiente para um líder. Na verdade, a especialização na área se tornou um empecilho à liderança no caso de algumas pessoas na HP. Administradores de altos níveis na organização gastavam a maior parte do tempo com detalhes que seus subordinados podiam e estavam ansiosos para resolver. Conseqüentemente, os grandes administradores não estavam investindo tempo suficiente em desenvolvimento de liderança ou pensamento estratégico. Pessoas muito antigas, algumas vezes, não conseguem ver a floresta a partir das árvores. Elas não conseguem ver o quadro ampliado ou se concentrar na essência da situação.

Em junho de 2000, apresentamos formalmente aos administradores seniores da HP a Estrutura de Liderança. Naquela apresentação, citei um exemplo de filosofia chinesa. "O grande líder é aquele do qual as pessoas dizem: 'Nós mesmos fizemos.'" Nossos líderes precisavam se concentrar em estabelecer a estrutura correta para a organização. Estamos alocando os recursos de forma coerente com nossa estratégia? Nossa estratégia é boa? Estamos organizados e funcionando de forma eficiente e eficaz? Estamos avaliando as coisas certas e nossos resultados são aceitáveis? Se não, o que precisamos fazer para melhorar o desempenho da organização? E nós, como modelos, estamos representando os valores e o comportamento de que precisamos? Estamos apresentando as disposições e as atitudes corretas? Estamos ensinando ao nosso pessoal novas habilidades e capacidades? Estas são as perguntas certas para os líderes no século XXI. Comando e controle já não são adequados à tarefa, por isso cunhamos a frase: "Defina a estrutura e liberte as pessoas". A tarefa do líder é definir a estrutura, de modo que as pessoas às quais o líder serve possam fazer o trabalho certo, da forma certa, usando todas as suas habilidades. O trabalho do líder é construir uma capacidade duradoura dentro da organização a que serve.

Aquelas reuniões de administração eram acontecimentos sérios, com comparecimento e participação obrigatórios, mas, como equipe, também precisávamos de alguma diversão. De nossa primeira reunião de líderes seniores até a última de que eu participei, esquetes e competições sempre desempenharam um papel importante na formação da equipe. Em determinada reunião, nós pedimos às equipes que escolhessem e cantassem canções para a empresa. Sempre descobríamos talentos ocultos na equipe de administração. Tudo isso era diversão inofensiva e ajudava as pessoas a desafogar e a se conhecer melhor. E debochar do chefe sempre foi uma parte importante e freqüentemente hilariante desses acontecimentos; pode apostar que o suposto cabeleireiro do avião sempre foi motivo para boas risadas!

Bob Knowling era um executivo de operações que eu conhecia havia algum tempo. Ele tinha comandado muitos grandes esforços de mudança durante sua carreira em grandes empresas, e também tinha sido CEO de várias empresas de tecnologia menores. Convidei Bob para falar a nossos líderes seniores nessa reunião. Eu queria que eles escutassem de um estranho com experiência como a mudança era difícil e por que era necessário o compromisso deles com liderar a mudança. Jay Keyworth e Sam Ginn assistiram a essa apresentação. Eles ficaram profundamente impressionados, e depois apoiariam entusiasticamente a nomeação de Bob para o conselho, sendo ele aprovado por unanimidade.

Minha experiência tinha me ensinado que os líderes não nascem, são feitos. A liderança não surge do nada; a liderança pode ser ensinada e desenvolvida. Uma parte fundamental da reinvenção da HP era criar líderes a partir de administradores. Assim, ao longo dos anos, reorganizamos todos os nossos currículos de treinamento para chefia. Fizemos o *benchmarking* de várias empresas e indústrias, e projetamos um conjunto único de cursos de desenvolvimento de liderança e experiências que passou a ser conhecido como Liderança para a Vitória. Tomamos a decisão fundamental de que o talento era patrimônio da empresa, não patrimônio de uma única divisão, e começamos a contar com a rotatividade de administradores seniores entre diferentes setores e departamentos, de modo a aumentar a experiência e a perspectiva dos administradores. Avaliamos o potencial de liderança de nossos administradores seniores com o conselho anualmente. O Conselho Executivo fazia avaliações de talento regulares, em que nos sentávamos e decidíamos como transformar em líderes os administradores mais promissores.

É possível construir líderes, mas nem todo administrador consegue se tornar um líder. Líderes são definidos por caráter, capacidade e colaboração. Ficou claro que Antonio e Carolyn não podiam colaborar efetivamente. Ambos sairiam. Outros os seguiriam. Nunca é fácil pedir que alguém deixe uma empresa, mas algumas vezes o líder precisa ferir alguns poucos para proteger muitos. Principalmente depois da fusão, sempre que alguém de nível sênior saía da HP, surgiam matérias na imprensa dizendo que tinha sido por minha causa. Eu era muito difícil, muito controladora, estava levando a empresa na direção errada, e assim por diante. Há muitas pessoas competentes, poucas que combinam competência e caráter, e ainda menos que também são capazes de efetivamente agir em parceria com outras. Algumas saíram por conta própria, quando ficou óbvio que não chegariam às posições que achavam que mereciam. Eu achava interessante que CEOs do sexo masculino demitiam as pessoas e eram elogiados como sendo "decididos". Eu era classificada de "vingativa". Também achei interessante quando seis vice-presidentes do sexo feminino deixaram a HP após minha partida e ninguém achou que o critério merecia ser comentado.

Em setembro de 2000, todas as avaliações óbvias pareciam estar apontando para a decisão certa. O valor das ações estava subindo bastante, nosso faturamento aumentava em ritmo acelerado e os lucros estavam melhorando. Dick Hackborn insistiu em renunciar ao cargo de presidente do conselho (para minha surpresa, ele começou a falar sobre isso em fevereiro e não permaneceria além de setembro), e eu fui nomeada para o cargo adicional. O conselho anunciou uma divisão de ações de duas por uma. Após uma reunião de analistas um tanto difícil em dezembro de 1999, fomos muito bem-sucedidos em junho e as ações subiram 13 dólares em um único dia.

Realizamos nossa primeira reunião global com todos os funcionários por videoconferência. A energia e o entusiasmo foram fantásticos. Essas "assembléias" virtuais se tornaram uma oportunidade importante de revisar realizações, falar sobre acontecimentos e planos futuros, e fazer com que todos na empresa adotassem o mesmo vocabulário e tivessem uma visão comum. Regularmente, atualizávamos os funcionários quanto a nossas decisões relativas a cada faceta da Estrutura de Liderança. As videoconferências globais também eram uma oportunidade para os funcionários aprenderem algo sobre sua própria empresa. Em minhas muitas reuniões com funcionários por todo o mundo, sempre fiquei chocada com quão pouco as pessoas sabiam sobre a HP. Talvez não devesse ficar surpresa. Os funcionários passavam seus dias trabalhando em seus próprios desafios durante muitos, muitos anos, e as únicas questões importantes para a empresa como um todo eram o plano de divisão de lucros, o HP Way e os fundadores. Achei que era importante ampliar a perspectiva dos funcionários, partilhando com eles o trabalho de seus colegas em toda a empresa e ao redor do mundo. Em toda parte, o pessoal da HP fazia diferença todos os dias para os clientes, para as comunidades e uns para os outros, e precisávamos reconhecer, festejar e compreender isso. Eu realmente adorava conversar com as pessoas da HP sobre as pessoas da HP, e tinha enorme prazer em ver seu orgulho, quando eles percebiam que tinham conseguido mais do que achavam possível.

Dan Plunkett me visitava regularmente e fazia uma única pergunta fundamental:

— Com o que você está preocupada?

Dessa vez, eu respondi:

— Está sendo fácil demais. Nós nem começamos, e as pessoas acham que já acabou. Este primeiro ano é apenas o fim do começo. Ainda temos um longo caminho pela frente.

Quando cheguei à HP, estava plenamente consciente de que estava comandando mais do que uma empresa. Estava comandando uma instituição de significado especial. A HP tinha sido pioneira em tecnologia e em práticas de trabalho. Hewlett e Packard demonstraram a grande diferença que a liderança de uma empresa podia fazer na comunidade, e eles ajudaram pessoalmente a construir o ecossistema de colaboração e inovação que criou o ambiente especial do Vale do Silício.

Qualquer CEO iniciando um grande projeto de mudança precisa pensar além do futuro próximo. A reinvenção institucional sempre demora anos, não trimestres. Como era a HP, o fardo era especial. Uma vez iniciada a jornada, não podíamos vacilar, tampouco falhar. Estávamos colocando muita coisa em risco, mas o fracasso de seguir em frente com o planejado colocaria muito mais ainda em risco. O papel de um CEO é pensar em anos, não em trimestres. Resultados trimestrais são uma medida das decisões e ações passadas, e ele sempre precisa pensar no futuro. Desempenho sustentável e excelência operacional precisam ser conseguidos, e escolhas necessitam ser feitas para a saúde do negócio a longo prazo. Eu não acho que um CEO deva administrar faturamento trimestral ou administrar o preço das ações (o que freqüentemente é a mesma coisa). O trabalho do CEO é administrar a empresa e fazê-lo com disciplina, tomando as decisões certas, construindo a capacidade necessária, estabelecendo as metas apropriadas e criando uma cultura de excelência, responsabilidade e integridade. O preço da ação tem de cuidar de si mesmo, e, com o tempo, isso acontecerá.

O valor das ações de uma empresa é importante, mas, em minha opinião, o valor das ações de uma empresa se tornou importante demais. Para muitos, o valor da ação se tornou substituto para tudo, desde a posição da empresa no mercado até a competência e as realizações do CEO. E embora muitos sábios digam que não é assim, ou que não deveria ser verdade, a realidade é que nada é mais importante para o valor da ação de uma empresa do que o desempenho trimestral comparado com as estimativas dos analistas. Quando uma empresa não atinge as estimativas, nunca é bom para as ações ou para o CEO.

Em uma empresa grande e complexa passando por grandes mudanças, as pessoas não podem e não irão funcionar de forma perfeita todos os 90 dias. Quando as pessoas estão aprendendo coisas novas, cometem erros. Cada erro revela onde é necessário mais trabalho. Cada *deficit* é uma oportunidade de progredir. Durante meus 23 trimestres como CEO, a HP fracassou significativamente em três trimestres: o quarto trimestre de 2000, o terceiro trimestre de 2003 e o terceiro trimestre de 2004. Todas essas oportunidades revelaram problemas reais na organização que precisavam ser solucionados.

No quarto trimestre de 2000, nós ainda estávamos remunerando nossos vendedores com base em encomendas, e não em receita. Essa tinha sido a prática na HP durante muitos anos, porque era mais fácil rastrear ordens do que o faturamento de um vendedor ou uma equipe específica. Em um período de crescimento relativamente lento, o sistema funcionava adequadamente, porque as encomendas e o faturamento aumentavam em taxas aproximadamente iguais. Ainda assim, estávamos no processo de mudar o sistema, porque queríamos que os vendedores entendessem que uma venda não estava concluída até que o cliente estivesse satisfeito.

No quarto trimestre de 2000, nossa taxa de crescimento disparou em 17%. Era uma boa notícia; estávamos pedindo à organização que desejasse mais, e as pessoas estavam respondendo. Porém, no quarto trimestre, as encomendas estavam chegando muito mais rápido do que os sistemas podiam ser instalados e o faturamento registrado. Estávamos pagando por despesas de vendas mais altas em um trimestre, enquanto a receita mais alta só seria identificada nos trimestres subseqüentes. Esse descompasso foi grande o bastante para que não atingíssemos as estimativas dos analistas no quarto trimestre. Teríamos alterado os programas de compensação antes, se pudéssemos, mas a modificação implicava tempo e investimento. Ainda não havíamos instalado os sistemas de tecnologia de informação capazes de rastrear a receita por vendedor ou equipe, e não podíamos pagar corretamente às pessoas, nem avaliá-las devidamente.

Em 2003 e 2004, os problemas também ocorreram no setor de vendas. O desempenho insuficiente em 2003 revelou que a força de vendas estava incorretamente pagando a diversas equipes pela mesma venda. Foram feitas mudanças de sistemas e de pessoal. Em 2004, descobrimos mais problemas de sistemas relativos a produtos vendidos e receitas registradas por nossos parceiros nos canais de distribuição. Mais uma vez, foram feitas modificações de sistemas e de pessoal.

Cada uma dessas falhas revelou verdadeiros problemas operacionais que estavam bem enraizados na organização. Resolvemos todos os problemas, e não cometemos os mesmos erros novamente. Éramos uma organização mais forte e melhor em função das lições que tínhamos aprendido. Embora muitas pessoas fossem responsáveis pelos problemas e pelas soluções, como CEO eu era, em última instância e apropriadamente, a responsável.

Todo trimestre em que ficamos abaixo da expectativa foi doloroso. Sempre que esse fato aconteceu, os guerreiros da mudança perderam coragem. E, sempre, aqueles que resistiam à mudança, ganharam força. Todas as vezes, eu tive de, mais uma vez, fazer a organização se comprometer com o caminho que estávamos seguindo, reafirmar às pessoas que podíamos realizar o que estávamos tentando, bem como reiterar minha paixão e meu entusiasmo por nossas aspirações e nosso potencial. Quando eu falava para as pessoas da HP, falava para todos que estavam nos observando e interessados em nós: em nosso mundo sempre ligado, todo comunicado consegue chegar a todos. Muitos consideraram minhas palavras ingenuidade ou incapacidade de compreender os detalhes do negócio. Na verdade, eu tinha os olhos bem abertos para aqueles detalhes, bem como para as dificuldades e armadilhas. Eu sabia que a meta era o progresso, não a perfeição, e também que o maior perigo de todos era que desistíssemos no meio do caminho. "Quando cometermos um erro ou fracassarmos, vamos nos levantar, sacudir a poeira, aprender a lição e seguir em frente."

Não atender às expectativas dos analistas um determinado trimestre não era fatal. Desistir da mudança e das aspirações teria sido.

CAPÍTULO 25

Carly serra elétrica

A economia despencou em queda livre no final de 2000 e em 2001. Nesse período, os analistas do setor de tecnologia continuaram derrubando seus números, e as empresas de tecnologia também continuaram a revisar seus planos para baixo. Em meados de dezembro de 2000, era como se toda a economia tivesse sido paralisada. Ao tentar descrever o que estávamos assistindo no mercado, eu disse em uma teleconferência com analistas que "é como se alguém tivesse desligado as luzes". (Scott McNealy respondeu: "Todas as luzes estão acesas aqui".)

De fato, a virada foi tão abrupta e dramática que o Federal Reserve se comportou de forma extraordinária, reduzindo a taxa dos fundos federais em 50 pontos básicos, não apenas uma, mas duas vezes em janeiro de 2001. A primeira mudança pegou os mercados de surpresa, porque aconteceu sem uma reunião marcada antecipadamente. A queda resultante foi uma das piores da história, eclipsando a queda do mercado de 1973-74 em termos de queda nos preços (48% de acordo com o índice de mercado ampliado S&P 500 do auge de março de 2000 até o fundo do poço em outubro de 2003) e em duração (mais de dois anos e meio).

Ninguém em Wall Street queria que o *boom* das ponto-com chegasse ao fim. Todos tinham ganhado muito dinheiro. Assim, o mercado se entregou a uma completa negação durante vários trimestres. Mesmo com a queda consolidada, tanto antes quanto depois dos ataques terroristas de 11 de setembro, muitos analistas respeitados continuaram a prever que uma retomada dos investimentos em tecnologia era iminente. Em junho de 2001, os sábios diziam que o segundo semestre marcaria a volta aos níveis de gastos normais.

A realidade seria bem diferente. Os gastos das empresas em tecnologia foram suspensos, e o enorme volume de investimento de capital provocado pela bolha de investimento em telecomunicações e tecnologia no final dos anos 1990 só ficaria completamente claro após mais de quatro anos. Veteranos do Vale do Silício descreveram o período como a pior recessão tecnológica em 25 anos. Uma recessão econômica global se arrastaria por quatro anos. No final de 2004, a saúde da economia ainda era tema de grandes discussões e debates. Apenas em 2005, as principais economias do mundo começaram a voltar a apresentar crescimento sustentado e respeitável.

Não há dúvidas de que a recessão econômica e a queda do mercado tornaram todos os aspectos do meu trabalho muito mais difíceis, mesmo tendo deixado mais óbvia a necessidade de cortar custos. O medo se tornou a principal emoção e substituiu o otimismo dos anos 1990. Passou a ser mais difícil para investidores e funcionários identificar progresso e mudanças positivas quando o valor da ação estava em baixa. Quando vieram à tona os escândalos empresariais em Enron, Tyco, Adelphia, WorldCom e muitos outros, instalou-se um clima de desconfiança e dúvida. Mudança demanda movimento para a frente, mas emocionalmente as pessoas queriam se esconder. Operacionalmente tudo também era mais difícil. Os clientes não estavam comprando, e o trabalho ficou ainda mais duro.

No início de 2001, eu sabia que estávamos testemunhando algo mais que uma queda econômica. Não era apenas mais uma mudança cíclica que ocorria no nosso setor; era uma mudança estrutural. Nossos clientes estavam se comportando de modo diferente. À medida que eles apertavam os próprios cintos, se davam conta de que tinham gastado dinheiro demais em tecnologia e freqüentemente investido nas coisas erradas, das quais não conseguiam o retorno esperado. Eles não estavam mais dispostos a colocar dinheiro em tecnologia e, quando gastavam, esperavam mais. As tecnologias com as quais a HP competia tinham se tornado a espinha dorsal e praticamente o núcleo de todos os negócios. Nossa tecnologia estava se tornando cada vez mais embutida de maneira profunda em todos os aspectos da vida.

À medida que uma indústria se torna cada vez mais indispensável, ela se consolida. Ao mesmo tempo que os clientes continuam a exigir mais por menos, os concorrentes se unem para aumentar sua força. Isso aconteceu em todos os setores, de cereais a automóveis, de energia a bancos, de telecomunicações a empresas aéreas. Ainda assim, era considerado tolice sugerir que essa situação poderia acontecer também no setor de tecnologia. Embora, desde 2001, eu dissesse que o setor tinha de se consolidar, a idéia não foi levada a sério até Larry Elison, o CEO da Oracle, que estava dando início à sua própria estratégia de consolidação, começar a dizer isso em 2003.

No final de 2000, Jay me procurou:

— Dick [Hackborn] e eu conversamos, e concordamos que devemos comprar a Compaq.

Jay apresentou todas as razões pelas quais tal combinação fazia sentido. Ele estava entusiasmado, e queria que eu telefonasse para o CEO imediatamente. Dick endossou a idéia.

Claro que qualquer aquisição, especialmente uma de tal magnitude, não pode ser feita de forma tão açodada. Havia o pequeno detalhe do envolvimento do restante do conselho e a questão de determinar se tal decisão fazia sentido estratégico. Era preciso levar em consideração toda a integração. E havia, ainda, a questão fundamental das táticas de negociação — aquele que faz o primeiro movimento tem importância de várias formas.

Fiquei assustada com a abordagem casual de Jay. Eu queria jogar água fria na idéia imediatamente; Jay podia perder o controle de suas próprias idéias e falar descuidadamente com muita gente quando ficava entusiasmado com algo. Pouco antes, tínhamos nos retirado de negociações para comprar a divisão de consultoria da Price Waterhouse Coopers (PWC). Nossas discussões tinham vazado para a imprensa, e fomos forçados a debater nossa lógica de aquisição em público. Como de hábito, havia muita desinformação, especialmente em relação ao preço que estávamos dispostos a pagar. Eu me afastei repetidamente das discussões, com o preço caindo de 16 bilhões de dólares para 3 bilhões. Embora a administração da PWC estivesse ansiosa para fazer o negócio, e a oportunidade de agregar capacidade de consultoria teoricamente fosse atraente, exames detalhados revelaram que não poderíamos efetivamente manter e integrar o patrimônio da PWC em pessoas. Além disso, o desempenho financeiro deles estava em queda, e eu acreditava que o setor de consultoria iria passar por uma grande mudança estrutural. Os preços iriam disparar, os ciclos de venda se tornariam mais longos e os contratos de consultoria mais curtos à medida que os clientes passassem a cobrar retorno mais palpável por seu investimento em consultoria.

Toda a experiência me convenceu de que nunca mais poderíamos negociar em público. Se faríamos uma grande aquisição, teríamos de conduzir nossas negociações em absoluto segredo durante meses. Dei a Jay todas as razões porque tal acordo não fazia sentido, e queria que ele tivesse consciência de como aquilo poderia ser difícil. Jay reagiu vigorosamente e me deu todos os motivos pelos quais ele e Dick consideravam aquele o passo certo. No final de uma conversa acalorada, concordamos com três coisas: não poderíamos pensar na Compaq isoladamente — precisávamos avaliar um negócio como esse considerando um grande conjunto de alternativas estratégicas; a Compaq era grande demais para ser procurada de forma leviana — necessitávamos de conversas detalhadas no conselho sobre tudo, de preço a integração, e poderíamos concluir, a qualquer momento dessas deliberações, que a Compaq era a decisão errada. Assim, esperaríamos que a Compaq nos procurasse. Eu disse a Jay que não tomaríamos a iniciativa, nem deveríamos, pois estava convencida de que o CEO da Compaq iria até nós.

Eu estava observando a Compaq havia um ano. Em dezembro de 1999, após a primeira reunião de analistas em que declaramos o fim da era dos produtos simples e anunciado nossa intenção de oferecer infra-estrutura *on-line*, e aplicações conectadas e serviços, vi a Compaq adotar praticamente a mesma linguagem e a mesma estratégia. Sabia que embora eles estivessem concorrendo com a Dell no setor de computadores, a Compaq estava melhor que nós no mercado comercial e nos derrotando de forma esmagadora no setor em crescimento acelerado de servidores. A Compaq adquiriu a Tandem e a DEC, que deram a eles um valioso patrimônio em computação de ponta e serviços. Eu sabia que tanto a queda econômica cíclica quanto as mudanças estruturais no setor de tecnologia perturbariam a organização deles ainda mais do que a nossa, porque o catálogo deles não era tão diversificado quanto o da HP, de modo que sua posição no mercado, seu desempenho financeiro e o preço de suas ações cairiam mais rapidamente que o nosso. Eles precisavam mais de nós do que nós deles, portanto, esperaríamos que eles nos procurassem. Eu tinha me encontrado diversas vezes com Michael Capellas e sentia que podíamos trabalhar juntos. E embora tivesse argumentado insistentemente com Jay, sabia muito bem que uma combinação com a Compaq fazia sentido. Tinha pensado assim durante um ano. E também sabia que a organização ainda não era capaz de dar esse passo.

Em janeiro de 2001, fui ao conselho e disse que todo o setor de tecnologia iria sofrer uma grande pressão. Isso representava uma oportunidade para a HP, e precisávamos estar preparados para ela. Iríamos contar com a consultoria estratégica de McKinsey & Company e estudar um grande leque de opções estratégicas, incluindo aquisições em setores de impressão, serviços e computação, bem como uma divisão da empresa. Começaríamos a deliberar imediatamente, porque precisaríamos estar prontos quando recebêssemos o telefonema fundamental da Compaq. Para mim, estava claro desde o início: eu não recomendaria ao conselho um rumo a seguir. O conselho precisava chegar a um consenso sobre duas questões. Tínhamos o patrimônio necessário para atingir nossas ambições? Caso não, qual era a melhor alternativa? Eu também fui clara sobre duas outras coisas. O absoluto segredo de nossas deliberações era fundamental. E fazer um negócio — mesmo um grande negócio — é fácil, comparado com fazer o negócio funcionar. Muitas pessoas pegam a febre do negócio — excitação, adrenalina e egos envolvidos em negociações que podem prejudicar o julgamento e o bom senso. A febre dos negócios faz com que pessoas normalmente sensatas paguem muito e planejem pouco. Assim, insisti em que, antes de chamarmos banqueiros para a mesa, teríamos de saber claramente como levar a cabo nossa decisão e ter um plano detalhado de como integrar ou abrir mão do patrimônio.

Como eu previra, Michael Capellas telefonou. Ele e Shane Robison — seu principal executivo de tecnologia — queriam fazer uma visita para discutir uma cooperação em pesquisa e desenvolvimento de produto. Como os gastos em tecnologia continuavam a despencar, todos estavam buscando formas de reduzir os custos em pesquisa e desenvolvimento sem sacrificar suas posições no mercado. Ao final de um encontro cordial, Michael pediu para falar comigo em particular. Sem preâmbulos, ele disse:

— Carly, eu acho que a HP deveria adquirir a Compaq. A HP seria a marca sobrevivente, a sede seria em Palo Alto, e você poderia ser a CEO.

Era uma forma surpreendente de abrir uma negociação. Ele tinha acabado de abrir mão de grande margem de manobra.

Sem comentar a questão específica, perguntei:

— Michael, sua diretoria sabe que você está aqui e fazendo essa sugestão?

Ele me assegurou que sua diretoria estava de acordo. Vários anos antes, quando eu ainda estava na Lucent, a diretoria da Compaq tinha me dado um lugar no conselho. Eu sabia que um dos membros do conselho, Larry Babbio, da Verizon, tinha feito a recomendação inicial. E fiquei pensando por que eles permitiriam que seu CEO abrisse mão de tanto na primeira conversa.

De janeiro até 4 de setembro de 2001 (dia em que anunciamos ao mundo o negócio com a Compaq), havia três coisas acontecendo simultaneamente. Primeiro, a diretoria estava mergulhada em detalhadas deliberações quanto aos próximos passos da Hewlett-Packard. Em segundo lugar, membros selecionados da equipe administrativa e eu estávamos mergulhados em discussões e negociações com nossos equivalentes na Compaq. E, finalmente, eu estava preparando a organização para enfrentar a tempestade de uma queda na economia. Embora houvesse muita conversa no mercado sobre a recuperação econômica estar ao alcance da mão, eu sabia que precisaríamos estar preparados para um longo declínio. A HP nunca havia perdido dinheiro em um trimestre. Para evitar perdas, deveríamos, mais uma vez, cortar dramaticamente nossa estrutura de custos. Teríamos de afastar muita gente.

Um dos grandes mitos da HP era o de que os funcionários nunca perdiam seus empregos. A verdade era que Bill e Dave demitiam pessoas quando achavam que era merecido. Alguns, que se lembravam mais dos fatos que dos mitos, sabiam que Dave era conhecido por dizer: "Se você não pode fazer o serviço, eu encontro alguém que pode". Fábricas eram fechadas e transferidas, quando necessário. O sistema de avaliação de funcionários, há muito implantado, tinha cinco níveis de desempenho, incluindo Superior, Excelente, Satisfatório, Necessidade de Melhoria e Insatisfatório. Ao ser introduzido, havia uma clara expectativa de que um determinado percentual da força de trabalho sempre estaria nas duas últimas categorias.

De alguma forma, a atenção intransigente dada ao mérito, à excelência e ao desempenho desapareceu na névoa do tempo. A forma aceitável de lidar com condições econômicas mais difíceis era todos concordarem com um corte generalizado de salários ou menos horas de trabalho. Embora esses métodos tenham seu valor, e sejam ferramentas que eu também utilizo, as questões fundamentais de produtividade e estrutura geral de custos também precisam ser enfrentadas, e na HP essas questões não eram levantadas havia bastante tempo. O sistema de avaliação de funcionários já não produzia uma curva de desempenho com a forma de um sino. A imensa maioria dos funcionários sempre acabava nas duas primeiras categorias. Havia muito poucos com desempenho satisfatório e praticamente nenhum cujo desempenho fosse classificado como necessitando de melhorias ou insatisfatório. Mesmo quando o negócio enfrentou problemas nos bons e velhos anos 1990, a imensa maioria dos administradores estava fazendo um trabalho Superior ou Excelente. Esse tipo de descompasso pode indicar duas coisas: ou as pessoas não estão fazendo o trabalho certo, ou os critérios de desempenho se tornaram relaxados demais.

Os funcionários sabiam que isso era um problema. Quando eu cheguei, continuamos a fazer regularmente a pesquisa com os empregados, o que tinha se tornado uma comprovada ferramenta administrativa. Em 2000, 82% do pessoal disse que a administração não estava conseguindo lidar com o baixo desempenho. A percentagem não tinha variado muito ao longo da década, mas ainda assim a organização continuava classificando todo mundo acima da média. Administradores e funcionários que realmente não estavam tendo o desempenho esperado (e apesar das classificações, todos em uma organização sempre sabem quais são essas pessoas) eram transferidos de uma organização para outra, se possível, ou então simplesmente tolerados. De fato, se um setor específico estava em busca de novos funcionários e de novas habilidades, a prática aceita era primeiro recrutar internamente. Essa prática, com freqüência, significava que os funcionários de pior desempenho e menos qualificados eram transferidos para essas funções. Não era aceitável demitir alguém por um desempenho ruim e, ao mesmo tempo, contratar alguém de fora. Era a institucionalização da incapacidade de enfrentar questões difíceis diretamente. Todos eram legais, todos davam apoio, e a questão do desempenho não era abordada. Todos tinham empregos seguros, mas ninguém questionava se alguém não deveria ter.

Em épocas economicamente difíceis, quando a maré baixa, todas as fragilidades de uma empresa vêm à tona. Nesse sentido, uma queda pode ser uma ferramenta administrativa útil. Questões que estavam escondidas já não podem ser ignoradas. Para a HP, "legal" não era suficiente. Tínhamos de ser francos. Eu falei com a equipe de administração e a organização como um todo sobre a necessidade de contar a verdade. Falei muito sobre a necessidade de olhar no espelho, ver a verdade, falar a verdade e agir com base nela. Eu disse que o respeito pelo indivíduo significava falar a verdade: se o desempenho de alguém não estava à altura, deveríamos dizer. Tínhamos a obrigação de dar às pessoas a chance de melhorar, mas se não houvesse melhorias, tínhamos de agir. A incapacidade de enfrentar a verdade e agir era um desserviço aos empregados que estavam realmente contribuindo.

Construir um ambiente em que as pessoas possam dizer a verdade exige esforço, especialmente se o confronto não é a norma. Esse esforço tinha de começar por mim, e pelo modo como eu interagia com minha equipe administrativa e os funcionários em geral. Naquela primeira reunião de administração em Seascape, tinha ficado claro que eu interagia e processava informações de modo diferente dos antigos administradores da HP. Fui criada debatendo com meu pai na mesa de jantar, e possuía um passado de anos na cultura pesada e combativa de Network Systems e Lucent. Precisava debater e dialogar com os outros para testar meu próprio raciocínio e tomar uma decisão. Eu testava as convicções e opiniões dos outros, atacando seus argumentos e vendo com que disposição eles os defendiam. Quando desafiadas, as pessoas desistem de suas próprias visões ou as defendem? Quando pressionadas, as pessoas oferecem mais informações para sustentar sua posição ou simplesmente repetem a mesma coisa em voz mais alta?

Logo aprendi que não era assim que as pessoas funcionavam na HP. Assim, adotei diversas técnicas para ensinar a capacidade de um debate honesto e um diálogo franco, que precisávamos aprender para reuniões administrativas e reuniões de diretoria. Esforcei-me para relembrar às pessoas como eu funcionava. "Eu preciso de muito debate para raciocinar e decidir. Se eu os questionar, fizer uma afirmação que os contradiga ou uma pergunta em resposta a uma pergunta de vocês, não necessariamente estarei discordando ou decidindo. Estarei pensando em voz alta. Estarei tentando garantir que discutimos todos os lados do problema." Considerando que posso ser ótima no debate, e pela minha posição na empresa, em reuniões administrativas eu possuía mais poder que qualquer outro na sala. Portanto, era importante lembrar aquilo para que as pessoas se sentissem desafiadas e participassem, e não ficassem intimidadas e silenciassem. Também sempre tentei deixar claro quando ainda estávamos discutindo, de modo que as pessoas não supusessem que estávamos chegando a uma decisão antes do momento certo.

Sei que, em certos momentos, sem querer, intimidei as pessoas. Executivos seniores e certamente membros da diretoria são pagos para serem informados, terem opiniões sensatas e defendê-las, mas nem todos se expressam bem nos debates. Felizmente, a solução de problemas e a tomada de decisões exigem uma compreensão da concordância e discordância das pessoas. Eu sempre me assegurei de que, ao final de cada reunião, resumia os pontos em que concordávamos, nossas perguntas, bem como nossos próximos passos. Freqüentemente, esse resumo era feito por escrito, no cavalete que tínhamos em nossa sala de reunião, ou eletronicamente em um PC. Se o objetivo da discussão é levar a uma decisão e uma ação, o esclarecimento é importante, mas freqüentemente esse processo também produz comentários e participação daqueles que não se envolvem em um debate.

Sempre que possível, assim que os fatos são apresentados e há uma discussão, é preferível uma decisão consensual. Em reuniões administrativas e reuniões da diretoria, eu sempre pedia que cada pessoa desse sua opinião e a decisão que tomava. Todos deviam ter a oportunidade de falar e de ser ouvidos, e pessoas que conquistaram o direito de se sentarem a uma mesa em que decisões são tomadas não devem ficar em silêncio. Se todos concordam, a decisão é clara.

Por outro lado, a incapacidade de chegar ao consenso não pode impedir o progresso quando uma decisão precisa ser tomada. Executivos responsáveis que respeitam o processo de tomada de decisões defenderão a decisão, a apoiarão e a executarão.

Em um negócio, há milhares de decisões que são tomadas diariamente que não envolvem, nem devem envolver, o CEO. Porém, as decisões que chegam ao Conselho Executivo chegam até ali por uma razão. Nós fomos claros quanto aos tipos de decisões que precisavam ser tomadas pelo conselho: as questões da Estrutura de Liderança para a corporação. Qual a nossa estratégia? Como organizamos a empresa? Como avaliamos e como recompensamos? Que tipos de cultura e comportamento estamos criando? Algumas vezes, por suas próprias razões, as pessoas pediam que eu tomasse uma decisão fora do processo de tomada de decisões que tinha sido acertado, mas eu levava todas essas decisões ao conselho. Afinal, eu estava tentando ensinar os executivos a usarem seus chapéus HP, assim como tentando criar líderes a partir de administradores de negócios. Normalmente, chegávamos a um consenso. Quando não conseguíamos, o que às vezes acontecia quando se tratava dos detalhes do novo desenho estrutural ou do processo de definição do orçamento anual, eu pedia a opinião de todos e depois decidia. Na diretoria, com exceção de minha última reunião em fevereiro de 2005, todas as decisões foram tomadas por unanimidade.

Algumas vezes, as questões chegavam ao Conselho Executivo simplesmente porque era difícil demais que outros as resolvessem sozinhos. Quantas pessoas teríamos de dispensar naquele verão de 2001 era uma dessas decisões terríveis com que as pessoas em níveis inferiores da organização simplesmente não estavam preparadas para lidar. No final de 2000, iniciamos o trabalho difícil de pedir aos administradores que usassem o sistema de avaliação de desempenho da forma como ele tinha sido originalmente projetado. O objetivo era forçar uma curva de distribuição em forma de sino para que pudéssemos identificar e lidar com aqueles empregados que tinham sido classificados como Insatisfatório ou Necessitando de Melhoria, recompensando os funcionários do tipo Superior adequadamente. Abandonaríamos a postura maternal de distribuir classificações e gratificações por mérito por toda a organização. Os administradores deveriam avaliar o desempenho do funcionário honestamente e sustentar sua decisão. Aos poucos, aprenderíamos a ser novamente uma meritocracia.

Nós não criamos nada de novo: simplesmente começamos a usar o sistema existente de modo rigoroso, como era o objetivo inicial. Ainda assim, isso causou polêmica. Embora muitos administradores e integrantes da diretoria estivessem encantados por finalmente estarmos lidando com o que tinha se tornado uma clara mediocridade, para muitos outros isso era prova de que eu não tinha compaixão pelos empregados e estava destruindo o HP Way. Como a questão era polêmica, alguns administradores não aceitavam e defendiam a decisão. Sabendo que eu não voltaria atrás, eles explicavam as coisas com "Carly diz...". Alguns publicaram na imprensa que eu tinha "importado" um novo sistema de avaliação de desempenho para a HP e que não tinha respeito pelos fundadores. Eu era fria.

A polêmica aumentou, claro, quando ficou evidente que muitos dos nossos funcionários de pior desempenho teriam de deixar a empresa. No final da primavera de 2001, concluímos que tínhamos de cortar milhares de funcionários da folha de pagamento. No final, 6 mil foram demitidos em agosto. Tínhamos implantado programas de aposentadoria precoce no ano anterior para equilibrar a força de trabalho, mas isso era diferente. Foi um grande trauma para a organização. Não apenas estávamos pedindo que os administradores encarassem o desempenho ruim pela primeira vez em muitos anos, como também que tirassem os empregos das pessoas. As duas coisas são sempre difíceis, mesmo para os administradores mais experientes. Nunca é fácil mudar a vida e o modo de vida de alguém. No caso da HP, a maioria dos administradores literalmente não sabia como lidar com a situação. Sua inexperiência somava-se à emoção: na maioria dos casos, grupos de trabalhos operavam juntos havia anos. Gerentes e funcionários eram amigos e vizinhos, além de colegas de trabalho. As pessoas tinham trabalhado ombro a ombro durante muito tempo e viam umas às outras regularmente fora do trabalho. Por isso, as pessoas optavam pela cordialidade em detrimento da franqueza — o que tornava a vida de todos mais fácil, mesmo prejudicando o desempenho da empresa.

Talvez tivesse sido mais fácil adiar as dispensas até termos feito o anúncio do negócio com a Compaq. Afinal, havia tanta controvérsia em relação ao negócio que a dispensa de 21 mil pessoas em vez de 15 mil provavelmente não teria alterado muito a dinâmica. Mas eu não pude me dar ao luxo de esperar. Para começar, naquele verão de 2001 ainda não estava claro se deveríamos ou poderíamos fechar o negócio. Em segundo lugar, uma decisão de não agir rapidamente teria resultado em perdas para a HP, e eu estava determinada a não ser a primeira CEO a produzir um prejuízo para a empresa em 60 anos. Finalmente, esse era um comportamento que a organização tinha de aprender, de preferência mais cedo que mais tarde. Independentemente do que acontecesse com a economia ou com o acordo, a equipe de administração da Hewlett-Packard tinha de aprender como administrar desempenho e produtividade. Aprenderíamos novas habilidades, e entre elas uma das mais importantes era a capacidade de olhar as pessoas de frente e dizer a elas que o seu desempenho estava ruim ou que elas estavam sendo eliminadas. Simplesmente faz parte do processo de conduzir um negócio de modo eficiente.

Eu não acredito em prolongar a dor de uma organização. Se você tem de dispensar pessoas, conte a elas o mais rapidamente possível; não permita que os boatos corram durante meses enquanto as pessoas se preocupam e imaginam se estão na lista. Também não acredito em humilhá-las. Você não precisa dar a elas um cartãozinho e acompanhá-las até a porta. Todos merecem dignidade e um toque de humanidade. Todos, mesmo aqueles que precisam sair, deram uma contribuição, mesmo que essa contribuição já não seja necessária ou adequada.

Todos devem ser tratados com respeito, e parte desse respeito é dizer a verdade com compaixão, pessoalmente, em vez de se valer de um pedaço de papel para dar a má notícia. Outra parte do respeito é oferecer às pessoas os meios e o tempo de que precisam para dar o passo seguinte em sua vida. Naquele verão, eu cheguei à conclusão de que precisávamos de ajuda profissional para fazer as dispensas com rapidez e dignidade. Contratamos uma firma para preparar nossos administradores para enfrentar seus funcionários e também para dar aconselhamento pessoal e assistência profissional aos que iriam deixar a empresa. Demos às pessoas tempo para que elas se despedissem dos colegas e encerrassem seus negócios antes de partir, além de oferecermos indenizações generosas — muito mais generosas do que a maior parte do setor, e mais generosas que as de nossos colegas na Agilent. Eu recebi muitos *e-mails* de funcionários que tinham perdido seus empregos e ainda assim encontraram tempo para me agradecer pela ajuda de qualidade que tínhamos oferecido. Recebi esse tipo de *e-mail* durante toda a minha administração, porque mantivemos o programa de assistência em vigor para todos os que perdessem o emprego a partir daquele momento.

Aquele verão doloroso, quando estávamos pedindo sacrifícios às pessoas, cortando postos de trabalho e, ao mesmo tempo, estudando uma grande fusão, também foi uma oportunidade de demonstrar que os funcionários podem fazer perguntas difíceis ao CEO e receber respostas diretas. Era outra parte muito importante de ensinar a organização a ver a verdade e dizer a verdade. Eu sempre encorajei muitas perguntas em meus cafezinhos com os funcionários, e agradecia às pessoas quando elas faziam aquelas perguntas difíceis que estavam na cabeça de todos. Quando as pessoas vêem que podem levantar questões difíceis sem serem punidas, essa é uma mensagem importante. E um líder tem de dizer a verdade, mesmo que não seja o que as pessoas querem ouvir.

Assumir o risco em dizer a verdade é parte do trabalho do CEO. Há algumas coisas que eu deveria ter feito de modo diferente. Provavelmente, deveria ter esperado mais algumas semanas e dado aos administradores um pouco mais de tempo para identificar as pessoas que teriam de sair. Talvez, em minha ânsia por rapidez eu tenha sacrificado uma aceitação mais ampla da decisão, assim como tenha subestimado a capacidade das pessoas de fazer o que precisa ser feito. Ainda assim, também é verdade que para muitos simplesmente era mais fácil culpar a nova CEO e inventar um novo apelido: Carly serra elétrica. O apelido pegou quando os filhos dos fundadores começaram a lutar contra a fusão com a Compaq; minha disposição de sacrificar empregos era um claro indício de meu desprezo pelo legado de seus pais. Ironicamente, muito tempo depois, alguns disseram que eu tinha sido demitida porque não conseguia cortar cabeças e cortar custos. Aparentemente, para alguns eu era dura demais, e para outros, suave demais.

Sempre será trabalho do CEO fazer as pessoas olharem para cima e se concentrarem no que é necessário e no que é possível. O trabalho do líder é sentir, antes dos outros, o perigo e a oportunidade, e liderar a organização para que ela se adapte a ambos. Com o tempo, a organização se torna mais forte e amadurece. Em 2002, os administradores sabiam que conseguir as melhores estruturas de custos fazia parte do trabalho deles, de modo que houve mais cortes de vagas em 2002, 2003 e 2004, além das planejadas (e depois levadas a cabo) para 2005.

No verão de 2001, tivemos nossas sessões de estratégia programadas com a equipe de administração ampliada. Estava claro para todos que nosso negócio de PCs não estava no rumo da liderança, nem nosso negócio de servidores-padrão da indústria. Éramos dependentes demais da Microsoft e da Intel, mas negociávamos com eles em posição de fraqueza, já que nosso volume não era suficiente para que tivéssemos o mesmo poder de barganha da Compaq ou Dell. Nosso setor de serviços ainda não tinha credibilidade nem volume, embora tivéssemos dado mais atenção a ele, pedindo que Ann Livermore liderasse os esforços. No final da sessão, levantei-me e reiterei essas observações, bem como as outras a que tínhamos chegado em nossos dois dias de reuniões. Então concluí, dizendo:

— O setor em que estamos concorrendo está se tornando mais difícil. Apenas os mais fortes irão sobreviver e prevalecer. Estamos travando batalhas demais em muitas frentes, sozinhos. Precisamos de mais aliados, ou de menos batalhas.

Embora eu não pudesse dizer nada claramente, estava tentando preparar a organização para o que poderia acontecer.

Eu gostaria de ter sabido preparar melhor a organização para a fusão. Talvez devesse ter sido mais explícita acerca dos perigos potenciais que enfrentávamos e nossas vulnerabilidades no momento, de modo que, quando anunciássemos a fusão com a Compaq, as pessoas a recebessem com alívio, não com choque. Mas, e se não tivéssemos fechado o acordo? O que nossos investidores e clientes teriam concluído se tivéssemos destacado nossos problemas e não oferecido soluções? Como nossos concorrentes teriam se valido de nossa exposição? E como os empregados poderiam continuar seguindo em frente se sua líder dissesse a eles que não sabíamos como chegar ao nosso destino?

Na reunião de maio de 2001, a diretoria tinha chegado ao consenso de que não iríamos dividir a empresa em dois negócios: de computação e imagem. Ela também concluíra que, caso fizéssemos uma grande aquisição, o que de modo algum era claro no momento, provavelmente seria em tecnologia de computação (e não em imagem ou serviços, por exemplo). A aquisição da Compaq era uma alternativa que deveríamos continuar estudando detalhadamente, embora ainda não houvesse um acordo sobre se ela fazia sentido. A partir de então, a diretoria iria discutir os dois lados da moeda Compaq: a estratégia e a execução. Se não pudéssemos integrar de forma eficaz linhas de produtos, o negócio não teria valor para nós, por mais impecável que a lógica fosse. Assim, marcamos muitas sessões especiais da diretoria, e eles debateram os detalhes de planejamento de produtos e estrutura organizacional com o mesmo rigor com que debateram a economia da indústria de PCs. Os membros da diretoria fizeram perguntas difíceis sobre a probabilidade de conseguir a sinergia de custos que poderia resultar da combinação, bem como sobre o caráter dos executivos que estaríamos adquirindo da Compaq. Na época em que tomamos a decisão final e a anunciamos, a diretoria iniciou uma discussão detalhada de todos os temas, de em quais cadeiras os executivos se sentariam até que fatia do mercado de servidores-padrão da indústria perderíamos na Europa. Todas as vozes foram ouvidas, e todos os votos, em todas as decisões, incluindo o último para consumar o acordo, foram unânimes e dados uma pessoa por vez. Era a única forma responsável de fazer uma escolha que iria mudar para sempre a face da empresa e do setor.

A preparação para nossos encontros era rigorosa, a presença obrigatória, e era pedida participação. Os membros da diretoria da Hewlett-Packard tinham suas próprias preocupações. Pattie Dunn queria ter a certeza de que tinha sido estudada plenamente a opção de dividir a empresa em imagem e computação. Ela depois observou que esperava que usássemos o negócio com a Compaq como uma oportunidade de "parar de falar sobre HP Way de uma vez por todas". Sam Ginn e Bob Knowling eram os mais céticos, e estavam muito preocupados com o negócio de PCs. Jay Keyworth não falou muito nas reuniões, mas sua tendência tinha ficado clara para todos desde o início. Dick estava muito concentrado nos detalhes da concepção de produtos e na perda de fatias de mercado que poderíamos enfrentar ao unir linhas de produtos. Phil Condit estava preocupado com integração cultural, e identificava uma grande oportunidade de desenvolvimento de liderança.

Bob Wayman foi surpreendentemente entusiasmado quase que desde o início. Na primeira vez em que ele e eu nos encontramos com Jeff Clarke, o CFO da

Compaq, e Michael Capellas, eles deram uma idéia nos números que poderíamos atingir por intermédio da combinação. Bob declarou que os números eram "impressionantes" e nunca olhou para trás. Em agosto, Walter Hewlett expressou sua preocupação de que a empresa combinada poderia ser grande demais para crescer. (Essa era a premissa original que tinha levado à criação da Agilent. Lew Platt tinha postulado que a HP era grande demais para administrar e crescer.) Naquele momento, levamos os banqueiros para a diretoria e pedimos a eles que fizessem um estudo sobre as relações entre tamanho e aumento do faturamento e do valor das ações. Revelou-se que, com exceção do período do *boom* das ponto-com, empresas maiores como GE e IBM tiveram um desempenho melhor ao longo do tempo do que muitas empresas menores. Um grande conjunto de capacidades, combinado com uma presença global, permitira às empresas enfrentar quedas na economia e prevalecer em mercados fortes. Um bom fluxo de caixa e uma estrutura de capital sólida dava às grandes empresas a força e os recursos para investir a longo prazo. Quando o estudo foi apresentado, Walter Hewlett o considerou esclarecedor, e suas preocupações diminuíram. Ao longo de todos os nove meses de deliberação, a pessoa mais quieta na diretoria sempre foi Walter Hewlett. Ele também foi o único dos membros da diretoria a faltar às reuniões.

Durante aqueles muitos meses, minha maior preocupação era com a execução. Eu sabia que um catálogo de produtos maior e mais completo, uma economia de escala mais favorável, liderança de mercado e porte para atender melhor a nossos maiores clientes, além de negociar como iguais com nossos principais parceiros, particularmente Microsoft e Intel, se combinavam para criar um convincente exemplo estratégico. Eu também sabia que a estratégia poderia não servir de nada se não conseguíssemos integrar com sucesso as duas empresas. Assim, começamos a conceber um plano detalhado de integração em maio, e no dia em que anunciamos o negócio sabíamos exatamente quem iria comandar nossos esforços de integração, como o faríamos e quanto valor iríamos agregar. No final de julho, eu estava convencida de que realmente conseguiríamos integrar as empresas, embora nunca tivesse sido tentado nada daquela magnitude. Porém, outros setores, como o farmacêutico, de energia, aeroespacial, telecomunicações e bancos, tiveram sua cota de enormes fusões e integrações bem-sucedidas, e isso servia de lição para nós. Quando a Compaq adquiriu a DEC e a Tandem, eles tinham aprendido muito sobre o que funciona, especialmente o que não funciona, e também estudamos essas lições. Além disso, testamos e estudamos as suposições e os detalhes de nosso plano de integração com tanto cuidado, e sido tão conservadores em nossas expectativas, que eu achava que estávamos de olhos bem abertos para as armadilhas e preparados para os riscos.

À medida que a diretoria se aproximava de sua decisão final e os banqueiros se envolviam, concluí que aquilo de que mais precisávamos era realismo. Nossa diretoria precisava compreender como aquilo seria realmente difícil. Estava claro que o mercado não compreendia o que estava acontecendo no setor de tecnologia. No verão de 2001, nenhum dos analistas de Wall Street falava de mudanças estruturais no setor. Ninguém estava concentrado em que a consolidação seria o passo seguinte natural em um setor que nunca voltaria a crescer cinco vezes mais que o PIB. (Quando eu disse pela primeira vez, publicamente, que o setor de tecnologia teria de se consolidar e que provavelmente seria um setor com uma taxa de crescimento de duas vezes o PIB, meus comentários em geral foram descartados como justificativa para um negócio mal concebido.) Portanto, pedi aos banqueiros que fossem firmes com a diretoria em suas avaliações da reação do mercado a uma combinação entre HP e Compaq. Eles previram uma queda no valor das ações de 20% (acabou sendo de 23% no dia do anúncio).

Quando me reuni com a diretoria da Compaq em Nova York, em agosto, estava igualmente preocupada com o realismo. Comecei a participar da reunião imediatamente depois de uma apresentação feita pelos seus banqueiros. Alguns dos folhetos usados durante a apresentação ainda estavam abertos sobre a mesa, e pelo que pude ver ficou claro que tinham dito à diretoria da Compaq para esperar um grande aumento no preço das ações quando o negócio fosse anunciado. Iniciei minha apresentação mostrando a natureza das deliberações às quais a diretoria da HP estava se entregando, e falei do que pensávamos sobre estratégia e execução. Partilhei nossa visão de colocação de produtos e perda de fatias de mercado, de manutenção de clientes e reação competitiva. E, então, disse:

— Eu quero deixar claro que o mercado irá odiar este negócio, ele não irá entender, tampouco nos recompensar por ele. As nossas ações irão cair. Nós teremos de convencê-los de que fizemos a coisa certa, e isso levará tempo. Wall Street ainda não entende o que está acontecendo neste setor.

Acho que a maior parte da diretoria acreditou que eu estava negociando. Naquele momento, eles estavam claramente entusiasmados com a possibilidade de acordo. O que quer que pensassem, meu trabalho era me manter sóbria e realista, e eu sabia que a reação do mercado seria feia. Procurei dizer isso de todas as formas possíveis.

Aquela foi minha apresentação aos membros da diretoria que iriam se juntar à diretoria da HP assim que a fusão fosse concluída. Tom Perkins tinha trabalhado na Hewlett-Packard antes de sair para criar a Kleiner Perkins, uma firma de investimentos. Ele ficou extremamente rico como resultado de seu sucesso. Tom adorava tecnologia, mas se aborrecia com as outras complexidades do negócio. Larry Babbio era um administrador objetivo e trabalhador com grande experiência operacional. Como Sam Ginn, Larry tinha crescido na indústria de telecomunicações. Lucy Salhany vinha da indústria de entretenimento e tinha uma empresa de consultoria, a JH Media. Sandy Livack, advogada, tinha integrado o conselho geral da Disney. Havia outras pessoas na diretoria da Compaq, mas esses quatro, além de Michael Capellas, iriam se juntar à diretoria da HP.

Após estudar todos os detalhes de execução e integração e ter a certeza de que estávamos sendo o mais realistas possível em todos os aspectos do desafio, eu estava feliz por termos adotado o processo de tomada de decisões de alta qualidade e podermos escolher tendo em mente, bem claros, todos os fatos e riscos. A única incógnita eram as pessoas. Eu estava nervosa com Peter Blackmore, um executivo da Compaq que tinha recebido a promessa do cargo de novo executivo-chefe de operações. A Compaq insistia em um papel importante para Peter, mas eu tinha dúvidas de que ele pudesse dar conta. Expressei minhas reservas à diretoria da Compaq (e depois, várias vezes, à diretoria da HP), mas eles insistiram em que ele era qualificado; Tom Perkins era o mais intransigente defensor de Peter. Porém, a carta mais enigmática era Michael Capellas.

Michael era temperamental e incoerente. Ele podia concordar com algo um dia e objetar veementemente no outro. Podia ser encantador e concentrado, deprimido e desligado, ou rude e agressivo. Apesar de sua iniciativa de se oferecer para deixar o cargo de CEO em nosso primeiro encontro, ele parecia mais interessado em seu próprio título e em sua posição que em qualquer outra coisa. Nós gastamos várias horas nesse tema, e ele diversas vezes interrompeu as negociações quando não ficou satisfeito com as relações hierárquicas. Eu compreendia que seu emprego fosse importante para ele, mas ele parecia obcecado com isso, e freqüentemente mudava de idéia sobre o que realmente queria. Na metade do verão, eu disse à diretoria da HP que nosso maior problema com a integração seria Michael. Disse, ainda, que iria trabalhar duro para que ele fosse um sucesso, mas que precisávamos estar preparados para afastá-lo da empresa em um ano. Pedi a Bob Wayman e a nosso conselheiro externo, Larry Sonsini, que se envolveu profundamente com Michael durante as negociações, que dessem à diretoria seu ponto de vista. Eles foram igualmente diretos, dizendo que seria um grande problema. Gastamos muito tempo discutindo esse assunto na diretoria, porque não podia haver ilusões quanto ao executivo com o qual estávamos nos envolvendo. Finalmente concluí uma dessas conversas, dizendo:

— Michael é como a garotinha que tem um cacho de cabelo caído no meio da testa. Quando ele é bom, é muito bom, e quando é mau, é horrível.

Eu descobriria que os executivos da Compaq conheciam bem esse padrão e contavam uns aos outros se naquele dia quem estava trabalhando era o Michael "bom" ou o Michael "mau".

No final de julho, eu sabia que teria de apresentar meu ponto de vista. Era ou não a favor do negócio? Certa noite, voando para casa após uma longa viagem, conversei com Frank sobre meu processo de decisão. Eu sabia que a lógica estratégica era clara, que podíamos executar e que os números eram verdadeiros, mas ainda hesitava em abraçar plenamente o negócio. Frank me perguntou:

— Você consegue fazer?

— Sim.

— Você deve fazer?

— Sim.

— A diretoria quer fazer?

— Sim.

— Então, por que você não está entusiasmada para fazer?

— Porque será inacreditavelmente feio. Será um choque enorme, e uma batalha do início ao fim. Teremos uma batalha no mercado, porque as pessoas não compreendem como isso é necessário, e dentro da empresa, porque teremos de dispensar dezenas de milhares de pessoas.

Eu sabia que levar a cabo aquela fusão iria exigir muita habilidade, energia, entrega e vontade. A integração seria dura; vender o acordo seria duro; lidar com as emoções das pessoas, enquanto elas compreendiam plenamente o que tudo aquilo significava, seria duro. Mesmo depois de termos anunciado o negócio, não receberíamos a aprovação imediata das autoridades para seguir em frente, então continuaríamos agindo como uma empresa independente. Isso seria duro porque as pessoas estariam distraídas pelo que elas sabiam que estava por vir e porque nossos concorrentes diriam que éramos fracos e estávamos ocupados demais com a integração para atender os clientes.

Mesmo nas melhores circunstâncias, as pessoas vacilariam, questionariam e pensariam duas vezes. Algumas iriam se opor a nós diretamente. Eu já tinha visto como as pessoas combatem a mudança, e a mudança que estávamos discutindo eclipsava tudo o mais. Assim que a diretoria tomasse a decisão, eu não poderia me dar ao luxo de hesitação, dúvida ou fraqueza, pois teria de ser forte e lembrar às pessoas que tínhamos escolhido nosso destino e que podíamos alcançar nossos objetivos. Eu sabia que convocaria muitos para ajudar a conseguir o que era necessário, que mais pessoas observam e seguem o líder quando os tempos são difíceis, e que nós, com certeza, estávamos nos encaminhando para tempos difíceis.

Quando, finalmente, cheguei a uma conclusão, não estava entusiasmada com um grande negócio, uma empresa ou um cargo maiores, e sim calma porque confiava no processo que tínhamos empregado e em minha própria avaliação, além de ter me preparado para o que estava à frente. Mais uma vez, comecei a rezar o Pai-nosso todas as noites, repetidamente, como fazia quando era menina. Porém, por mais difícil que eu achasse que fosse ser, nunca esperei brigar com as famílias.

CAPÍTULO 26

Luta baixa e suja

Nós anunciamos o negócio no dia 4 de setembro de 2001. O dia começou mal. Alguém vazou toda a história para o *New York Times* e o *Wall Street Journal* na noite anterior. Eu nunca identifiquei a fonte do vazamento, mas obviamente era bem-informada. Talvez quem o fez tenha achado que estava ajudando, mas, como previsto, todos detestaram o negócio. Perdíamos o elemento surpresa e enfrentávamos uma reação hostil antes mesmo de termos uma oportunidade de explicar o contexto de como e por que tomamos a decisão. Ficamos na defensiva desde o início.

O local da entrevista coletiva estava superlotado. Era como se os *flashes* nunca fossem parar de disparar. Michael e eu fizemos nossas apresentações. Embora estivéssemos animados com nossas perspectivas de crescimento, não disfarçamos a necessidade de profundos cortes na força de trabalho. Fomos claros acerca do detalhado planejamento de integração que seria necessário. E quando a primeira pergunta foi feita, ficou claro que não tínhamos convencido ninguém. Muitas das pessoas entraram naquela sala com sua opinião já formada pelo que leram naquela manhã. Além disso, o negócio era uma surpresa absoluta, e muitos analistas se sentiram tolos por não terem percebido nada. No final do dia, apenas um analista, George Elling, do Deutsche Bank, tinha escrito uma nota favorável.

Quando Michael e eu deixamos o palco, eu sabia que a luta estava apenas começando. Nós passaríamos aquela semana em Nova York, em reuniões com o maior número possível de investidores. Senti um alívio por finalmente termos começado. Os nove meses anteriores de análises, negociações e segredo tinham sido difíceis. Pelo menos tudo tinha sido revelado. Tínhamos tomado nossa decisão e podíamos seguir em frente, colocando em prática a decisão. Por mais que a entrevista coletiva tivesse sido difícil, eu estava animada, enquanto Michael estava inquieto. Ele não parava de conferir o valor das ações em seu *handheld*. Como eu previra, ambas estavam despencando. Ele estava chocado; realmente achara que as ações da Compaq iriam valorizar. Além disso, ele achava que seria descrito como o herói desprendido, o raro CEO que sacrificava seu cargo pelo bem maior de sua empresa. Não seria assim. Com o passar da semana, gastei cada vez mais tempo tentando mantê-lo concentrado e otimista. Ele estava obviamente com raiva em nossos encontros com investidores, e parecia cada vez menos convencido de que tínhamos tomado a decisão certa, e igualmente menos convincente em seus argumentos.

Tivemos uma rara dose de apoio naquele primeiro dia, quando caminhávamos para outra reunião com investidores hostis e passamos por um grupo de vendedores da HP. "Grande negócio, Carly! É fantástico! Estamos muito animados." Perguntei por que eles estavam gostando daquilo, quando o resto do mundo parecia estar odiando. "Porque temos mais para vender. Porque nossos clientes gostam disso. Porque isso nos dá força para competir e vencer." Os vendedores entenderam imediatamente, porque eles estavam nas ruas todos os dias, conversando com clientes. Eles sabiam que nossa posição competitiva era melhor que a de qualquer um. E, desde aquele primeiro dia, os vendedores das duas empresas compreenderam o que estava em jogo e o que podia ser conseguido. Agradeci àqueles quatro por seu apoio e disse a eles para partilharem seu entusiasmo com todos que pudessem. Sempre eram as pessoas da HP que me davam força para fazer o que tinha de ser feito.

Após dois dias, todos precisávamos de um intervalo. Estávamos suportando enormes pressões havia meses, e os últimos dias tinham sido realmente difíceis. As pessoas precisavam relaxar um pouco, no dia seguinte seria meu aniversário, então isso pareceu uma boa desculpa para uma reunião no bar na noite de quarta-feira para um pouco de diversão. Brindamos ao negócio e rimos muito sobre as várias pessoas que tínhamos encontrado naquela semana e quantas vezes todos faziam as mesmas perguntas repetidamente, como se fossem os únicos que tivessem pensado nelas. Há sempre algo do que rir, mesmo nos momentos mais difíceis. É especialmente importante ver humor nos momentos difíceis, porque o riso ajuda as pessoas a administrar o estresse. E quando elas descobrem algo do que possam rir juntas, começam a se aproximar. Aquela noite foi o começo da formação de uma só equipe.

Infelizmente, Michael se recusou a se juntar a nós, e, por volta de meia-noite, telefonou para Jeff Clarke e exigiu que ele saísse da festa e fosse para o quarto de hotel de Michael. Jeff deixou a festa nervoso. Na quinta-feira, Michael inesperadamente pediu que eu voasse para o Texas naquela noite na minha volta para a Califórnia, onde eu ainda tinha de fazer outro discurso na manhã seguinte. Eu estava exausta, e o desvio aumentava em cinco ou seis horas um dia já bastante longo; mas achei que era importante reconhecer o gesto de Michael. Eu me reuni com sua equipe administrativa em um jantar suntuoso. Michael brindou ao meu aniversário e disse à sua equipe todas as coisas certas sobre um grande recomeço.

A verdade é que tínhamos comprado a Compaq. A HP era a sócia majoritária da nova empresa combinada; tínhamos mais lugares na diretoria e mais cargos administrativos. Mas desde o primeiro dia, nós tratamos como se fosse uma fusão. O objetivo não era que a Hewlett-Packard encampasse a Compaq, como esta tinha feito com a DEC e a Tandem. O objetivo era usar o melhor das duas empresas para construir algo mais forte e melhor. Poderíamos usar o melhor das duas linhas de produtos, das duas equipes administrativas, das duas culturas. Precisávamos dos DNAs das duas empresas para criar uma nova empresa que pudesse competir e vencer no século XXI, bem como de duas cadeias de DNA para que pudéssemos nos adaptar à paisagem em mutação do setor. E, desde o início, a criação de uma nova cultura era uma parcela tão importante de nossos esforços de integração quanto pesquisa de tecnologia, sistemas de tecnologia da informação ou atendimento ao cliente. Precisávamos do espírito de luta, da agilidade e da disposição de fazer da Compaq, além da atenção dedicada pela HP à qualidade e à integridade. Precisávamos, também, celebrar as histórias de duas grandes empresas e construir um futuro juntos.

Talvez tenha sido essa diluição da história da HP que afastou Walter Hewlett. Embora tenhamos falado muito sobre isso em nossas deliberações na diretoria, ele talvez não tenha prestado atenção suficientemente para perceber que depois daquela mudança não haveria como retornar ao passado. Talvez ele pensou que a lembrança de seu pai recentemente falecido fosse desaparecer rápido demais na nova empresa, especialmente porque os funcionários da Compaq não tinham qualquer ligação histórica com Bill e Dave. Ou talvez ele apenas estivesse sendo usado por advogados e banqueiros que o identificavam como uma boa oportunidade de interromper um negócio impopular, e, no processo, aumentar sua própria riqueza pessoal.

Desde o início, sabíamos que seria muito difícil vender a fusão. O outono de 2001 se revelou o pior momento para vendê-la. Uma semana após o anúncio da fusão, ocorreram os terríveis ataques de 11 de setembro. O mercado se imobilizou e o medo e o pessimismo passaram a reinar. Depois a Enron desmoronou. De repente, a empresa que banqueiros, acadêmicos e sábios da mídia classificaram como modelo de inovação e sucesso no século XXI se revelara uma casca vazia. E, a diretoria que um dia foi classificada como a melhor da América empresarial parecia negligente. Por que nenhum diretor da Enron ergueu a mão e disse "Parem"? O CEO deles, que foi coroado como o melhor repetidas vezes, parecia corrupto ou incompetente. Além disso, a fusão AOL/Time Warner, que inicialmente foi saudada pelo mercado como precursora do que estava por vir, era criticada como exemplo de um grande negócio que deu errado. A integração não estava funcionando.

Apesar desse ambiente, após cinco ou seis semanas de comunicações incansáveis e intermináveis reuniões com investidores, clientes e funcionários, estávamos fazendo progressos de verdade. O valor das ações das duas empresas estava começando a se recuperar. Nossa equipe de integração estava trabalhando. Surpreendi-me no final de certa manhã, quando minha secretária disse que Walter Hewlett estava ao telefone. Ele nunca havia telefonado para mim. Fiquei chocada quando ele me informou, com um tom de voz frio e com um mínimo de palavras, que como acionista da HP ele pretendia anunciar sua oposição à fusão e apresentar seu voto e o de sua Hewlett Foundation contra o negócio. Tenho certeza de que eu estava gaguejando quando perguntei a ele por quê. Pedi desesperadamente uma reunião para que pudéssemos discutir e talvez eliminar suas novas preocupações. O pedido foi recusado sumariamente. Então, solicitei a ele para que esperasse um pouco para reconsiderar sua decisão, dizendo que um acionista não precisava declarar publicamente sua posição antecipadamente. O voto dos acionistas não aconteceria antes de dois meses, e Walter poderia dar o voto de suas cotas naquele momento. Walter se limitou a dizer:

— Eu quis informá-la antes que fizéssemos o anúncio. Faremos isso em cerca de meia hora.

Tive a presença de espírito de pedir que ele esperasse o fechamento dos mercados.

Walter merece o crédito de ter telefonado para mim pessoalmente. Nossa reação pública foi calma e refletida; ainda não sabíamos que tínhamos nas mãos uma batalha pelo controle. Um dos conselheiros de Walter se reuniu em particular com Sam Ginn para convencê-lo a mudar seu voto. Depois, Walter foi a uma reunião da diretoria e pediu que ela "mudasse de idéia". "Não podemos simplesmente desfazer o negócio?", perguntou ele, quase choroso. Diretores responsáveis e pessoas razoáveis não voltam atrás, em alguns dias, de uma decisão que demorou nove meses para ser tomada. Além do claro insulto às deliberações da diretoria que estava embutido em seu pedido, Walter parecia ignorar a realidade de que fizemos uma oferta pelas ações de outra empresa. Estávamos legalmente comprometidos com um rumo; desfazê-lo seria caro, exigiria tempo e seria prejudicial às duas empresas. Também estávamos intelectual e emocionalmente comprometidos.

Eu não sei exatamente quando Walter fez um acordo com seus banqueiros e advogados, nem quando eles decidiram iniciar uma batalha pelo controle. O que eu sei é que os conselheiros foram pagos para matar o negócio. Eles não apresentaram uma alternativa, nem teriam de administrar as conseqüências. Somente o que tinham de fazer era conseguir que a maioria dos acionistas votasse contra a fusão. Se conseguissem fazer isso, ficariam mais ricos em vários milhões de dólares cada um. Se fracassassem, perderiam o dinheiro, embora tivessem sido bem remunerados nesse ínterim.

Tenho certeza de que eles achavam que faziam uma aposta segura. Walter tinha o sobrenome mágico, e convenceria os membros das famílias Hewlett e Packard, bem como suas fundações, a votar contra o negócio. David Woodley Packard se aliou a seu amigo de infância. (A CNBC chegou a confundir David Packard com Dave Packard sênior.) Praticamente, todos os meios de comunicação e os analistas já tinham se unido em oposição à empresa. Naquele momento, todos aqueles comentaristas estavam se tornando aliados entusiasmados de Walter, e pareciam ainda mais inteligentes. Um membro da diretoria também achava que tinha sido uma má idéia!

A idéia era a de que a diretoria da HP era como a diretoria da Enron — preguiçosa e desatenta — e que tinha sido enganada por uma CEO obstinada, que, como Ken Lay, estava mais interessada na riqueza pessoal que nos funcionários da empresa. Walter era aquele diretor que todos queriam que tivesse existido na Enron — disposto a protestar bravamente contra a pressão de seus colegas mais fracos. Como no caso da AOL/Time Warner, a integração de HP e Compaq nunca iria funcionar. Como na AOL/Time Warner, as sinergias nunca se materializariam, e a empresa resultante seria grande e lenta demais para crescer. E enquanto a imprensa noticiava todas as dificuldades econômicas e as dispensas da época, Walter e David repetiam o mito de que Bill e Dave nunca acreditaram que tiravam os empregos das pessoas. Walter e David diziam que o HP Way iria ser destruído pelo acordo, e uma grande e boa filosofia administrativa seria perdida exatamente no momento em que era mais necessária.

A diretoria da HP começou a ser descrita como "selecionada" ou "manipulada". O fato de que todos os membros da diretoria, salvo um, a integravam muito tempo antes de eu estar na empresa não foi muito mencionado. Uma ação judicial de um acionista descreveu a diretoria como "enfeitiçada" por mim. Naquele outono, a diretoria estava deliberando sobre programas de manutenção e indenização para executivos de HP e Compaq. A diretoria da Compaq já aprovara provisões de indenização de mudança programada, e a diretoria da HP utilizara programas de manutenção durante a criação da Agilent. Naquele ponto, documentos altamente confidenciais da diretoria sobre vários programas de compensação propostos foram dados aos conselheiros de Walter e vazados para a imprensa. A mídia se agarrou àqueles esboços como prova da ganância de mais um CEO. O fato de que mais de 6 mil administradores eram cobertos por aqueles acordos não pareceu ter grande importância. Também o fato de que a CEO se recusou a aceitar o pagamento por permanência proposto, assim como se recusou a aceitar o bônus do ano anterior, garantido em contrato, não foi muito noticiado.

Certo dia, um pouco depois de meia-noite, fui despertada de um sono profundo pelo telefone. Àquela hora você sempre espera o pior, portanto atendi com grande ansiedade. Michael estava gritando ao telefone. Aparentemente, ele ficou sabendo que eu me recusava a aceitar meu pagamento, e achava que isso daria a ele uma imagem ruim. Tentei ser racional, explicar que minha decisão não tinha nada a ver com ele. A Compaq tinha feito seus acordos antes. O meu caso era diferente e, dada a controvérsia, eu não queria confusões acerca de minhas motivações para lutar pela fusão.

Michael foi agressivo e incoerente; não havia como argumentar com ele. Eu estava preocupada de que ele já estivesse falando ao telefone daquele modo, havia algum tempo, com outras pessoas. Perguntei com quem ele tinha falado. Quando ele deu quatro outros nomes, imediatamente fiquei na defensiva. O comportamento de Michael deve ter sido aterrorizante para aquelas pessoas que mal o conheciam e que eram relativamente novas. Sentei-me na cama e disse:

— Michael, você vai parar com isso agora. Estamos no meio da noite. Não continuarei esta conversa, e você não telefonará para mais ninguém. Falaremos sobre isso pela manhã.

Houve um longo silêncio e ele concordou. No final, ele concordaria em abrir mão de seu próprio pagamento. Fiquei abalada e continuei assustada com aquela conversa. Com o tempo, ficou claro que aquele era o padrão, não uma aberração.

Todos os empregados da HP que resistiram às mudanças, subitamente encontraram um defensor em Walter Hewlett. Os aposentados que tinham sido verdadeiros crentes ganharam um santo padroeiro. Walter e David começaram a pedir apoio dos empregados através de *e-mails*. Eles repassaram esses *e-mails* à diretoria da Packard Foundation quando ela estava fazendo suas próprias deliberações sobre a fusão. No final, Walter e David fariam "pesquisas com funcionários" em quatro instalações da empresa no noroeste do Pacífico, onde a tradição era mais forte. Os empregados recebiam telefonemas em casa. Embora a metodologia tivesse falhas e os resultados não fossem estatisticamente confiáveis, essas pesquisas, claro, foram apresentadas à imprensa com grande espalhafato como prova de que a "maioria" dos empregados se opunha ao acordo. Na verdade, sabíamos por nossas próprias pesquisas que a maioria dos empregados apoiava o acordo.

David publicou vários anúncios de página inteira no *Wall Street Journal* e escreveu longas diatribes sobre por que eu era incompetente, antiética e inadequada. Eu não as li, mas Jay Keyworth as descreveu como sendo "manifestos misóginos que soam como se tivessem sido escritos pelo Unabomber".

Quando eu primorosamente descrevi Walter como "acadêmico e músico", fui criticada por estar fazendo ataques pessoais. Expliquei que não pretendia parecer desrespeitosa — meu pai era um acadêmico, e eu tinha pensado em me tornar musicista —, mas que nenhuma das profissões qualificavam Walter para contestar a decisão de toda uma diretoria.

Os temas ganância, incompetência, absurda desconsideração pela administração e grande resistência dos empregados foram abordados durante muitos meses. A história se tornou grande. Era uma história para a televisão, com direito a um cara bom, relutante e levemente envelhecido lutando bravamente para salvar o legado de seu pai e proteger os mais fracos de uma mulher possivelmente perversa, decididamente egocêntrica e controladora, determinada a que as coisas fossem do seu jeito. Surgiram outros temas: eu não era engenheira, portanto não entendia de pesquisa e desenvolvimento, nem de inovação. Eu estava abrindo mão dos produtos de ponta realmente inovadores da HP em troca dos produtos de segunda linha comercializados pela Compaq. Talvez devêssemos dividir a empresa, "concentrar e executar". Havia muito dinheiro em jogo enquanto Wall Street começava a fazer suas apostas em qual lado iria vencer a batalha. Alguns fundos de *hedge* começaram a comprar ações da HP para que pudessem votar contra o acordo e forçar uma divisão da empresa. Eles achavam que essa era a forma mais rápida de ganhar dinheiro.

As notas que o grupo de Walter soltou naquela campanha bem orquestrada tinham grande repercussão, dado o sentido do momento. Os mesmos temas continuaram a ser ouvidos durante toda a minha administração. Em 2005, eu ainda estava sendo descrita como gananciosa e arrogante, ou um tipo publicitário que não entendia de tecnologia. Os repórteres ainda falavam de uma "diretoria escolhida a dedo", e eram escritas reportagens equivocadas dizendo que os funcionários "festejaram" quando eu deixei a HP. (Sei disso porque funcionários escreveram para mim e me disseram que não era verdade, e pelo menos uma reportagem teve de ser retificada.) E mesmo após termos vencido a batalha, muitos dos nossos opositores se lembrariam de todas as coisas que Walter disse que poderiam dar errado. Suas dúvidas nunca seriam inteiramente dissipadas. Outros continuaram a esperar pela divisão que aconteceria caso Walter tivesse vencido. Muitas pessoas que apostaram nele perderam muito dinheiro, e elas estavam sempre em busca de oportunidades de recuperá-lo.

Nossos banqueiros queriam que fizéssemos nossa defesa no momento em que Walter declarou sua intenção de lutar contra nós. Mas nos contivemos, pois ingenuamente pensamos que a Packard Foundation poderia votar com a diretoria da HP. Susan Packard, presidente da fundação, conhecia os membros da diretoria da HP. Ela me conhecia. Então, concluímos que não deveríamos entrar na batalha pelo controle antes da diretoria da Packard tomar sua decisão. Não tinha certeza de que fosse possível que as duas famílias ficassem em lados opostos no que dizia respeito ao futuro da empresa. Além disso, a fundação era uma entidade filantrópica, e incerteza não era algo bom para o seu orçamento. Seus interesses eram mais bem atendidos pela estabilidade e a previsibilidade das ações da HP. Lew Platt era integrante da diretoria da fundação, e, desde o primeiro encontro que tivemos com ele, ficou claro que Lew se opunha à decisão de seus antigos colegas da HP. Durante a batalha pelo controle da empresa, Lew iria se reunir com investidores. Ele iria entrar nos prédios da HP e conversar com funcionários, chegando mesmo a conversar com Walter sobre voltar a ser CEO da HP assim que a fusão fosse derrotada.

Mas eu continuei a contar com um resultado diferente até o momento em que recebi o telefonema de Susan Packard na sexta-feira, 7 de dezembro de 2001. Ela me informou de que a Packard Foundation e sua família iriam se opor à empresa. Eles concluíram seu próprio estudo "independente" e substituíram a avaliação da diretoria da empresa pela sua própria. Acredito que ela foi sincera quando me disse que era "o telefonema mais difícil que tinha precisado dar". Sou grata por ela ter tido a coragem e a gentileza de me dizer isso pessoalmente. Eu disse-lhe que as pessoas na HP ficariam arrasadas pelas famílias e sua diretoria terem de enfrentar umas às outras. Meu sangue gelou quando eu ouvi o tom de sua voz quando ela respondeu:

— Bem, eu não estou preocupada com nossos funcionários, nós sempre pudemos contar com eles.

Ela soou proprietária demais.

Então senti todo o peso do que teríamos de enfrentar. Telefonei imediatamente para Michael para contar a ele. Fiz uma teleconferência com a diretoria, e depois reuni o núcleo central de administradores que tinham estado nas trincheiras comigo. Cada vez que transmitia as notícias, me sentia mais desmoralizada. Eu estava cansada demais para pensar no que faríamos em seguida. Simplesmente não conseguia entender como chegamos àquele ponto, dadas as cuidadosas deliberações e os preparativos. Não conseguia imaginar por que as famílias pelo menos não acreditavam que nossas intenções eram honradas.

Permaneci sentada sozinha no meu escritório tarde da noite daquela sexta-feira, após todas as reuniões terem terminado, me sentindo entorpecida. Allison Johnson, que lutou comigo o dia todo, entrou e perguntou se estava tudo bem.

— Claro. E você? Vá para casa e descanse um pouco.

Foi Charles Charnas quem me deu o empurrão de que eu precisava. Ele era um dos veteranos, um advogado com um terrível senso de humor fora do trabalho, que normalmente era bastante quieto no escritório. Na época, eu não o conhecia muito bem, embora soubesse que ele era um ótimo profissional, bom no que fazia. Ele enfiou a cara no escritório.

— Carly, sei que você está desapontada. Todos estamos. Quero que saiba que eu acredito em você, acredito nesse acordo e sei que você irá vencer.

Tentei expressar minha gratidão, mas não tenho certeza de que ele realmente tenha sabido como seu gesto foi importante.

Quando finalmente fui para casa, Frank tinha preparado martíni. Nós dificilmente bebíamos isso, mas suponho que ele achou que naquela noite eu precisaria de um. Eu disse a ele, com um sorriso no rosto, que estava bem. E estava sendo sincera.

— Não acredito. Achei que você estaria um lixo!

— Estava. Mas agora estou bem. Eu sei sobre o que é esta briga.

Naquela noite, pela primeira vez em quase um ano, eu tive um sono longo e profundo. Eu sabia que a briga era entre passado e futuro, entre interesses específicos e interesses gerais, entre poucos e muitos. Eu sabia que se lutássemos bem, poderíamos vencer.

Na manhã de domingo, fizemos outra teleconferência com a diretoria. Eu queria dar a todos os membros da diretoria (com exceção, claro, de Walter, que já não participava das reuniões) a oportunidade de apresentar seus pontos de vista sobre o que deveríamos fazer em seguida. Como as duas famílias, as duas fundações e um ex-CEO estavam unidos contra nós, a decisão de continuar a lutar, assim como a decisão original de adquirir a Compaq, não poderia ser tomada exclusivamente por mim, nem pela diretoria de forma leviana. Cada integrante da diretoria teria de se decidir. Eu comecei a conferência resumindo nossas alternativas.

— Podemos escolher desistir da fusão e iniciar o processo de separação. Podemos escolher reestruturar o acordo. Eu pedi recomendações sobre estruturas alternativas para o acordo a uma equipe de banqueiros diferente, e eles propuseram uma separação dos negócios de PC combinados, antes ou depois da aprovação da fusão. Finalmente, podemos continuar em nosso rumo atual e travar o que seria uma batalha pelo controle difícil e caro. Eu gostaria de ouvir a opinião de cada um de vocês.

Eu ainda não tinha decidido ou dado qualquer pista de minhas próprias opiniões.

Vários membros da diretoria perguntaram sobre a estrutura alternativa para o acordo. Eu tinha pedido a opinião de outros bancos sobre isso algumas semanas antes. Apesar de minha própria confiança de que poderíamos vencer, sempre é preciso avaliar as alternativas. É sábio planejar a vitória e se preparar para todas as contingências. Os números da estrutura alternativa para o acordo certamente não eram convincentes; destruiríamos mais valor do que criaríamos tentando separar o negócio de PC, e seria um empreendimento complicado. Ainda assim, havia um grupo de analistas que sugerira que podíamos ganhar alguma credibilidade abrindo mão da parte mais polêmica do acordo. Após algumas discussões, pedi a cada membro da diretoria que desse seu ponto de vista. Todos declararam sua determinação em continuar. Ninguém demonstrou dúvidas sobre sua decisão, mas todos se mostraram preocupados com a realidade do que estava à frente. Então me perguntaram o que eu queria fazer. Eu respondi:

— Acredito que devemos seguir em frente. Creio que venceremos.

Uma disputa por controle é tradicionalmente um jogo baixo e sujo. Há toda uma indústria de agentes, advogados e empresas de relações públicas que têm experiência em campanha negativa. Nós precisávamos decidir como iríamos lutar. O modo pelo qual as coisas são feitas é tão importante quanto o que é feito. Essa é a essência do caráter, e embora a vitória fosse importante, os fins não justificariam quaisquer meios. Ao longo da disputa pelo controle, pediram que eu aprovasse uma série de táticas. Eu rejeitei muitas delas, porque elas não eram condizentes com o caráter da empresa pela qual estávamos lutando.

Uma marca autêntica e poderosa é mais que um logotipo ou um *slogan* de marketing. Não é possível conquistar mercado sem conquistar a mente; portanto, é preciso investir em uma marca e a construir ao longo do tempo. Mas esse investimento será desperdiçado se o comportamento da empresa não se adequar à promessa de sua marca. A estética de uma marca não é a mesma coisa que os valores dela. Uma marca autêntica e poderosa é uma promessa e um lembrete de que uma empresa será como diz ser. Entre os valores centrais da marca HP pela qual eu estava lutando, estavam confiança, respeito e integridade. Esses valores significavam fazer a coisa certa quando ninguém está olhando e mesmo quando as conseqüências são difíceis. Nossa marca significava que sempre nos concentraríamos no positivo para a fusão. E que lutaríamos de forma limpa, e não jogaríamos sujo.

A reunião especial dos acionistas, na qual todos os votos deveriam ser dados e contados para que fosse definido o destino da fusão, foi um pandemônio. Ela aconteceu no mesmo auditório em que sempre fazíamos a reunião anual de acionistas, e como o Vale do Silício era o epicentro do apoio a Walter e David, o auditório estava lotado de opositores da fusão. Eles vestiam camisas verdes, mesma cor da cédula de votação de Walter. Quando eu subi ao palco para abrir a reunião, fui recebida com grandes vaias, assovios e gritos. Embora não tivesse qualquer obrigação legal ou regimental de permitir que Walter falasse, ainda assim dei espaço a ele no início do processo. Ele recebeu uma ovação enorme. Agradeci a ele por seus comentários e depois respondi a todas as perguntas que foram feitas. As perguntas eram legítimas, e acho que talvez tenha conseguido fazer um ou dois mudarem de idéia. Porém, quando observei que não necessariamente o mundo todo pensava como as pessoas no Vale do Silício, fui novamente vaiada. Realmente, não me lembro de quanto tempo durou a reunião, mas pareceu muito tempo.

Quando estávamos reunidos nos bastidores para esperar o resultado da votação, Sam Ginn me abordou e perguntou se eu seria receptiva ao retorno de Walter à diretoria. Sam tinha ficado perturbado com o que acabara de ver. Eu pensei durante um minuto e disse:

— Qualquer coisa que cure as feridas desta luta merece ser feita. Converse com ele.

Naquele momento, estávamos quase certos de que tínhamos vencido a votação. Eu anunciei que os tínhamos superado por uma "margem estreita, mas suficiente".

Alguns dias depois, Sam contou à diretoria que Walter retornaria se o quiséssemos de volta. Embora Sam fosse um forte defensor, todos os outros estavam hesitantes. Ninguém sabia se podíamos voltar a confiar em Walter. Jay era o mais claro e o que mais se opunha. Ele acreditava que qualquer um que tivesse vazado para a imprensa conversas travadas na diretoria não podia ter o direito de participar. Além disso, disse Jay, Walter, para começar, nunca tivera qualificações, e não contribuía com as reuniões. No final, convenci Jay de que deveríamos esquecer o passado e nos concentrar no futuro. Decidimos fazer um anúncio na manhã seguinte. Em vez disso, Walter nos processou, algo de que tomei conhecimento pelo rádio enquanto dirigia de volta para casa. Em uma teleconferência organizada às pressas, a diretoria voltou atrás em sua decisão, por unanimidade.

O processo parecia se basear em nada além do texto de um de meus discursos aos investidores e em uma única página incompleta de um dos relatórios das equipes de integração que indicava que ainda havia uma distância entre nossas metas de conquista de valor e a compreensão operacional de como atingi-la. Depois, uma gravação de um correio de voz particular que eu tinha enviado a Bob Wayman foi passada para um repórter de um jornal local. Nunca soubemos como isso aconteceu. Durante o julgamento, uma gravação não-autorizada de uma de nossas reuniões com investidores apareceu misteriosamente nas mãos dos advogados de Walter. Aparentemente, um dos conselheiros de Walter, que esperava ganhar alguns milhares de dólares melando o acordo, tinha convencido seu bom amigo que participara da reunião a gravar nossas observações.

Enquanto o processo seguia em frente, a votação pelo controle estava sendo conferida. A equipe de Walter começou a examinar cada voto, como se estivessem na Flórida conferindo cédulas na eleição presidencial de 2000. Eles estavam intencionalmente fazendo com que o processo de contagem de votos durasse o máximo de tempo possível, esperando, nesse ínterim, encontrar algum novo detalhe prejudicial que pudessem usar contra nós. Finalmente, eles receberam a ordem do juiz de acabar com aquilo.

Eu passei quase dois dias inteiros no banco, fundamentalmente sendo acusada em público de mentir e trapacear para roubar votos para a fusão. Mais uma vez, os conselheiros de Walter se valeram plenamente do clima no qual estavam trabalhando. Afinal, todos os dias não eram descobertos mais escândalos empresariais nos quais de fato o CEO estava mentindo e trapaceando? Tyco, WorldCom, Qwest e Adelphia eram exemplos de corrupção em empresas. A cobertura da imprensa foi longa e incansável. As pessoas estavam negociando ações a partir de cada fragmento de informação que saía do tribunal. A diferença entre o valor das ações de HP e Compaq passou a representar a aposta em quem iria ganhar no tribunal. Os corretores de Las Vegas estavam recebendo apostas.

Em meu primeiro dia no banco, fui paciente e respeitosa. Sentada ali, me ocorreu que a maioria das pessoas não compreendia o funcionamento de uma empresa. Aquela descoberta foi uma das inspirações para este livro. A maioria das pessoas não compreende que definir alvos é a forma pela qual você estabelece prioridades e dirige o desempenho nos negócios. Desenvolver iteração após iteração de um plano operacional é o modo de descobrir como atingir metas nos negócios. E a partir do momento em que um alvo é definido até o dia em que os resultados são produzidos, normalmente, há muita distância entre o que as pessoas sabem como fazer e o que elas acabam descobrindo como fazer.

No segundo dia, eu estava com raiva. A ação não tinha mérito algum. Começou a ficar claro no tribunal que Walter sequer tinha lido as acusações antes que elas fossem feitas. Durante seu depoimento, ele se confrontou com provas de que não falavam a verdade. Ele disse que, algumas vezes, é justificável mentir, e usou como exemplo o caso de mentir aos nazistas sobre a localização de famílias judias escondidas. Durante o julgamento, ele repetiu que pensava que, algumas vezes, os fins justificavam os meios. Sua equipe estava gastando muito tempo e uma enorme quantidade de dinheiro para encontrar algo — qualquer coisa — para interromper a fusão.

Nenhum deles estava jogando limpo. Eles nunca o fizeram, mas cada um esperava levar para casa dois milhões de dólares. Eu estava sendo retratada como vilã, mas eram eles que agrediam a empresa, as pessoas e todo o sistema legal para conseguir seus próprios objetivos pessoais e pecuniários. Senti enorme gratidão e alívio quando o juiz não apenas decidiu claramente a nosso favor como ainda se preocupou em comentar a "credibilidade da administração".

O discurso pelo qual tínhamos sido processados era minha defesa mais completa e apaixonada da fusão. Eu o proferi em 4 de fevereiro de 2002. Naquele momento, a sabedoria popular era a de que nunca teríamos os votos necessários para aprovar o negócio. Eu trabalhara cuidadosamente cada palavra, porque queria declarar o que realmente estava em jogo e sobre o que era a luta. Eis parte do que eu disse:

> À luz de todas as adversidades que enfrentamos desde que anunciamos nossos planos de fusão com a Compaq em setembro passado, por que permanecemos tão firmes em nosso compromisso de buscar essa fusão? (...) Todos sabemos que o setor de tecnologia está passando por uma transformação. Estamos ingressando em uma fase de [tecnologia] que desafia todos os limites e cruza todas as fronteiras, em que tudo funciona com tudo, em toda parte, o tempo todo (...) A era do puro produto acabou. (...) A internet muda tudo. (...) A bolha das ponto-com

pode ter explodido, mas o efeito da internet nos negócios e na vida cotidiana é imutável.

Quase três anos atrás, nós iniciamos um processo para preservar o que havia de melhor na HP e reinventar o resto. (...) Por mais fundamental que fosse, a reestruturação e o novo foco da organização não foram concebidos como destino final; foram concebidos para estabelecer as bases para a liderança de mercado. Nós reconhecemos que a liderança neste novo mercado exigirá escala para operar globalmente, definir padrões e atrair parceiros. Nós vimos que exigiria uma melhor posição de mercado em categorias de crescimento fundamental, como armazenamento em rede, servidores Windows e Linux, serviços administrados e suporte, em novas categorias de aparelhos, em novos mercados. A liderança exigiria um modelo de operação mais forte, mais lucrativo, mais equilibrado em toda a nossa organização, porque, como Bill Hewlett e Dave Packard freqüentemente pregaram, o lucro ainda é o segredo para preservar empregos, investimento em pesquisa e desenvolvimento, inovação e contribuição para a comunidade. E entendemos que conquistar uma posição de liderança exigiria que aceitássemos o fato de que o crescimento das plataformas-padrão da indústria, as comunidades de código aberto e a tendência de concentração são inevitáveis; inevitáveis porque os clientes querem um retorno cada vez maior dos dólares investidos em tecnologia da informação, maior flexibilidade, maior agilidade e capacidades empregadas globalmente. Sabíamos que podíamos liderar essa onda ou ser engolidos por ela. (...)

Para começar, no negócio de computadores é fundamental que sejamos bem-sucedidos em todos os três sistemas operacionais utilizados hoje pela indústria — Unix, NT e Linux. (...) Depois, há nossa organização de serviços e suporte. (...) Embora tenhamos talento para competir com qualquer um, não temos escala. (...) Durante muito tempo, nossos setores de impressão e imagem foram responsáveis por uma parcela muito grande dos lucros da empresa. Temos de investir em imagem e impressão para liderar, o que significa que os outros setores têm de se financiar. (...) Nós nos concentramos exclusivamente em *franchise* de imagem e impressão, mas as conseqüências eram inaceitáveis. O crescimento contínuo (...) e o lucro exigem que conquistemos cada vez mais oportunidades de página impressa (...) o que demanda servidores, armazenamento, *software* de administração de rede e serviços profissionais.

Nós tínhamos escolhas em nosso negócio de PCs. Poderíamos acabar com ele, o que prejudicaria nossa *franchise* de imagem e impressão e significaria uma perda significativa de postos de trabalho. Poderíamos separá-lo (...) mas nosso setor de PCs não é uma entidade viável em si, e não teria valor suficiente para os acionistas. Ou, inversamente, poderíamos corrigi-lo aumentando o volume e dirigindo capacidade de distribuição. (...)

O legado da HP — as pessoas da HP — pode fazer, conseguir e ser muito mais que a casca vazia que somos hoje, pois, apesar de todas as lacunas que temos de preencher, também temos uma enorme capacidade. (...) Uma das coisas que Dave Packard diz em seu livro *The HP Way* é que ele nunca esqueceu, e eu cito, que "o crescimento constante é fundamental para que atinjamos os nossos outros objetivos e continuemos competitivos. Como atuamos no campo de tecnologias avançadas e em rápida mutação, permanecer estático é perder terreno".

Mas alguns de nossos críticos dizem que maior não necessariamente significa melhor. E eu concordo. Mas isso não quer dizer que o maior não pode ser melhor, especialmente em um setor que está (...) se concentrando. (...)

A fusão não é apenas minha avaliação de como melhor garantir o futuro desta empresa. Representa a avaliação coletiva de uma equipe talentosa de pessoas que passaram os últimos anos preparando esse negócio. (...) São pessoas que foram às reuniões nas quais fizemos as perguntas difíceis. (...) As mesmas pessoas que buscaram alternativas. (...) Sim, há uma pessoa em nossa diretoria que discorda. Estou desapontada por Walter Hewlett ter se colocado contra esta fusão. Walter é um homem bom e decente. E ele tem o direito de não concordar. Mas também temos pleno direito de discordar dele.

Francamente, meu problema não é que nossos opositores estejam dizendo não à fusão. O problema é que eles não estão nos dando nada a

> que dizermos sim, porque eles não apresentaram qualquer solução para os desafios que enfrentamos. (...) Querem apenas que desconsideremos dois anos e meio de planejamento, reflexão e estratégia, durante os quais todas as opções foram avaliadas e descartadas, (...) em benefício de recuar e começar de novo. (...) A única coisa que perderemos é tempo. (...) É a única coisa que nunca conseguimos recuperar. (...)
>
> Simplesmente dizer não sem oferecer um plano alternativo é pedir que as pessoas da HP desistam de sua visão, deixem de lado suas ambições e se contentem com menos do que esta empresa é capaz de conseguir. As pessoas da HP não querem descansar sobre o legado desta empresa. Elas estão determinadas a criar a partir dela. (...) Esta é uma escolha entre tomar a montanha e continuar atacando ou bater em retirada e começar de novo. É uma escolha entre abraçar a revolução que está transformando nosso setor ou tentar em vão preservar o *status quo*. É uma escolha entre liderar e seguir.
>
> Em outra época e em outro lugar, no alvorecer de uma outra era da computação, uma mulher chamada Grace Murray Hopper deu um exemplo de sabedoria que se aplica a nós hoje. Grace Murray Hopper foi não apenas uma das primeiras engenheiras de *software* dos Estados Unidos, como também foi contra-almirante da Marinha dos Estados Unidos. Certo dia, perguntaram a ela por que preferia estar no meio da ação no mar e não ancorada em águas seguras em casa. Ela respondeu: "Um navio no porto está em segurança. Mas não é para isso que os navios são construídos".
>
> A HP pode ficar serenamente em seu porto e assistir ao resto do mundo zarpar. Pode escolher as águas paradas da inação em vez das ondas crispadas da competição. Mas não é para isso que a Hewlett-Packard foi construída.

Muitos meses após a batalha ter terminado, as pessoas me perguntaram o que tinha me preparado para ela. Respondi: "Nada e tudo". Eu enfrentei pressões que nunca imaginara que poderia suportar, e estava aprendendo novas coisas em pleno vôo quando as apostas eram altíssimas. Baseava-me nas coisas que eu sabia: como formar equipes e mantê-las unidas, como sustentar o esforço e manter o bom humor, como fazer as pessoas se concentrarem no fundamental. Confiei em minha bússola interna, aquele instrumento de navegação que nunca falha, mesmo quando o vento sopra forte e o céu está escuro. Eu sabia que estava fazendo o que acreditava ser a coisa certa pelos motivos certos, da melhor forma que podia. E tirei força da minha fé nas pessoas. A maioria das pessoas é boa e sensata, e tendo tempo e informação suficientes, as pessoas farão escolhas boas e sensatas.

A força do progresso sempre triunfará sobre o medo da mudança. E a marcha da história demonstra que muitos podem prevalecer sobre poucos. A HP pertence às muitas pessoas que se preocupam com seu futuro, não aos poucos que lutam para manter suas próprias posições, encher os próprios bolsos ou preservar o passado. É por isso que luto. Por isso eu sabia que iria vencer.

CAPÍTULO 27

Adote e vá em frente

De 4 de setembro de 2001 até 6 de maio de 2002, quando finalmente consumamos a fusão e negociamos nossas novas ações na Bolsa de Valores de Nova York pela primeira vez, as pessoas da HP e da Compaq tiveram um desempenho brilhante. A despeito de todas as perturbações, as duas empresas continuaram a atender os clientes, desenvolver produtos e apresentar resultados. Enquanto um pequeno grupo de nós se reunia com investidores, algumas vezes chegando a oito ou dez reuniões por dia, também estávamos envolvidos, assim como todos os outros, no negócio de tranqüilizar clientes, responder a perguntas de funcionários e dar conta do trabalho cotidiano de fazer a empresa funcionar. Ao mesmo tempo, no dia em que anunciamos o negócio, nomeamos os executivos que liderariam o plano de integração: Webb McKinney e Jeff Clarke. Toda semana, não importava o que mais estivesse acontecendo, eu e os outros membros do Comitê Diretivo Executivo nos reuníamos com a equipe de integração para conferir nosso progresso, tomar as decisões e fazer os ajustes necessários.

A fusão de HP e Compaq foi considerada uma das mais bem-sucedidas de todos os tempos. Até mesmo nossos críticos reconhecem que a concluímos com 12 meses de antecedência e conseguimos 3,5 bilhões de dólares em sinergia de custos — bem acima dos 2,5 bilhões que tínhamos prometido (e sido acusados no tribunal de superestimar). Michael e eu discordamos sobre a integração desde o início. Ele achava que estávamos perdendo muito tempo e utilizando pessoas demais. Eu sabia que a integração dizia respeito a detalhes e que não podíamos considerar nada garantido. Assim, insisti em que designássemos pessoas para a tarefa e em contratar administradores de programa profissionais para estabelecer cronogramas e monitorar nossos produtos, assim como tínhamos feito na época do enorme e complexo programa FTS2000. Insisti, também, em ser informada sobre o processo de integração toda semana, sem falhas. O Comitê

Diretivo Executivo seria o ponto final no processo de tomada de decisões para a integração.

Imediatamente, montamos uma equipe de pessoas dedicadas que chegou a mais de 2 mil funcionários. Em maio, investimos na montagem da equipe mais de um milhão de horas. Essa equipe de integração trabalhava em tempo integral; logo decidimos que as pessoas não poderiam dar conta de algo tão grande e complexo em meio expediente. Começamos estudando informações de centenas de fusões feitas em dezenas de setores. A nossa era a maior fusão já tentada no setor de tecnologia da informação; portanto, não havia muitas histórias de sucesso. Porém, estudamos integrações em todos os setores — as boas e as ruins. Portanto, pudemos aprender as lições que nos ajudariam a ter sucesso. A partir desse estudo, extraímos princípios e práticas importantes que foram usados para orientar nossa integração.

Bem no princípio, um cliente me disse durante uma reunião: "Lembre-se, Carly, a fusão é sua, não nossa". Ele estava educadamente me lembrando de que como todo o objetivo do negócio era atender melhor os clientes, não deveríamos ficar tão concentrados internamente a ponto de nos esquecermos deles ou os fazermos sofrer por causa da nossa decisão. Assim, começamos com o princípio de que o cliente está em primeiro lugar. Não poderíamos distrair aquelas pessoas cujo trabalho era atender os clientes todos os dias. Foi uma da razões mais importantes pelas quais decidimos que não podíamos pedir as pessoas para conceber a integração em meio expediente. Começar com o cliente também foi uma forma de fazer as trocas realmente difíceis, particularmente aquelas que têm peso político e envolvem escolher um grupo ou um executivo e não outro. O cliente passou a ser a solução dos impasses. Quem é mais eficaz com este cliente? Qual produto faz mais sucesso no mercado? Chegamos mesmo a perguntar aos clientes suas preferências em termos de pessoas e projetos de produtos. E as questões da integração que diziam mais respeito aos clientes se tornaram nossa prioridade.

Nosso segundo princípio foi o que chamamos de "adote e vá em frente". Isso era particularmente importante em uma cultura de engenharia que gostava de buscar a perfeição. "Adote e vá em frente" significava que tínhamos de tomar decisões, e levá-las a sério. Não precisávamos inventar novos produtos ou processos; escolhemos a partir daqueles que já existiam e adotamos um deles para a nova empresa como um todo. Examinamos cada prática, processo, produto ou pessoa em cada função da HP e Compaq. Escolhemos os melhores, decidimos e seguimos em frente.

Em terceiro lugar, nos concentramos incansavelmente em agregar valor. No verão de 2001, quando concebemos nosso primeiro plano de integração, tínhamos identificado as principais áreas em que a fusão podia gerar valor, e quantificamos esse valor. Depois, pedimos à nossa equipe de integração que não apenas conferisse essas oportunidades, mas que identificasse se havia outras para criar mais valor — na linha de ponta ou na simples — para nossos clientes, nossos acionistas e nossos empregados. A partir dessa lista exaustiva de oportunidades quantificadas, criamos planos de integração. Eram mapas detalhados para agregar valor e identificar quem tinha de fazer o quê, e quando certas decisões tinham de ser tomadas e ações realizadas. No final, esses planos de integração se tornariam a base das revisões operacionais, e vincularíamos os bônus de funcionários e executivos às suas realizações.

Nos concentramos ao mesmo tempo no planejamento a curto e longo prazo. Estabelecemos metas difíceis para nós mesmos no que podíamos conseguir como nova empresa no primeiro dia de trabalho, nos primeiros 30 dias, primeiros 60 dias, primeiros 90 dias. Também tínhamos metas claras para o primeiro, o segundo e o terceiro anos. Estabelecidas as metas, não pestanejamos. Fizemos o necessário para atingi-las. Por exemplo: quando dissemos que todos os nossos empregados precisariam poder se comunicar uns com os outros por intermédio de um sistema integrado de *e-mail* no primeiro dia, estávamos falando sério, e as pessoas se esforçaram para conseguir isso.

Sempre soubemos a que ponto estávamos de atingir nossas metas e concluir nossas tarefas. Toda semana, eu e outras pessoas estudávamos um quadro de metas, avaliações, fatos, marcos e decisões fundamentais.

Integramos tanto organizações verticais quanto processos horizontais, e criamos equipes específicas para cada um desses setores e processos. Tanto as atividades verticais quanto as horizontais tinham metas, avaliações e cronogramas específicos. Descobrimos que, em muitos casos, as maiores oportunidades de agregar valor aconteciam no plano horizontal, como no caso de nossos processos de cadeia de suprimentos.

Cada uma das equipes de projeto tinha de fazer reuniões de administração regulares e tomar decisões. Administradores de projetos levantavam questões que envolviam mais de um projeto em reuniões regulares. Os responsáveis pelas soluções eram identificados, e as decisões documentadas. Administradores de programas levantavam questões envolvendo mais de um programa em telefonemas semanais, e essas questões eram levadas ao Comitê Diretivo Executivo, onde as decisões podiam ser tomadas rapidamente. Tínhamos uma seqüência ascendente claramente definida que não permitia que os assuntos fossem esquecidos. Se uma decisão não pudesse ser adequadamente tomada no grupo, era levada a instâncias superiores até ser tomada. Se uma questão chegasse até o Comitê Diretivo Executivo, nós tomávamos a decisão. Normalmente, todos concordávamos; mas se necessário, eu decidia.

Realizamos a maior integração já tentada no setor nos valendo de uma atenção rigorosa aos detalhes, processos disciplinados e colaboração, e com uma expectativa de rapidez e precisão. E o fizemos graças à enorme dedicação das pessoas das duas empresas.

A tecnologia era a estrutura da empresa que nos permitiu tomar todas essas decisões, comunicar todas as ações e capacitar as pessoas a trabalhar juntas em empresas separadas e por todo o mundo. Criamos *e-rooms*, pontos de encontro eletrônicos para cada equipe e cada comitê. E a integração de 229 mil caixas de correio eletrônico, 232.632 contas, 220 mil computadores, 1.093 *sites* em rede e mais de 7 mil aplicativos foi uma realização tão heróica quanto qualquer outro aspecto da integração.

Integração, como qualquer outro desafio operacional em um negócio global em rápida mutação, me lembrou muito aqueles trabalhos de filosofia que eu costumava escrever na faculdade. É possível compreender e extrair a essência, mas apenas se você primeiramente tiver entendido todos os detalhes. Um bom professor pode explicar o princípio geral porque ele compreende profundamente as minúcias. Um líder pode comunicar eficientemente o que precisa que seja feito, porque compreende como as pessoas realmente irão funcionar e desempenhar suas funções.

A integração das duas empresas acarretava um produto, um processo, um plano e, acima de tudo, uma pessoa de cada vez. Todos os nossos funcionários estavam querendo que seus líderes dessem atenção ao que passamos a chamar de *eu* na organização, o mais rapidamente possível. As pessoas não podiam passar plenamente para a nova realidade até compreenderem o que isso significava para elas pessoalmente. Assim, começamos com uma comunicação honesta e freqüente. Dissemos às pessoas quantos postos de trabalho seriam eliminados e por quê. Contamos quanto tempo demoraria para que elas soubessem se teriam um emprego na nova empresa. Depois, contamos a elas qual processo seria usado para escolher as pessoas, e a ajuda que poderiam esperar caso perdessem o emprego. Em períodos confusos, as pessoas não consideram nada garantido. Elas não sabem o que continuará igual, portanto, a não ser que digam o contrário, elas têm medo de que tudo mude.

Nossa meta específica era usar as duas cadeias de DNA para criar uma empresa mais forte e melhor. Aquelas duas empresas tinham hábitos, personalidades e valores diferentes. Criamos algo que chamamos de "o devido cuidado cultural". O devido cuidado financeiro ou técnico é comum em uma fusão, mas acreditávamos que também precisávamos estudar detalhadamente em que aquelas duas culturas diferiam. Fizemos entrevistas demoradas com mais de cem executivos e 2 mil funcionários das duas empresas, e criamos 138 grupos de estudo em 22 países. Duas perguntas básicas foram feitas: "Como realmente é trabalhar aqui? Quais você gostariam que fossem os valores da nova empresa?"

Os resultados foram fascinantes e úteis. Havia grandes diferenças entre as duas empresas — dez grandes diferenças, de fato. Não tentamos disfarçá-las; conversamos sobre elas. Por exemplo: a Compaq se concentrava em uma tomada de decisões rápida, enquanto a HP se concentrava em uma tomada de decisões abrangente. Algumas vezes, o pessoal da Compaq tinha de revisar várias vezes a decisão porque não tinha levado em conta todos os fatos relevantes, enquanto o pessoal da HP, por vezes, perdia a oportunidade porque era lento em suas decisões. Então, tínhamos a oportunidade de desenvolver um processo de tomada de decisões rápido e abrangente. Exemplificamos exatamente esse tipo de tomada de decisões com nossos esforços de integração. A frase "suficientemente perfeito" evoluiu para "suficientemente rápido" — nem tão rápido, nem tão devagar; apenas suficientemente rápido.

Na pergunta sobre valores, houve uma sintonia impressionante. Quando reunimos todas as informações, ficou claro que as pessoas em todos os lugares aspiravam as mesmas coisas. Valores são sinais que orientam o comportamento das pessoas quando as regras não são claras e o supervisor não está presente. Metas e avaliações são o que se faz; valores são como essas coisas são feitas. Ao final da pesquisa, terminamos com os mesmos valores centrais que sempre tinham sido parte do HP Way: confiança, respeito, integridade, paixão pelos clientes, trabalho de equipe e colaboração, inovação e contribuição. E uma novidade: rapidez e agilidade.

Construir uma nova empresa exigiu educação, conversa e desenvolvimento de padrões e linguagens comuns. Pedimos que as novas equipes passassem algum tempo juntas conversando sobre o *hardware*, os detalhes práticos da integração, bem como sobre o *software* da cultura. Por exemplo: as pessoas tinham pontos de vista diferentes sobre o que queria dizer respeito — como os homens deviam tratar as mulheres? Como os executivos deviam tratar funcionários subalternos? Por que alguns funcionários sentiam medo em certos setores e certos locais e não em outros? Como podíamos treinar os administradores para encorajar e defender o diálogo aberto e a diversidade? Fizemos pesquisas semestrais com os funcionários para avaliar nosso progresso nessas questões importantes.

Valores são aspirações; nem todos na organização os seguem todos os dias. Mas há uma diferença entre não concretizar um desejo de rapidez e agilidade e uma violação intencional de princípios básicos como confiança, respeito e integridade.

Um executivo não pode ter o direito de fazer algo pelo que um funcionário seria demitido. Um dos membros mais novos do meu Conselho Executivo era um talentoso jovem executivo da Compaq. Ele tinha um futuro brilhante, e eu gostava de sua energia, sua disposição e seu intelecto. Mandá-lo embora foi a decisão pessoal mais difícil que eu já tomei. Ele estava tendo um relacionamento com outra executiva da HP. Embora isso em si não fosse um problema para os negócios, o abuso de poder e dos recursos da empresa para fortalecer esse relacionamento era. Quando uma pessoa chamou a atenção de Bob Wayman para os atos daquele executivo, não tivemos escolha. Informei à diretoria sobre seu comportamento, e eles foram unânimes em que os dois indivíduos teriam de sair. Foi a única vez em que derramei lágrimas na diretoria. Era a decisão certa, mas ainda assim eu fiquei muito perturbada.

O comportamento de Michael se tornou contraproducente. Ele deu à organização o exemplo errado. Eu tinha esperado sinceramente um resultado diferente, mas, com o tempo, ficou claro para toda a diretoria que era necessário fazer uma mudança. Mais uma vez, a decisão foi unânime e dolorosa.

Fora da empresa, normalmente eu era retratada como o problema por trás dos afastamentos dos executivos. Já na empresa, as pessoas compreendiam que os valores têm importância e o caráter conta — tanto para os altos funcionários quanto para qualquer um.

CAPÍTULO 28

Tudo é possível

No dia 26 de maio de 2002, o símbolo acionário HPQ passou pelo registro de cotações da Bolsa de Valores de Nova York. Alguns dos que ainda não conseguiam acreditar que a fusão realmente tinha acontecido, mais uma vez sussurraram que tínhamos abandonado o antigo HWP porque eu estava furiosa com as famílias Hewlett e Packard. Não tinha nada a ver com eles. A equação era óbvia: HWP + CPQ = HPQ. Todos os funcionários compreenderam a matemática simples pela qual uma empresa mais outra empresa era mais do que duas empresas separadas. Nossos destinos passaram a ser um.

No dia 9 de maio, retornei ao mesmo auditório em que menos de dois meses antes eu tinha sido vaiada durante a votação do controle da empresa. Estávamos fazendo nossa primeira reunião geral com todos os empregados da nova empresa, que estava sendo transmitida ao vivo por vídeo para todo o mundo. Enquanto esperava nos bastidores, os milhares de funcionários reunidos naquele auditório aplaudiam, batiam os pés e gritavam meu nome. Quando eu entrei para saudá-los, recebi uma ovação.

Insisti em que a primeira Regra da Garagem dizia: "Acredite que você pode mudar o mundo". A última dizia: "Acredite que juntos podemos fazer qualquer coisa". Alguns as tinham questionado dizendo que eram piegas demais, mas eu acreditava nelas de todo coração. E enquanto estava ali, com as pessoas que trabalharam tão duro para criar a oportunidade contra a qual tantos tinham apostado, eu senti confirmada a minha crença em que tudo é possível. Nem tudo é fácil, e nem tudo acontece imediatamente. Nem tudo acontece exatamente como você tinha imaginado, mas quando as pessoas trabalham juntas, concentradas em um objetivo comum e inspiradas por um objetivo que vale a pena, então realmente tudo é possível.

"Tudo é possível" se tornou o brado de união da nova HP. Era uma afirmação que usávamos em nossos comunicados internos, bem como em nossos anúncios para o público externo. Significava nossas aspirações e responsabilidades como empresa global, nossa crença em que a tecnologia capacitava e fortalecia mais pessoas em mais lugares do que em qualquer outro momento da história, e nossa confiança que com dedicação e colaboração continuadas poderíamos atingir nossos objetivos e ajudar outros a atingirem os seus.

Eu vi em primeira mão as maravilhas do século XXI, uma época na história da humanidade que é diferente de tudo o que veio antes. Hoje operamos em uma economia verdadeiramente global pela primeira vez. Claro que muitas pessoas, pessoas demais, ainda estão do lado de fora assistindo, tendo negadas as dignidades humanas básicas de água limpa, comida e abrigo adequadas. Muitas pessoas ainda não podem participar da economia global porque não têm paz e segurança, educação, trabalho, cuidados médicos básicos ou líderes iluminados. Apesar dessas tragédias e desses desafios reais, 3 bilhões de pessoas se uniram ao sistema mundial de comércio na última década. China, Índia, Rússia, Brasil, Polônia, Lituânia e muitos outros são países e povos hoje participantes e condutores ansiosos e ativos do mercado global. Muitos desses países têm uma rica história de conquistas na ciência e na educação. Se apenas um em cada dez cidadãos entre esses 3 bilhões de pessoas tiver a preparação e a motivação de fazer uma diferença positiva no mundo, 300 milhões de indivíduos, mais que toda a população dos Estados Unidos, poderão competir e liderar no século XXI.

Em uma de minhas muitas viagens à China, fui convidada a fazer uma palestra na Universidade de Tsinghua, a universidade de Pequim onde a maioria dos líderes governamentais foi educada durante muitas décadas. A primeira pergunta que ouvi foi feita por uma jovem que queria saber como eu equilibrava trabalho e família. A segunda estudante perguntou se eu já tinha pensado em abrir meu próprio negócio e, caso sim, como ela podia pensar em criar seu próprio negócio. Um jovem disse que realmente não gostava de seu curso, e que soube que eu fora obrigada a abandonar a faculdade de direito. Seus pais não queriam que ele mudasse de área, e ele queria saber se eu achava que poderia ser uma boa idéia. Eu ri e disse: "Você quer ir para casa e dizer aos seus pais que Carly Fiorina disse que estava tudo bem?" Ele riu, assim como centenas de outros alunos. Eram perguntas que eu poderia ter ouvido em qualquer *campus* universitário americano. Todas as perguntas foram feitas em um inglês perfeito.

E quando voltei para casa, recebi muitas cartas de agradecimento tocantes de estudantes como Mei Hongming, Xiao Chen Xi e Tracy Guo.

No século XXI, a tecnologia está transformando todos os aspectos de nossas vidas. Basta pensar nas mudanças ocorridas na fotografia ao longo da última década. A fotografia era um processo físico, químico, analógico. Você tirava uma foto; algo físico acontecia em sua câmera; você levava seu filme para um laboratório fotográfico, e mais uma vez um processo físico e químico transformava imagens em filme em imagens em papel; você pegava suas fotos, as escolhia, e quando tinha tempo as mandava por correio para parentes e amigos, ou as colocava em um álbum de fotos. Hoje, uma câmera digital ou um telefone com câmera criam um conteúdo digital. O conteúdo pode ser colocado em rede e enviado para qualquer lugar no mundo sem fios. E pode ser editado, arquivado e partilhado. Foi criada uma experiência virtual; outros desfrutam exatamente das mesmas imagens ao mesmo tempo, a milhares de quilômetros de distância. E é pessoal, porque os indivíduos controlam todas as etapas do processo, incluindo, caso queiram, a criação de fotos profissionais, que podem ser emolduradas e expostas em suas próprias casas.

Há milhares de exemplos mais sofisticados de transformação do físico e analógico em digital, móvel, virtual e pessoal. Jogos *on-line*, *blogs*, serviços bancários, música, entretenimento — a lista é interminável, e todas as mudanças estão acontecendo em um ritmo cada vez mais acelerado. Como será quando todas as pessoas no mundo tiverem acesso a qualquer informação, em qualquer aparelho, a qualquer momento? O século XXI está produzindo a completa democratização da informação, a derrubada das tradicionais barreiras de tempo, distância e riqueza, e o estabelecimento da transparência absoluta. A era digital, móvel, virtual e pessoal cada vez mais coloca no comando as pessoas, não as instituições, quem quer que sejam elas.

Houve uma época na história em que podíamos supor que a falta de oportunidade significava falta de informação. Hoje sabemos que isso já não é verdade. Todas as pessoas têm potencial, e a liderança certa, a tecnologia certa e a correta colaboração podem revelar esse potencial.

Duas jovens chamadas Saraswati e Gowri vivem em uma comunidade rural denominada Kuppam, na Índia. Em sua aldeia, um em cada três cidadãos é analfabeto, mais da metade das residências não tem energia elétrica e a maioria dos adultos em idade ativa é HIV-positiva. Essas jovens foram obrigadas a abandonar a escola na quinta e na sétima séries porque suas famílias não podiam pagar seus estudos. Algumas pessoas da HP que trabalhavam com essa comunidade inventaram uma câmera digital e uma impressora, alimentadas por bateria solar, que cabiam em uma mochila. Saraswati e Gowri estavam entre as dez jovens que foram treinadas como fotógrafas da aldeia, e receberam esse equipamento.

Sabendo que seu povo adorava tirar retratos, as duas aproveitaram uma oportunidade de negócios. Decidiram acompanhar o ministro da região em visita e vender fotos baratas às pessoas da aldeia. Em menos de uma semana, elas tinham ganhado o equivalente ao salário de um mês. E, hoje, elas montaram seu próprio negócio e criaram um fundo para ajudar outras jovens a iniciarem seus negócios.

Como parte de nossos esforços de inclusão digital, nos comprometemos com o desenvolvimento de uma comunidade rural chamada Mogalakwena, na África do Sul. Eu vi pessoas que não tinham água corrente ou eletricidade em suas casas usando com confiança tecnologia acessível em mais de vinte locais, de bibliotecas a centros de saúde e escolas. Encontrei-me com muitas das 3 mil pessoas que estudaram em cursos de alfabetização por computador e em acampamentos de computação comunitários. Eles variavam em idade de 13 a 74 anos, e estavam utilizando suas habilidades recém-adquiridas de diversas formas, de aprendizado a distância a melhores cuidados de saúde, passando por conseguirem ser ouvidos em decisões que afetavam suas vidas.

Conheci Sali George Missinga, um jovem pobre e ignorante da aldeia. O pessoal da HP o contratou para transportar caixas de equipamentos para o centro comunitário, mas Sali George era curioso. Após três semanas observando o que acontecia, ele pediu a alguns dos técnicos da HP que ensinassem a ele um pouco sobre aquela tecnologia. Um ano depois, Sali George foi o especialista técnico que a HP enviou daquela comunidade para fazer instalação de computadores na universidade local.

Quando conversei com Sali George, eu disse:

— Sabe, Sali, acho que deveria falar de você com seu presidente.

E aquele jovem, com sua confiança recém-descoberta, me olhou nos olhos e disse:

— Bom, acho que deveria. Acho que eu mereço isso.

Quando eu fiz um discurso mais tarde naquele mesmo dia, apresentei Sali à multidão, e depois ao presidente Thabo Mbeki. O presidente pediu que Sali subisse ao palco e fizesse um discurso. Ele falou com grande eloqüência sobre como sua vida tinha sido transformada pelas pessoas que tinham dado uma chance a ele, e por uma tecnologia que tinha dado a ele ferramentas para fazer diferença em sua vida e na vida dos outros. No final do discurso de Sali, o presidente Mbeki disse:

— Jovem, vou mandá-lo para a faculdade.

No século XXI, pela primeira vez na história da humanidade, qualquer um pode liderar. Claro que injustiça, preconceito e desigualdade ainda são realidade. Ainda assim, hoje a liderança não tem nada a ver com título, dinheiro ou poder. Liderança não tem a ver com gênero ou cor da pele; com dotes físicos ou origem. Com o apoio adequado e as oportunidades certas, qualquer um pode liderar de qualquer lugar, a qualquer momento. Liderança é uma escolha que diz respeito a caráter, e à escolha de dar uma contribuição positiva. Os líderes conseguem ver e então estimular o potencial dos outros por intermédio do poder da colaboração, e tendo a tecnologia como ferramenta.

À medida que chegávamos ao fim de nossos esforços de integração, eu pedia aos funcionários que erguessem a cabeça para ver como tínhamos ido longe juntos em nossa jornada de transformação e para onde aquela jornada nos levaria a partir de então. A fase I tinha sido sobre aspiração e unificação. Escolhemos desejar a liderança e, para isso, unificamos as mil tribos para aumentar nossa força. Nossas aspirações tinham conseqüências; portanto, reconhecendo que não atingiríamos nossos objetivos sozinhos, optamos por nos aliar ao povo da Compaq. A fase II era sobre consolidação e integração. Consolidamos o setor por intermédio de nossa aquisição, bem como integramos a nova empresa.

A fase III, que iniciamos plenamente na segunda metade de 2003 e que determinou nossos esforços ao longo de todo o ano de 2004, era sobre vantagem e liderança. Nos valemos da força de nosso patrimônio para moldar a nova era na tecnologia. Criamos um catálogo único, e nos aproveitamos dele para atender aos crescentes pedidos de soluções feitos pelos clientes. Os clientes já não queriam comprar peças de tecnologia; a época dos grandes equipamentos e dos grandes programas estava definitivamente encerrada. À medida que a tecnologia se tornava, cada vez mais, parte integrante dos negócios e da vida, os clientes passaram a procurar empresas que pudessem juntar tudo para eles.

Nossos clientes empresariais estavam cobrando soluções de tecnologia que fossem administráveis por um bom custo e os ajudassem a se adaptar mais rápida e eficazmente às mudanças em seu próprio setor. Nossa estratégia era ajudar os clientes a fazer o esforço de adaptação e dar a eles o melhor retorno em tecnologia da informação.* Na prática, isso significava oferecer baixo custo de aquisição, maior maleabilidade, interoperacionalidade, confiabilidade e segurança, bem como menor complexidade. Nossas plataformas de computação seriam flexíveis, padronizadas e de alto desempenho; poderíamos unir impressão, computação e serviços para oferecer soluções de documentos e administração.

Os consumidores também estavam exigindo tecnologia mais integrada. Nossa estratégia era oferecer experiências simples e recompensadoras: tecnologia que fosse simples de ter, comprar e operar, e que tornasse a vida de nossos clientes mais produtiva, mais divertida, mais valiosa.

Nós tínhamos economia de escala, grande capacidade de inovação e uma disciplina cada vez maior no que dizia respeito à satisfação do cliente. Nossa proposta de valor única, portanto, era a melhor Experiência Total do Cliente (TCE) de alta tecnologia e baixo custo: inovação confiável e relevante por um preço que nossos clientes podiam pagar, com uma experiência que nos fazia únicos.

Transformar a fase III em realidade de negócios demandava um detalhado plano operacional. Nós usamos o mesmo programa de administração de gerenciamento no qual nos baseamos na fase II para fazer a organização se concentrar em aumento dos lucros, obtenção de estrutura de custos *benchmarking*, melhoria da disciplina de desempenho e aceleração da eficácia de mercado. Cada um desses programas possuía metas específicas, planos e avaliações, e toda a organização tinha um papel a desempenhar.

Nossos programas de aumento dos lucros eram concentrados em ampliar nossas margens brutas acelerando nossa utilização da distribuição direta, fortalecendo mais rapidamente nosso setor de *software*, vendendo mais soluções combinadas e adotando compensação de vendas baseadas em margens. A obtenção de estrutura de custos *benchmarking* reconhecia que continuaríamos a buscar

* ROIT, na sigla em inglês. (N. do E.)

maior eficiência e base de custos mais baixa. Significava, por exemplo, estar constantemente avaliando quantas pessoas tínhamos, onde elas estavam, como administrávamos o trabalho e os processos de trabalho intensivo como garantia e manutenção. A melhoria da disciplina de desempenho era concentrada em usar processos de gerenciamento de programas em toda a empresa para garantir uma execução consistente e confiável.

Finalmente, aceleração da eficácia de mercado era um conjunto de programas voltados para a nossa força de vendas. Nossos recursos de vendas seriam qualificados para vender soluções de tecnologia. Usaríamos, de modo eficiente, aqueles vendedores altamente treinados, bem como aproveitaríamos, de forma eficaz, a ampla rede de parcerias nos nossos canais de distribuição. Não concluiríamos a transição de uma empresa que vendia produtos para uma usina de tecnologia, que vendia sistemas e soluções integradas sem uma equivalente transição em nossa capacidade de vendas.

A Estrutura de Liderança se tornou a linguagem que usamos para manter afinados 150 mil funcionários trabalhando em mais de 150 países. Era necessário constância e consistência para conseguir coerência em uma empresa, e sem coerência uma empresa pode desmoronar. Investimos em treinamento e programas de comunicação para garantir que nossos funcionários compreendessem nossa estratégia. Nosso modelo de operação definia nossas estruturas e processos. Cada negócio vertical e cada processo horizontal tinham suas próprias metas e avaliações. Avaliamos e recompensamos os resultados segundo Indicadores Balanceados de Desempenho que faziam a organização se concentrar em avaliações de desempenho financeiro como aumento do faturamento e melhoria dos lucros; em avaliações de eficiência operacional como relatório de turnos e geração de caixa; em programas que aumentavam a experiência total do cliente; e em programas específicos para abordar questões que afetavam os funcionários, que identificamos e avaliamos por intermédio de nossas pesquisas Voz do Trabalho. Cada administrador tinha um Indicador Balanceado. Além desse Indicador Balanceado, todo funcionário e todo executivo também eram avaliados em relação a nossos valores fundamentais e nosso comportamento de liderança. O modo como as coisas são feitas é tão importante quanto as coisas que são feitas, e ambos eram alvo de rigor, disciplina e uma abordagem sistemática.

Os anos de 2003 e 2004 não foram perfeitos; a diminuição global da atividade econômica se manteve, e algumas vezes nossos resultados foram inconsistentes. Não atingimos nossas metas no terceiro trimestre desses dois anos. Apesar disso, o aumento do ritmo da organização era inegável. Todos os nossos quatro principais negócios eram lucrativos. Tínhamos recuperado a liderança em Unix. Éramos os primeiros em servidores-padrão da indústria e em servidores Linux. Nosso negócio de impressão crescia mais rápido e gerava mais lucro do que em qualquer outro momento da história. Nossos setores de PCs ocupavam a segunda posição mundial e atingiam lucratividade sustentável. Ocupávamos maior espaço de exposição com nossos produtos de consumo ao redor do mundo do que a HP e a Compaq ocupavam como empresas separadas, e tínhamos posições de liderança lucrativas em PCs e impressoras para o consumidor. Nossos setores de serviços competiam cabeça a cabeça com a IBM e eram mais lucrativos, e cresciam mais. Adquirimos e integramos sete empresas de *software*, e nosso negócio de *software* estava ganhando massa crítica. Tínhamos reformulado inteiramente o serviço de vendas *on-line* e os serviços que oferecíamos a nossos clientes físicos e empresariais. Também revitalizamos e reposicionamos a marca HP nos mercados de consumo e empresarial. Nossas pesquisas de mercado diziam que a marca era considerada não apenas de alta qualidade, mas também importante e inovadora.

Naqueles dois anos, superamos as estimativas de faturamento dos analistas em 2 bilhões de dólares, e conseguimos um faturamento de 73 bilhões de dólares em 2003 e 80 bilhões de dólares em 2004 — 7 bilhões de aumento orgânico de faturamento. O lucro, medido segundo os princípios de contabilidade geralmente aceitos (GAAP, na sigla em inglês) de faturamento líquido, passou de uma perda de 928 milhões de dólares em 2002 para um lucro de 2,5 bilhões de dólares em 2003 e 3,5 bilhões de dólares em 2004. Em 2003 e 2004, superamos as estimativas dos analistas de faturamento por ação em um centavo. Em 2002, a perda líquida GAAP por ação foi de 31 centavos de dólar. O faturamento por ação passou de 83 centavos de dólar em 2003 e para 1,15 dólar por ação em 2004. Estávamos gerando entre 5 bilhões e 6 bilhões de dólares em fluxo de caixa por ano em operações, comparado com apenas 2,6 bilhões antes da fusão. Continuamos a financiar as pensões e a pagar dividendos (com o mais alto rendimento de todo o setor), como tínhamos feito durante trinta anos. Em 2004, tínhamos incluído todos os nossos encargos de reestruturação em nossos resultados operacionais, e também elevamos para 3,3 bilhões de dólares o valor das recompras de ações, que tinham sido de apenas 750 milhões de dólares em 2003 e 670 milhões de dólares em 2002.

Em 2003 e 2004, o pessoal da HP produziu 11 patentes por dia, a maior taxa de inovação na história da empresa; e com base nos registros, a HP foi a terceira maior inovadora do mundo em 2005. Nossos resultados na experiência total do cliente continuaram a melhorar. O Estudo de Satisfação do Cliente da empresa de pesquisa Technology Business Research (TBR) observou: "A HP estabeleceu um padrão de solidez previsível e continua a ser a primeira do setor em lealdade com o cliente. Com relação à confiança do cliente, não há um quadro de um cliente sendo assediado por dois gigantes sem uma divisão de território, como sugere a imprensa técnica". Nossa pesquisa Voz do Trabalho revelou que nossos empregados compreendiam nossa estratégia e podiam apoiar nossa imagem no mercado. Eles descreveram a HP como um ambiente aberto e de cooperação com muita comunicação.

É difícil mostrar de forma adequada quanto trabalho duro tinha sido feito ao longo dos cinco anos e meio anteriores. Eu trabalhei duro a vida toda. Meus sucessos não tinham sido fáceis, mas a HP tinha exigido um novo grau de dedicação e disciplina. Embora nem todos conseguissem ver, no final de 2004 tinha sido alcançada uma sustentável e bem-sucedida transformação empresarial. Não era perfeita, mas era o suficiente.

Uma realização dessas demanda mais que trabalho de equipe, embora isso seja imprescindível. E a transformação de um negócio requer grandes idéias para priorizar as atividades e conjugar os esforços. Havíamos começado com a grande idéia da Estrutura de Liderança para modificar todos os aspectos de uma instituição que começava a atrofiar. A fusão foi a solução para conseguir a liderança em um setor em rápida mutação. Porém, transformações empresariais têm a ver, principalmente, com detalhes — muitos detalhes.

Nossa linha de produtos é competitiva? Estamos nos afastando dos negócios ruins? Estamos concentrando energia suficiente nos negócios que queremos? Como podemos concentrar de forma mais eficaz a atenção administrativa no fluxo de caixa? Como podemos aumentar a rentabilidade de um produto? Nosso catálogo de contratos de serviços está equilibrado? Por que a conta de recebíveis está aumentando? Estamos fazendo os investimentos de pesquisa e desenvolvimento nas iniciativas certas? Estamos investindo o bastante? A satisfação do cliente está aumentando rápido o suficiente? Temos as pessoas certas nas funções certas? Nossos orçamentos são suficientemente exigentes e realistas? Nossas metas são sustentadas por programas de trabalho detalhados e as pessoas estão preparadas para executar? Com que os funcionários estão preocupados? O que os clientes realmente estão querendo? E assim por diante — a lista de questões operacionais que precisam ser abordadas diariamente não tem fim.

Se é necessária uma transformação, o executivo não pode simplesmente delegar esses detalhes operacionais aos outros. Claro que em um negócio há alguns detalhes que o CEO pode delegar, mas o executivo não pode presidir em um isolamento glorioso ou se concentrar apenas no quadro geral. Negócios são feitos de resultados, não de conceitos, embora as idéias possam motivar comportamentos e inspirar ações. E os resultados têm a ver com detalhes, não com grandes idéias. O executivo precisa encontrar o equilíbrio entre deixar que as pessoas façam seu trabalho e verificar constantemente que os detalhes estejam merecendo a devida atenção, e fazer correções de curso se necessárias. Alguns acham que não devem parecer ou soar como "um operador". Qualquer um que realmente tenha apresentado resultados nos negócios sabe que a execução operacional tem a ver com a substância do executivo, não com o estilo ou com a personalidade.

Uma transformação empresarial acarreta em um produto, uma decisão, um dólar, uma pessoa e um dia de cada vez. Assim, a HP se tornou minha vida. Fui consumida pela empresa e suas necessidades. Não é exagero dizer que eu normalmente trabalhava de 12 a 14 horas por dia, dormia pouco e pensava na HP o tempo todo. Também não é exagero afirmar a satisfação que tive com o que realizamos em 2004. Mais uma vez, senti o prazer de acreditar em uma equipe mais do que ela acreditava em si mesma e de ser recompensada ao ver seu orgulho e sua nova confiança ao conseguir mais do que pensava ser possível. Apesar de todas as dificuldades e das críticas externas, 150 mil pessoas em todo o mundo estavam em sintonia. Resumindo, sabíamos para onde estávamos indo, e sabíamos como chegar lá. Falávamos a mesma língua e tínhamos uma visão em comum. Claro que ainda tínhamos trabalho a fazer. Sempre há trabalho a fazer, e nossos planos para 2005 exigiam melhorias contínuas em todos os aspectos do nosso negócio. Ainda não tínhamos atingido nosso pleno potencial como empresa. Nós tínhamos feito todos aqueles orçamentos detalhados e planos de trabalho para conseguir essa melhoria.

As únicas nuvens no horizonte eram a imprensa e o valor das ações. Isso não era insignificante, mas eu acreditava que o nosso bom desempenho durante o ano seguinte resolveria as duas questões no tempo certo. Nosso fracasso no terceiro trimestre reacendeu a antiga controvérsia acerca da fusão. Mais uma vez, aqueles que tinham originalmente se oposto a nós repetiam a opinião de que a fusão era uma idéia ruim e um fracasso, enquanto alguns defendiam a divisão da empresa. Também a imprensa agia de forma pessoal e, em alguns casos, maldosamente, mas nós estávamos prontos para calar nossos críticos. O ano de 2005 iria ser o ano da recompensa pelo trabalho árduo feito desde julho de 1999.

CAPÍTULO 29

Política do poder

Após não termos cumprido nossas metas do trimestre em 2003, fui à diretoria e expressei minhas crescentes reservas quanto a Peter Blackmore. Não era um tema novo, mas daquela vez eu disse que precisávamos fazer uma mudança. Havia crescentes indícios de que, embora Peter fosse um excelente executivo de vendas de quem eu gostava muito, ele não dava atenção suficiente aos detalhes de execução naquela organização muito grande e complexa. Mas a diretoria discordou. Tom Perkins e Lucy Salhany se mostraram especialmente favoráveis a que eu deveria dar uma nova chance a ele. Concordei, e o deixei no cargo por mais um ano. Foi um erro, e foi meu. O CEO é responsável pelo desempenho, e, portanto, responsável por escolher os membros da equipe. Insisti em ser atualizada por Peter sobre os detalhes da execução, e mantive uma supervisão mais atenta do que tenho certeza que ele queria, mas nada disso se mostrou uma solução satisfatória. Quando os problemas de execução na organização de Peter nos custaram outro trimestre em 2004, eu não dei escolha à diretoria. Peter teria de sair, e Mike Winkler o substituiria no comando do Grupo de Soluções para o Consumidor.* Mike fez um ótimo trabalho com a disciplina operacional e a transformação da força de vendas.

Eu realmente gostaria que Peter tivesse saído em circunstâncias diferentes. Sei que sua saída foi dolorosa para ele e sua família. Foi difícil para mim encará-lo e dizer que era hora de partir, assim como dizer a ele que outros também teriam de partir. Peter, porém, merecia minha franqueza e meu respeito. Nós o tínhamos colocado na função errada, e o deixado lá tempo demais, mas ele era um bom executivo e de caráter que deu uma contribuição real para a fusão e a empresa. Quando anunciamos o surpreendente e significativo fracasso no terceiro trimes-

* CSG, na sigla em inglês. (N. do E.)

tre, nossos investidores naturalmente quiseram saber o que iríamos fazer quanto a isso. Expliquei detalhadamente o que tinha dado errado, que passos daríamos para corrigir os sistemas e os processos que tinham problemas, e também indiquei que seriam feitas mudanças na administração. Fui pressionada por alguns analistas a revelar nomes em nossa teleconferência trimestral, mas não o fiz, pois não estava em busca de um linchamento em praça pública, entretanto havia a necessidade de ações firmes.

Era importante explicar nosso curso de ação; embora o mau desempenho fosse significativo, na verdade era um conjunto de acontecimentos isolado em uma organização. O restante da empresa tivera um desempenho muito bom. E assim como Wall Street precisava saber qual era o nosso plano de ação, as pessoas na HP precisavam ainda mais. Construir uma cultura de responsabilidade e disciplina de execução exige que haja conseqüências claras e reais para o fracasso em cumprir as metas.

Em agosto e setembro de 2004, Bob Wayman e eu visitamos todos os nossos maiores acionistas após termos anunciado o resultado trimestral. Embora desapontados com o desempenho das ações, eles continuavam conosco e estavam comprometidos com a estratégia. Muitos se valeram do baixo valor das ações para aumentar suas posições. Praticamente, todos pediram que aumentássemos a compra pela empresa de ações da HP. Após essas visitas, informei à diretoria que nossa reunião de setembro deveria ser dedicada a um estudo de nossa estratégia e de nossos planos operacionais. Ofereci esse estudo porque acreditava que isso era necessário para a boa atuação da diretoria. Um grande crescimento no programa de compra de ações era um sinal de confiança na administração e na estratégia de uma empresa. A diretoria não podia tomar tal decisão corretamente ou emitir tal sinal a não ser que compreendesse os planos operacionais preparados para produzir resultados em comparação com a estratégia, e avaliasse as alternativas estratégicas.

Mais uma vez, pedimos a ajuda da McKinsey & Company na avaliação de nossa estratégia em comparação com alternativas, incluindo a divisão da empresa. Convidamos banqueiros e conselheiros externos para que apresentassem seu ponto de vista na reunião. Nós demos nossa primeira visão do plano operacional para 2005, com metas detalhadas e programas sobre o crescimento do lucro, redução de estrutura de custos e melhoria de nossa disciplina de desempenho e eficácia de mercado. Conversamos das 16 horas até tarde da noite. Na manhã seguinte, a diretoria tinha outras deliberações com conselheiros externos, assim como com outros membros da equipe de administração. A diretoria aprovou um grande aumento em nosso programa de compra de ações e fez uma declaração de confiança na equipe de administração e em apoio à estratégia.

Sam Ginn e Phil Condit tinham se aposentado da diretoria em janeiro de 2004. Sendo CEOs, eles compreendiam por experiência própria como grandes empresas e suas diretorias funcionam. Eles sabiam que um CEO precisa equilibrar as exigências de acionistas, funcionários, clientes e comunidades, bem como que o CEO é responsável por resultados e pelos detalhes operacionais necessários para apresentar resultados. Também sabiam que uma diretoria não consegue operar uma empresa, e que um pequeno grupo de indivíduos algumas vezes pode sair dos trilhos. Eles tinham dado estabilidade e perspectiva às discussões do conselho. O afastamento de ambos do conselho foi muito sentido, particularmente por mim. Os únicos membros da diretoria remanescentes, com experiência operacional, eram Larry Babbio e Bob Knowling. Eles partilhavam as visões de Sam e Phil quanto ao papel de uma diretoria e o papel do executivo.

Dick Hackborn, Jay Keyworth e Tom Perkins (até sua aposentadoria em janeiro de 2004 ao atingir a idade de aposentadoria compulsória de 72 anos) formaram o Comitê de Tecnologia. O comitê tinha sido idéia de Tom. Os três adoravam tecnologia e passavam horas em detalhadas discussões técnicas durante e depois das reuniões do comitê. Shane Robison, o principal executivo de tecnologia e estratégia, era muito parecido com eles, e integrava o Comitê de Tecnologia. Os quatro passavam muito tempo juntos.

Dick, Jay e Tom eram tecnólogos, não executivos operacionais. Embora adorassem as minúcias da tecnologia, não viam o quadro geral; não tinham paciência para os detalhes do que era necessário para realmente fazer algo. Como muitos tecnólogos, eles reconheciam e gostavam dos semelhantes, mas não eram particularmente atentos, apreciavam ou se interessavam por pessoas diferentes. Eles tinham opiniões sólidas sobre tecnologia e sobre quase tudo o mais. Nenhum deles confiava em Ann Livermore, e eu freqüentemente me vi defendendo seu desempenho. Os três achavam que Shane Robison podia fazer praticamente qualquer trabalho, e, várias vezes, recomendaram que ele substituísse Duane Zitzner no comando do Grupo de Sistemas Pessoais, Vyomesh Joshi no Grupo de Imagem e Impressão e, depois, Ann Livermore no comando do Grupo de Sistema de Tecnologia. Dick, Jay e Tom gostavam de Shane porque ele tinha os mesmos interesses e as mesmas qualidades que eles. Eles achavam que como entendiam de tecnologia, entendiam de tudo. Shane também não era um executivo operacional. Ele, porém, era um grande executivo de tecnologia e sabia no que era bom e no que não era. Ele não queria um cargo operacional.

Meu papel, como executiva-chefe responsável pelo desempenho da empresa, era separar o joio do trigo nas sugestões de Dick, Jay e Tom. Eu sempre escutava, e quando discordávamos, explicava por quê. Muitas vezes concordávamos. Em geral, quando eles se limitavam à estratégia de tecnologia, tinham boas idéias; foram muito úteis no momento de priorizar nossas aquisições em *software*. Quando se desviavam para outras áreas, porém, eram perturbadores. E eles não sabiam que não sabiam.

Em 2004, a esposa de Jay Keyworth morreu após uma longa batalha contra o câncer. Jay tinha cuidado dela com grande dedicação. Ele telefonou e perguntou se eu poderia fazer um elogio póstumo. Concordei, claro. Depois disso, seu filho me procurou. Ele estava preocupado com o pai. Jay tinha sido cientista físico nuclear em Los Alamos. Cerebral e solitário, tinha dependido muito do apoio emocional de sua esposa. A partir de agora, Jay estaria só, e seu filho perguntou se eu poderia encontrar uma forma de manter o pai ocupado, pois temia que Jay entrasse em depressão. Retornei à Califórnia e disse à equipe que trabalhava em nosso ingresso no setor de entretenimento digital que Jay participaria de muitas de nossas reuniões. Jay sempre tinha um ponto de vista interessante, e eu queria ajudá-lo a superar um período difícil de sua vida. Foi uma decisão do coração, não do cérebro, e foi um erro.

À medida que o verão se transformava em inverno e Jay passava mais tempo na sede da empresa, aparecia no meu escritório com maior freqüência. Jay sempre tinha muitas idéias sobre o que deveríamos fazer, e, principalmente, queria que eu comprasse coisas. AMD, Apple, TiVo, Veritas — sua lista era longa e variada. Ele tinha pouca paciência para os detalhes práticos, mas argumentou insistentemente que aquelas aquisições faziam sentido estratégico e que poderíamos resolver o resto. Eu não concordei de modo algum, mas Jay apresentou as idéias ao Comitê de Tecnologia. Passei muito tempo questionando a lógica da estratégica e chamando a atenção para as reais complexidades estratégicas e as limitações financeiras. Não podíamos, ou não devíamos, fazer nada daquilo.

Jay parecia ficar cada vez mais impaciente comigo à medida que eu rejeitava suas muitas sugestões. Em dado momento, ele telefonou para me dizer que tinha conhecido uma mulher. Depois disse que a estava levando para a casa dele na Itália e para uma visita a Tom Perkins em sua propriedade na Inglaterra. Eu esperava que aquilo o deixasse feliz e o mantivesse ocupado.

Jay sempre tinha opiniões sobre tudo, incluindo seus colegas de diretoria. Ele desprezava a capacidade de Pattie Dunn desde que eu o conhecia, e freqüentemente se queixava de que ela não compreendia a empresa e se apoiava no processo como uma muleta. Jay, muitas vezes, me encorajou a substituí-la. Pattie foi a presidente do Comitê de Auditoria, e Jay sempre me alertara para o fato de que seus membros, incluído ele, estavam ficando cada vez mais impacientes com sua liderança. Em dado momento, ele me disse que vários membros da diretoria iriam renunciar caso ela não se afastasse da presidência. Pattie parecia frustrada com sua carreira na Barclays. Sabia que ela estava profundamente desapontada por perder a presidência de Auditoria, embora mantivesse uma postura profissional e reconhecesse que o novo presidente era mais bem qualificado. Eu achava que não tinha escolha; as queixas quanto à sua liderança feitas pela equipe administrativa, nossos auditores externos e seus colegas de diretoria indicavam que era necessária uma mudança.

Jay também desprezava Lucy Salhany. Ele a considerava emotiva e incoerente, e também queria que ela fosse substituída. Quanto mais tempo ele passava na HP, mais se queixava de como a diretoria da HP era fraca e insistia para que eu recrutasse novos integrantes rapidamente.

Nós estávamos no processo de recrutamento havia algum tempo. A percepção da independência dos membros da diretoria tinha mudado desde a introdução da lei de contabilidade e auditoria Sarbanes-Oxley. Era difícil encontrar executivos de operações cujas próprias empresas não tivessem algum conflito ou relacionamento com a HP. Também era difícil encontrar executivos de operações que estivessem preparados para dedicar tempo a uma diretoria, dadas as crescentes tarefas e responsabilidades. Enquanto Sam Ginn foi presidente de Indicação e Governo, trabalhou diretamente com a empresa de *headhunting* para identificar candidatos ao conselho. Muitos membros do conselho demonstraram a preocupação de que Sam não fosse suficientemente aberto sobre o processo, de modo que, após sua aposentadoria, eu passei a fazer, a cada reunião, relatórios para a diretoria sobre o estágio de nosso esforço de recrutamento. Revisávamos a lista de candidatos e acrescentávamos ou eliminávamos nomes após a discussão. Conseguimos levar Bob Ryan para o conselho em julho. Ele era CFO da Medtronic, e se tornou presidente do Comitê de Auditoria. Bob não pôde ir à reunião de setembro. Esperávamos que outro CEO se juntasse à diretoria no outono, mas na última hora ele concluiu que sua agenda não permitiria que participasse o bastante. (Os dois membros que se juntaram à diretoria da HP em 2005 também estavam na lista.)

Como acontecia todos os anos, a reunião da diretoria em novembro era reservada a uma discussão detalhada do plano operacional para o ano seguinte. Nós estávamos fornecendo ainda mais detalhes dos planos sobre os quais conversamos em setembro. Toda a equipe executiva sempre participava dessa sessão, e novembro de 2004 não foi exceção. A discussão foi intensa e a diretoria ficou satisfeita. Chamamos nosso plano de Spar Acelerado (*strategic planning and review*, ou planejamento e revisão estratégicos), porque estávamos nos comprometendo com um plano melhor do que os números básicos que tinham se tornado nossos níveis de desempenho iniciais para objetivos de remuneração. Naquela reunião, a diretoria aprovou formalmente o plano administrativo e autorizou o pagamento de bônus para a equipe de administração, incluindo o CEO.

Como de hábito, a diretoria entrou em sessão executiva ao final da reunião. Bob Knowling era o presidente do Comitê de Indicação e Governo, em substituição a Sam Ginn. Lucy Salhany fez uma intensa campanha pelo seu lugar, mas ela simplesmente não era qualificada para ocupar aquele cargo em uma empresa de 80 bilhões de dólares. Eu sabia que Lucy ficara ofendida quando não ofereci o cargo a ela. Em seu papel de presidente, Bob era responsável por comandar as sessões executivas. Ele também estava adequadamente concentrado na eficácia da diretoria como grupo, e havia algum tempo ele estava estimulando seus colegas de diretoria a se dedicarem a uma auto-avaliação. Jay sempre resistira a esse procedimento, tanto durante as reuniões quanto em conversas particulares. Ele dizia que era perda de tempo, e quanto mais Bob insistia, mais crítico Jay se tornava em suas conversas comigo. Na diretoria, Jay parecia não ter respeito por Bob, e, algumas vezes, Bob achava que Jay o desprezava. Porém, apesar da relutância de

Jay, Bob finalmente tinha conseguido fazer com que os membros do conselho respondessem a um questionário.

Quando fui chamada a participar da sessão executiva, Bob disse que uma das questões levantadas pelo questionário tinha sido comunicação deficiente com a CEO. Como solução, a diretoria tinha concordado em que Bob Knowling seria designado para levar ao CEO as questões relevantes de uma sessão executiva. Eu compreendi a decisão: nós trabalhávamos assim quando Sam e Phil estavam na diretoria, e estaríamos voltando à nossa prática normal. Embora não soubesse com certeza, achei que Jay tinha resistido a essa decisão.

Então Bob disse algo surpreendente:

— Carly, alguns dos membros do conselho acham que devemos trazer Tom Perkins de volta ao conselho. Estamos com dificuldade para conseguir outro especialista técnico para ocupar o lugar de Dick Hackborn quando ele decidir se aposentar (Dick, embora mais jovem que Tom, havia anos ameaçava se aposentar). O restante da diretoria concorda, mas queremos saber o que você pensa.

Eu não estava preparada para a pergunta, então comecei a pensar em voz alta:

— Bem, não acho que falta de conhecimento técnico seja nosso maior problema nesta diretoria. Acho que experiência operacional, principalmente em uma grande empresa, é muito mais necessária. E você deve se lembrar de que tivemos muitas discussões acaloradas na diretoria em 2003 sobre idade de aposentadoria, e concluímos que não queríamos abrir exceções. Não sei se será exatamente bom trazer de volta um membro da diretoria que acabou de se aposentar, estando acima da idade-limite. Ademais, ao se aposentar, Tom foi muito claro que não queria que pedissem para que ele ficasse. Pelo menos sabemos se ele está interessado?

Então Jay interrompeu:

— Como você sabe, Carly, eu fui de férias à Inglaterra visitar Tom. Acho que ele realmente sente falta da diretoria e adoraria voltar.

Lucy reforçou:

— Acho que ele está só e precisa de algo para fazer. Creio que ele voltaria se você pedisse.

Então Jay disse:

— Talvez ele pudesse vir para nossa reunião externa de janeiro para pegar o ritmo antes de indicá-lo para o cargo em março.

Nós estávamos planejando uma reunião externa de vários dias da diretoria em janeiro, assim como tínhamos feito em 2003 e 2000.

Tom, como Jay, tinha perdido a esposa após uma longa batalha contra o câncer. A experiência comum os aproximara, e eles eram agora amigos íntimos e confidentes. Eu estava feliz por ambos. Só depois soube que Jay tinha passado muito tempo contando a Tom todas as idéias que eu rejeitara, de aquisições a transferências de pessoal.

Eu devia ter dito não a tudo aquilo. Mas ninguém mais na diretoria fez reservas, então não achei que aquilo faria grande diferença. Por que transformar em problema algo com o que ninguém parecia particularmente preocupado?

Depois, quando falei a Bob Wayman sobre a decisão da diretoria, ele ficou horrorizado. Bob achou que eu cometera um erro terrível e que pareceria tola para o mundo externo. Nossa conselheira geral, Ann Baskins, pensou o mesmo. Assim como nosso conselheiro externo, Larry Sonsini, ao ser consultado. Naquele momento, era tarde demais. Nenhum deles estivera na sala para me aconselhar, e Jay tinha saído correndo da reunião para telefonar para seu bom amigo Tom.

Após a reunião, fiquei satisfeita quando Jay me procurou para expressar sua satisfação com a atuação de Bob Knowling como presidente. Achei que ele talvez desse maior apoio a Bob.

— Carly, acho que Bob pode desempenhar um papel importante dando a você informações consistentes sobre nossas sessões executivas.

Mas Jay não permitiu que Bob desempenhasse esse papel, e, retrospectivamente, Jay talvez só tenha defendido a idéia em novembro em troca da concordância de Bob com o retorno de Tom à diretoria.

Durante o outono de 2004, circularam na empresa insistentes boatos de que eu deixaria a HP para tentar uma carreira política. De fato, sem ter procurado por isso, recebi várias ofertas significativas e desafiadoras no serviço público. Embora tivesse me sentido tentada por algumas delas, não aceitei nenhuma das ofertas, porque aquele era o momento errado de sair. Nós tínhamos ímpeto, e precisávamos colocar em prática os planos que consolidariam o nosso sucesso. Talvez, pensei, meu trabalho estivesse concluído em 12 meses, mas no mínimo teríamos de acertar um plano de sucessão antes que eu saísse. Assim, disse não a todas as oportunidades que surgiram.

Fui aconselhada por minha equipe administrativa a abordar a questão dos boatos diretamente durante nossa reunião com todos os funcionários em dezembro, de modo que lembrei aos funcionários que sempre tinha dito a eles que nossa meta era nos tornarmos a empresa de tecnologia líder mundial. A liderança da HP seria definida por caráter, capacidade e colaboração. Iríamos definir nossa liderança pelos números, mas também pela diferença positiva que fazíamos uns para os outros, nossos clientes e nossas comunidades.

— Todo líder tem seu tempo, e um dia o meu chegará ao fim, mas não ainda. Ainda temos muito trabalho para fazer juntos.

Também em dezembro, tivemos nossa reunião semestral com analistas e investidores de Wall Street. Na reunião anterior, em junho, eu tinha dito que estávamos concentrados em buscar liderança e crescimento. A estratégia estava definida, e estávamos concentrados em programas operacionais. Nós descrevemos esses programas. Eu também disse que quando a empresa operasse bem, claramente seríamos capazes de um crescimento de 20% ou mais no Resultado Líquido por Ações.*

Nosso desempenho no quarto trimestre de 2004 foi forte, com faturamento recorde em todos os setores e a lucratividade mais equilibrada em todo o catálogo desde a fusão. No ano fiscal, apesar de nosso tropeço no terceiro trimestre, aumentamos o faturamento em 9%, para 80 bilhões de dólares, e produzimos um recorde de 5 bilhões no lucro das operações. Assim, na reunião de dezembro, mais uma vez reiteramos que a estratégia estava implantada e que 2005 seria de execução. Dado o fracasso no terceiro trimestre, eu sabia que havia um grande ceticismo sobre nossa capacidade de execução e o potencial de crescimento de 20% no EPS. Portanto, demos muitos detalhes sobre todos os nossos programas operacionais.

Eu lembrei a nossos investidores e analistas o que tínhamos dito a eles em junho sobre nossas prioridades de execução. Descrevi os planos operacionais e programas de desempenho específicos que tínhamos implantado para aceleração do crescimento dos lucros, obtenção de estruturas de custos *benchmarking*, melhoria da disciplina de desempenho e aceleração da eficácia de mercado. Eram os mesmos programas que tínhamos revisado com a diretoria. Os membros da equipe administrativa que falaram depois de mim apresentaram 63 *slides* de pro-

* EPS, na sigla em inglês. (N. do E.)

gramas de execução detalhados em todos os setores da empresa ao longo de cinco horas. Não falamos sobre o volume de dispensas planejado especificamente porque queríamos que Wall Street se concentrasse no desempenho da empresa, não no número de vagas que estávamos cortando. Ainda assim, estávamos planejando uma redução adicional de dez mil a 12 mil vagas ao longo de 2005.

Ao final da reunião, eu disse:

— Nós demos orientação no primeiro semestre. Não pretendemos dar mais que [isso], como foi nosso hábito em muitos anos. (...) Continuamos nos valendo de metas internas para representar o potencial deste negócio e orientar o desempenho dele. Quando, no passado, falamos sobre metas, como oito a dez pontos de margem de operação ou 20% de crescimento do EPS, essas eram representações razoáveis do potencial desse negócio, e refletiam todo o conjunto de metas internas que temos para orientar o desempenho do negócio. (...) [Isso] não é o mesmo que a orientação que damos.

(Nossa orientação era sempre mais baixa que nossas metas internas, como nossos investidores sabiam muito bem.)

Quando fizeram uma pergunta sobre a economia em 2005 e a natureza da indústria de tecnologia da informação, eu respondi:

— O que dissemos, de fato, desde o dia em que anunciamos a fusão, é que a tecnologia da informação está passando por uma transformação estrutural, não apenas um ciclo econômico. (...) [Contudo], está claro que o cenário econômico está melhorando. (...) É um setor mais estável, mais maduro, com as taxas de crescimento que vocês esperariam (...) de duas vezes [o PIB], não de cinco vezes. (...) A economia está melhorando, e a confiança está voltando.

Em 2005, a economia se recuperou plenamente e a HP teve crescimento de 20% de EPS.

Dois dias antes de nossa reunião externa de janeiro, Dick, Jay e Pattie me procuraram. O grupo era estranho, assim como o momento. O que era tão urgente que eles precisavam me ver 48 horas antes de passarmos três dias juntos? Por que eles diziam que estavam falando "em nome da diretoria", quando em nossa última reunião concordamos que Bob Knowling desempenharia esse papel quando necessário? O que eles tinham a dizer era o mais estranho de tudo. Começaram expressando uma legítima preocupação com o valor das ações, a percepção do desempenho da empresa e as reportagens da imprensa. Depois me deram uma receita precisa de como reorganizar a empresa em duas unidades, com um presidente para cada. Chegaram mesmo a me dar o nome dos presidentes. Shane seria presidente da fusão do Grupo de Soluções ao Cliente (CSG) e do Grupo de Soluções de Tecnologia (TSG); Mike Winkler e Ann Livermore se reportariam a ele. Vyomesh Joshi seria o presidente da fusão do Grupo de Sistemas Pessoais (PSG) e do Grupo de Imagem e Impressão (IPG). E eles disseram que precisavam de maior comunicação com o CEO.

Perguntei por que eles achavam que devíamos fazer uma reorganização naquele momento. Disseram que isso mostraria "flexibilidade". Estávamos sendo pressionados no mercado e na imprensa, e se nos reorganizássemos, mudaríamos o tema das conversas; isso mostraria que estávamos "fazendo algo". Perguntei por que achavam que precisávamos de mais comunicação. Além de nossas reuniões de diretoria e comitê, os membros da diretoria tinham diálogo freqüente e ilimitado com qualquer integrante da equipe administrativa a qualquer momento. Eles também tinham acesso eletrônico a qualquer informação da empresa. Pattie disse que achava que deveríamos ter feito uma teleconferência da diretoria quando a IBM anunciara sua decisão de parar de investir no negócio de PCs. Respondi que isso não tinha me ocorrido, já que eles tiveram acesso imediato a todas as informações disponíveis sobre a decisão no *site* da diretoria. Também expressei minha surpresa por, dada a suposta importância do tema, nem Pattie nem qualquer outro integrante da diretoria ter falado sobre isso durante nossa sessão de estratégia em setembro, que tinha acontecido poucas semanas depois do anúncio da decisão.

Presumi que a reunião era uma discussão, e não acreditei que aquele grupo podia, ou devia, me dar ordens sobre como executar ou produzir resultados. Eles ficaram obviamente ofendidos quando eu não abracei imediatamente suas idéias. Jay pareceu particularmente nervoso, tanto que eu pedi que ele dissesse por que estava com tanta raiva. Do meu ponto de vista, suas sugestões vinham no momento errado e não estavam maduras. Além disso, aquilo de que precisávamos, como concordamos em novembro, era permanecer no rumo e executar nosso plano para 2005. Após cerca de uma hora de conversa acalorada, sugeri que modificássemos a pauta da diretoria e gastássemos todo o primeiro dia com a reorganização e a maior comunicação propostas. No dia seguinte, eu me reuni com minha equipe executiva e reorganizei a agenda para que pudéssemos encaixar aquela mudança inesperada da pauta.

A diretoria sempre tinha conseguido chegar a um consenso tendo tempo suficiente para conversar. Assim, embora a reunião tivesse me irritado e houvesse algo que parecia errado, eu cheguei a São Francisco na noite de quarta-feira de bom humor. Fui imediatamente confrontada por Jay Keyworth.

— Carly, eu achei que tínhamos concordado em indicar Tom Perkins como membro da diretoria imediatamente. Ann Baskins diz que não podemos votar isso nesta reunião — disse Jay agitado, acrescentando: — isso é besteira burocrática. Podemos simplesmente votar nele. Esta é uma reunião fundamental.

Eu defendi Ann:

— Jay, esta diretoria precisa aprovar o relatório financeiro anual da empresa. Tom não faz parte da diretoria há um ano. Ele não pode atestar o desempenho da empresa ou o balanço, portanto, não precisa ser eleito nesta reunião. Tom pode participar como convidado, como concordamos em nossa reunião de novembro, e eu garantirei que ele assine os devidos documentos de informação reservada e interna.

— Isso é ridículo, Carly. Ele pode folhear o relatório financeiro em uma hora e assiná-lo.

Mais uma vez, Jay não tinha paciência para os processos básicos da administração. Ele só queria seu parceiro na diretoria, embora eu não compreendesse a pressa. Fui firme.

— Não, Jay, ele não pode. São balanços sérios que todos os membros da diretoria precisam analisar seriamente. Bob Wayman e eu somos pessoalmente responsáveis por sua precisão. Ninguém pode simplesmente folheá-los. Não é assim que esta empresa funciona.

Jay, finalmente, recuou, mas disse:

— Bem, eu vou levantar isso na diretoria amanhã de manhã.

Naquela noite, nós nos reunimos para um jantar informal amigável, e Jay apresentou sua namorada a todos. Ele pareceu particularmente ansioso para exibi-la a mim.

Na manhã seguinte, tivemos a mesma conversa com toda a diretoria e Tom Perkins como ouvinte. Minha posição prevaleceu porque fui inflexível dizendo que não iríamos sacrificar nossa capacidade administrativa por uma urgência irracional de recolocar Tom na diretoria. Tendo encerrado a questão, pedi que cada membro da diretoria dissesse em que estava pensando. Tom Perkins imediatamente começou a desempenhar um papel ativo na discussão. Não era um homem ganhando ritmo após uma longa ausência, e sim um homem que tinha opiniões muito fortes sobre tudo, de pessoal a aquisições, embora nunca tivesse visto o plano para 2005 que a diretoria tinha aprovado em novembro. Tom disse que tínhamos cometido um erro não adquirindo uma grande empresa de *software* alguns meses antes. Quando eu apresentei a ele o ponto de vista de nossos banqueiros de que a aquisição drenaria metade de nossos recursos e provavelmente 20% do valor das ações, ele pareceu não se abalar. Ele tinha certeza de que Ann Livermore não era qualificada para comandar o Grupo de Soluções de Tecnologia, e disse que nós deveríamos fazer uma reorganização imediata, da forma que Dick, Pattie e Jay sugerira, e que Shane Robison deveria ser promovido. Jay concordou vigorosamente com todas as sugestões de Tom.

Eu disse a eles que, como CEO, era responsável pelo desempenho. Shane não era qualificado para a função. Destaquei os fatos reais sobre o desempenho de Ann, e lembrei a Tom que ele já tinha cometido erros em suas avaliações de pessoal. Contra minha própria avaliação, deixara Peter Blackmore em seu cargo nove meses além do que era sensato com base na orientação de Tom. Eu era responsável pela decisão, mas não cometeria o mesmo erro duas vezes. Lucy Salhany disse:

— Você está certa, Carly. Lembro de você nos ter dito que precisava fazer uma mudança. Nós a convencemos do contrário.

Eu fui grata por sua honestidade.

O dia passou, e cada membro da diretoria tinha um ponto de vista próprio sobre reorganizações e pessoal. Apesar das afirmações de Pattie, Jay e Dick na segunda-feira, aquele conselho não estava, como de hábito, afinado em suas opiniões. Ao final de um longo dia, tínhamos concordado em várias coisas. A primeira era fundir os grupos de Sistemas Pessoais e Imagem e Impressão em uma só unidade, com Vyomesh Joshi à frente. Eu tinha concordado com essa parte da recomendação deles. Era uma decisão oportuna, e estávamos prontos para colocá-la em prática. Eu ficaria até meia-noite trabalhando com vários administradores para que pudéssemos fazer o anúncio na manhã seguinte.

Em segundo lugar, como a diretoria tinha pontos de vista tão claros e divergentes sobre a capacidade de diversos executivos, pediríamos que Shane, Ann e Vyomesh se reunissem individualmente com a diretoria no sábado. Essa sugestão tinha sido minha, e eu esperava que com algum tempo para conversar, os pontos de vista do grupo sobre aquelas pessoas se afinassem. Também achei que tínhamos chegado a alguns acordos iniciais sobre como avaliaríamos várias alternativas de organização nos três a seis meses seguintes. Mike Winkler e eu acertamos que ele se aposentaria no verão, quando a transformação da força de vendas estivesse concluída. Era a hora lógica de consolidar TSG e CSG.

Eu não me opunha às mudanças, e nem a levar em consideração as sugestões deles. Apenas achava que uma de suas sugestões específicas não funcionaria, e entendia que era direito meu. Se o CEO é responsável pelos resultados, então ele precisa tomar as decisões necessárias para conseguir os resultados. Eu também não acreditava em fazer anúncios para criar distrações, tampouco em fazer algo apenas para demonstrar "flexibilidade". Reorganizações são sempre perturbadoras, portanto não devem ser feitas a não ser que os benefícios superem o custo real dessa perturbação. Rearrumar as espreguiçadeiras pode parecer bom no papel, mas isso causa confusão da organização.

No sábado, após a diretoria ter se reunido com os três executivos, não havia grandes mudanças nos pontos de vista de ninguém. Jay e Tom não tinham, de modo algum, mudado de idéia quanto a Shane ou Ann. O restante tinha diferentes opiniões sobre várias pessoas. Bob e Larry acharam que a diretoria deveria "sair fora" e deixar a CEO tomar a decisão. Resumimos nossas conclusões sobre como continuar com a discussão sobre pessoal e organização nas próximas reuniões da diretoria. Deixei claro que não estava preparada para fazer algo que não achasse que funcionaria, embora entendesse que havia algumas boas oportunidades de simplificar e agilizar ainda mais o negócio nos trimestres subseqüentes. Deixei claro, ainda, que se não conseguíssemos chegar a um consenso sobre pessoal e estrutura, eu iria tomar a decisão.

Ao final da reunião, Lucy disse:

— Sabe, Carly, todos podem errar de vez em quando, e desta vez a diretoria estava errada.

Dick me puxou de lado naquela noite e disse que achava que eu estava absolutamente certa sobre Shane. Nossa noite foi calorosa e amigável como sempre, e a namorada de Jay me disse o quanto ele gostava de mim e me admirava.

No final daqueles três dias, eu estava cansada. Sentia-me como se tivéssemos gastado um volume grande demais de energia nas coisas erradas. Ainda assim, acreditava que, no final das contas, tivéramos uma conversa racional e razoável. A diretoria tinha recebido mais detalhes sobre os planos operacionais que estavam implantados e que a organização executaria. A diretoria declarara sua grande satisfação com os detalhes operacionais e os resultados planejados para esses planos, como eu transmitira à minha equipe administrativa em uma mensagem por *e-mail* após o encerramento da reunião. Eu estava satisfeita, mas continuava perturbada com a imagem de Jay e Tom conspirando a cada intervalo da reunião.

Na tarde da sexta-feira seguinte, recebi um telefonema urgente de um de nossos assessores de imprensa. O *Wall Street Journal* iria publicar na segunda-feira seguinte uma matéria detalhada sobre nossa reunião de diretoria. A repórter estava conversando com pelo menos dois, possivelmente três, membros da diretoria. Era verdade que faríamos uma reorganização? Eu tinha algum comentário?

É difícil transmitir o quão violentada eu me senti. Até a diretoria tomar uma decisão, suas deliberações são confidenciais. Quem fez aquilo, rompera um laço de confiança comigo e com todos os outros membros da diretoria. Eu me lembrei de como tinha sido prejudicial o vazamento da informação sobre a fusão na noite anterior ao anúncio, e de como aqueles mesmos membros da diretoria tinham se sentido ultrajados quando Walter traíra nossa confiança e acordos sobre retiradas ao repassar para a imprensa. A confiança é um imperativo nos negócios. Nenhuma diretoria e nenhuma equipe administrativa podem funcionar eficientemente sem isso.

Eu também estava com raiva. Quem fez aquilo era arrogante e tolo o bastante para acreditar que seus objetivos pessoais, quaisquer que fossem, superavam todas as outras considerações. Tinha colocado seus próprios interesses acima dos interesses da empresa. Talvez eles achassem que podiam me pressionar para reorganizar a empresa do modo como queriam. Talvez não se incomodassem por ter colocado uma enorme pressão sobre os funcionários, e certamente sobre cada um dos executivos citados na matéria. Essa matéria seria tema de conversas com todos os clientes, todos os parceiros e em todas as reuniões administrativas. Seria sobre ela que os funcionários fofocariam no bebedouro. Daria mais uma arma para nossos concorrentes e críticos. Não nos ajudaria a ter um bom desempenho; nos desviaríamos dos resultados.

Além disso, havia o fato de que Ann Livermore, Mike Winkler e eu estávamos indo para o Fórum Econômico Mundial de Davos, na Suíça. É uma conferência anual que reúne a maioria dos líderes políticos e empresariais do mundo, assim como a imprensa mundial. Era uma grande oportunidade para encontrar clientes e fazer negócios, porque era possível ver muitas pessoas em um só lugar em um breve período de tempo. Nossas agendas estavam repletas de reuniões importantes lá. E a matéria do *Wall Street Journal* estaria na primeira página exatamente quando a conferência estivesse começando. Eu e os outros executivos da HP teríamos de dar explicações literalmente a todo o mundo sobre nós e nossa diretoria. A matéria deixou óbvio que havia discordâncias entre os integrantes do conselho, portanto eles tinham decidido falar para o público externo.

Mandei uma mensagem por *e-mail* para a diretoria. Informei-a sobre o vazamento. Disse que era um comportamento absolutamente inaceitável para um membro da diretoria. Convoquei uma teleconferência para a manhã de sábado. Eu estava fria como gelo durante a conferência. Disse que a diretoria não podia agir daquela forma, e que eu não o faria. Pattie estava de férias em Bali e ainda não sabia o que acontecera. Ela nunca me perguntaria sobre a conferência, embora depois tenha dito a outras pessoas que "tudo mudou" como resultado dela. Dick e Tom admitiram que a repórter tinha entrado em contato com eles, mas negaram ter falado com ela. Jay, particularmente, iniciou uma argumentação detalhada de como não poderia ser o responsável pelo vazamento. Lucy também tinha sido procurada pela repórter, mas telefonou imediatamente para nossa assessoria de imprensa. Ela, Bob Knowling e Larry Babbio se mostraram chocados e ultrajados. A sala estaria grampeada? Eu garanti a eles que sempre mandava nossa equipe de segurança fazer uma varredura eletrônica. Alguém poderia ter encontrado as grandes folhas de papel do bloco do cavalete nas quais eu tinha registrado nossos entendimentos? Eu as tinha picotado pessoalmente.

Larry Babbio disse que todos os membros da diretoria deveriam renunciar imediatamente, e eu deveria determinar quem deveria concorrer à reeleição em março. Em vez disso, sugeri que pedíssemos ao Comitê de Indicação e Governo que fizesse uma investigação a ser conduzida por pessoas de fora da empresa. Nas raras ocasiões em que surgira uma questão ética na empresa que exigira a atenção da diretoria, o Comitê de Auditoria tinha feito uma investigação com pessoal de fora. Como era uma questão interna da diretoria, eu achava que o Comitê de Indicação e Governo deveria cuidar disso. Ninguém discordou.

Bob Knowling convocou o comitê por telefone dez minutos depois. Os membros concordaram em que Larry Sonsini entrevistaria cada um dos membros da diretoria. Bob pediu que Larry utilizasse as entrevistas para fazer não apenas uma investigação, mas também uma avaliação objetiva da diretoria. Além do vazamento, havia muitas coisas perturbadoras na dinâmica da diretoria. O comitê concordou. Cada membro deveria dar a visão que tinha da eficácia da diretoria, as qualificações de cada integrante e de como poderíamos melhorar nossas reuniões e deliberações. Eu achei uma ótima idéia. Precisávamos saber o que tinha acontecido, para garantir que não voltasse a acontecer, mas talvez também pudéssemos fazer algo mais positivo e produtivo. Achei que poderíamos sobreviver à tempestade; já tínhamos enfrentado muitas. Eu não esperava que ninguém renunciasse, nem pretendia pedir isso. Achei que aquilo poderia ser um toque de despertar valioso para vários membros da diretoria que não eram tão espertos quanto achavam que eram.

No final, eu não era tão esperta quanto precisava ser. De alguma forma, em algum momento das duas semanas seguintes, certos membros da diretoria iriam decidir me demitir.

CAPÍTULO 30

Dona da minha alma

Em casa, no domingo, 6 de fevereiro de 2005, eu me preparava para a reunião da diretoria na segunda-feira. Dez dias antes, em nossa última teleconferência, Larry Sonsini tinha falado sobre sua investigação do vazamento e sua avaliação da dinâmica da diretoria. Ele informou que dois, provavelmente três, integrantes tinham vazado conversas confidenciais. Seu relatório identificava apenas um membro, porque somente Tom Perkins foi honesto o bastante de admitir que conversara com a imprensa, embora tivesse sido inflexível ao dizer que fora uma "segunda fonte". Embora tenha gostado da franqueza de Tom, fiquei profundamente perturbada por ninguém mais ter falado. Ao longo da conversa, todos os membros da diretoria, menos um, fizeram perguntas ou comentários.

O relatório de Larry Sonsini também descreveu a diretoria como "disfuncional" de diversas formas. Concordei com sua avaliação, e sei que outros também; navegar em meio àquela reunião de personalidades, ambições e emoções tinha se tornado exaustivo e contraproducente. Alguns poucos membros podiam tirar a diretoria dos trilhos insistindo e então controlando demoradas discussões sobre temas que não eram pertinentes à pauta.

O comportamento de alguns dos membros do conselho era amador e imaturo. Uns não faziam o dever de casa. Alguns tinham opiniões firmes sobre certos assuntos e nenhuma opinião sobre outros. Outros membros ficavam entediados e distraídos durante assuntos importantes da pauta, como desenvolvimento de liderança e responsabilidade sócio-empresarial. Bob Knowling insistiu, e por isso eu apoiei, num processo de avaliação da diretoria; precisávamos identificar e abordar essas questões importantes da capacidade e do comportamento de cada membro, assim como a dinâmica do grupo.

Após Larry ter concluído seu relatório, voltamos nossa atenção para a reunião anual de acionistas, que também era a nossa próxima reunião de diretoria. Dada toda a publicidade, os acionistas iam querer esclarecimentos da administração e da diretoria. Ainda estávamos comprometidos com a estratégia? Conseguiríamos nos reorganizar, talvez em uma preparação para a divisão da empresa que muitos detratores estavam pedindo? Assim, decidimos marcar uma reunião extraordinária da diretoria em fevereiro para afinar as idéias e preparar as respostas. Para evitar mais especulações sobre as atividades, escolhemos como local o aeroporto de Chicago em vez da sede em Palo Alto.

Eu estava aturdida com o comportamento recente da diretoria. Suspeitei da acalorada negação de Jay quando do vazamento, e depois de seu absoluto silêncio em nossa última teleconferência. Eu estava aterrorizada com o ressurgimento de Tom Perkins e o papel bastante ativo que ele estava desempenhando, sendo que ele sequer era membro da diretoria. E estava altamente preocupada por não ter tido contato com qualquer membro da diretoria desde nossa última teleconferência. Larry Sonsini me dissera que vários membros da diretoria estavam conversando entre si. Sobre o que eles tinham falado durante aqueles dez dias? Por que tinham considerado necessário me excluir? Quem tinha feito acusações a mim que eu não podia refutar ou das quais me defender?

Por cinco anos e meio eu tinha feito um enorme esforço por aquela empresa, em busca de atingir os objetivos com os quais tínhamos concordado. Eu achava que, no mínimo, merecia uma conversa franca e informações honestas sobre o que estava acontecendo. Mas sabia que Dick não dava informações diretamente. Tom, claramente, tinha seus próprios objetivos, embora eu não soubesse quais eram. Jay era emocional e irritadiço. Lucy era insegura e podia ser conduzida pelos outros. Pattie parecia extraordinariamente satisfeita de estar desempenhando um papel mais importante. Bob Ryan era novo. Eu não podia avaliá-o, mas ele não conhecia seus colegas de diretoria tão bem quanto eu.

Assim, naquele domingo, eu estava tensa e pessimista. Alguns podem perguntar por que eu não tomei a decisão de telefonar para cada membro da diretoria, garantir meu emprego, pedir explicações ou mudar as coisas, mas aqueles dez dias foram abarrotados da manhã até a noite com todos os compromissos, decisões e atos que fazem parte de ser CEO. Além disso, eu não achava que era obrigação minha falar com a diretoria sobre um rumo específico; não tinha falado com a diretoria sobre ela me contratar, e não falaria sobre ela me demitir, se era no que eles realmente estavam pensando. Eu era responsável por meu próprio comportamento e minhas decisões. A diretoria teria de ser responsável pelos dela.

Frank me dizia para deixar de me preocupar. Ele lembrou que apenas três semanas antes, Jay tinha planejado fazer a reunião de diretoria de maio em nosso barco. (Pouco depois da morte de sua esposa, ele tinha perguntado se poderia levar seu neto à Califórnia e ficar conosco. Frank tinha sido seu anfitrião durante dois dias, e Jay adorou o barco de Frank.) Meu marido recordou de sua conversa com Pattie naquela mesma noite. Pattie e o marido dela estavam quase aposentados e prestes a partir para passar férias em Bali. Frank tinha fantasiado sobre como a vida seria boa quando eu me aposentasse, e Pattie tinha respondido: "Lamento, Frank. Estimular a aposentadoria de Carly é ir contra minhas obrigações fiduciárias".

Ele não conseguiu me convencer; eu sabia que minha ansiedade era justificada. Pensei em minha conversa breve com Pattie alguns dias antes. Eu tinha telefonado para ela porque, para manter segredo, sua secretária tinha marcado a reunião. Após termos discutido a logística, perguntei:

— Pattie, há algo que eu deva saber sobre esta reunião? Há algo que você me aconselha a fazer?

— Carly, eu sei que o vazamento foi lamentável. Se você conseguir voltar aonde estávamos em São Francisco, acho que isso poderia ajudar. E não acho que você deva falar a ninguém sobre esta conversa.

Tínhamos conversado sobre muita coisa em São Francisco, inclusive falado sobre estratégia, pessoal e estrutura. Na ocasião, concordamos em muitas coisas e discordamos em algumas. O que eu tinha dito, e por quê? Em que concordamos e em que discordamos? Alguns dos membros da nossa diretoria tendiam a esquecer conversas entre uma reunião e outra. Outros atribuíam a mim palavras que eu não tinha dito. Jay e Tom falavam com alguns membros da diretoria, e não falavam com outros. Era necessário um resumo detalhado de nossas discussões.

Comecei a escrever em resposta ao conselho de Pattie de "voltar aonde estávamos em São Francisco", e transmiti meu respeito e minha estima pelo papel da diretoria. Eles tinham me contratado e podiam me demitir. Escrevi para transmitir minha opinião de que o debate saudável era fundamental: se eu estava impedindo a comunicação franca de alguma forma, queria reconhecer isso. Eu queria deixar tudo claro depois de uma série de acontecimentos prejudiciais e emocionais. Quaisquer que fossem os motivos por trás daqueles acontecimentos, não podíamos ter incompreensões naquele momento. Nenhuma diretoria pode cumprir suas obrigações fiduciárias sem franqueza entre seus membros, preocupação com o processo correto e confiança em que confidências serão preservadas. Ao terminar de escrever, decidi utilizar o documento como ponto de partida de nossas discussões na manhã seguinte. Eu não sabia o que os vários membros da diretoria estavam pensando, mas estava determinada a deixar o vazamento para trás, acreditar que todos tinham aprendido uma lição, e seguir em frente com base em clareza e respeito mútuos.

Não haveria conversa no dia seguinte. Quando cheguei à sala de reuniões, a dinâmica era clara. Apesar de seu antigo desprezo, vi Jay sussurrando no ouvido de Pattie e rindo com ela de alguma brincadeira pessoal. Pattie abriu a reunião. Isso, em si, era estranho. Ela não era presidente de nenhum comitê. Todos, exceto eu, pareciam saber o que aconteceria. Ela pediu que a diretoria aceitasse a renúncia de Sandy Livack. Aparentemente, Sandy tinha informado a seus colegas de diretoria que preferia renunciar a fazer parte do que quer que fosse acontecer naquela reunião. Ela pediu que a diretoria votasse pela reeleição de Tom Perkins. Eu me abstive, e me vi em conflito, incapaz de separar minhas desconfianças pessoais do papel que Tom estava desempenhando de minhas obrigações fiduciárias. Eu não compreendia o que estava acontecendo. Dois outros votaram "não". Foi a primeira vez em todo o meu tempo na HP que uma decisão da nossa diretoria não foi unânime. Minha demissão seria a segunda.

Larry Sonsini mencionou uma reunião que aparentemente aconteceu na noite anterior entre alguns membros da diretoria e um especialista em controle. Eu não tinha tomado conhecimento disso nem sido convidada a participar, apesar de meu cargo de presidente do conselho. Era como se eu não estivesse na sala. Ninguém me olhava nos olhos. Então, Pattie disse:

— Carly, você tem algo a dizer?

Eu estava chocada. Aquilo não seria uma conversa; aparentemente a diretoria queria uma declaração. Eu tinha feito cópias do documento que preparara no dia anterior, e as fiz circular pela mesa. Lamentei que fosse necessária uma declaração formal, mas também compreendi que, naquele momento, clareza era fundamental. Comecei a ler, esperando ser interrompida.

Eis o que eu disse:

Eu estou a serviço da diretoria. Servi de modo a construir uma grande empresa. Acredito que a diretoria determinou que a HP podia ser uma líder em tecnologia no século XXI, da mesma forma que a HP um dia foi líder nas décadas de 1950, 1960, 1970 e 1980. Essa missão de liderança foi confirmada quando a diretoria decidiu levar a cabo a complexa, difícil e arriscada divisão da empresa em HP e Agilent, bem como a aquisição da Compaq. Durante todo esse período, o ritmo e a magnitude da mudança no setor de tecnologia foi inédita, e continua a ser assim.

Dada a dificuldade da nossa missão, esta empresa exige a melhor reflexão de todos os membros de sua diretoria. É dever dela desafiar as idéias, as suposições e os planos da administração. Precisamos de um diálogo saudável e de discutir em torno da mesa da diretoria. Todas as vozes devem ser ouvidas; todas as idéias, estudadas. Sou apaixonada e acredito que esta diretoria merece minha franqueza absoluta. Contudo, se eu estou com raiva, na defensiva ou inflexível durante essas discussões, então fracassei. Após um debate saudável, chega o momento da decisão. É assim que uma decisão é tomada; deve haver um período de execução, durante o qual nos mantemos no rumo.

Eu servi porque acredito profundamente nesta empresa, em seu pessoal, seu potencial de dar uma contribuição positiva para o setor e para o mundo, e porque acredito que nossa missão de grandeza e liderança pode ser cumprida. Embora aprecie as decisões da diretoria relativas à minha remuneração, não servi em função de ganhos monetários. Voluntariamente, recusei bônus garantidos por contrato e pagamentos por permanência e abri mão de meu contrato de trabalho de modo que a diretoria pudesse responder favoravelmente ao voto de um acionista e todos os executivos da HP fossem tratados igualmente. Nós estabelecemos metas difíceis tanto para alvos quanto para desejos. Ao longo desse período, recebi muitas ofertas para fazer outras coisas — muitas das quais foram interessantes e atraentes. Minha principal obrigação é para com a empresa, e não sairei a não ser que seja do melhor interesse da HP que eu o faça — ou que a diretoria decida que é hora de fazê-lo.

SOBRE A ESTRATÉGIA

Esta diretoria estabeleceu e confirmou os aspectos fundamentais de nossa estratégia: que embora fôssemos competir contra Dell e IBM, precisávamos também nos diferenciar; que manteremos um catálogo único de capacidade em imagem, computação, *software* e serviços; que atenderíamos os mercados de consumo, empresarial e setor público. Todas essas decisões podem e devem ser revistas caso a diretoria considere necessário. Minha convicção pessoal é que nossa estratégia é boa, e nossa grande questão é execução. Contudo, também acredito que o elemento mais importante de nossa estratégia, que agora precisa ser abordado seriamente, é *software*. Embora nossa execução algumas vezes tenha sido desequilibrada no restante do catálogo, acho que existe a capacidade fundamental para cumprir nossa missão. Entendo que agora precisamos contemplar a aquisição de patrimônio — o que será financeiramente difícil, talvez quase impossível a curto prazo — ou a comercialização agressiva e ativa do estoque de *software*.

SOBRE A EXECUÇÃO

A execução é a questão mais importante que exige a atenção da diretoria e da administração. Acredito que estamos perfeitamente afinados quanto à necessidade urgente de acelerar a execução e aumentar a consistência. Divergimos em relação a soluções estruturais específicas. Talvez sejamos movidos por suposições e princípios de operação diferentes. Permitam que eu apresente meu raciocínio:

1. Eu tenho agido de acordo com a suposição de que a diretoria está muito interessada em trazer talento de fora como sucessores em potencial para a CEO. Em março, maio e julho de 2004, a diretoria indicou que essa era uma prioridade. Concordamos em que nosso quadro de funcionários abaixo da CEO não é suficientemente forte. Assim, temos feito uma ampla busca em diversos setores (ver lista anexa dos candidatos que estamos entrevistando). Acredito que, para incorporar um ou alguns desses candidatos, teremos de criar a função certa

para eles. Em outras palavras, algumas das soluções estruturais podem precisar ser determinadas por um candidato específico.

2. Em alguns casos, nossas aquisições podem produzir soluções estruturais. Por exemplo: se quisermos competir em uma grande concorrência de *software*, precisaremos criar um negócio de *software* independente, que se reporte ao CEO. O comandante desse negócio também pode ser um candidato à sucessão.
3. Podemos ter visões divergentes sobre como o negócio funciona hoje. A HP é menos uma empresa caracterizada por funções empresariais centralizadas e negócios descentralizados, e mais uma empresa de processos horizontais distribuídos e responsabilidades verticais de lucros e perdas. Isso certamente não é exclusividade da HP. Praticamente, todas as empresas grandes e complexas se movem nessa direção. Esses processos horizontais permitiram que simultaneamente reduzíssemos custos e despesas, e desenvolvêssemos novas capacidades. Nosso atual modelo de funcionamento significa que modelos em processos levam a mudanças de comportamento reais. Em outras palavras, a mudança de processo pode ser tão significativa quando a mudança estrutural. Por isso, eu acredito que mudar nossos processos ASPIRE e SPAR podem, efetiva e imediatamente, produzir um grande impacto na velocidade e no ponto de tomada de decisão sobre catálogo e investimentos.
4. Nós concordamos plenamente que a criação do IPSG foi a decisão correta no momento certo. Reorganizações sempre perturbam o movimento de um negócio. Portanto, considerações de momento e preparação são fundamentais para garantir que os benefícios superem os riscos. IPG e PSG estavam prontos. Minha avaliação é que CSG e TSG ainda não estão em um estado de preparação semelhante, embora estarão em um período de tempo relativamente curto — certamente neste ano fiscal. Concordamos que a combinação dessas duas organizações faz sentido no momento certo, com o líder certo. Aparentemente, temos opiniões divergentes em relação ao momento e à liderança. Em alguns casos, temos pontos de vista divergentes quanto à capacidade de certos indivíduos.

5. Como em nosso negócio a execução diária é difícil e complexa, no melhor dos casos, acredito que objetivos constantes e estabilidade são fundamentais até estarmos completamente preparados para fazer uma mudança. Boatos de mudança podem prejudicar um negócio.

Apresentei essas idéias com o objetivo de esclarecer, e não de interromper nossas conversas. Algumas vezes, o que aparentemente são diferenças de opinião sobre uma solução, na verdade, são diferenças de pontos de vista sobre o problema ou suposições subjacentes.

Acredito que o trabalho de "Spar Acelerado" ou "Prioridades Operacionais" que realizamos como equipe de administração para o ano fiscal de 2005, é extremamente importante. Hoje, temos programas detalhados em toda a empresa sobre aceleração de crescimento de lucros, obtenção de estruturas de custo *benchmarking*, melhoria de disciplina de desempenho e eficácia de mercado. Continuaremos a revisar regularmente esses programas e nossa evolução juntamente com a diretoria. O impacto desse trabalho na lucratividade, no fluxo de caixa e na expansão múltipla não pode ser subestimado.

SOBRE O DESEMPENHO DO CEO

Neste ponto, não tenho muita certeza sobre o processo de avaliação do CEO. Compreendendo que a diretoria já tem bastante informação, achei que seria útil oferecer um quadro adicional, particularmente em função das matérias recentes, muito negativas e em alguns casos incorretas.

Como sabem, o desempenho da administração é avaliado por um indicador balanceado de desempenho financeiro, melhorias operacionais, avaliação pelo cliente e questões relativas aos funcionários. Nossos alvos e nossas aspirações para cada categoria representam, de forma consistente, melhorias reais e são difíceis de atingir.

Anexei alguns fatos sobre nosso desempenho financeiro e operacional que foram noticiados incorretamente ou subestimados pela imprensa. Em relação aos funcionários, nosso índice de participação na Voz do Trabalho aumentou de 67% em 2003 para 77% em 2004.

Fizemos grandes melhorias em nossas principais áreas desde 2003. Elas estão anexadas. Também identificamos quatro áreas de interesse na empresa como um todo (também anexadas), e concebemos planos de ação para abordá-las. Concluímos uma pesquisa para avaliar nosso progresso. Oitenta por cento de nossos funcionários dizem identificar impulso e ação.

Em relação aos clientes, também anexei nossos resultados mais recentes de TCE. Fizemos um verdadeiro progresso, e ainda temos bastante trabalho a fazer.

Também estabelecemos metas difíceis para o retorno aos acionistas — precisamos ter uma atuação pelo menos tão boa quanto o S&P em 2004, 2005 e 2006 para receber nossos dividendos pelo desempenho de fluxo de caixa operacional. Estabelecemos estas metas a despeito do fato de que tanto a HPQ quando a IBM ficaram abaixo do S&P e do DJIA em um período de vinte anos, embora a IBM tenha ficado abaixo por uma margem maior e todos os anos, enquanto a HPQ superou o índice em certos períodos e atingiu ou ficou abaixo em outros. Anexei comparações em diversos anos da HPQ com IBM, Dell, SUNW, EMC, LXK, EDS, Intel, MSFT, ORCL, CSCO, MOT, Agilent, EK e GTW, caso a diretoria se interesse.

SOBRE A COMUNICAÇÃO COM A DIRETORIA

Estou ansiosa para discutir e concordar sobre quaisquer mudanças que acreditemos possam melhorar as comunicações na diretoria. Estes são os passos que já demos, além de nossas reuniões de diretoria e de comitê marcadas regularmente:

- Site da diretoria.
- Acesso ao portal @HP.
- Atualizações constantes para a diretoria por integrantes da administração em reuniões de comitê e de diretoria. Contato freqüente com a administração fora das reuniões regulares e base *ad hoc*, segundo desejo dos membros da diretoria.

> - Publicação de calendário de assuntos da diretoria para ajudar no planejamento da pauta.
> - Pesquisa regular com os membros sobre itens a serem incluídos na pauta.
> - Discussão antecipada com a diretoria de todas as grandes mudanças de organização.
> - Avaliações de talento regulares.
> - Teleconferências mensais acabaram de ser acertadas.
>
> A diretoria também concorda que o recrutamento de novos talentos é prioridade máxima. Tem sido um processo lento e frustrante para todos. Anexei uma relação dos possíveis diretores com os quais temos falado. Estou ansiosa para colaborar com a diretoria de modo que possamos melhorar esse processo e conseguir resultados melhores.

Terminei de ler esperando que fizessem perguntas. Fui recebida com absoluto silêncio. Então Pattie pediu que eu deixasse a sala. Após ter viajado mais de 3 mil quilômetros, fui dispensada em 29 minutos.

Apenas três horas depois, fui de volta à sala de conferências. Ao longo daquelas horas, pensei sobre meu período na diretoria da Kellogg. Aquela diretoria determinou que era necessária uma mudança no alto escalão. O CEO não estava pronto para partir, mas estava bem consciente das deliberações da diretoria e de sua lógica. Pediram a ele uma recomendação para sua sucessão, que acabou sendo aceita, e o CEO foi consultado sobre a transição. Ele recebeu agradecimentos e sua contribuição foi reconhecida. Houve uma conclusão e uma passagem de bastão organizada de uma geração para outra. Tinha sido o mesmo quando foi pedida a saída de John Young e Lew Platt. Eles receberam reconhecimento e agradecimentos, e o bastão foi passado.

Exceto em certos casos de suposta fraude ou malversação, praticamente todas as outras sucessões de CEOs sobre as quais eu li ou que tivera conhecimento, foram feitas da mesma forma. Uma transição organizada não acontece apenas por respeito ao indivíduo; o devido processo sucessório é fundamental para a boa administração, porque garante à organização uma continuidade tranqüilizadora e um rumo claro em um momento de agitação potencial.

Eu sabia que todo líder tem seu tempo, e enquanto permanecia naquele quarto de hotel me dei conta de que minha temporada talvez estivesse chegando a um fim inesperado e abrupto por razões que não compreendia. Ainda assim, esperava que a diretoria me olhasse nos olhos e contasse por quê.

Eles não tiveram coragem de me encarar. Não me agradeceram nem disseram adeus. Não explicaram sua decisão ou sua lógica. Não pediram minha opinião nem minha participação em qualquer aspecto da transição. Quando finalmente fui chamada a voltar para a reunião, pensei em cada membro da diretoria enquanto descia 24 andares de elevador. Eu não sabia o que esperar, mas supunha que ia vê-los. Eu não estava preparada para a sala de conferências vazia na qual entrei.

Quando abri a porta e me dei conta de que todos os membros da diretoria já tinham partido, com exceção de dois, soube que tinha sido demitida. Quando Bob Knowling disse: "A diretoria decidiu fazer uma mudança. Lamento muito, Carly", eu soube que ele tinha se oposto à minha demissão. Quando Pattie, que se tornara a nova presidente do conselho, disse que eles queriam fazer o anúncio imediatamente, me dei conta de que não seria tratada como outros CEOs. A reunião durou menos de três minutos. Pedi uma hora para pensar, e saí da sala.

Quando retornei para meu quarto de hotel menos de dez minutos após ter saído, minhas mãos tremiam por causa do choque. Surgiram lágrimas nos olhos de Frank. Ele realmente nunca acreditara que isso podia acontecer.

Pattie tinha pedido minha ajuda para "situar" a notícia chocante. Ela disse que a diretoria achava que eu deveria anunciar que tinha sido decisão minha, que deveria dizer que era "hora de seguir em frente". Acredito que a verdade é sempre a melhor resposta, independentemente das conseqüências. Menos de duas horas após ter deixado a sala, enviei uma mensagem à nova presidente dizendo que deveríamos contar a verdade: a diretoria tinha me demitido.

Quando Frank e eu voltamos para casa, telefonamos para a família. Não podíamos explicar o que tinha acontecido, só podíamos prepará-los para o que aconteceria a seguir. Eles iriam ver minha foto o tempo todo e ouvir coisas terríveis sobre mim. Seria igual no mundo todo. A cobertura da minha saída superaria em muito as notícias de escândalos empresariais contemporâneos e os CEOs caídos em desgraça e indiciados de Tyco, WorldCom, Enron, Adelphia e Qwest.

Eu estava completamente arrasada, mas no dia seguinte o sol nasceria e a vida continuaria. Naquele dia, e nos dias seguintes, eu sentia mais dor do que raiva. Sentia uma mistura curiosa de tristeza e alívio. Eu tinha trabalhado duro por muito tempo, e pensado o tempo todo na empresa; tinha feito tudo, e de repente tudo tinha acabado. Pensei em minha equipe e ansiei pela oportunidade de reuni-la, agradecê-los e desejar boa sorte; pensei nas pessoas de uma empresa que eu tinha passado a amar, e quis a oportunidade de dizer adeus e recordar pela última vez a impressionante jornada que fizemos juntos. Eu nunca teria essa oportunidade.

Senti consolo e orgulho com os telefonemas que recebi de CEOs, de presidentes e ex-presidentes, primeiros-ministros, de secretários de Estado e secretários-gerais, de pessoas poderosas e de destaque de todo o mundo. Telefonei e agradeci aos membros da diretoria que lutaram contra a minha demissão e votado "não". Ganhei força com as mensagens de estímulo que recebi de pessoas do passado e distantes, que tiveram o trabalho de me localizar e me dizer que eu fiz diferença na vida delas. Mas foram as milhares de mensagens de *e-mails* das pessoas da HP que fizeram com que eu resistisse às primeiras semanas. Elas me disseram que conseguimos mais juntos do que acreditavam que seria possível. Isso, para mim, é a essência da liderança.

Minha demissão claramente mudou o sentimento em relação às ações, que começaram a subir. Alguns investidores acharam que, afinal, a empresa seria dividida. De fato, a diretoria teve de reafirmar seu apoio à estratégia, à medida que o boato ganhava força. A diretoria anunciou que pagaria a Bob Wayman um bônus de 3,5 milhões de dólares para ser o CEO interino. Ele desempenhou o papel por 45 dias, depois dos quais um novo CEO foi recrutado de outra empresa. Quando houve uma certa controvérsia acerca de uma venda de ações que o novo CEO tinha feito, a diretoria indicou que havia identificado, contratado e anunciado meu sucessor em apenas dez dias.

As ações continuaram a subir à medida que a organização executava a estratégia e o plano para 2005, no qual trabalhamos tanto e apresentamos à diretoria em novembro e janeiro, e a Wall Street em dezembro. A empresa voltou atrás na decisão de fundir PCs e impressão, pela qual Jay, Dick e Pattie brigaram tanto. Quando Mike Winkler se aposentou, eles somaram a força de vendas e o TSG sob o comando de Ann Livermore, dando a Ann as maiores responsabilidades contra as quais Tom e Jay tanto argumentaram em janeiro. Shane Robison continuou como executivo-chefe de tecnologia, sem receber novas responsabilidades.

Fui pressionada a aceitar outro emprego imediatamente. Havia muitas oportunidades maravilhosas e lisonjeiras. Em nossa sociedade, a atividade freqüentemente é interpretada como significância, e fui aconselhada por alguns a retornar à luta. O conselho mais sábio foi o de tirar um tempo para redescobrir a vida. E eu escolhi parar e refletir.

À medida que as semanas se transformavam em meses, eu me perguntava o que acontecera. Quais sinais eu não percebi? Algo que fiz ou disse fez diferença? Apesar das objeções iniciais de alguns membros da diretoria à idéia, eu tinha planejado contratar um consultor para trabalhar com a diretoria nos problemas de comunicação e "disfunção" que claramente existiam. E se eu tivesse feito isso antes? O resultado seria diferente se os dois CEOs experientes, Sam Ginn e Phil Condit, ainda estivessem na diretoria? Ou se tivéssemos conseguido recrutar novos membros antes? Será que alguns membros da diretoria tinham se curvado às pressões que sofriam por causa das matérias negativas na imprensa e o valor das ações? Será que alguns temiam perder seus lugares no conselho por causa do vazamento ou da avaliação e decidiram agir antes? E se Tom Perkins não tivesse voltado? Será que Jay, que era temperamental e se considerava meu mentor, se sentiu tão antagonizado por nossas claras discordâncias que me queria fora a qualquer custo? Será que Tom foi capaz de persuadir os outros de uma forma que Jay sozinho não conseguia? Tendo contado com minha força para concluir uma fusão muito difícil e conduzir a bem-sucedida transformação de uma empresa contra todas as apostas, será que os membros da diretoria se ressentiam dessa mesma força quando usada para rejeitar suas sugestões e condenar comportamentos como partilhar conversas da diretoria com o *Wall Street Journal*? Ou teriam eles simplesmente concluído que não precisavam mais de mim?

Pensei muito sobre Jay, Tom e Dick. Os três tinham ligações históricas com os Hewlett e os Packard. Tom costumava falar sobre seu relacionamento íntimo com Dave, embora outros demonstrassem ceticismo e revirassem os olhos durante essas histórias. Dick tinha integrado a diretoria da Hewlett Foundation, mas se afastou de Walter e do resto da família quando eles se opuseram à fusão. Jay tinha sido amigo íntimo de David Woodley Packard até o momento em que se afastaram também por causa da fusão. Dick, Jay e Tom se consideravam os únicos membros da diretoria que realmente entendiam como Bill e Dave tinham trabalhado. Em minha última reunião de diretoria, eles ainda estavam citando Bill e Dave e se lembrando de como as coisas costumavam ser, assim como fizeram em todas as outras reuniões de diretoria.

Sei que eles se ressentiam da falta de contato constante com as famílias. Alguns deles foram reunidos na cerimônia oficial de cortar a fita da garagem original, quando ela foi reaberta após a conclusão da restauração. E os membros da família visitaram a sede da HP pela primeira vez desde o anúncio da fusão. Aparentemente, minha demissão tinha resolvido os problemas.

Durante todo o ano de 2005, fui perseguida por repórteres de televisão, revistas e jornais para que contasse meu lado da história. Eu, até então, não tinha falado; queria tempo para refletir e deixar a poeira assentar. Também queria preservar minha dignidade e a da empresa. Que benefício poderia haver em uma discussão violenta? Alguns membros da diretoria continuaram a falar com a imprensa para explicar sua decisão. Alguns disseram que ocorreram outras reuniões entre membros da diretoria em janeiro, ou mesmo em dezembro. Não sei se é verdade, mas como presidente do conselho e CEO, nunca fui informada dessas reuniões, nunca vi minutas a respeito delas, e sequer obtive qualquer informação sobre o que possa ter sido discutido.

Recebi uma carta de Pattie Dunn em que ela expressava seu apreço pela minha liderança — "você continua a ser uma heroína" — e lamentava que seu papel tivesse sido "mal interpretado" pela imprensa. Ela não me deu autorização para publicar a carta, temendo que pudesse ser usada em "um contexto que iria refletir negativamente para [ela] e/ou a diretoria". Tom Perkins também enviou-me uma carta. Ele me deu a permissão de publicá-la:

> Sinto sua falta e espero que esteja indo bem no planejamento do próximo passo de sua carreira. Caso este seja concorrer a um cargo eletivo, ficaria honrado se você me permitisse participar do levantamento de fundos.
>
> Provavelmente, nunca concordamos sobre o que aconteceu na HP, mas gostaria que soubesse que eu, pessoalmente, acho que você levou a companhia à frente em passos gigantescos na aquisição da Compaq e na consolidação dos dois negócios. Hoje, a HP não teria o potencial que claramente tem se você não tivesse dado esses passos.

Eu nunca recebi nada de Dick Hackborn e Jay Keyworth.

O ano de 2005 se revelou o ano do retorno que eu esperava. A economia continuou a recuperar as forças em todo o mundo. Como eu tinha previsto, Dell, IBM e Lexmark tropeçaram e falharam nas metas. A HP teve um desempenho maravilhoso e cumpriu o plano. Fiquei orgulhosa da equipe administrativa e do pessoal da HP. Os resultados da empresa em 2005, finalmente, demonstraram que a HP realmente tinha sido transformada.

A vida nem sempre é justa, e eu estava em uma briga de gigantes. Mas me dei conta de que não tinha nada a lamentar. Concluído meu mandato, e apesar de ter cometido erros, sei que fiz a diferença. Disponibilizei meus esforços a uma empresa e uma causa nas quais acreditava. Fiz escolhas difíceis, e podia encarar as conseqüências. Por mais que sofresse pelas pessoas e pelo objetivo perdido, eu não sofria pela perda de minha alma.

EPÍLOGO

31 de dezembro de 2005

São 11h30. Estou sentada na piscina coberta do hotel Marriott em West Homestead, Pensilvânia, vendo nossa neta Kara brincar com seus primos Jacob e Jordan. Hoje à noite, ela terá uma festa com as primas Jennifer e Marissa. Fomos à Target ontem para comprar a decoração da noite. No total, serão 23 pessoas hoje, um grupo barulhento e bagunceiro com idades que variam entre 18 meses e 96 anos, comemorando o Ano-novo e festejando apenas por estarem juntas.

Como costumo fazer, estou refletindo sobre o ano que acabei de viver. Há um ano, Frank e eu estivemos com Carole, seu marido Greg e Judy e Roger Hudson. Enquanto estávamos na cozinha preparando o jantar, Carole me perguntou:

— O que você quer em 2005?

Parei para pensar. Algumas semanas antes, Dan Plunkett me perguntou: "O que está faltando em sua vida?" Respondi lentamente: "Momentos de alegria espontânea".

A HP me consumira. Toda a minha vida era organizada em função dela — cada momento da minha agenda, antecipadamente. Eu não lamentava isso. Para mim, a HP se tornou, como eu disse aos funcionários, "mais que um emprego — é um trabalho de amor". Mas liberdade e espontaneidade foram sacrificadas. Sempre havia algo com que me preocupar, e um momento de alegria é aquele em que a alma pode flutuar, sem peso. Pensei em tudo isso antes de responder a Carole:

— Eu só quero ser feliz.

Após ser demitida, havia dias em que eu me esforçava para não ler o que era escrito ou ouvir o que era dito. Em outros, me esforçava apenas para colocar um pé à frente do outro. "Levante da cama, vá para a ginástica, e, definitivamente, não coma outro pedaço de chocolate." Às vezes eu conseguia, outras, não.

Outros dias sentia que o peso do mundo foi tirado dos meus ombros. Nos dias ruins revia mentalmente as cenas na sala da diretoria e pensava no motivo pelo qual tinha sido traída. Às vezes, desfrutava dos simples prazeres da minha vida: preparar o jantar para o meu marido e meus amigos, ir às compras com minha irmã, fazer um arranjo de flores. Em outros dias, tinha a mesma sensação vertiginosa de quando abandonei a faculdade de direito: "Minha vida é minha. Eu posso fazer o que quiser".

Gosto da minha liberdade. Assim, eu e Frank alugamos uma *van* e atravessamos o país. Passamos mais tempo com amigos e parentes, e compramos um apartamento em Georgetown, Washington, para estar mais perto deles. Gosto de fazer apenas o que quero. Sou livre para dizer não e sei que algum dia descobrirei uma causa à qual dedicar todas as minhas paixões, bem como encontrarei um grupo de pessoas pelo qual me apaixonarei novamente. Mas não agora. Não hoje. Por enquanto, quero festejar minha liberdade e a satisfação de uma vida mais simples e serena.

Adoro ver o nascer e o pôr do sol. Satisfaço-me com os acontecimentos cotidianos e fico maravilhada de saber que eles nunca serão iguais. Adoro o ritmo mais lento e natural da minha vida, assim como adormecer à noite e acordar quando quiser. Adoro fazer algo ao sabor do momento, como passar uma hora olhando um falcão, um pica-pau ou um beija-flor. Passar um dia, como hoje, na companhia de crianças com nada de especial para fazer e nenhum lugar específico para ir.

Acredito que durante toda a minha vida fui abençoada. Sinto-me assim hoje — abençoada por ter as oportunidades e as experiências, por ter conhecido aquelas pessoas cujos caminhos eu cruzei, por ter hoje uma independência financeira maior do que eu poderia imaginar, por ser amada por aqueles que amo. Eu disse as palavras *Não tenho medo* muitas vezes na vida; eu as sussurrei para me convencer; eu as disse em voz alta para convencer os outros. E hoje sei que elas finalmente são verdade. Minha alma é minha, e eu estou em paz.

O cheiro de cloro é forte. O riso das crianças ecoa nos azulejos. Seus saltos na piscina jogam água nesta página. E, à medida que 2005 chega ao fim, sei que recebi aquilo que pedi. Minha vida está cheia de momentos de alegria espontânea. Eu sou feliz.

Índice

541.03

Este livro foi composto em Minion 10,5/15
e impresso pela Lis Gráfica sobre
papel offset 75g para a Ediouro em julho de 2007.